須賀敦子の本棚 8
池澤夏樹＝監修

Attente de Dieu SIMONE WEIL

神を待ちのぞむ

シモーヌ・ヴェイユ　今村純子 訳

河出書房新社

目次

論考

凡例

一、本書は、Simone Weil, *Attente de Dieu*, Paris, La Colombe, 1950 の全訳である。ペラン神父の長文の序文および各章のまえがきは、初版を底本としている。他の版には簡易な序文のみが付されているが、本書では訳出していない。手紙本文は Simone Weil, *Attente de Dieu*, Paris, Fayard, 1966 を底本としている（ただし、この版に付された註は、初版におけるペラン神父の序文・まえがきと重複する内容なので、訳出していない）。論考本文は *Œuvres complètes de Simone Weil, Tome IV, volume 1, Écrits de Marseille, Philosophie, science, religion, questions politiques et sociales (1940-1942)*, Paris, Gallimard, 2008〔シモーヌ・ヴェイユ全集第4巻-1『マルセイユ論文集Ｉ——哲学、科学、宗教、政治的・社会的問い（1940-1942）』〕を底本としている。

一、各手紙、論考の前に付されているテクストはペラン神父によるまえがきである。

一、大文字ではじまる語は、慣例となっているものをのぞき、〈 〉であらわした。

一、原註は（ ）で番号を示し各章末に収め、訳註は＊で示し巻末に収めた。なお、文章内の訳註は〔 〕で括った。

一、訳註における聖書からの引用は原則として新共同訳による。

一、聖書の出典箇所は、よく知られているものについては、略語で記している。EX. マタイによる福音書→マタイ

一、訳註におけるシモーヌ・ヴェイユ、今村純子訳『前キリスト教的直観』（法政大学出版局、二〇一一年）、および、シモーヌ・ヴェイユ、今村純子訳『シモーヌ・ヴェイユ アンソロジー』（河出文庫、二〇一八年）からの引用文には、題名および頁数のみを記した。

一、訳註におけるシモーヌ・ペトルマン、杉山毅訳『詳伝 シモーヌ・ヴェイユⅠ』、田辺保訳『詳伝

シモーヌ・ヴェイユⅡ』勁草書房、一九七八年からの引用は、題名および頁数のみを示した。

神を待ちのぞむ

シモーヌ・ヴェイユが愛したすべての人へ、そして、彼女に続いて〈真理〉を探し求めるすべての人へ

J＝M・ペラン
ドミニコ会修道士

序文（ペラン神父）

「イエスは世の終わりまで苦悶されるであろう。この時代のうちに眠っていてはならない」[*1]。パスカル[*2]が頻繁に引用する章句である。同様の意味で、こう言いうるであろう。歴史のように桁外れであるのと同時に、間違いなく個人的なこの〈審判〉のうちに入ってゆくひとりひとりに対して、すなわち、詐称だとキリストを告発し、非難するひとりひとりに対して、あるいは、愛に溢れた信仰のなかでキリストに与（くみ）するひとりひとりに対して、キリストは世の終わりまで裁かれている、と。「いまや、世が裁かれるときである……」[*3]。

ところで、シモーヌ・ヴェイユははっきりした意識をもっており、その意識を神秘的な過程で述べる言葉をもっていた。その意識とは、神秘的な過程に自らの使命と生の意味があるという意識である。読者、より正確には、日々その数が多くなってゆく友人は、彼女の「証言」に助けを求め、そして、彼女のうちに、純然たる考えを超えるものがあるのを、〈真理〉に委ねられた魂があるのを、感じ取っている。

わたしは、彼女の秘密を託されたおもだった人物とされている者である。シモーヌ・ヴェイユは、自らの使命の手助けをしてくれるよう、しきりにわたしに頼み込んでいた。別れの手紙のなかで彼女は、自らの考えを語りながら、わたしにこう述べている。「わたしのうちにあるこれらの考えに注意力を傾けてくださるようわたしが懇願できるのは、あなただけです。わたしを満たしてくださったあなたの慈愛がわたしから離れ、わたしがうちにもち、そしてわたしよりもはるかにいっそう価値があるとわたしがそう信じたいものに向かうことを望んでおります[*4]」、と。

そうであるならば、なぜこのように四年も遅れたのか？……と問う人がおそらくあろう。それゆえ、なによりもまずこの問いにわたしは答えなければならない。さらに、これらのテクストを今日まで公開しなかったことを謝罪しなければならない。ゲシュタポに逮捕されたとき、手持ちの書類はすべて差し押さえられていた[*5]。書類がすべて返却されたとき、書類の順番が滅茶苦茶になっていたのだ！　これらのテクストを他の文書の塊から引き出し、仕分けし、分類しなければならなかった。そのため、『重力と恩寵』の準備を進めていたG・ティボン[*6]にこれらのテクストを届けられなかった。そして、これらのテクストを熱烈に欲しているシモーヌ・ヴェイユの弟子筋の人や彼女を称賛する人にこれらのテクストを届けることもできなかった。とりわけ、告白しよう。わたしはためらっていた。長いあいだわたしはためらっていたのである。

なによりもまず、シモーヌ・ヴェイユの考えに敬意を払っていたからこそわたしはためらっていた。書かれたものに自らの名を記すとは、その書かれたものの責任を引き受けることである。それは、書かれたもののうちにある自らの考えと意図を認めることである。どのようにして、彼女の名のもとで、本人が再読していないテクストを公開しえようか。彼女は飛躍的に深化していた。亡くなるとき、彼女はこれらのテクストをどう考えていたであろうか。とりわけ、いま、〈真理〉の輝きのなかで、彼女はこれらのテクストをどう考えるであろうか。

個人的な抵抗感のために、わたしはためらっていた。司祭は、秘密、困難、切望を打ち明けられる者である。秘密、困難、切望は、司祭の貧しい人格を途轍もなく超え出ている。司祭は、人々の魂が信頼を寄せる〈そのお方〉に仕える者であり、人々の魂が探し求める〈そのお方〉を伝える者である。手紙を、このような光のなかで書かれた手紙を公開することは、冒瀆のようなものにわたしには思われる。秘められた事柄に対して、神の秘密に向けられた魂に対して、何か敬意を欠いているように思われるのだ。

率直に告白しよう。シモーヌ・ヴェイユの考えのいくつかが、教会の信仰と対立していることによっても、ためらっていた。教会と対立する彼女の考えのいくつかを公開することで、それら彼女の考えに信憑性を与えてしまうのではなかろうか。

しかしながら、これらのテクストは、他の何にもまして、シモーヌ・ヴェイユを畏敬する人や友人が、彼女が伝えたかったことをいっそうよく理解するのに寄与するであろう。そう考えるにいたり、わたしは決心した。

彼女の手紙を再読し、彼女の書いたものを考察し、わたしたちの出会いと仕事という個人的な記憶すべてに思いを巡らせた後で、わたしはこう思った。彼女の魂は、彼女の天才と比べものにならないほど高貴なものである、と。彼女は、その存在のすべてをもって、神が生きていることを証(あか)ししているのだ、と。

わたしが本書に編んだテクストの深い意味と比類なき価値は、ひとりの著者の考えというよりも、ひとつの魂の表現である。

偉大で、驚嘆すべきシモーヌ・ヴェイユの証言とは、次のようなものである。無条件に真理にひらかれており、隣人を、あらゆる隣人を、自分自身のように愛そうとしている人誰しもがすでに神を見出しており、まもなく神がその人のところにやって来るのを見るであろう、というものである。

そのため、わたしは本書の題名を『神を待ちのぞむ』とした。この題名によって、福音書における「忍耐のうちに」を意味する「ἐν ὑπομονῇ（エン ヒュポモネー）」をあらわそうとしたのである。この言葉は、シモーヌがもっとも味わい尽くした言葉のひとつである。それはおそらく、彼女がこの言葉のうちに確かなストア的な味わいを見出したからである。だがよりいっそう確かなことは、「ἐν ὑπομονῇ（エン ヒュポモネー）」が、神に自らを与え、神にすべてを委ねる彼女のやり方であったからである。完全な待機のうちに、完全にひらかれてあること。

絶対的な美しさをもっており、精神的な文献の宝石のうちにおそらく留まるであろう数頁がある。その反対に、議論を巻き起こすであろう他の数頁がある。その双方を公開したと、わたしを非難する人がおそらくあるだろう。しかしながら、こうするほうが、これら数頁への証言という性格をいっそう厳密に保つことができるとわたしは考えたのである。これら数頁への疑いや曖昧さを知っており、示唆している、と証言は主張している。案内する者に求められているのは、善き方向に歩むことであって、到達点に至ることではない。

とりわけ、一司祭によって紹介されたシモーヌ・ヴェイユに、彼女の誤謬や誇張について不満を述べたいと思っている人々に、わたしは喜んでこう応じよう。「光に対して一度も罪を犯さなかった者は、光が求めるあらゆる要求に従った者は、かぎりなく忠実であった者は、最初に彼女に石を投げるように」*7、と。ヒッポの偉大な改宗者*8の朽ちることのない言葉がわたしの唇に上る。「あなたに対してこの人たちが憤りますように、この人たちは、審理の価値を知らない……」、と。

真理を見出した歓びから、より正確には、真理を受け取った歓びから、うめきながら探し求め、その上昇のなかで暗中模索する人々の苦しい、不完全な叡智に対して、わたしたちは無感覚になってしまうのであろうか。

彼女の証言と使命に忠実であるのか、それらに敬意を払っているのかという懸念と、できるかぎり客観的に彼女を紹介したいという意志から、いっさい手を加えることなく、彼女の手紙をそのまま掲載している。しかしながら、彼女の手紙の意義すべてを摑むために、序文に取りかからずに、彼女の手紙をそのまま掲載することはできない。序文を前にしてわたしは困惑しており、あらかじめ言い訳をしている。

序文でわたしは、彼女に対して心動かされたわたしの畏敬の念を述べるべきであろう。だが、彼女の友人たちは、その多くはすでにわたしの友人ともなっているのだが、そう証言するのを待っていないのではなかろうか。彼女の信頼からわたしが置かれた状況は、事態をかなり困難なものにしている。手紙（とりわけ、自らの魂をあまりにも清澄にひらいている手紙Ⅳと手紙Ⅵ）を公開することは、幸いにも、わたしが語るよりもはるかにそのことを語っている。

それと同時に、彼女の使命に仕えるという義務を果たすために、彼女の使命のうちに矛盾があらわれており、そのため、彼女の使命が困難となっていることをわたしは強調せざるをえない――それは消極的なことであり、わたしにふさわしいことでもほとんどない。

結局のところ、とりわけ、彼女の言葉に語らせるままにしたいと思う。それは、自らに対する彼女の証言に耳を傾けてもらうためである。

したがって、わたし宛ての私信と省察を公開するにあたって、わたしはできるかぎり自分の姿を消したいと思う。省察はより一般的なかたちで起草されているが、彼女にとっては手紙と同等の意義をもっている。手紙と同じように、自らの経験をわたしに語り、真理に仕えるわたしの使命の手助けとなるよう、自らの証言をわたしにもたらしている。

したがってわたしは、もっと短くしたかった序文で、本質的な問題を分類しようと思う。そうすることで、序文以降、完全にわたしの姿を消すためである。わたしたちの関係を手短に述べ、彼女の伝記を概観し、彼女の洗礼の障碍となったものを考察し、彼女の使命で締めくくりたいと思う。

彼女にとってわたしは何であったのだろうか。司祭、彼女が知り合ったただひとりの司祭である。助けを乞う貧しい人が、秘跡の恩寵を欲する信仰をもつ人が、神を探し求める信仰をもたない人が、絶え間なく訴えかける「守護助任司祭」だったであろう。当時のわたしの人生はそうした類のものであった。「守護助任司祭」の仕事に、女子学生施設付きの司祭職と、追い詰められた不幸な人々へのかかりきりの配慮が付け加わっていた。追い詰められた不幸な人々に、避難場所か避難の手段を見出すのが必要不可欠であった。

わたしにとって彼女は何であったのだろうか。ひとつの魂であり、わたしはその魂に仕えるという戦慄するような責任を担っていた。その魂は、自らと神との生をわたしに語るという心揺さぶられるような信頼をわたしに寄せていた。

わたしがこう語るとき、わたしの人生の閃光のなかで、多くのシモーヌ・ヴェイユに出会っていると言いたいわけではもちろんない。また、彼女は隘路で出会って通り過ぎていった人だと言いたいわけでもない。だが、このことを理解していただきたいと思っている。司祭は、「万人に負っている者」であり、司祭が負っているのは、司祭その人であり、司祭その人の注意力であり、司祭その人の献身であり、司祭その人の時間であり、司祭その人の資質である。それらは、天才にも無知な人にも、影響力をもつ人にも身体に障碍をもつ人にもかかわるものである。

　ここから、きわめて人格的であるのと同時に、まったく非人格的なわたしたちの友情の性質が見えてくる。人格的である。というのも、ともに探し求めた神がつながりとなる交わりほど親密で、全的なものはないからである。神が言葉ないし見方ではなく、満たす善であり、生きがいであるならば、そうである！

　あまりに非人格的でもある。自らが探し求めているもののほかにシモーヌ・ヴェイユは、ほとんど何もわたしに話さなかった。彼女は自らの問題をわたしに提起していた。神の応答を探し求めるために、わたしたちは一緒に福音書を繙(ひもと)いた。わたしは彼女に教会の考えを説明しようとした。ギリシアや東洋の美しいテクストのうちに教会の考えと似た考えをふたたび見出し、それらをわたしに彼女は好んで語っていた。そもそもわたしたちの対話は――彼女はそれを何とも思っていなかったのだが――「慈愛の必然性」によって縮められていた。二、三人の人がわたしを待っていることがよくあった。シモーヌは、その人たちを先に通すために喜んで身を引いた。そのため、彼女は頻繁にわたしに会いに来ていたのに、わたしたちの時間はつねにかぎられたものであった。こうして、自らの過去について、自らの政治的ないし政治に準ずる活動について、自らの経歴について、自らの家族について、自らの生き方についてさえも、彼女がわたしに話すことはほとんどなかった。彼女の手紙は、この点についてあまりにもわずかしかあきらかにしていない。とはいえわたしは、彼女に「仕える」のに、彼女の信仰の探究において彼女を助けるのに、彼女のことを充分知っていた。彼女の美しい表現によれば、「光によって育まれる葉緑素のように」、光によって生きるという能力以外いかなる善も認めない葉緑素のように、彼女はわたしの目に映った。

　彼女は体裁をまったく気にしなかった。そのため、次のような初対面のときの印象が残っている。真理を渇望し、広く、遍（あまね）くひらかれた、驚くほど明晰で闊達なこの知性は、時々、偶発的な事柄を充分考慮せず、議論をとことんまで推し進める強い傾向をもっていた。

　彼女の記憶力は並外れており、学識は驚愕すべきものであった。学問的な問いにきわめてひらかれており、スカンジナヴィアの民話、ヒンズー教の伝説、彼女の愛するギリシアの作家、あるいは、ありとあらゆる時代と言語の哲学者を、同様に、難なく引用していた。さらに、この深い学識は闊達に保持されており、彼女自身のものとなっていた。もしこう述べることができるならば、彼女の深い学識という身体は、彼女の魂と一体化していた。

　彼女は、自らの内的な躍動に照応するものを摑み、取り込んでいた。そして、自らの考えを生きた存在に「根づかせること」で、彼女の考えに途轍もない活力が与えられた。だが、それと知られずに、彼女の意に反して、彼女の考えは客観性を欠き、現実離れしたものとなるときがあった。『根をもつこと』の数頁は、このような彼女の姿を十全にあらわし出している。アリストテレスに対する彼女の嫌悪はこの類(たぐい)のものであり、彼女は、哀れなこの哲学者にアレキサンダー大王の罪深い征服の責任があるとしていた。歴史家は、アレキサンダー大王の罪深い征服にかれの母からのディオニュソス的な影響をはっきりと見て取っているにもかかわらずに、である。ここに示したのは多くのうちの一例にすぎない。

シモーヌ・ヴェイユは、客観性を徳高く重んじたいと思っていた。それにもかかわらず、議論しているときに、彼女が譲歩するのをわたしは見たことがない。そもそも、正しいかどうか、議論すべきかどうかが話に上ることは一度もなかった。話に上っていたのは、〈真理〉である唯一の〈主(しゅ)〉に一緒に耳を傾けることであった。

シモーヌ・ヴェイユは、自らの考えに凝り固まったり、自らの考えに閉じこもったりしたのではもちろんない。彼女は深化していたし、新たな視点を手に入れており、その視点を忠実に再認識していた。だがそうしたことがなされたのは、彼女の個人的な省察という孤独においてのみであった。このような知性のありようは、彼女にとって数多くの困難の原因であったのは真実である。だが、このような知性のありようは、独立性を保って、彼女の精神力に、彼女の視点の独自性に、彼女の天才それ自体に寄与している。さらにこのような知性のありようは、キリストとの内的な出会いを経て、[*9] 人間を超え出た仕方で、彼女を超越的な神に結び合わせている。

彼女の性格については、その不屈の意志の力と絶対的な自己統制に、わたしたちは圧倒されていた。きわめてストア派的な規律は、彼女の感性を完璧に統制しており、彼女の感性の動きが読み取れるのは、立腹したり、憤慨したりしたときだけであった。そうした立腹や憤慨が個々人に向けられることはまずなく、個々人の誤りに向けられていた。きわめてストア派的な規律は非人格的なものをもっていたが、それは、彼女が自らを脱ぎ捨てることに専心する場合にかぎられていた。そのへつらいがどのようなものかはわからないが、ある序文にへつらいが挿し込まれていたために、「偉大なコルネイユ」[*10]に対して彼女は憤慨していた。現代の大罪に対してと同様に憤慨していたのである。

幼少時代からの彼女の友人や学生時代の仲間は、快活さに溢れ、情熱的に行動する人として彼女のことを知り抜いていた。彼女の親友は、彼女に取り憑いて離れない恐ろしい頭痛のことを熟知していた。彼女のマルセイユの友人は、しばしば、彼女のことを陽気で面白い人だとみなしていた。つねに時間がかぎられていたわたしたちの会話の深刻な調子は、彼女の魂の真剣で苦しくさえある面のみをわたしに露わにした。自らの悲惨さの意識を彼女は誇張して語っていた。あるいはまた、手厳しくないし誠実にさえ判断していた。だが、自らの悲惨さの意識は、他者の苦しみという絶え間ない想いに比べれば、わたしたちの会話において話題に上ることは少なかった。

彼女の意識は極度に洗練されており、そして、彼女の洞察力はいかなる不完全性も見逃さなかった。彼女は存在を愛していた。だが、多大なる明敏さをもって存在を見極めることができた。自らを消し、尽くし、自らがもっているものを分け与えるという心づもりで彼女はつねにいた。

だが、これらの奥底に、キリストに対する彼女の愛が燃えていた。この愛は、彼女の秘密として二年前に彼女に啓示され、すべてを生気づけていた。極度の慎重さから彼女は教会の扉を堅持していた。だが、それが彼女の人生の実体となったように、彼女の友情は教会でのみ交わされることができたのである。これが、二、三回会ったばかりの頃、わたしにあらわれたシモーヌ・ヴェイユの姿であり、彼女の書いたもののなかにもその姿はふたたび見出される。

一九四一年六月、彼女の友人のひとりに紹介されて、[*11]シモーヌ・ヴェイユはわたしにはじめて会いに来た。その日付はかなり正確である。というのも、この最初の会合は、フーコー神父[*12]の〈イエスの小さな兄弟たち〉での宣教のために延期されており、わたしは五月末にマルセイユに戻ったからである。

「不幸な人々」への自らの愛について、不幸な人々の境遇を分かち合おうとする、不幸な人々のように生きようとする自らの意志について、すぐさまシモーヌ・ヴェイユはわたしに語った。このときは工場ではなく、農場のプロレタリアートのなかの不幸な人々である。なぜなら、ああ！ 農場のプロレタリアートが現に存在しているからである。そのため、少し後で、わたしは彼女をギュスターヴ・ティボンに引き合わせたのである。

同じ年の秋、彼女が戻ってくると、わたしたちの対話は再開され、それは、わたしのドミニコ会修道士という生業による宣教やその他の仕事が許すかぎり、頻繁になされた。冬のあいだ、わたしは会合を企画し、そこでシモーヌ・ヴェイユは、もっとも美しく、もっとも啓示的であると自らに思われるギリシア思想のテクストをいくつか読んで注釈した。[*13]

一九四二年三月、わたしはモンペリエに赴任を命じられたが、マルセイユに戻ってくる機会がしばしばあった。だがわたしがマルセイユを離れたために、五月一七日に彼女が出発する際、自らの精神的道程についてわたしに語っている素晴らしい手紙を書く機会が彼女に与えられた。[*14]約三週間滞在したカサブランカから、彼女はわたしに宛てた覚書を書き終えた。彼女はわたしのために、いっそう専門的な別のテクストも起草した。彼女は急いで仕上げようとしており、書く以外のことをほとんど何もしていなかった。そして、彼女のあらゆる習慣に反して、彼女は、収容所の数少ない椅子のひとつを独占していた。それは、彼女の仕事を完遂させ、戦火がわたしたちを引き離してしまう前にその仕事をわたしに送るためであった。

彼女はカサブランカからも目の覚めるような別れの手紙をわたしに送っている。[15] そこには、彼女の友情のすべて、要求が多く、感謝に溢れた友情のすべてが表現されている……。この手紙で彼女は、おもに誤解に基づいてわたしの不完全性を非難しているが、それ以外の不完全性をもっていないようでありたいとわたしは切に願っている。わたしは彼女にとって、彼女が知っているただひとりの司祭であったというわたしの最初の見解を忘れないでいただきたい、ととりわけ願っている。わたしの受け入れについて、わたしの思いやりについて、その他について、彼女が語っていることは、司祭の召命と使命以外のなにものでもない。「わたしの〈父〉がわたしを遣わしたように、こうしてわたしもまたあなたがたを遣わすのです……[16]」。司祭の召命と使命は、これと同じメッセージ、同じ愛、同じ使命を担っている。

わたしたちの対話にもっともしばしば立ち戻ってきた主題ないし問題は何であっただろうか。まず第一にそれは、言うまでもなく、神の愛であった。シモーヌ・ヴェイユはすでに神の愛を熱烈に信じていた。だが、このあまりに短い一年は、彼女にとって豊穣な発見があった。この発見について彼女は出発の手紙で語っている。[17]〈聖体の秘跡〉が彼女に啓示されたのである。彼女は日曜日のミサを欠かさず、聖体の光のうちで祈るのを愛していた。彼女は、聖体の秘跡の神秘のもとに、魂すべてを挙げて、教会の信仰に与していた。そしてまた彼女は、聖体の秘跡の神秘を実体験として味わっていた。「神への暗々裏の愛の諸形態[*18]」における彼女の定式化について議論することはできる。だが、彼女の信仰の透明性と真実性は疑いの余地がない。彼女は実に超自然的な〈パン〉を渇望していた。そしてそれが、彼女に洗礼の問題を引き起こした理由のひとつである。わたしたちはまた神の〈愛〉の神秘の別の局面についても語り合った。二年前にようやく出版できた『〈慈愛〉の〈神秘〉』というエッセイをなかなか起草しない、と彼女はわたしを非難していた。神をめぐる、神の善意をめぐる、神に赴く方法をめぐる人間によるあらゆる文献のうちのもっとも美しいテクストを集め、仕分けすることをわたしたちは夢見ていた。彼女がわたしに残したギリシアやインドの夥しい翻訳と、わたしがさきほど述べた友好的な集会の源はここにあった。

　洗礼の問題はまた繰り返しやってきた。それは、洗礼を受けることはできないという結論に達したと彼女がわたしに書いた[*19]一月以降でもそうであった（わたしはどこで福音を説いていたのかもう覚えていない）。彼女は洗礼の問題を自らに問い続けた。洗礼の秘跡の必然性と善をめぐるキリストの考えを見出すために、わたしたちは福音書を繙いた。「もし誰かが、水と〈精神〉からふたたび生まれないならば……[*20]」。だが、自分には洗礼を受ける心づもりがなく、自分にとって本質的だと思われるいくつかの問題を解決した後でなければ、洗礼を忠実に希うことはできない、と彼女は確信していた。

　そもそも彼女は、あらゆる問題と同様、洗礼を受けるかどうかについて、反抗的であるのと同時に従順であり、用心深いのと同時に信じやすく、あらゆる次元の驚くべき知識があるのと同時にカトリシズムの基本的な要素となるいくつかを知らなかった。彼女は、自分自身で検討した後でなければ、何も受け入れなかった。傲慢だと述べる人もあろう。忠実で誠実だと述べる人もあろう。判断するのは神だけである。

　わたしたちを神に惹きつける恩寵は、一挙には、そしてとりわけ、わたしたちの努力なくしては、わたしたちを神から遠ざけている欠落部分を取り除きはしない。日々、苦い経験を経て、欠落部分を糧とするのである。

　知性の次元においても同様である――否それ以上である。信仰の光明によって、二義的なあらゆる真理に対して、学び、探し求め、彷徨（さまよ）う義務が弱められはしない。しかも、息を吹きかけられることで魂のうちで燃え上がる真理への愛は、わたしたちが真実だと思い込んでいる誤った考えに一時的に張り付くことができる場合がある。わたしは何度それをシモーヌ・ヴェイユと経験したであろうか！　ニューマン[*21]は、何年ものあいだ、ローマ教会を探し求め、疑い、攻撃している。

　友情は、シモーヌ・ヴェイユにとって、警戒すべきもっとも大きな理由であった。したがって、わたしが一冊の本であり、ひとりの人間ではないほうが、彼女にとってはるかによかったであろう。恩寵には時宜があり、神の道程は恩寵の神秘であることを、そもそもわたしたちは互いに確信していた。

　キリスト以前あるいは以後のキリスト者ではない人の救いについての教会の教義にも、そして暗々裏の信仰についての教会の教義にも、シモーヌ・ヴェイユは大いに不安を抱いていた。聖トマスを彼女は果敢に攻撃した。あまりに表面的にしか、あるいは風聞でしか知らない他の神学者たち[*22]を、果敢に攻撃するときもあった。神によって啓示された信仰ともっとも権威づけられた神学とのあいだの隔たりを、わたしはしばしば彼女に説明しようとしなければならなかった。

わたしのもっとも大切にしている関心事を自分がどのような点に結びつけているのかを疑ってみることなく、世界が精神的なものを求めていることについて、福音をもたらすためにいたるところにキリスト者があらわれていなければならないことについて、彼女はわたしに嬉々として語ってもいた……。

これ以上、わたしは何を知りえよう。わたしたちが最初に出会ったとき、「教会の敷居に[*23]」いると彼女がわたしに語り、数ヶ月後、彼女の友人の一女性に、カトリシズムの深さと美しさを垣間見始めていると語っていた。わたしが知っているのはこれだけである。

……そしてわたしはつねに自問するであろう。わたしは彼女にメッセージを伝えることができたのであろうか、彼女に福音をもたらすことができたのであろうか、と。

使者に求められているのは、忠実であるということである。

まだシモーヌ・ヴェイユの詳細な伝記を書くときではないし、彼女の考えの源泉を探究するときでもない。慎み深さと慎重さから、彼女のご両親は、そうすることに反対されている。したがって、G・ティボンが提供している伝記的な記述[*24]に二、三の覚書を付け加えるだけにしたいと思う。

シモーヌ・ヴェイユは、一九〇九年に生まれた。一九一四年の戦争〔第一次世界大戦〕のとき五歳ぐらいであった。そのとき、ある兵士の代母が、彼女に戦争の悲惨さを知らしめたのである。前線で苦しんでいる人々にすべてを送るために、彼女は角砂糖ひとつも取ろうとはしなかった。この同じ精神から、貧しい子どものようであろうと、彼女は冬にけっしてタイツを穿かなかった。こうすることで彼女は両親をからかおうと、ちょっとしたいたずらをしたのである。幼少期、思春期、また後に慈愛という冒険の渦中にあるこの卓越した女性を、物質的な豊かさ、精神の寛大さ、眩いばかりの愛情で彼女の両親が絶え間なく包み込んでいた。この共感という並外れた資質を理解するために――共感は彼女の人生の主要な特徴のひとつである――、彼女の両親の彼女へのこの愛情のことを忘れてはならない。

ある日、家族の友人のひとりが、そのふたりの子どもについて両親に語り、感嘆した。「上の子は天才で、下の子は美人だわ!」、と。この言葉は、シモーヌの人生のなかで深く木霊(こだま)したにちがいない。〈真理〉を所有することに比べれば、美貌は空しいと彼女は理解した。そして彼女は、媚と映りうるものすべてを、あるいは身体的魅力すべてを峻拒した。おそらくここに、彼女が示唆している一四歳のときの危機があるのではなかろうか。

さらに、兄の驚くべき早熟の数学の才能の傍らで彼女は、自分が凡庸であると判断し、そのため、自らのうちに強い劣等感を植え付けることとなった。この感覚はあまりに深く、何年も経って彼女が自らの精神的道程をもう一度たどる手紙のなかで、そのことについてわたしに語っている。*25

白熱した議論のさなか、抑揚のない、単調な調子のもとに彼女が隠すであろう魂の極度の慎みと恥じらいを、黙っておくべきであろうか。この慎み深さのために、自分自身の両親に対する、もっとも正当で、もっとも自発的な愛情の徴(しるし)ですら、幼少時代から彼女は差し控えていた。そうは言っても、彼女はなんとご両親を愛していたことであろうか！

男性の友人の勧めに従って、ル・センヌ[*26]の教えを受けるために、彼女が哲学専攻科の一年を過ごしたのは、デュリュイ高等学校であった。このことは、彼女の思想の方向性を理解するのに見逃すべきではない。

アンリ四世校で彼女は、高等師範学校(エコール・ノルマル・シュペリウール)入学選抜試験の準備をし、アラン[*27]から深い影響を受けた。シモーヌがキリスト教に向けた、彼女自ら顧みる時間がなかった判断のいくつかは、この時期に遡(さかのぼ)る。自分の弟子の一群のなかに、この驚くべき知性の記憶を、老師は深く留めており、彼女が亡くなったことを信じようとはしなかった。「それは嘘だ。彼女は戻ってくるだろう？」と老師は繰り返した。

彼女は一九歳で高等師範学校選抜試験に合格し、二二歳で教授資格(アグレガシオン)試験に合格した。一九二八年から一九三一年にかけてのことである。

ル・ピュイは彼女の最初の赴任地であった。ここで彼女は、他者の悲惨さへの同情、他者の悲惨さを自らのものとする交感を露わにするであろう。労働者は、失業手当の権利をうるために苛酷な労働を強いられていた。労働者が辛い仕事に従事するのを彼女は見ていた。労働者のように、労働者とともに、彼女は火かき棒を操りたいと思っていた。県庁への権利要求のどの段階かはわからないが、そこには労働者をともなった彼女の姿があった。彼女は失業者の一日の失業手当に見合う金額で生活しようとし始め、自分の余分な手当を他の人に分け与えた。彼女が特別手当に手をつける日、この若い哲学教師の家の玄関の扉は、彼女に庇護された人々の列によって塞がれた。彼女は思いやりを最優先させ——ここに彼女の人生のもっとも美しい特徴のひとつがあるのかどうかわたしにはわからない——自分の時間を、情熱的に愛した自分の書物からもぎとった自分の時間を労働者たちに大幅に割いて、労働者の何人かとブロット〔カード・ゲーム〕に興ずるために費やした。こうしたやり方や、不幸な人々を守るためにとったあらゆる政治的な行動が引き起こしたスキャンダルについて強調するのは無駄であろう！　真実の愛がもたらすこうした狂気の数々の果敢な意義を理解しうるごく親しい友人を除いてはそうではなかろうか。

しかしながら、シモーヌは、満足を感じるにはほど遠かった。真に愛する人にとって、同情は責め苦である。それゆえ、一九三四年、労働者の条件に与ることを彼女は固く決意する。彼女は、飢えや疲れ、流れ作業の労働の手ひどいあしらいや抑圧、失業の苦悶を知り尽くした。[*28] 彼女にとってこれは「経験」ではけっしてなく、現実の、全的な受肉であった。彼女の「工場日記」は、胸を突くような証言である。試練は彼女の力を超えており、そして彼女の魂は、このような不幸の意識のために粉砕されたようになった。生涯に亘って彼女は不幸の意識を刻まれていた。後に彼女はこう述べるであろう。「不幸であるときに不幸をじっと見つめるためのの力をうるためには、超自然的なパンが必要である」[*29]、と。そして彼女はわたしにこう書いている。「工場でわたしは、奴隷の徴を永遠に受け取ったのです。それは、自分たちのもっとも軽蔑する奴隷の額にローマ人が押し当てた焼きごての徴としての奴隷の徴です。それ以来わたしはつねに自分を奴隷とみなしてきました」[*30]、と。ところで、この時期、シモーヌは、超自然的な世界が現に存在するのを知らなかったし、その世界を探し求めようともしなかった。神はまだ彼女にあらわれていなかった。しかしながら、奴隷状態を経験した後、不幸は人々を解き放ちにやって来た〈そのお方〉にいつの日か与するであろうと彼女は予感していた。彼女は後にこう述べるであろう。「キリスト教の極度な偉大さは、苦しみに対する超自然的な救いを探し求めることからではなく、苦しみの超自然的な使用を探し求めることからやって来るものである」[*31]、と。

スペイン内戦はその直後のことであった。彼女はスペイン内戦に、正義の勝利と、不幸な人の解放を期待した。スペイン内戦に参戦することは彼女にとって義務となり、自らの理想のためにすべてを危険にさらす機会となっていた。彼女はスペイン内戦へと出発した。その不器用さゆえに起こった事故（彼女は油で足に火傷を負ったのである）のために彼女は前線から撤退しなければならなかった。シモーヌが、自分の人生におけるこの出来事について話すことはほとんどなかった。軍隊の仲間の誰それの証言をするためやかれらの夢が潰えたことを遺憾に思う場合を除いてはそうであった。

翌年、ソレム[*32]でのグレゴリオ聖歌は、彼女にキリストの受難を感じ取らせた[*33]。そして、修道院に参列しているひとりが、大いなる啓示の最初の道具となる詩へと彼女を導いたのである。彼女はこう語っている。「そこに、ひとりの若いカトリックのイギリス人がおり、［…］。偶然が——わたしは〈摂理〉というより偶然というほうをつねに好むので——この人をわたしにとって真に使者としたのです。というのも、この人が、形而上学的と言われている、一七世紀のイギリスの詩人たちが現にいたことをわたしに知らせてくれたからです。後になってそれらの詩人のものを読んでいるとき、わたしはそこに「愛」と題された詩を見つけました。不本意ながらまったく不充分な翻訳であなたに読んで聞かせたものです。わたしはこの詩を暗誦しました。しばしば頭痛が危機的に激しい極みにあるとき、その詩にわたしの注意力すべてを傾けて、その詩がうちにもつ優しさにわたしの魂すべてを傾けてこの詩を暗誦しようとしました。わたしはこの詩をただ一篇の美しい詩として暗誦していると思っておりましたが、知らないうちにこの暗誦は祈りの効果をもっていました。この暗誦のさなか、あなたに書き送りましたように、キリスト自身が降りてきて、わたしを捕らえたのです[*34]」、と。

以下が、わたしに訳するよう強く望まれたこの詩のテクストの翻訳である。

愛

〈愛〉はわたしに腕を開いていた。
だが罪深い、罪で穢れたわたしの魂は後ずさりした。
だがわたしが一歩踏み出したときから
わたしがためらっているのを、〈愛〉は注意深く見ており
わたしに近づいてきて、優しくこう尋ねた
何か足りないものがないか、と。
「はい、確かに、この場にふさわしい客が」、とわたしは答えた。

ところが、「それはあなたです」、と〈愛〉は言った。

「わたしが？　心がないわたしが？　優しい〈友〉よ、あなたを見つめることもできない恩知らずのわたしが？」

〈愛〉は微笑みながらわたしの手をとり、こう言った。

「そうです。わたしのほかに見ていた人がいますか？」、と。

「〈主〉よ、まったくそのとおりです。でもわたしはあなたの目を穢してしまいました！　わたしの恥がふさわしい場所に行ってしまいますように」

「あなたは誤りを負いたいと思っているのが誰かご存知ないのですか？　〈友〉よ、あなたを手助けさせてください」、と〈愛〉は言った。

「座って、わたしのご馳走を味わってください」、と〈愛〉は言った。

そこでわたしは座って、食べた。

ジョージ・ハーバート

続いて戦争〔第二次世界大戦〕が起こった。彼女がパリを離れたのは、首都が無防備都市となる決定後のことである。この無防備都市の決定があって、彼女はマルセイユにやって来たのである。マルセイユで彼女は、すべてのユダヤ人を襲った行政措置に打ちのめされた。一九四一年の夏、強制されたこの自由時間を利用して、彼女は農民と悲惨さを分かち合った。だがそれは同時に、大いなる豊かさであった。それは、目の覚めるようなキリストの発見であり、このキリストの発見について、手紙のなかで彼女はこうわたしに語っている。「「主の祈り」の暗誦のあいだ、あるいは他の瞬間、キリスト自身があらわれ、しかもそれは、キリストがわたしを最初に捕らえたときよりもいっそうかぎりなく現実的なあらわれをもって、いっそう胸を突き、いっそう明晰に、いっそう愛に満ちたあらわれであるときもありました[*35]」、と。

彼女がマルセイユに戻ってくると、受け取られた恩寵はその真価を発揮した。日曜日毎のミサは彼女にとって超自然的な生における深化である。〈聖体の秘跡〉は不可思議に彼女を魅了した。彼女は、この数ヶ月を、さきほど述べた意味で、ギリシアやインドの書き手を研究して過ごす。それは、神の愛や神との出会いをめぐる普遍的な証言の探究である。わたしたちは、その研究の講義を聴くために修道院の礼拝堂に数人の友人と集まった。

一九四二年三月、わたしはモンペリエに赴任を命ぜられた。だがわたしは頻繁にマルセイユに戻ってきており、一九四二年五月一七日に彼女が出発する前に、何度か彼女に会っていた。その後のことはご承知のとおりである。彼女のアメリカへの出発、危険のうちにふたたび戻りたいという懊悩する彼女の意志、そして、イギリスへの到着、占領された国の欠乏に与ろうという差し迫った欲求、そして、一九四三年八月二四日の彼女の早すぎた死。

イギリスでの彼女の数ヶ月について手短に語るのは不可能であるし、彼女が身を投じるよう召命を受けた状況であるため、客観的に語るのは難しい。とはいえ、忠実に証言してくれた人から集めた二、三の特徴がここに見出される。まず第一に、彼女の共感——シモーヌの生を占めていたもののひとつである――は、彼女に取り憑いて離れないものであったことを強調しなければならない。女性の友人のひとりと宴席についているときでさえ、彼女はフランス人に断たれていると自分が思い込んでいる食物を頑なに拒否した。他の人に与えるためにも彼女は自分の食物を断った。

おそらくいっそう感動的な一部始終は次のとおりである。彼女の下宿屋の女主人の子どものひとりに深刻な発達障碍があった。フランスを脅かしている憎悪のために不安に取り憑かれ、シモーヌは自分の仕事を仕上げることに専念していた。だが、美しい物語を作り出すのに何時間も費やし、その物語を子どもに語って聞かせ、子どもを歓びで照らしたのである……。

炭鉱労働者と一緒にブロット〔カード・ゲーム〕に興じていた若い大学教授資格者（アグレジェ）は、その一〇年後、戦争の熱狂のなかで、自らの永遠性に目覚め、自らの天才を割り当て、この哀れな子どもに歓びを与えるためにすべてを忘れたのである……。ここに、慈愛の秩序のうちに一挙にわたしたちを位置づけるものがある！　彼女の主張のほぼ非人間的な要求のもとに隠れている繊細さ、存在への「注意力」をあきらかにするには、あまりに手短な概略である。

それと同時に彼女は、洗礼に関して、「待機のうちに」留まっていることを女性の友人のひとりに打ち明けている*[36]。

護教の教育的概論がそうであるように、もし恩寵が論理的に働き、キリストの神性から教会という神の制度に移り行き、不可避的にカトリックの信仰を抱くことに行き着くならば、シモーヌ・ヴェイユの立ち位置については何も理解しえないであろう。実際、彼女は、魂すべてを挙げて、キリストに、神から送られた神の〈子〉であり、人間の〈救い主〉であるキリストに与していた。世界における真理の保持に必要な社会的な機構としての教会の価値を、彼女は確信していた。[*37] さらに彼女は、「超自然的なパン」を熱烈に渇望していた。「超自然的なパン」がなければ、不幸が絶望のうちを経巡るのは必至であろう。さらに、自らの哲学的な見方に依拠した彼女の章句のいくつかにもかかわらず、彼女は信仰をもっており、〈聖体拝領〉に関して現代の教会への信心をもっていた。〈聖体の秘跡〉のあらわれは、彼女を超自然的に照らし出していた。手紙のひとつで彼女はそのことをわたしにこう語っている。「わたしの心は、祭壇上にさらされている聖体のうちに永遠に移されていることを願っております[*38]」、と。

十字架をめぐる壮烈で、実に驚愕すべき愛から判断するに、彼女の深い生については、この時期、頂点に達していたようにはっきりそう思われる。この彼女の愛は、「キリストが摑んだように、キリストを摑む[*39]」のを欲する聖パウロを思い起こさせる。彼女の別れの手紙の最後の章句に思いを巡らせよう。「キリストの磔刑を考えるたびに、わたしは羨望の罪を犯しているからです[*40]」、と。

この状況で、彼女が洗礼を望んでいなかったとどうして説明しえようか。そして、もし彼女が洗礼を望んでいなかったならば、どうしてひとつの使命について語ることができようか。この序文を締めくくるために、いまわたしが取り組みたいと思っているふたつの問いがここにある。

洗礼への障碍

何年も経ってしまって、もうわからないのだが――そしておそらく一度も気に留めていなかったのだが――どうして洗礼への問いがシモーヌ・ヴェイユに起こってきたのであろうか。それはこのわたしなのだろうか。彼女の女性の友人のひとりなのだろうか。些細なことだ。キリストに心奪われ、キリストの理想に囚われ、洗礼を受けるということの意識を彼女はもたざるをえなかったのである。とはいえ、自らの悲惨さという胸を突くような感情と、とりわけ自らの忠実さと、自らの知的な立場のために、彼女自身は一度も洗礼について深く考えたことはなかった。それゆえ、〈師〉の考えに一緒に耳を傾けるために、わたしたちは福音書を繙いたのである。「もし誰かが、水と〈精神〉からふたたび生まれないならば……」[41]。この章句の大切さと美しさを彼女は一挙に理解したが、この章句から遠ざかったままでいるべきだと彼女は考えていた。「おそらく死の瞬間を除いて」[42]。

この考えはあまりにも強く彼女に取り憑いていたため、一九四二年に乗船するとき、遭難や魚雷攻撃がごく当たり前に起こりうることを考えて、女性の友人のひとりに別れの挨拶として彼女はこう述べている。「海は、美しい洗礼堂になると思いませんか」、と[43]。

一九四三年七月、わたしのベルギー人の友人がイギリスに立ち寄って、死の数週間前であったが、同じ魂の平安と姿勢のなかに彼女がいるのを見出している。シモーヌのような魂は沈黙を保つことができ、秘跡は神の秘密に留まりうる場合がいくつかあるとはいえ、彼女は最期まで自分の決意を貫いたと、はっきりそう思われる。

シモーヌのカトリックの友人たちにとって彼女の決意は残念なことであるとしても、彼女の魂の永遠の生と彼女の神とのかかわりに触れるならば、憂慮すべき懸念材料ではない。

キリストの死による復活という新たな生命のうちに入るために、キリストを帯びることによって、洗礼が〈聖霊〉からふたたび生まれる通常の手段であるならば、教会の信仰とはつねに、洗礼志願者の殉教、欲望の洗礼と血の洗礼があることであった。完璧な慈愛によって、〈父〉、〈子〉、〈聖霊〉の協働のうちに入る。シモーヌ・ヴェイユが書いたものを満たしている、痛悔、隣人への愛、〈真理〉への執着、キリストに完全に与すること、全的に神に従順であることといった感情は、あまりに輝いており、〈そのお方〉のあらわれを認めないわけにはいかない。〈そのお方〉なくして、わたしたちは何者でもない。

問題は、これよりさらに大きい。なぜ彼女は、洗礼という不可欠の責務を主張する〈師〉とこのように相容れなかったのであろうか。

わたしは喜んでこう率直に答えよう。それは神の事柄であり、神の事柄における判断はすべて、もっとも忌まわしく、もっとも罪深いこの神という言葉の意味において、無謀である危険性がある、と。「もしあなたが誤りたくないのならば、裁いてはならない」と、偉大なるアウグスティヌスはこの点について述べている。この命令のために、わたしたちの思想体系を満足させる説明を供するべきではなく、わたしたちの生にとっての教訓を引き出すべきである。わたしたちは後ほどこの点に戻ってくるであろう。

わたし個人としては、この答えに満足している。だが、次の人々にとっては安易すぎるように思われる危険性がある。神秘において神に与することこそが、もっとも偉大なことであり、またもっとも困難なことであると思わない人々にとってはそうであり、こうした人々にとってこの答えは、何らかの躓きの石にとって代わってしまうかもしれない。そのため、このことをいっそう人間的に考察してみたい。
問題となっているものをあまり複雑に考えず、自分が知らないことを語っている師や書物から受け取った考えが間違っていてもあまり当惑させられない魂にとって、道程は確かに容易であった。より正確には、もはや経巡る道はなかった。シモーヌは一挙に、中央に置かれた。聖体の秘跡の神秘は、カトリック教会がこの神秘からやってきたように、彼女に啓示されていた。彼女は聖体の秘跡の神秘を渇望していた。それゆえ、この世の〈父〉の家の扉を彼女は叩き、この超自然的な〈パン〉を希ったのである。

基本的な最初の問いは、〈真理〉に対する彼女の姿勢のうちに、あるいは、より正確には、知的誠実さをめぐる彼女の考察の仕方のうちにある、とわたしは思っている。

わたしの考えをよく理解していただきたい。シモーヌのうちにあった誠実さと真理への愛を一瞬たりとも疑ってはならない。彼女のことをよく知る人は誰もそれを疑うことはない。熱烈に真理を愛し、真理を探し求めるためだけに彼女は生きた。そしてそれゆえ、〈真理〉が彼女にやってきたのである。だが、わたしたちの対話をふたたびたどり、彼女のテクストを読み返すと、宗教的な真理の本性について、あるいは、もしこう言ってよければ、〈真理〉について、彼女は若干、間違っていたようにわたしには思われる。〈真理〉を、抽象的な真理として、数学的な真理として、彼女は考えすぎている。数学的な真理は、精神の秩序に属する知性としか関係をもたない。

探究する自由を失うことを恐れて、彼女は現実に取りかかろうとはしなかった。抽象的な真理に関してはこの態度は理解できるが、ひとりの人間に関して思い描かれるであろうか。「わたしと一緒にいない者は、わたしに対抗するものである。わたしと一緒に集まらない者は、散漫である」[*44]、とキリストは述べている。非現実的な思弁に専心している学者は、つねにすべてを疑うことを意欲し、何についても考えることを意欲している。少なくとも抽象的にであれ、それは学者の義務である。だがこの同じ学者が、自分の妻や自分の友人に対して同じように行動したらどうであろうか……!

シモーヌ・ヴェイユは、謙遜という問いについてもそうしていた。自らの判断を宙吊りにしておくことは、知性の領野における謙遜の徳である、と彼女は思い込んでいた。高みからわたしたちに与えられる真理に関して、これは間違っている。

『根をもつこと』の読者は、「意見の自由」のなかの次の章句に驚かずに目を留めることはできなかった。「出版の領野において絶対的な自由を保つのが望ましいであろう。だがそれは、いかなる度合いにおいても出版されている著作が著者とかかわりをもたず、また、読者に対するいかなる助言も含まれていないのがわかるような場合である[*45]」、と。

人間がほどき難く複雑であることを忘れている人にはおそらく魅惑的な考えであろう。純粋な知性でしかなく、本能をもたず、関心をもたない人々を思い描くことは、人間の現実を見誤らせてしまう。後で戻ってくることにつねに専心するこの方法は、あらゆる認識を不可能にしてしまうであろうとさえわたしは思っている。彼女は認識の次元におり、行動の次元ではためらっていたのであろう。ためらっている人はつねに何もなさない。いつでも疑っている人は、前に進めない。ずっと最初の定理を疑っているとしたら、幾何学の認識はどこにあるのだろう。

忠実に探し求めるとは、見出されるであろうものにひらかれていることであり、提示された解答を注意深く吟味することであり、理由が見出される前に急いで結論づけないよう意識することである。忠実に議論するとは、対立している、あるいはまだ探し求めている人々の反対意見やためらいに耳を傾け、その反対意見やためらいを心底理解することであり、真理を疑うことではない。とりわけ、真理が対立している、あるいはまだ探し求めている人々に生きた神が与えられていることである場合はそうである。「すべてを万人になす」ことはできない。異教徒は異教徒とともに、ユダヤ人はユダヤ人とともに、すべてに耳を傾けることなく、すべてを理解することはできない。だが、すべてを「救う」ためには、それぞれの事柄に含まれている真理の小片を全的な〈真理〉に導くためには、うめきながらこの真理を探し求め、謙虚に、震えつつ、忠実な弟子としてこの真理に張り付いていなければならない。

こうして教会は、対立する意見をもっとも理解し、そしてもっとも信仰に与する人をもっともよい〈教父〉としている。だが教会は、「方法的懐疑」を神学の方法として認めていない。純粋さをもって探し求めるという口実のもと、「真理を数学化する」というシモーヌ・ヴェイユの同様の傾向は、彼女の判断や姿勢に何度も見出される。彼女には段階というものがほとんどない。真実か虚偽かである。

あるいはまた、自分の友人のひとりと真理を分かち合うのを享受することは、彼女にとって、このような真理に対する裏切りであるように思われたのであろう。わたし自身もこうした経験がある。自分にとって居心地のよい人や場所によって提示されたあらゆるメッセージを、彼女は信用していなかった。この極端さは、知的傲慢というよりも、誤りであるように思われた。友人のためにある意見に与したり、心遣いからある宗教をとることは、あきらかに非難されるべきことであり、〈真理〉への裏切りである。〈真理〉は真理そのものとして、真理だけのために愛されなければならない。

〈真理〉に導くために圧力をかけることは、たとえそれが心に圧力をかけることであったとしても、おぞましい事柄である。だが、いっそう善いものをもつことを友人と分かち合うことに、いったいどんな悪があるというのだろうか。そうしないことのほうが、わたしには悪であるように思われる。プラトンによってしばしば引かれる美しい言葉によるならば、「魂すべてを挙げて」真理へ赴くならば、それは、単に精神が与することであってはならず、生の歓びであり、生を賭したものであり、もっとも高い魂の交感の土台でなければならない。友情という言葉が歓びや豊かさを意味するすべてをもって、友情が真理を探し求めることの上に打ち立てられるならば、友情は、真理の所有とその光で生きる忠実さに基づいて、いっそう美しいのではなかろうか。

神は単なる〈真理〉あるいは〈光〉なのではない。神は〈愛〉であり、〈慈悲〉であり、〈歓び〉であり、〈美〉であり、〈生命〉である。もっとも、シモーヌはこのことをよく知っている。そうであるのに、このことを忘れてしまうときがあるように思われる。そしてそれが、非人間的な印象を与え、彼女の主張のいくつかが彼女自身のものとなっていない印象を与えるのである。

しかしながら、わたしの考えをよく理解していただきたい。彼女の理想をめぐるあまりに抽象的で、あまりに知的な見方について語ることで、神そのものである真理をめぐる活き活きとした愛すべき特質を彼女が見過ごしていたと言いたいのでも、そう考えているのでもない。彼女はすすんで何度もこう語っていた。神が〈全能〉であることよりも、神が善であることを認識するほうがよい、と。さらに彼女は、直観に優れた神秘家である。

彼女その人をよく知らなくても、キリストと彼女の出会いについて彼女がわたしに語っている眩いばかりの手紙を読めば、彼女の経験が真実であると確信するのに充分である。ひたすら真理に心砕き、そして、あらゆる人間の悲惨さに兄弟に向けるような愛をひたすら傾けている彼女の魂は、キリストとの出会いにふさわしいものであった。この彼女の証言を正当に疑うことができる人がいるとはわたしには思われない。

だがそこから、わたしたちが置かれている次元における別の困難が彼女にやってきた。超‐主知主義的な彼女の傾向は、主観主義と呼ばれうるであろうもうひとつの傾向によってややこしいものとなっている。[1] シモーヌ・ヴェイユは、自らの内的な好みですべてを判断する傾向があった。彼女は読んでいるものに、自らが内面で感じているものを投影していた。彼女の魂は、一冊の本のひとつの章句に深く動かされていたのではなかろうか。とりわけ、古代エジプトの、古代ギリシアの、あるいは古代インドの聖典のなかの一冊の本のひとつの章句に。時代や場所や人物との関係において、それらの章句の意義を探し求めるということは、彼女の考えに上らなかった。「わたしは食べていた」[*46] と書いているように、彼女は本を読んでいたのではなく、本から養分を受け取っていたのである。それは彼女の権利であった。そして、格別に洗練された慈愛の次元では、わたしたちも同様にそう促されるとさえわたしは思っている。美と崇高は、どこにあろうと、神へと至る道である。

シモーヌは、過激ではあるが、きわめて美しい章句でそのことを語っている。「グレゴリオ聖歌のひとつの旋律は、ひとりの殉教者の死と同じだけの証言をしている」[*47]、と。

同様に、彼女の人生の偉大な決意において、とりわけ洗礼の問題に対して、「待機の状態」に彼女は留まっていた。高みからのはっきりした命令がないことには、自らが強いられているという衝動がないことには、彼女は何も決意しようとはしなかった。こう述べうるならば、恩寵がこの障碍を登攀して、神への〈愛〉の信仰と〈聖体拝領〉で求められる贖罪の〈受肉〉への信仰を、彼女に交わらせたのである……。

このように神による直接的で個人的な行為のうちに自らを置くことは、偉大で、美しいものをもっていることを認めなければならない。それは、信頼と愛に包まれて己れを差し出すことである。信頼と愛に包まれて己れを差し出すことは、宗教的探究の土台そのものをなすはずである。その土台は、ある知的な問題の解決であるよりも、生きた〈ペルソナ〉を待機することであり、生きた〈ペルソナ〉に出会うことである。

しかしながら、信頼と愛に包まれて己れを差し出すことに不都合がないわけではない。それだけがおこなわれ、〈教会〉の闊達な権威に基づくことなく、（科学において科学的であり、註解において註解学的であり、史学において史学的であるといった）客観的な方法の支配なく、信頼と愛に包まれて己れを差し出すことは、もっとも偉大な預言者においてもよく知られている幻想や遠近法の誤りにさらされている。信頼と愛に包まれて己れを差し出すことは、わたしたちの考えや偏見を神に帰してしまう危険を冒している。偉大な神秘家は、その危険性を告発しており、理性に、信仰に、多くの善い規範に訴える必要性を強調している。

信頼と愛に包まれて己れを差し出すことは、慢心から逃れえてもいない。なぜなら、信頼と愛に包まれて己れを差し出すことは、信仰によって照らし出された知性が真理を発見できる領野において、奇跡を当てにしているからである。

だがわたしたちが危険性を告発することができるとしても、判断するのは、かぎりなく慎みを欠いているであろう。というのも、わたしたちは神の秘密に触れているからである。

ともかく、このように個人的な直観に訴えることは、方法の誤りをなしてしまう。個別の対象が問題となるやいなや、個人的な直観に訴えるのは不完全であることがわかる。文献の発見、原典の批判や解釈によって、すべてが歪められてしまうという危険がともなう。この段階の真理に対する歴史的、客観的な方法がある。だが、いかなる発見も、いかなる段階においても、真理へと自由にひらかれていなければ、なしえない。それは真実であり、シモーヌはそのことを眩いばかりの言葉で述べている。

「ノアの息子たち」[*48]は、この点に関してまったく啓示的である。この聖書の物語はよく知られている。ノアは、植えたばかりの葡萄の実の効果を知らず、酔ってしまい、衣服を脱いで、深い眠りに落ちた。ハムはそれに気づいて、自分の父親が裸であるのを嘲る。ハムは、自分の兄弟を呼んで、父親が裸であるのをともにからかおうとした。だが兄弟たちは、敬意を払って、後ろ向きで老人に近寄り、上着をかける。絵画は、このシーンを不滅のものとしている。[*49]

目覚めたノアは敬虔な息子たちを祝福し、ハムを呪う。とりわけ、セム族によって課されたハムの悪い役回りのために、慈悲深いシモーヌは、ただちにハムを救おうとするのであろうか。それは、ハムという名と彼女が愛するピュタゴラス派の精神的な祖先が類似しているためであろうか。愛に酔って、十字架上で裸で眠るキリストのイメージのためだけであろうか。これは彼女の精神の素朴な戯れではない。というのも、彼女は自らのこの考察を、自らを洗礼から遠ざける考えのひとつとして提示しているからである。

すべてはつねに変形されている。ハムは英雄となり、神の友情に入り込む〈叡智〉の弟子となっている。ハムだけが祝福されている。他の兄弟は、ハムの精神に与っていなかったために呪われている。

このテクストを心で読む人は、このテクストの精神的な吐息と美しさ、魂の研ぎ澄まされた高揚を賛美するであろう。だが、このテクストを宗教史家として理性をもって読む人は、このテクストにおける数かぎりない不合理を指摘するであろう。眠っているノアがキリストの形象であるならば、どうしてノアが祝福を与えるときに、もはやキリストの形象ではないのであろうか。人類の宗教的な命運が、ノアの系譜にある人種に託されていないのならば、この場面は、哀れむべき家族の一場面でしかないのではなかろうか。

シモーヌの歴史家の友人たちは、この種の偏りを数多く指摘している。その友人のひとりは、わたしに次のような微笑ましいエピソードを話してくれた。——シモーヌ「でも、ヘロドトスはこう言っている……」。——友人のひとり「源泉や意義を探究して、その証言を批判しなければならない」。——憤慨したシモーヌ「どうしてヘロドトスを批判しようとするの!」。——友人のひとり

「もちろん、ヘロドトスには批判の余地があるからだよ!」

強調して申し訳ないが、ある友人のこの批判は——だからといって称賛が少なくなることはなく——その真の位置に、シモーヌの証言と使命を位置づけている。そのとき彼女は三二歳でしかなかったことを忘れてはならない。彼女の膨大な教養、彼女の直観力、彼女の語学の知識——とりわけ、ギリシア語とサンスクリット語の知識——は、自らの問題をかぎりなく増幅させていた。そして彼女の忠実さは、それらの問題の何ひとつ疎かにしようとはしなかったのである。自らの発見を整理する時間も、自らの深い学識の細部を消化する充分な時間もまだなかったことに驚いてはならない。わたしは彼女について何度も、

巨大な羽が邪魔をして　歩けないのだ![50]

というボードレール[51]の詩句を想った。

これらの見解は、彼女がどのような精神で探究していたのかの概略である。彼女が書いたもののうちで主要だと思われる三つの問いを考察したい。それは、イスラエルへの彼女の恐れ、古代宗教への彼女の愛、教会への彼女の嫌悪である。

彼女のイスラエル嫌いは、〈真理〉を探究するためにシモーヌとわたしたちが出会った最初の戦場であった。これは避けられないことであった。わたしたちは反ユダヤ主義の迫害の要塞におり、そしてマルセイユのドミニコ会は、迫害された人々のために集まり、迫害された人々に奉仕する活

動拠点であった。わたしが迫害された人々を受け入れていたことは、彼女にわたしたちドミニコ会の感情を語っていた。それに対して正反対の信条が述べられているものをわたしは彼女から受け取った。迫害に対して彼女は厳しい非難しかせず、迫害の打撃を回避するために何もしていなかったであろう。だが、旧約聖書について、そしてイスラエルの使命について、彼女は何も理解していなかった。わたしは彼女とこの問題についてしばしば語り、旧約聖書の様々な宗教的な美しさと精神的な価値を彼女に示そうとし、新約聖書のうちに茎が花や実をつけるように、ゆっくりとした神の準備の開花と輝かしい成就を見ている教会の教義を繰り返し彼女に語った。この点に関して彼女の立場が変わったとはわたしはほとんど思っていない。教会とイスラエルとの連続性をいっそうよく彼女に見せることで、彼女の石のように堅固な反対をおそらくセメントで塗り固めてしまいすらしたであろう。

繰り返しこう述べよう。シモーヌの反ユダヤ主義に、現行の反ユダヤ主義とのいかなる共通性を見出すのも、そもそもまったく無意味であり、間違っているだろう。あるいは、自らの民族を忘れようとしているユダヤ人たちと共通の精神を見出すのも、まったく無意味であり、間違っているだろう。

そうではなくわたしは、こう信じるに至った。ユダヤ人という出自は、他者とのあいだにあって自分にかかわることであり、それゆえシモーヌは、その美しい謙虚さから、極端にユダヤ人という出自を軽視する傾向があったのではないか、と。

わたしは彼女の称賛すべき両親から、こうも教えられた。幼い頃シモーヌは、親戚によって深く傷つけられたことがあった、と。そこで老婦人が、厳格主義、複雑な形式主義、万人に対する偏狭さ等々、パリサイ主義的な歪みすべてを露わにした、と。〈第一の掟〉が輝いているイスラエルの宗教的な流れは、彼女には無縁であった。キリストの十字架のうちにイスラエルの宗教的伝統の帰結とその論理的な結論を見るとき、シモーヌ・ヴェイユは深刻な誤りを犯し、部分的な歪みと神の啓示を混同し、〈聖母〉と同様に、ペテロ、ヨハネも、使徒たちも、初期キリスト者も、〈精神＝聖霊〉に大いに囚われている人々はユダヤ人であり、聖書によって育まれていたことも忘れていた。

これに加えて、進歩の観念への嫌悪のために彼女は、ユダヤ・キリスト教的な考えから隔てられていた。普遍的なものを準備するための進歩的、局所的なあらわれ、完全なものに向かうための不完全なあらわれという考えから隔てられていたのである。「天空の王国は、芥子種(からし)に類似している……[52]」

要するに、ギリシアに対する実に情熱的な自らの愛、ギリシア文明に対する自らのセンスのために、ヘブライ的な形態に対しておそらく彼女は自らを閉ざしてしまったのである。

彼女がヘブライ人を非難する大虐殺は、ヘレネ人〔古代ギリシア人〕の大虐殺と大差ない。「万軍の神」、Yaweh Sabaoth(ヤーウェ・サベイアス)という呼び名は、戦士の神を意味するのではなく、天空の軍隊、あるいは軍隊のように秩序立って整列した星々の神を意味する。

ギリシアあるいはインドの宗教的価値をめぐる彼女の愛もまた、ギリシアあるいはインドの戦闘の主題のひとつである。〈三位一体〉も、キリストも、秘跡の価値も彼女は疑っていなかった。だが、ギリシアを愛し、〈贖罪〉の普遍性に心惹かれていたため、〈三位一体〉、キリスト、秘跡の価値といった神の真理が、ギリシア人やインド人にはっきりと啓示されていたと確信していた。賢明な均衡が保たれていれば、シモーヌの主張は、たとえば、聖ユスティノス[*53]やアレクサンドリアのクレメンス[*54]といった〈教父〉の言葉と一致しえたであろう。だが、シモーヌの主張は極限まで推し進められているのだ!…… 代数の論理が歴史に耳を傾けるであろうか。ギリシアを熱烈に愛する人と知り合って、自分の問いをとことんまで追究し、テクストを客観的に吟味しえたとしたらよかった。わたしはそれを望んでいたのだが、戦争という大惨事と彼女の死がそれを許さなかった。

彼女のきわめて主観的なテクストの読み方についていまわたしが語ったことを繰り返すのは無駄であろう。異教からやって来た初期キリスト者は、おそらく彼女をいっそうよく判断したであろう。ともかく、彼女の使命をめぐって、この問題をふたたび取り上げなければならないであろう。

最後に、教会である。シモーヌ・ヴェイユは教会の基本方針に忠実であった。教会に惹かれていると感じれば感じるほど、彼女は教会の欠陥を告発している。彼女は教会の欠陥の告発を幾度となく書いている。これらに正当な意義を与えるために、教会に惹かれているからこそ教会の欠陥を告発しているという事実がけっして忘れられてはならない。

彼女にとって教会は、歴史によってそのありようが検証される制度でしかない。そもそもこのことがシモーヌの本質的な困難である。洗礼を受けていない人にとって、目に見えるかたちで、あるいは目に見えないかたちで教会に属するというただひとつの考え、神の恩寵のうちにすべての人間を包み込む神秘的な〈身体〉がただひとつ教会であるということは、彼女には無縁なままである。神秘的な〈身体〉が教会であることに、彼女は自らが抱える困難の大方の解決を見出していたであろう。

教会を愛していないと彼女は述べているが、[*55] それと同時に、教会のために死ぬ心づもりであった。[*56] それほど彼女は教会の重要性を認識していた。彼女は自らが解きほぐせない状況のうちにあると感じていた。教会の外側に留まっていれば虚偽となり、彼女の道をふさぐ困難を解決することなく教会の扉を叩けば虚偽となるのであった。

シモーヌは、矛盾した態度を誰よりも感じていた。神は恩寵を、望むときに、望むように与える。シモーヌがわたしに会いに来たとき、自分は教会の敷居にいると述べており、またまったくそう信じていた。実のところ、彼女は、自分が考えるよりも、自分を教会から遠ざける偏見の数々を、一般的な考えの数々を保持していた。マルセイユで一年間過ごしたことで彼女は、問題をいっそう客観的に捉えることができるようになった。だがその後でも、驚くほど何も知らないままであった。往々にして、自分が知らないことについて彼女は話そうとはしなかったので、なおさらそうであった。

こうして、「欲望による洗礼」という見方によって、水なしの洗礼という見方によって、あらゆる神学が、あるいは「暗々裏の信仰」に類似するものが、否応なく作り直されるであろうと彼女が書くとき、微笑まずにはいられない。また、教義における複雑な信仰のトマス的な見方を神秘家の素朴な信仰と果敢に対峙させようとするときにも微笑まずにはいられない。というのも、これらはすべて、聖トマスにおいて、完全に、明晰に提起されているからである。この聖トマスに対してシモーヌは、そのアリストテレス主義を許せないのである。

それゆえ、彼女の主張のどれほどが、ギリシア人についてあえて悪く語るジャック・マリタン[*57]に下したいと彼女が欲していた審判を下せたであろうか！

なにより、あまりに容易(たやす)く照らされる間違った考えのために、目に見えるかたちでは「魂のわが家」から彼女が引き離されていたことを想って、わたしたちは悲しく微笑む。「魂のわが家」に、少なくとも生きているかぎり、彼女は自らの開花と光り輝く平和を見出していた。だが、彼女が亡くなった後、わたしたちは自分自身の問題として考えるようになる。というのも、教会とは無関係のあまりに多くの場所で展開された彼女の考えにわたしたちは責任があるのではなかろうか。わたしたちのあまりに即物的で、あるいはあまりに近づけて語るという語り方のために、自らに託された神のメッセージにわたしたちが忠実でないために、責任があるのではなかろうか。

自ら探究する自由、自らの考えを客観視すること、および、権威による偏った見方のために自らの考えが悪い影響を受ける危険がある場所を見極めることを権威が脅かすのではないかと、そう恐れていたことのうちに彼女のおもな困難があるのではないかと疑うことができる。

彼女が手紙のなかでわたしに書いていることのうちに、そして、話しているときにわたしに見せてくれたもののうちに、彼女が善い信仰をもっているのが見て取れる。このことから、彼女の意見がほんの少し変わってきていることがわかる。事実や発見に異を唱える人は、どのような体系であれ、たとえ自由な考えあるいは無信仰であっても、体系に与する人だけである。神の子にとって現実はすべて友であり、真理はすべて兄弟である。カトリックの教えは、体系としてではなく、事実を言い表すこととしてあらわされており、その言い表された事実が神学的な考えによって体系化される。そして、聖トマスやラグランジュ神父[*58]ほどの精神の清澄さ、透明性は見出せない、とわたしは信じている。

シモーヌ・ヴェイユは、教会の教導権による決定や断罪には微妙なニュアンスがあることをほとんど理解していなかった。そして、この点にこそ、「偽りの」と「正統ではない」とのあいだの違いが暗に示しているものがある、とわたしは考える。啓示された真理に反しており、キリスト教の本質を攻撃しているために、ある章句が異端であると断罪されることがある。キリスト教の良心に引き起こす結果、方向、混乱のために、ある章句が非難されることがある。

断罪の対象となっているのは、著者の意図や真理への愛ではない。というのも、神はそれらを秘めており、著者の書いたものや述べたことだけが攻撃されているのである。

一司祭からあまりに深刻に異端と扱われているのを知って、シモーヌ・ヴェイユは動揺していた。その司祭は、彼女がはじめて語りかけた司祭であり、彼女がどれほどの熱意をもって〈真理〉にひらかれていたいと願っていたのかを知らなかった。わたしがこのことを知ったのは彼女が出発した後のことである。この司祭は正しく、彼女の考えに接した。だが彼女はそれを自らの意図を断罪するものと捉えていた。自らの意図に彼女は絶対的に真摯であろうとしていた。

シモーヌ・ヴェイユの教会に関する知識があまりにも不充分だと感じられる点を列挙するのは長すぎるであろう。そのいくつかの点は、よく知られている。

殉教者の証言について彼女は、『ポリュークト』[*59]の長い科白を嬉々として参照している。『ポリュークト』の長い科白は、「殉教者の〈行為〉」とは何の関係もない。

奇跡については、述べるべきことが多々あるだろう。おそらく彼女は正しく、卑俗すぎる考えと格闘している。だが、彼女はどこかで聞いたことを繰り返しているのであり、実例の詳細をいっさい検証していない。

同様に、「キリスト教すべてがこの考えと相容れない」と彼女が信じるときのこの考えとは、アリストテレスの考えであり、聖トマスの考えであり、ジャック・マリタンの考えである。なぜなら、かれらは、友情に関して、プラトンと異なる考えをもっていたからである。こうした断定は少々過激だと認めざるをえない！　わたしはこうした断定を、ジャック・マリタンの『認識の諸段階』、あるいは、いっそう慎ましく、『イスラエルの神秘』に素朴に立ち返らせたいと思う。もう一度言おう。シモーヌ・ヴェイユが書いたもののうち議論すべき点を列挙しないからといって、彼女のうちなる偉大なものが何ひとつ引き剝がされてしまうことはない。存在への彼女の愛、とりわけ、もっとももつべきものをもっていない存在への愛、熱烈にキリストを待ちのぞんでいたこと。その上、これらの誤解すべてにおいて、わたしたちの責任を考えずにはいられない。

彼女の使命

早すぎる死によって断ち切られた彼女の人生、矛盾に満ちた彼女の人生を見つめることで（彼女の「心は、祭壇上にさらされている聖体のうちに永遠に移されている」[*60]のであり、そして「おそらく」死の瞬間まで、洗礼を受けることを差し控えている）、彼女の使命について語ることができるであろうか。

疑う点は何もない。摂理的な出来事に意義がないものは何もない。「声がないものは何もない」。そして存在はすべて、神からのメッセージを伝える者である。同情と贖罪を呼び寄せる、その存在の罪と悲惨さによっても、あらゆる善がやってくる〈美〉をあらわし出すその存在の恩寵によっても、である。

その存在のうちに意表を突くものや神秘的なものを見出せば見出すほど、その存在によってわたしたちは深く考えさせられ、出来上がってしまったわたしたちの考えよりも高くわたしたちを上らせるはずである。それは共感のなせる業である。ぼんやりした、あるいはよそよそしい態度をとることで、物事や存在の「取るに足らない」表面にわたしたちは留まることになる。

未完成だという理由であるメッセージを退けるならば、わたしたちはもはや何も理解しなくなるだろう。というのも、すべてはこの世で未完成だからであり、そしておそらく、わたしたちの現実の世界と決定的な世界との関係とは、どのように移ろいゆくのかをもっとも露わにすることである。神たるキリストは、神から与えられたものであり、神への通路である。この神たるキリストに、どうしようもなく惹かれるのと同時に、たとえその考えが誤ったものだとわたしたちがみなしていたとしても、自らが真実だとして慈しんだ考えのために洗礼から遠ざかったままで、「洗礼志願者」としてシモーヌ・ヴェイユは亡くなった。それらの考えを彼女はふたたび問いにかけ、深め、とりわけ自らのキリスト教に組み込みたいと願っていた。

この意味においてわたしたちは彼女から多くを学ぶべきである。とはいえ、それらの評価を見誤らないでいただきたい。完璧な教え、あるいは完成された考えすらも彼女が書いたもののうちに探し求めることは、事柄を歪めてしまうであろう、とわたしは思う。若くして亡くなったために、シモーヌ・ヴェイユは自分の仕事を検討することができず、書いたものを見直すことができなかった。彼女の思考方法と同様に、わたしたちはそのことを銘記しておかなければならない。書くことによって、自分にとって仮説でしかない、あるいは誤りですらある考えを、彼女は主張しさえしていた。そうすることで彼女は、その考えの真価を確かめようとしている。それゆえ、探究の一側面や足場にほかならないこうした見解を決定的なものとして捉えるのはばかげているであろう。彼女はすさまじく深化していた。マルセイユでの彼女の一年のあいだ、わたしはそれに気づいていた。彼女が提起している問いに耳を傾けなければならない。彼女が投げかけている考えを検討しなければならない。そしておそらく、とりわけ、彼女の証言を受け取らなければならない。

真理の真価を世界に呼びかけることが、おそらくまず最初にシモーヌ・ヴェイユが担っていたものである。真理を手に入れるのは、考えや議論によってではない。自分自身によってである。「真理をなす人が、光のもとにやってくる」[*61]と福音書は述べている。幅の広いベレー帽をかぶり、大きな茶色のマントをはおり、ぶかぶかの靴をはいたシモーヌに出会ったというだけで充分であった。とりわけ、人や状況を慮(おもんぱか)ることがまったくなく、彼女にとってただひとつの〈真理〉だけを感じ取るために、自分が真実だと思うことを彼女が主張するのを耳にしたというだけで充分であった。彼女の考えを議論することはできる。だが、彼女の真摯さを疑うことはできない。

彼女の幼少期や思春期の環境をわたしが十二分に知ったのは彼女が亡くなった後であった。わたしと一緒のときも、いったいどれほどまでに「無名の」存在に彼女が徹しようとしたのかにわたしは気づくことができた。彼女の最後の手紙を受け取るまで、彼女が亡くなってから彼女の身内の方々に会うまで、彼女の人生についてわたしはほとんど何も知らなかったのである。

とりわけ、隣人が誰であっても、「自分自身のように」隣人を愛するために、その英雄的な勇気をもって彼女は「真理をなしていた」。神の秘跡について語ることが許されるならば、おそらくこうである。神を認識せずに、神に祈らずに、キリストへの信仰をはっきりとしたかたちではもたずに、神によって十字架上の神の友と交わるという壮麗な神秘的生に、彼女は一挙に近づいた。真理への情熱的で絶対的な彼女の愛は、当時は、それと知られずに、神への愛というかたちをとっていた。隣人に対するあたかも兄弟であるような彼女の同情は、大いなる光にいたるまで神を対象としているとは意識されていなかった。そしてこの大いなる光によって彼女は、慈愛が「甘美さ」となり、神の輝かしい発見となる段階まで引き上げられたのである。

もっとも、シモーヌ・ヴェイユの人生の厳格さは、彼女の人生が与えてくれる第二の教えである。彼女が外見を気にしないことのうちに感じ取ることができ、彼女と親しい人々はよく知っていた彼女の人生の厳格さは、精神的価値がないものにいっさいの関心を示さないだけではない。否むしろ、彼女は人間の苦しみに与ることに大いに関心をもっており、そしてなにより、キリストの十字架に与ることに大いに関心をもっている。

「十字架は躓きの石である」[*62]と聖パウロが語る意味において、彼女は自らのうちに「ユダヤ的なもの」を何ひとつもっていない。彼女にとって十字架は、その反対に、キリストの神性をもっとも雄信させる証しであり、キリストの神性のもっとも眩い啓示である。
「十字架に適っていること」を必然性として理解し、感受するために、どのような高みに上らなければならないのだろうか。「得たものはすべて、キリストにおいては失ったものであること」[63]を自ら見出すために、そして、苛酷であり、侮辱され、粉砕され、言葉のもっとも強い意味で十字架にかけられたもののすべてを味わうために、どのような高みに上らなければならないのだろうか。

ここで、シモーヌ・ヴェイユは、もっとも偉大なキリスト教神秘家たちの考えと結び合わされる。彼女が読んでいた十字架の聖ヨハネ[64]の考えに、彼女が知らなかったシャルドン[65]の考えに結び合わされる。十字架を冒瀆し、利己的な歓びで一生を終えてゆく人々に、こうしたメッセージをあえて苦労して伝えるべきだろうか。

続いて、忠実さである。思っていないことを言わないといった基本的な忠実さが問題となっているのでも、自分の関心や好みを入れず、実際に経験したこと以外は考えないといったより高次の段階が問題となっているのでもない。さらに、言うまでもなく、自分が経験したこと以外は考えないというこの段階は、ほぼ誰も到達できないし、すべてにおいて到達できない聖性の次元をもっている。シモーヌ・ヴェイユの主観主義について先にわたしが述べたことは繰り返さない。精神による見方との調和のなかに具体的な人生を置いている彼女の忠実さについてわたしは語っているのである。次のようなシモーヌ・ヴェイユの考えは議論すべきであろう。いくつかの宗教的理論を彼女は思弁の上で考えるときがある。その場合、自らの責任を負わずに、読み手に何も示唆することなく、すべてを主張し、すべてを否定し、すべてを保持し、すべてと格闘することができることになってしまう。だが、人生の面において彼女は、途轍もなく異なっている。

まずはじめに、自らのうちなるこの悪を取り除く努力がなされることなく、誰に対しても何も非難しえない、と彼女は意識していた。そして、彼女が自らの考えをはっきりと述べて、ある非難を明確にするとき、その非難はなによりもまず自分自身に向けられていた。

ローマ人に対して、ユダヤ人に対して、北フランス人に対して、コルシカ人に対して、さらに誰に対して彼女は手厳しいであろうか。聖職者に対して、数学者に対して手厳しいであろう。だが彼女は自分自身に対してもまったく同様に手厳しいのである。彼女は秤をひとつしかもっておらず、その秤で存在と事物を量っている。

これは、若さからくる妥協のなさのいくつかや、傷つけうる判断のいくつかに対する彼女の弁護である。シモーヌは亡くなったとき、三四歳でしかなかった。このことは忘れられてはならない。年齢と、とりわけ聖体の〈パン〉という恩寵が、至福の甘美さと、敬意とやわらかい奉仕の精神で彼女を満たしていた、とわたしは確信している。至福の甘美さは、大地を所有するものであり、敬意とやわらかい奉仕の精神は、足を洗うまでにいたるものである。彼女のことをよく知っている彼女に近しい人々は、〈真理〉に直面して、彼女がどれほどまでにこの嘆願の姿勢をもっていたのかを知っている。このことは、彼女が書いたものの偏った調子に衝撃を受け、彼女の書いたものに、知的な傲慢さ、判事の厳格さ、あるいは弁護士の巧妙さを見ようとする人々に言っておかなければならないことである。

とはいえ、真理への愛、十字架の意味、生の忠実さといったこうした特徴が、シモーヌの使命すべてをあきらかにしているのではない。また、もっとも例外的な彼女の側面をあきらかにしているのでもない。この魂はあまりに偉大であり、あまりに真剣であり、彼女が提起している問いに耳を傾けずにはいられない。なによりもまずわたし自身がそう促されるのである。

受け取られた考えの多くを彼女が批判するのをわたしたちが見るとき、彼女に耳を傾け、誠実に自らの良心の試練にかけるのがよい。知的で誠実でありさえすれば、自分と敵対する考えであったとしても、学ぶべきものがつねにある。ひとりの友人が問題になっているならば、いっそう強い理由からそうである。シモーヌが叫んでいるしかじかの誤りに気づいた後に、彼女によって提起された問いをすべて不問に付すならば、教会の子は罪深く軽薄であろう、とわたしは思う。

とりわけ、わたし自身がそうするように、彼女の精神的な生の真に超自然的な性質を認めるならば、彼女が教会に何をもたらしうるのかを自らに問わなければならない。というのも、彼女がなしたことすべてにおいて、神の〈精神〉が働いて、キリストの神秘的な〈身体〉を建立し、キリストの〈花嫁〉を美しくし、聖化しているからである。

彼女がわたしたちに与えることができる、あるいは、少なくともわたしたちに呼びかけることができる第一の教えは、高い精神的な純粋さという教えである。おそらく、彼女の神は抽象的すぎて、ストア派の人々の「運命」に酷似しすぎている。それは、彼女がとりわけ、〈父〉の注意力をめぐる主張に充分気を配ることなく、福音書に抱いていたものである。〈父〉は、地上の父以上に神の子の要求に好意的で、その要求を受け入れており、細かい点までよく見ている。絶対的に超越的であるのと同時に、かぎりなく個人的である、神であるのと同時に人でもあるという、生きた神の発見が、教会の外にいて、長くキリストと接触することなくなされうるのか、そもそもわたしにはわからない。情け容赦ない夜の〈司祭〉であり、神と近しいものを謳い上げる十字架の聖ヨハネのことをわたしはふたたび想ってみる。あるいはまた、さらにいっそう、純粋な〈行為〉の厳格な形而上学者であり、超越の神学者であり、〈聖体拝領〉を謳い上げる聖トマスのことを想ってみる。トマスの原稿が祭壇に置かれるのを、聖櫃の上にトマスの額が置かれるのを、友情深く扉が叩かれるのを見るということが時折ある。こうした例は数かぎりなく繰り返されている。

シモーヌが自らの悲惨さに取り憑かれているときもある。彼女は自らの悲惨さを〈主〉に向けて「投げかけて」おらず、自らの悲惨さから「解き放たれて」いない。

こうした留保をつけた上で、シモーヌは、その純粋さの要求からわたしたちに多くをもたらしうる。どれだけの称賛が、わたしたちの教育から受け取られるどれだけの考えが、神の光に照らされてふたたび厳しく見られるに値するであろうか！ どれだけの語り方が神にふさわしくないのであろうか！ 福音書と相反するどれだけの態度が、わたしたちの態度でありえたであろうか！ 洗礼を受けていないこの人は、精神的な価値への敬意を、十字架の意味を、そして隣人への愛を、他者のあいだにあって再検討するよう否応なくわたしたちを差し向ける。

だがおそらく、彼女がもっともわたしたちを誘（いざな）っているのは、真正に、現実に、普遍的（カトリック）であることへである。

どうかわたしの考えを理解していただきたい。どうか誤解しないでいただきたい。普遍的であるという口実のもとに、シモーヌはすべてを混同し、すべてを同化している。あるいはほぼそうしている。だが、ユダヤ教は別である……。

キリストの弟子たちは、その反対に、こう確信している。「人間を救うために、イエスの名以外の他の名を人々に与えず[*66]」、「神と人間とのあいだにいるのはこの唯一の媒介者だけであり[*67]」、そして、「イエスは、自らの死によって、すべてをイエスに惹きつけようとしている[*68]」のであり、それは、「ただひとりの羊飼いのみが、そしてただひとつの羊の群れのみがあるように[*69]」するためである、と。

そして、素朴な良識がわたしたちに知らせるのは、かぎりない真理は、対置する教えを与えうるということである。

このことを深く捉えた上で、シモーヌ・ヴェイユはわたしたちに何をもたらしうるであろうか。三つの事柄であるようにわたしには思われる。

まず第一に、時代、場所あるいは文明といった問いから独立して、人類のあらゆる精神的な価値へわたしたちの注意力を押し広げることである。善のセクト主義、魂の偏狭さは、キリスト者にふさわしくない。教会という目に見える境界があることを、聖パウロが述べているように、「教会の外にいる人々」がいることをキリスト者は知っている。だがキリスト者はまた、このことも知っている。教会という境界は、神の恩寵、「万人の、とりわけ、信徒の〈救い主[*70]〉」にとっての境界線ではないということを、自らになされた恵みのために、キリスト者は他者から引き離されず、他者にひらかれており、他者に委ねられているということを、〈父〉の家はすべての〈父〉の子を迎え入れるということを。キリスト者はまた、「普遍的な兄弟」でなければならず、あらゆる善を称賛し、あらゆる善を率直に喜ばなければならない。聖トマスにとって、神のみ心にもっとも無縁な感情とは妬みである。それは悲しみであり、神のみ心に適っているのは実体的な歓びである。[71]悲しみは善に対置されるものであり、そして神のみ心は、あらゆる善の善であり、同時に、原因であり、理想であり、目的である。聖書もまた、こう述べている。神は、神のあらゆる業を享受している、と。神の子の心もこうでなければならない。

続いて——そしてこれは、善をめぐるこの普遍的な愛の帰結であるが——布教の最良の方法は、もっとも積極的なものであろう。それは、いかなる正当な価値も破壊しないように、その反対に、その価値を完遂に導くために、自らが見出すあらゆる善を用いることに注意力を傾けるという方法である。それは、もっとも大いなる布教の方法であったものであり、ミラノ勅令[72]直後に教会がローマ人を改宗させるために用いたものである。

現代世界へのキリスト教の布教は、コミュニケーションの方法のために矮小化され、対立するもの同士の激昂によって分断され、新しくやってくる問題による責め苦に遭い、英雄主義にいたるまでの献身的で、理解ある愛を要求している。この意味でシモーヌ・ヴェイユは、真に天才的な聖性の必要性について語っている。[73]彼女のこの言葉は、わたしたちが福音をもたらすためになさねばならないあらゆる実践を理解するのに留意しておくべきもののひとつである。

最後に、シモーヌ・ヴェイユは、いっそう闊達に、贖罪の普遍性という問題に思いを巡らせることをおそらくわたしたちに促している。目に見えるかたちで教会に属していない人々すべてに対して、恩寵はどのような道をとるであろうか。ひとりの神学者がこの問題にじっくりと取り組んでいる。それは、救いに必要な暗々裏の信仰という、古典的となった問いである。だが、キリスト以前の長い人類の世紀の意識に与ることは、そして、わたしたちの惑星の規模は、この大いなる問題をいっそう具体的に提起するようわたしたちを促す。おそらく、「キリストのいないキリスト教」の宗教の価値を、間違った宗教から区別しようとしなければならないであろう。ここで、多少とも神の名を具体的に発語し、十字架にかけられた〈救い主〉との暗々裏の一致について、シモーヌによって提起された規範は――とりわけ不幸な人に対する――わたしたちの注意力を引きつける。[*74] だがここでもまた、キリスト教の信仰は、キリストによって打ち立てられた、キリストの価値を保つ秘跡と区別される。たとえ信徒が秘跡の意義に達しなくても、秘跡は人間の制度である儀式だが、たとえそれと知らずに偶像崇拝による善い信仰と神による慈悲深い恩寵によって信徒が超自然的な世界へ接近するとしても、そうである。

だがとりわけ、キリスト者ではない人に自分が投げかけられていることを、シモーヌ・ヴェイユは知っている。理性、形而上学的なあるいは歴史的な探究を疑う人々に対して、彼女の経験はこう叫ぶ。神は生きており、キリストは自分にあらわれたのだ、と。誰がこの証言を疑うことができようか。キリストに導かれるために彼女は、「キリスト教とキリスト教以外のすべてが交差する一点」[*75]に自らを暫定的に位置づける。彼女が洗礼から離れていたことは、多くの人々に対して、他者から離れないようにという配慮をしていたのであり、その人たちの言語において、その人たちの文化において、その人たちに福音を告げるための配慮であった。[*76]

多くの人々はこう想像を巡らせるであろう。ひとりのカトリック教徒、とりわけひとりの司祭による証言は、疑わしいものであるにちがいない、と。あたかもわたしたちが自ら誤らないように注意を払う他者以上の存在ではないかのように！「彼女が入っていない教会で奏でられる鐘楼」という比喩を用いて彼女が大いに楽しんでいることがあった。問題となっているのはあきらかに、キリストであるただひとつの教会に彼女が目に見えて属しているということである。

この鐘楼が、遠くから聞こえますように。信仰から隔てられた多くの人々に、キリストが生きていると、キリストがその人を愛し、その人がキリストに惹きつけられるのを望んでいると言えますように。

この呼びかけに耳を傾けてもらうために、こうした人々に向けて、彼女の魂が聞こえるこれらの頁を親愛の情を込めてここに掲げる。

J＝M・ペラン

（1）この議論すべてを通して、シモーヌ・ヴェイユにインスピレーションを与えた源泉に、とりわけアランに遡るのは容易いであろう。どのようにして彼女自身の個性がそれら源泉から解き放たれ、次第にはっきりとしてくるのかを見るのは、同じく、きわめて興味深いことであろう。

序文のつづき（ペラン神父）

この序文の長さはわたしを恥じ入らせ、後悔させるのだが、この序文の後に、シモーヌ・ヴェイユの手紙と省察をそのまま掲載してよいであろう。ここに、本書の構成を記す。前半はわたしのもっている彼女の手紙、後半は五つの論考からなっている。

手紙に関しては、状況に鑑みて、わたしの返信をほのめかすようなかたちで、時系列に沿ってそのまま掲載してある。

論考に関しては、論じられている経験の時系列に沿って掲載してある。だがそれはそもそもあまり重要ではない。というのも、これらすべては一九四二年の春に起草され、論考のひとつひとつが全体として形をなしているからである。

「神への愛のために学業を善用することについての省察」は、真理の絶対的な愛をわたしたちにあきらかにしている。その愛は、あらゆる方法の誤りやあらゆるまわりからの偏見にもかかわらず、キリストを見出すに値するものである。

「神への愛と不幸」は、彼女の工場生活の経験とかかわりをもっている。なぜなら、工場生活の経験は彼女にとって、悲惨さの消えない徴であるのと同時に、広大で神秘的な〈慈悲〉へとひらかれていたからである。

「神への暗々裏の愛の諸形態」は、それと知らずに、いつの日か、彼女の名で彼女に呼びかけた神と出会った道程を指し示している。

「「主の祈り」について」は、ようやくの思いで祈った後、彼女に訪れた精神的な生の秘密をわずかにひらいている。

最後に、「ノアの三人の息子と地中海文明の歴史」は、その美しさと奇妙さをもって、彼女の内的な葛藤の逆説的な性質を少しばかり指し示している。それは、彼女が摑まれた〈光〉と、これらの問題を彼女にもたらしている考えあるいは好みとの葛藤である。彼女のためらいがちな忠実さは、これらの問題を省こうとしていない……。

J＝M・ペラン

手紙

手紙Ⅰ　洗礼を前にしたためらい

一九四二年一月、シモーヌ・ヴェイユは、一年前から（アルデーシュ[*1]で過ごした数ヶ月を除いて）マルセイユに住んでいた。わたしもマルセイユにいた。わたしたちは頻繁に会う機会があり、彼女がわたしに手紙を書くに至ったのは、まったく例外的なことであった。そのときわたしはどこで福音を説いていたのか、いまはもう思い出せない。

わたしたちがもっとも心奪われていた主題は、洗礼について、その必然性と豊かさについてであった。シモーヌもまた、この手紙を洗礼という主題に当てている。この手紙は、わたしがはじめて彼女から受け取ったものである。

シモーヌは真剣に問題を探究しており、そしてまた、このような探究の姿勢から、彼女が神のインスピレーションと衝動を待機しているのを見て取ることができる。

序文でわたしは、内的な奇跡を当てにするこうしたやり方は不適切である、と述べた。というのも、無償で素晴らしい神の恵みを託しつつ、神はさらに、人間による手段を、つまり、神の〈言葉〉と神の〈教会〉を、わたしたちの手の届く範囲に置いたからである。

だが、神の善き歓びのうちにこのように自らを置くことを、そしてこのように神の意志にひらいてゆくことを、称賛せずにはいられない。

さらに、すぐさまこう述べよう。このように結論づけるのは、シモーヌが、洗礼というこの深刻な問いを提起し続ける妨げにはならない、と。次の手紙で、続いてわたしと彼女との対話で、彼女は頻繁にこの点に戻ってくるであろう。復活祭の後シモーヌは、彼女の女性の友人のひとり[*2]とかなり長くこの点について話している。シモーヌは、洗礼の本質的な儀礼について、何がこの儀礼の仲介となり子となりうるのかについて、詳しく教えてもらっていた。港の鉄格子越しに手を差し伸べたとき、「さようなら」と述べる代わりにシモーヌは、その友人に向けてこう述べた。「海は、美しい洗礼堂になると思いませんか」、と。[*3]

(ペラン神父)

親愛なる神父さま

一九四二年一月一九日

わたしのことに関するわたしたちの対話を終えるために——少なくとも新しい段階に至るまで——、お便りしようと決心いたしました。わたしについてあなたにお話しするのに疲れてしまっております。というのも、それは惨めな主題だからです。ですが、あなたの慈愛によってあなたがわたしにもたらしてくださる関心のために、わたしはこの主題に向かわされております。

どこに神の意志はあるのか、どのようにして神の意志に完璧に合致するようになりうるのか、神の意志についてここ数日間、自問してまいりました。これらについて考えていることをあなたにお話ししたいと思います。

三つの領野に分ける必要があります。まず一つ目は、わたしたちにまったくよらないものです。それは、この瞬間全宇宙で成し遂げられているあらゆる事柄を、続いて、完遂の途上にあるものを、あるいは、わたしたちの範囲を超えて、後に成し遂げられるよう定められているものすべてを含みます。この領野で、実際に生み出されるものすべては、いかなる例外もなく、神の意志です。したがって、この領野では、全体として、それぞれの細部に亘って、あらゆる形態の悪をも含めて、すべてを完全に愛さなければなりません。とりわけ、悪が過ぎ去ったのと同じだけ、悪それ自体の過ぎ去った罪を（というのも、悪の根源が依然としてあらわれているかぎり、悪を憎悪しなければならないからです）、過ぎ去った、いまある、そしてこれからやって来る、悪に固有の苦しみを、そして、——これははるかに難しいのですが——他者の苦しみを軽減するために呼びかけられないかぎり、ほかの人間の苦しみを愛さなければなりません。別の言い方をするならば、ペン軸とペン先を通して手が紙の硬さを感じるのと同様にはっきりと、例外なく、自分の外側にある事柄すべてを通して、神の実在とあらわれを感じなければなりません。[*4]

二つ目の領野は、意志の支配のもとに置かれた領野です。その領野は、純粋に自然なもので、近くにあり、知性と想像力の助けを借りて、容易に表現しうる物事を含みます。その物事のなかで、決められた有限な目的を目指して、決められた手段を超えて、選択し、配置し、組み合わせることができます。この領野では、義務としてはっきりとあらわれるものすべてを、欠けることなく、遅れることなく、行使しなければなりません。どのような義務もはっきりあらわれないときには、多少とも恣意的に選択された、揺るぎない規則を守らなければならない場合もあれば、かぎられた範囲ですが、傾向に従わなければならない場合もあります。というのも、罪のもっとも危険なひとつないしもっとも危険な罪のありようは、おそらく、本質的に有限である領野に無限を置くことにあるからです。

三つ目の領野は、意志の支配のもとに設えられず、自然な義務であるのに、そうであるにもかかわらず、わたしたちと完全に独立していない物事の領野です。この領野においてわたしたちは、神の強制を堪え忍んでおります。ただしそれは、わたしたちがその強制を堪え忍ぶに値する場合であり、その値する程度に応じてです。神は、注意力と愛をもって神を考える魂に報います。そして、神が魂に報いるのは、厳密に、数学的に比例した強制を魂の注意力と愛に行使することによってです。このように押しやられることに身を委ねなければならず、神の強制が導く正確な点にまで走らなければならず、たとえ善の方向だとしても、その点より一歩も余計に進んではなりません。同時に、愛と注意力以上のものを絶えずもって神を考え続けなければならず、そうすることでつねにいっそう押しやられなければならず、永遠に増大してゆく魂の部分を素早く摑む強制の対象とならなければなりません。強制によって魂すべてが素早く摑まれるならば、その人は完全性の状態のうちにあります。ですが、その人がいる何らかの段階で善を目指していなくとも、どうにも抗し難く押しやられるもの以上には何も成し遂げようとしてはなりません。

わたしは秘跡のあるべき姿についても自問しました。そして、わたしが秘跡をどう思っているのかについてもお話しさせていただきたいと思います。

秘跡は、神秘的であるのと同時に現実的な接触である、ある種の確かな神との接触を意味するかぎり、それ自体特別な価値をもっています。それと同時に秘跡は、象徴と儀式として、純粋に人間的な価値をもっています。この二つ目の局面において秘跡は、ある政党の歌、身振り、命令の言葉と本質的に異なりません。少なくとも秘跡はそれ自体としてはそうです。秘跡がかかわる教義によって、秘跡はある政党の歌、身振り、命令の言葉とかぎりなく異なるのはもちろんのことです(1)。信者の大半は、正反対のものによって説得されるいくつかのものも含めて、象徴と儀式としてのみ、秘跡との接触をもっている、とわたしは思っております。宗教を社会的なものと混同するデュルケーム[*5]の理論はあまりに愚かであるとはいえ、デュルケームの理論には真理が含まれています。すなわち、社会的な感情は、宗教的な感情と見紛うほどに似ているということです。社会的な感情が宗教的な感情に似ているのは、偽物のダイヤモンドが本物のダイヤモンドに似ているのと同様であり、それは、超自然的な識別をもたない人々を見誤らせるのに効果的です。ともかく、秘跡が儀式であり象徴であるかぎり、社会的に、人間的に秘跡に与（あずか）ることによって、進むべき道がこの道程に刻まれている人すべてに、段階として、優れて救いがもたらされます。とはいえそれは、秘跡そのものとして秘跡に与ることではありません。精神性のある水準以上にいる人だけが、秘跡そのものとして秘跡に与ることができるのだとわたしは思っております。この水準以下にいる人は、その水準に達していないあいだは、秘跡に与っていても、厳密に言えば、教会に属していません。

　わたしはといえば、この水準以下にいると思っております。そのため、先日あなたに申し上げましたように、わたしは自分を秘跡に値しないとみなしております。こう考えるのは、あなたがそう思っていらっしゃったように、過剰なためらいからではありません。こう考えるのは、深刻で、恥ずべき、行為と人間関係の秩序のなかでよく定義されている誤りの意識に基づいてのことです。その誤りは、あなたがそう判断されたように、確かに深刻で恥ずべきでさえあるもので、さらにそれは、かなり頻繁にやってくるものです。そのいっぽうでその誤りの意識以上に、不充分さという一般的な感情に基づいております。わたしが自分をこう表現するのは、謙遜からではありません。というのも、おそらくもっとも美しい徳である謙遜という徳をもっているならば、わたしはこのように、不充分さという惨めな状態のうちにはいないでしょう。

　わたしに関する事柄を終わらせるために、自分に向かってこう言います。わたしを教会の外に押し留めておくある確かな抑制は、わたしが置かれている不完全性の状態に、そして、わたしの召命と神の意志がわたしの不完全性の状態において対立してしまうことによっているのだ、と。わたしが不完全性の状態に置かれていることについて、もし恩寵がわたしを助けてくれるとしても、わたしを教会の外に押し留める抑制を直接的に癒やすことはできず、ただ間接的に、不完全性を和らげることができるだけです。この効果のために、ただ、自然的な物事の領野で誤りを避けるよう努めなければなりません。そのいっぽうで、神を考えることにおいて、つねにいっそうの注意力と愛を注がなければなりません。もし神の意志が教会にわたしが入ることであるならば、神がわたしにその意志を課することにわたしが値するまさにその瞬間に、神は神の意志をわたしに課するでしょう。

わたしの召命と神の意志が、教会にわたしが入ることに反してしまうことについてですが、もし神の意志が、わたしが教会に入ることでないならば、どうしてわたしは教会に入ってゆけましょう。あなたがわたしにしばしばこう繰り返されたことをわたしはよく覚えております。すなわち、洗礼は――少なくともキリスト教の国々では――救いに至る一般的な道であり、わたしが例外的な道をとるいかなる理由も絶対にないのだ、と。これはあきらかなことです。とはいえ、この道を通ることが、実のところ、自分に属することではないであろう場合に、そこでわたしは何をなしうるのでしょうか。神に従順であることで地獄に堕ち、神に不従順であることで救われるということが考えられうるとしても、それでもやはりわたしは、神に従順であることを選択するでしょう。

いまのところ、わたしが教会に入らないことが神の意志であるとわたしには思われます。というのも、すでに申しましたように、いまもなお、わたしを教会の外に押し留める抑制が、他の瞬間よりも、注意力、愛、祈りの瞬間にいっそう強く感じられるからです。とはいえ、わたしの考えは、ご説明したように、教会に属することと相容れないということはないと、したがって、精神的には教会とわたしは無縁ではないと、あなたに申し上げようとすることに、途轍もない歓びを感じております。

人類のきわめて大きな部分が物質主義に侵されているこの時代に、神とキリストに身を委ねていながら、教会の外に留まっている男女がいるのを神が欲していないかどうかを自問し続けるのを、わたしはやめることができません。

ともかく、具体的に、近々ありうることとして、自分が教会に入ってゆく行為を思い描くとき、信仰をもたない大勢の不幸な人々から離れてしまうと考える以上に、わたしを苦しめるものはありません。人間のあいだで、異なる人間の環境のあいだで過ごすことを、わたしは本質的に必要としており、それを召命といってよいと思っております。それは、その人たちに紛れ、同じ色彩を纏い、少なくとも意識がそれに反しないかぎり、その人たちのあいだで消え去ることによってです。それは、あるがままで、わたしに対して装わないで、その人たちが自らの姿を見せることができるためです。その人たちをあるがままに愛するために、その人たちを認識したいとわたしは願っているのです。というのも、その人たちをあるがままに愛さないのであれば、わたしが愛しているのはその人たちではなく、わたしの愛は真実のものではなくなります。その人たちを助けることについて語っているのではありません。というのも、その人たちを助けることは、残念ながら、いまのところ、わたしにはまったくなしえないからです。いかなる場合でも、特殊な衣服によって、大多数の人から自分を切り離さないために、ある宗教の秩序のうちに自分が入ることはけっしてないであろうと思っております。特殊な衣服によって大多数の人から離れてしまうのは大したことではない、と考える人がいます。なぜならそうした人は、自らの魂の自然的な純粋さによって、すでに大多数の人から離れてしまっているからです。その反対にわたしは、あなたに申し上げたと思いますが、すべての、あるいはほぼすべての犯罪の萌芽を自らのうちにもっております。あなたに語ったような状況のなかで、とりわけ旅をしているさなかに、そのことをはっきりと悟りました。犯罪はわたしを恐れさせましたが、驚かせはしませんでした。わたしは自らのうちに犯罪の可能性を感じていたのです。犯罪がわたしを恐れさせたのは、わたしが犯罪の可能性を自らのうちに感じてさえいたからです。この本性の資質は危険であり、とても苦しいものですが、あらゆる種類の本性の資質と同様、恩寵の助けに適って使用する術(すべ)を心得ているならば、この本性の資質は善に役立つことができます。この本性の資質は、言うなれば、無名に留まるという召命が、どんなときでも、一般的な人間の気質とすぐに溶け合うことを意味します。ところで、今日、精神状態は、宗教者と世俗の人とのあいだよりも、カトリックである人と信仰をもたない人とのあいだに、いっそうはっきりした境界が、いっそう大きな隔たりがあるようです。

「人々の前で、わたしによって顔を赤らめる人は誰でも、わたしはその人によって、わたしの〈父〉の前で顔を赤らめるでしょう」[*6]とキリストが述べたことをわたしは知っております。ですが、キリストによって顔を赤らめることは、おそらく、万人にとって、そしてあらゆる場合において、教会に与(くみ)しないことではありません。キリストによって顔を赤らめることは、ある人々にとっては、ただキリストの教えを実行しないことを、キリストの精神を光り輝かせないことを、その機会が訪れるときにキリストの名を崇めないことを、キリストへの忠誠によって死ぬ心づもりができていないことを意味することになります。

あなたと衝突する危険を冒しても、わたしはあなたに真実を申し上げなければなりません。あなたと衝突することは極度に堪え難いことであってもです。わたしは、神、キリスト、カトリックの信仰を愛しております。それらを愛するには、惨めにも不充分なひとりの存在に属している範囲においてです。聖人が書いたものや聖人伝を通してわたしは――自分には十全に愛することも、聖人とみなすこともできない幾人かを除いて――聖人を愛しております。わたしの人生において、偶然出会った真正の精神性をもった六、七人のカトリック信者を愛しております。カトリックの典礼、歌、建築、しきたり、儀式を愛しております。ですがわたしは、わたしが愛するすべてと教会とのつながりを超えて、いかなる程度においても、厳密に言って、教会への愛をもっておりません。教会を愛している人に共感することはできますが、わたし自身は、教会への愛を感じていないのです。すべての聖人が教会への愛を感じていたことをわたしはよく知っております。ですが、ほぼすべての聖人はまた、教会のなかで生まれ、育ったのです。いずれにせよ、人は、自らの意志で自らに愛を与えることはありません。わたしに申し上げられるすべては、もし教会への愛が、わたしの知らない、精神が進歩する条件を形作るのであれば、あるいは、教会への愛がわたしの召命の部分をなしているならば、いつの日か教会への愛がわたしと一致することを望んでいるということです。

おそらく、わたしがあなたに説明してきた考えの一部は現実的に根拠のないもので、悪しきものです。ですが、ある意味では、それはわたしにはどうでもよいことです。わたしはこれ以上議論したくありません。というのも、これらをよく考えた上で結論に達したからです。それは、わたしが教会に入るということがありうるかという問いを、もういっさい考えないという純粋で素朴な決意です。

わたしが教会に入るということがありうるかという問いをいっさい考えずに、何週間、何ヶ月、あるいは何年もいた後で、ある日、突然、すぐさま洗礼をお願いしたいという抗い難い衝動を感じることは、大いにありうることです。そのときは、すぐさま洗礼をお願いしにまいります。というのも、心のうちなる恩寵の歩みは、密やかで、沈黙しているからです。

おそらくまた、わたしの人生は、教会に入りたいという衝動を一度も感じることなく終わるでしょう。ですが、ひとつのことは絶対に確かなことです。それは、洗礼という恩寵に値するほど充分に神を愛する日がやってくるならば、まさしくその日に、飽くことなく、神が望むかたちで、いわゆる洗礼という手段によるにせよ、まったく別の仕方でにせよ、わたしはこの恩寵を受け取るでしょう。そのとき、わたしはどうして不安を感じるでしょう。わたしについて考えることは、わたしにかかわる事柄ではありません。わたしにかかわる事柄は、神について考えることです。わたしについて考えるのは神に属することです。

この手紙はとても長くなりました。またもや、ふさわしくない、多くの時間をあなたにとらせてしまうでしょう。お許しください。わたしの言い訳は、少なくとも、暫定的に、この手紙が結論をなしているということです。

心から感謝しております。

シモーヌ・ヴェイユ

（1）教会の信仰において、とりわけ神が定めたということのために、秘跡はある政党の歌や身振りや命令の言葉とは異なる。秘跡を望み、秘跡に効果を与えるのは、〈主〉イエスである。

手紙Ⅱ　（承前）

数日後、手紙か実際に会ってかは覚えていないが、わたしはシモーヌに返信か返答をし、この長い追伸を彼女は付け加えた。このことは、結論が結論となっていなかったことを証(あか)ししている。

「「自分の居場所」をもつことはエゴイズムとなりえますが、おそらく、迎え入れる可能性と、わたしたちの兄弟に、「その人たちの居場所」を提供する手段となりえます。〈父〉のこの世での〈家〉である教会のうちに入り、そうすることで教会が、ニューマン[*1]の言葉によれば「魂の家」となることで、何とも、誰とも切り離されません。その反対に、キリストに与(あずか)るとは、あらゆる場所の、あらゆる時代の、キリストの兄弟たる人間すべてに自らを与えることです」。

他者に自らを閉ざし、何よりも悪い、パリサイ主義[*2]や善のセクト主義がある。〈主(しゅ)〉がこれらを罵っていることが、このことを充分証ししている。シモーヌがそのことをひどく嫌っていたのは、もっともなことである。

しかし、人間に神の価値を与えて、人間を不当に神格化する人間中心主義、人類の宗教がある。

教育による自由主義、両親の極度の寛大さ、人間愛、哲学への傾倒のために、客観的真理をあまり認めない傾向が彼女にはある。シモーヌ・ヴェイユが人間中心主義の宗教の危険性を感受するのにこれらはほとんど影響を与えていない。おそらくこれらの傾向のために、人間中心主義の宗教の危険性に対して彼女は不自由ですらある。

そのどちらをも超えて、真の人間性に抱かれて、真の神を降りてこさせる〈受肉〉がある。

〈受肉〉は、キリスト者を人間と神に近づけ、すべてを混同するためではなく、すべてを救うために、万人にすべてをなすようキリスト者を促す。教会の子は、自らが「普遍的な兄弟」でなければならないことを知っている。教会の子が述べる「わたしたち」には、教会の子の〈父〉の「わたしたち」が〈父〉と相反することは何もない。というのも、まさしく、あらゆる人間の名において、教会の子は祈り、そして、「わたしたち、カトリックは」と述べるときですら、排除の意味ではけっしてなく、自らが現に存在していることを確かめるために「わたし」と述べる子どものように、この「わたし」は、魂に対してと同じく、身体に対しても、自分が成年に達するであろうすべてを含み、呼びかける。

はっきりとしており、広く遍（あまね）く人間的である彼女の姿勢は、同時に純粋に神的であり、六通目の手紙が語るであろう彼女の天才的な聖性を形作っている。

次の点は銘記すべきである。たとえば中世に繰り広げられた嘆かわしい偏見は、教会やキリスト教のメッセージに帰せられるべきではなく、その反対に、中世の不完全さがキリスト教の聖人の上にのしかかったのである、と。

（ペラン神父）

親愛なる神父さま

この手紙は、暫定的な結論です、とあなたに申し上げた手紙の追伸です。あなたに対する追伸はこれだけにしたいと思っております。あなたを困らせることをわたしはとても恐れております。ですが、そうであっても、これをご自身で受け取ってください。わたしの考えをあなたに述べなければならないとわたしが思っているとしても、それはわたしの誤りではありません。

最近に至るまで、教会の敷居でわたしを留めた知的な障碍は、このようにあるわたしをあなたが受け入れてくださるのを拒まない以上、厳密には取り除かれたものとみなすことができます。とはいえ障碍は残っております。

よく考えれば、これらの障碍は、このことに収斂されると思います。わたしを恐れさせるのは、社会的なものとしての教会です。教会の穢れがその原因であるだけではなく、教会が、他の特徴のなかで、社会的なものであるという事実によります。わたしがきわめて個人主義的な資質をもっているのではありません。その反対の理由のために、わたしは恐れているのです。わたしは自分のうちに、群れる強い傾向をもっております。本性的な資質によって、わたしは極度に影響を受けやすいのです。過剰に影響を受けやすく、とりわけ、集団的な物事に対してそうなのです。この瞬間、わたしの前で二〇人の若いドイツ人がナチスの歌を合唱していたら、わたしの魂の一部は、すぐさまナチスに染まってしまうことをわたしは知っております。ここに、とても大きな弱さがあります。ですが、わたしはそういう人間なのです。本性の弱さと正面から闘うことは何の役にも立たないと思っております。義務が暴力を危急に要請する状況において、あたかも本性の弱さをもっていないかのように振る舞うには、暴力を行使しなければなりません。そして、日常生活の流れのなかで、本性の弱さをよく認識し、慎重さをもって本性の弱さを考慮に入れて、本性の弱さを善用するよう努めなければなりません。というのも、本性の弱さには善用の余地があるからです。

カトリックの環境のなかに現に存在している教会の祖国愛をわたしは恐れております。現世の故郷に向けられる感情という意味でわたしは祖国愛を理解しております。わたしは祖国愛を恐れております。なぜならわたしは、伝播によって祖国愛をもつことを恐れているからです。教会が、祖国愛の感情を吹き込むに値しないと思っているからではありません。そうではなく、祖国愛のような感情をいっさい自分は欲していないからです。欲するという言葉は適切ではありません。祖国愛のような感情はすべて、その対象が何であれ、自分にとっては有害であることを知っておりますし、確信をもってそう感じております。

聖人たちは、〈十字軍〉、異端審問所を是認しました。聖人たちは間違っていたと考えずにはいられません。意識の光を認めないでいることはわたしにはできません。もしわたしが、聖人たちよりはるかに下にいるこのわたしが、聖人たちよりも明晰に見ている点があると考えるならば、この点に関して、聖人たちはとても力強い何ものかによって盲目にさせられていたと認めないわけにはいきません。この何ものかとは、社会的なものとしての教会です。社会的なものとしての教会が聖人たちを悪しくしたのならば、社会的なものとしての教会は、どのような悪を、社会的影響にとりわけ脆（もろ）く、聖人たちよりほぼかぎりなく弱いわたしに振りまくでしょうか。

この世界の王国についてキリストに向けられた次の悪魔の言葉以上にはるかに遠く聖ルカにおけるまで赴く何ものもかつて述べられなかったし、書かれませんでした。「そこに張り付いているあらゆるこの権能と栄光をあなたに授けよう。というのもそれは、わたしと、わたしがその一部でありたいと欲する存在すべてに委ねられているからである」[*3]。ここから帰結されるに、社会的なものは、抗（あらが）い難く、悪魔の領域です。肉体はわたしと述べるように促し、悪魔はわたしたちと述べるように促します。あるいはまた、独裁者のように、集団的な意味をもったわたしと述べるよう促します。そして、悪魔の使命そのものに応じて悪魔は、神の、神の紛い物の、過った模造品を作り出します[*4]。

共同体にかかわるすべてを社会的なものによってわたしが理解することはなく、ただ、集団的な感情を理解するだけです。

教会もまた社会的なものであるのは避け難いことをわたしはよく知っております。教会が社会的なものでなければ、教会は現に存在してはいないでしょう。ですが、教会が社会的なものであるかぎり、教会はこの世界の〈王者〉に属しています。教会が真理の保持と伝播の機構であるために、わたしのように、社会的な影響に過剰に弱い人間にとって極度の危険が教会にはあります。というのも、このように、もっとも純粋なものともっとも穢れているものとは、同じ言葉のもとで、類似しており、混同されており、ほぼ解きほぐせないほど混じり合っているからです。

そこに入る人誰しもを温かく迎え入れる心づもりがあるカトリックの場所が現に存在しています。ところが、この場所に採用されることを、「わたしたちは」と述べる場所に住まい、この「わたしたちは」の一部になることを、どのような場所であれ、人間の場所で居心地よくあることを、わたしは望んでおりません。望んでいないと述べるだけでは、わたしはうまく表現できておりません。というのも、そうあることをとても望んでいるからです。これらはすべて甘美なものです。ですが、これらはすべて自分には許されていないとわたしは感じているのです。自分がひとりでいることを、例外なく、どんな人間的な場所とのつながりにおいても、見知らぬ者であり、追放された者でいることが自分には必要であり、自分に命じられているとわたしは感じております。

このことは、わたしが過ごすどんな人間の場所とも溶け合い、そこで消え去るというわたしの要求についてあなたに書いたことと矛盾しているようですが、実のところ、これは同じ考えです。わたしが過ごす人間の場所で消え去ることとは、その場所の部分になることではなく、万人のうちに溶け込む力量とは、わたしがいかなる部分にもならないということを意味します。

ほぼ表現しえないこれらの事柄をあなたに理解していただけるように書けているのかどうかわたしにはわかりません。

この世界に関してこう考えることは、秘跡の超自然的な特性を念頭に置くならば、惨めに思われます。ですが、まさしく、自己のうちなる、超自然的なものと悪との不純な混合を、わたしは恐れております。

飢えは食べるという行為よりもはるかに不完全ですが、食べるという行為と同様に現実的な、食物との関係です。

おそらく、このような本性の資質、気質、過去、召命、等々をもっている人間において、秘跡を欲し、そして秘跡に与らないことは、秘跡に与るよりも純粋な接触を形作ることができると考えられます。

わたしにとってそうであるのかどうかはまったくわかりません。これは例外的なものであろうこと、そして自分が例外でありうると認めるには、つねにばかげた思い上がりがあることをわたしはよく知っております。ですが、例外的な性格は、他者との関係における優越性からではなく、往々にして劣等性から生じうるものです。それがわたしの場合であろうと思っております。

何はともあれ、あなたに申し上げたように、いかなる場合においても、秘跡との真の接触が現実にありうるとは思っておりません。ただ、こうした接触がありうると感じ取れるだけだと思っております。いっそう強い理由から、現在、秘跡とのどのような種類のかかわりが自分にふさわしいのか、本当にわからないのです。

あなたにすべてを委ね、わたしについて決めていただきたいとあなたにお願いしたいと思うことがあります。ですが、結局、そうすることができません。そうする権利がわたしにはないのです。

とても大切な事柄において、障碍を乗り越えることはないとわたしは思っております。障碍が幻想の権能から生じる場合、障碍が消失するまで、しかるべく長く、障碍を見つめます。わたしが障碍と呼ぶものは、善の方向でなされる一歩一歩乗り越えなければならないといった種類の不動性とは別のものです。わたしにはこの種の不動性の経験があります。障碍はこの種の不動性とはまったく別のものです。障碍が消失する前に障碍を乗り越えようと欲するならば、埋め合わせという現象の危険を冒します。その人のところから悪魔が去り、続いて、その人のところに七人の悪魔が戻ってきた人についての福音書のくだりが暗示している埋め合わせだとわたしには思われます[*5]。

適った状態ではない状態でわたしが洗礼を受けた場合、たった一瞬であっても、たったひとつの後悔の内的な動きであっても、いつか後悔の念をもつかもしれないという素朴な考えが、わたしをぞっとさせます。たとえわたしが、洗礼は救いの絶対的な条件であるという確信をもっていたとしても、自らの救いのために、この危険を冒そうとは思いません。この危険を冒さないという確信をもたないかぎり、洗礼を差し控えるという選択をわたしはするでしょう。こうした確信が芽生えるのは、従順によって行為していると考えるときだけです。従順だけが、時間によって傷つけられないものです。

わたしの前にあるこのテーブルの上にわたしの永遠の救いが置かれているとしても、そして永遠の救いを得るために手を伸ばしさえすればよいとしても、その命令を受け取ったと思わないかぎり、わたしは手を伸ばさないでしょう。少なくともわたしはそう信じたいのです。そして、わたしの救いではなく、それが、過去、現在、未来の人間すべての永遠の救いであるとしても、同じようにそうすべきであろうと思っております。そうすると、わたしはそのことで苦しむことになるでしょう。ですが、わたしだけの問題でしたら、まず苦しまないであろうと思われます。というのも、その全体性としての、すなわち、十字架に至るまでの従順そのもの以外にわたしは何も望んでいないからです。

とはいえ、こう述べる権利をわたしはもっておりません。こう述べることで、わたしは嘘をついております。というのも、もしわたしがこのことを欲するならば、それを手に入れるでしょうから。そして実のところ、あきらかな責務の完遂を何日もずっとわたしは遅らせてしまっております。そのあきらかな責務とは、それ自体、実行するのが容易で素朴で、そしてそのありうる結果は他者にとって重要なものです。

ですが、わたしの惨めさについてあなたにお話しするのは、長すぎますし、また、面白味のないことでしょう。そしてそれはおそらく、有益なことではありません。ただし、わたしのことに関して、あなたが間違いを犯さないためであることを除いてです。

心より深謝いたしております。これが形式的なものではないことをあなたならわかってくださると思っております。

シモーヌ・ヴェイユ

手紙Ⅲ　出発について

一九四二年四月一六日

神父さま

予期せぬことが起こらないかぎり、お目にかかれるのはこの一週間が最後となります。わたしは今月の終わりに出発しなければなりません。

わたしたちがテクストの選択についてゆっくりと時間をかけて話し合えるようお許らいいただければよいのですが、それは無理だろうと思っております。

わたしは出発したいとはまったく思っておりません。苦悶しつつ出発いたします。自分に決心させる見込みの予測があまりに不確かなので、この予測はわたしをまったく元気づけてくれません。実現の可能性は薄いですが、それを放棄しないようにしてきた、わたしを導き、わたしのうちに何年ものあいだ住まっている考えは、数ヶ月前に、多大なる寛大さをもってあなたがわたしを助けてくださいましたが、成功はしなかった企てにかなり近いものです。

状況の進行の確実な速さから考えて、留まるという決心こそが、わたしの意志の働きであろうとわたしには思われます。実のところ、それがわたしを突き動かす主たる理由です。そして、わたしのいっそう大きな願望は、意志のすべてを失うことだけでなく、存在そのもののすべてを失うことです。

　何ものかがわたしに出発するように言っているようにわたしには思われます。それは感性的なものではないとはっきりと確信しているので、わたしはその何ものかに身を任せることにいたします。何ものかに身を任せることは、たとえわたしが間違っているとしても、最終的にはわたしを善い港に導くと思っております。

　わたしが善い港と呼ぶところのものは、ご存知のように、十字架です。いつの日か、キリストの十字架に与（あずか）るのに適うことがわたしに与えられないとしても、少なくとも善い盗賊[*1]の十字架に与るのに適うでしょう。福音書で取り上げられているキリスト以外の他のすべての人のなかで、善い盗賊は、わたしが遠くから、もっとも羨望している人です。磔刑にかけられているあいだ、キリストの傍で同じ状態にあることは、キリストの栄光において、キリストの右側にいるよりはるかに羨ましい特権であるようにわたしには思われます。

　出発する日が近づいておりますが、わたしの決心は、まだまったく撤回できないほど固まっているわけではありません。それゆえ、思いがけないかたちで、あなたがわたしに助言を与えてくださるならば、ありがたいです。ですが、わたしの出発についてとりたてて深く考えてくださるには及びません。あなたには考えなければならないもっと大切なことが沢山おありです。

ひとたび出発してしまえば、状況からして、いつかあなたにふたたびお目にかかれる可能性は薄いとわたしには思われます。来世でお目にかかることについては、ご存知のように、わたしはそのように物事を思い描いてはおりません。ですが、これはさして重要なことではありません。あなたが現に存在しているということが、わたしのあなたに対する友情には充分です。

激しく苦悶しつつ、フランスに残すすべての人について、とりわけあなたについて考えるのをわたしはやめることができないでしょう。ですが、これもまた重要なことではありません。何が起ころうとも、あなたにはどんな悪も及びえないとわたしは思っております。

時間が経つにつれて、日々、増大してゆく、わたしがあなたに負っているものが、離れている距離によって妨げられることはないでしょう。というのも、離れている距離のためにわたしがあなたについて考えないということはないからです。そして、神のことを考えずには、あなたについて考えることはありえません。

子としてのわたしの友情を信じてください。

シモーヌ・ヴェイユ

追伸

わたしにとって、この出発において、苦しみや危険から逃れることが問題になっているのではないということを、あなたはご存知でいてくださると思っております。わたしの苦悶は、まさしく出発することで、自分の意に反して、自分で気づかずに、とりわけしたくないことを――すなわち逃げるということをするという恐れからやってきております。これまでここで、とても静かに暮らしてきました。もしこの静けさが、わたしが出発した直後に消えてしまうのではと考えると、恐ろしいのです。そうなるにちがいないという確信があるならば、わたしは留まるつもりでおります。もしあなたが、予想できる事柄をご存知でいらっしゃるならば、お伝えくださるようお願いいたします。

別れの手紙

手紙Ⅳ　精神的自叙伝

読まれる前に　追伸

シモーヌ・ヴェイユの両親はフランスを離れる決心をして、彼女自身は、とても悩んだ末に両親に従う決意をした。戦争と占領の不幸のうちにある自らの兄弟をいっそう効果的に助けられるのではないか、という希望に突き動かされてのことである。

わたしはモンペリエにおり不在であったため、シモーヌは、「精神的自叙伝」と彼女自らそう名指すであろうこの長い手紙を、乗船する前に、わたしに書く機会があったのである。

（ペラン神父）

この手紙はおそろしく長いものです。ですが、わたしはおそらくもうすぐ出発しなければならず、お返事いただく必要はありません。ですので、手紙の内容を理解していただくのに何年かけていただいてもかまいません。でもいつか理解していただきたいと思っております。

マルセイユから。五月一五日頃

神父さま

出発する前に、おそらくこれが最後になると思いますが、わたしにはあなたにまだお話ししておきたいことがあります。というのも、あちらからだと、おそらくあなたのお手紙を受け取っても、わたしは時々しか手紙を送ることができなくなるだろうと思うからです。

あなたに甚大なものを負っているとわたしは申し上げました。それが何であるのか、できるだけ正確に、できるだけ誠実にお話ししたいと思います。わたしの精神状態がどのようなものであるのかを本当にご理解いただけるならば、わたしを洗礼に導けなかったことを悲しまれる必要はまったくないと存じます。ですが、あなたにご理解いただけるかどうかわかりません。

あなたはわたしにキリスト教の息吹もキリストももたらしてくださってはいません。というのも、わたしがあなたにお会いしたときには、そうしたことはもうなされるべきことではなく、いっさいの人間の思惑なしになされていたからです。もしそうでなかったとしても、暗々裏にのみならず、意識の上でも、わたしがすでに捕らえられていなかったとしても、あなたはわたしに何も授けてはいなかったでしょう。というのも、わたしはあなたから何も受け取ってはいなかったであろうからです。あなたに対するわたしの友情は、わたしにとって、あなたのメッセージを拒む理由であったでしょう。というのも、神に関する事柄の領野において、人間の影響によって指し示される誤謬や幻想の可能性をわたしは怖れていたからでしょう。

全生涯に亘って、いかなる瞬間にも、わたしは神を探し求めたことは一度もないと申し上げることができます。おそらくこのために、といってもこの理由は多分に主観的すぎるでしょうが、神を探し求めるという表現は好きではありませんし、わたしには偽りのように思われます。思春期から、神の問題は、この世では解決しえない問題であり、神の問題を誤って解決するという考えられる最大の悪とわたしに思われるものを避ける唯一の確かな方法は、神の問題を提起しないということでした。こうしてわたしは神の問題を提起しませんでした。肯定も否定もしていなかったのです。神の問題を解決することは無益だとわたしには思われました。というのも、この世界のうちにあってわたしたちがなすべきことは、この世界の問題に対して最善の態度をとることであり、そして最善の態度とは、神の問題の解決によらない、とわたしは考えていたからです。

少なくともわたしにとってこのことは真実でした。というのも、ひとつの態度を選択するのに、わたしは一度も躊躇したことがないからです。ただひとつのとりうる態度としてキリスト教的な態度をわたしはつねにとってまいりました。いわばわたしは、キリスト教の息吹のうちに生まれ、育ち、つねに留まっていたのです。神の名ですらわたしの考えのうちにいかなる場所ももたなかったときに、この世界とこの生の問題に関して、キリスト教的な見方をもっておりました。それは、キリスト教的な見方が携えているもっとも特別な考えとともに、明白で厳密な仕方でです。キリスト教の考えのいくつかは、わたしのうちにあって、思い出が遠ざかってゆくように遠くにあります。そのほかのキリスト教の考えについては、いつ、どのようにして、どのようなかたちでわたしに課されたのかを知っております。

たとえば、来世について考えるのをわたしはつねに禁じてまいりましたが、死の瞬間は生の規範であり、目標であるとつねに信じておりました。自らに適ったように生きている人にとって、死の瞬間は、時間の無限小の断片に対して、純粋で、裸の、確かな、永遠の真理が魂のうちに入ってくる瞬間であると考えておりました。わたしは自分に対して他の善を望んだことは一度もないと述べることができます。この善へと導く生は、単に一般的な道徳によって規定されるのではなく、それぞれにとってこの生は、一続きの行為と出来事のうちにあると考えておりました。一続きの行為と出来事は、その人にとって厳密に個人的なものであり、傍を通り過ぎる人は目標を見失ってしまうほどに避けられないものです。わたしにとって召命とはこのようなものでした。感性あるいは理性から生じる召命とは本質的に、明白に異なる衝動における、召命によって課された行動の規範をわたしは知っており、こうした衝動が生じたときに、たとえこの衝動が不可能なことを命じていたとしても、この衝動に従わないのは、わたしには最大の不幸に思われました。それゆえわたしは従順を思い描き、そしてこうした見方を、工場に入り、工場に留まったときに試練にかけたのです。先日あなたに告白した強烈で絶え間のない苦しみのあの状態であったにもかかわらずです。考えられるもっとも美しい生とは、状況による強制によってであれ、このような衝動によってであれ、すべてが決定されており、いかなる選択の余地もけっしてない生であるようにわたしにはつねに思われました。

一四歳のとき、思春期の底なしのその絶望のひとつに落ち込みました。そしてわたしは自分の生来の能力の凡庸さのために、死ぬことを真剣に考えました。パスカル[*1]に比肩される幼少期を送ったわたしの兄[*2]の驚くべき才能が、わたしをそう意識させたのです。外的な成功が得られないのを悔やんだのではなく、真に偉大な人間だけが入るべき、真理が住まうあの超越的な王国に近づくのをいっさい望めないことを悔やんでいたのです。真理なく生きるよりは死ぬほうがましに思えました。内的な暗闇の数ヶ月を過ごした後、突然、そして永遠に、こう確信したのです。どんな人間でも、たとえその生来の能力がほとんどなくても、ただ真理を欲し、そして真理に到達する注意力の努力を絶え間なくするならば、天才に約束されている真理のあの王国に入り込むのだ、と。たとえ才能がないために、この天才が外的に目に見えることがなくとも、その人もまた天才となるのです[*3]。後になって、頭痛のためにわたしが併せ持つわずかな能力の上に、おそらくあまりに素早く決定的に課される麻痺がのしかかるときに、結果に対するほぼいかなる希望ももたないような注意力の努力において、一〇年のあいだ、こうした確信をわたしはもち続けたのです。

真理の名のもとにわたしは、美、徳、あらゆる種類の善も包み込んでおりました。そのため、わたしにとって問題となっているのは、恩寵と欲望のあいだの関係という見方でした。わたしが受け取っていた確信は、パンを望むときに石を受け取ることはないということです[*4]。ですがこの時期、わたしは福音書を読んでおりませんでした。

欲望がそれ自体によってあらゆる形態のもとで精神的な善というこの領域で効果をもっているとわたしは確信しておりました。それと同様に、精神的な善以外のいっさいの領域において欲望は効力がないものでもありうると思っておりました。

貧しさの精神に関しては、不幸にも弱々しく、わたしの不完全性と相容れる程度において、この精神がわたしのうちにない瞬間を思い出すことはありません。聖フランチェスコ[*5]のことを知るやいなや、わたしは聖フランチェスコに取り憑かれました。いつの日か境遇によってわたしは聖フランチェスコが自由に入っていった放浪と物乞いの状態に強制的に押しやられるであろうとつねに信じ、願っておりました。少なくとも放浪と物乞いの状態を経ずに歳を重ねるとは考えておりませんでした。さらに、牢獄についても同様です。

わたしはまた幼児期から、隣人への慈愛というキリスト教的な考えももっておりました。福音書にしばしば見られる、あまりに美しい隣人への慈愛にわたしは正義[*6]という名を与えました。この点に関して、それ以来、何度も深刻な欠陥をもったことをあなたはご存知かと思います。

神の意志を受け入れるという義務は、それがどのようなものであっても、すべてのうちで第一のものとして、もっとも必要なものとしてわたしの精神に課されておりました。それは栄誉を失わなければ得られないものであり、ストア派の運命愛(amor fati)[*7]というかたちでマルクス・アウレリウス[*8]においてあらわされているのを見出して以来、そうでした。

純粋さという考えは、ひとりのキリスト者に対してこの語が指し示しうるすべてとともに、一六歳のときにわたしを捕らえました。それは、数ヶ月間、思春期に自然に起こる感情的な不安を経た後のことでした。純粋さという考えは、山の景色を眺めているときにわたしにあらわれました。そして少しずつ、抗い難く課されていったのです。

もちろんわたしの人生の見方がキリスト教的であるのはよくわかっておりました。それゆえ、キリスト教のうちに入ってゆけるであろうということが精神に一度も上ることがなかったのです。わたしはキリスト教の内側で生まれたという印象をもっております。ですが、人生に対するキリスト教的な見方にキリスト教の教義そのものを付け加えるのは、明証性によってその教義に強制されるのでなければ、誠実さを欠いたものにわたしには思われたでしょう。教義の真理の問いが問題としてわたしに課される際に、あるいはまた、単に教義という主題への確信に到達するのを望むときでさえ、誠実さを欠いているように思われたのでしょう。わたしは、知的誠実さについてきわめて厳密な考えをもっております。ひとつ以上の点において知的誠実さを欠いていないと思われる人に一度も会ったことがありません。そのためわたしはつねに、自分自身が知的誠実さを欠いているのではないかと怖れております。

このように、教義に関与していないため、ある種の恥じらいから、教会のうちにいたいと思いながら、教会に赴かないでおりました。とはいえ、わたしは真に重要なカトリシズムとの接触を三度もっております。

わたしが工場に入っていた一年後、教職に戻る前に、わたしの両親がわたしをポルトガルに連れてゆきました。そしてそこでわたしは両親と離れ、ひとり小さな村に入ってゆきました。わたしは身も心もいわばずたずたでした。工場での不幸との接触がわたしの若さを殺してしまったのです。それまでわたしは自分自身の不幸以外に不幸の経験がありませんでした。そして自分自身の不幸はさして重要ではないようにわたしには思われ、それは、生物学的・社会的なものであり、そもそも半分の不幸でしかありませんでした。この世界には多くの不幸があるのをよく知っており、わたしはそれらの不幸に取り憑かれておりましたが、長く接触することによって、それらの不幸を確かめたことは一度もありませんでした。工場に入り、万人の目にも、自分自身の目にも、名のない大衆に紛れ、他者の不幸がわたしの肉体と魂のうちに入ってきたのです。何ものも、その不幸からわたしを引き離しませんでした。というのも、わたしは本当に自分の過去を忘れてしまい、いかなる未来も期待しておらず、この疲労を生き延びることができるとは想像しえなかったからです。わたしが工場で堪え忍んだことは、今日でもなお続いているほどにわたしのうちに深く刻み込まれており、ある人が、それが誰であれ、どのような状況においてであれ、粗暴にではなくわたしに話しかけるとき、これは何かの間違いにちがいなく、その間違いは、残念ながらおそらく消えてしまうだろうという印象をもたざるをえないのです。工場でわたしは、奴隷の徴（しるし）を永遠に受け取ったのです。それは、自分たちのもっとも軽蔑する奴隷の額にローマ人が押し当てた焼きごての徴としての奴隷の徴です。それ以来わたしはつねに自分を奴隷とみなしてきました。

　このような精神状態にあって、そして惨めな身体の状態にあって、まさしく守護聖人[*9]の祭りの日の満月の夜に、わたしはポルトガルのあの小さな村に、ひとりで入っていったのです。その村も、ああ、あまりに惨めでした。その村は海辺にありました。漁師の女たちが、列をなして小舟のまわりを廻り、手に蠟燭を携え、胸が引き裂かれるような悲しみをもって、紛れもなくとても古い賛美歌を歌っておりました。いかなる考えもその歌に与えることはできません。ヴォルガの曳舟の労働者の歌を除けば、これほど胸を突くものをわたしはかつて一度も聴いたことがありませんでした。そのときわたしは突然、キリスト教は優れて奴隷の宗教であり、奴隷はキリスト教にしがみつかずにはいられないのだと、そしてわたしもそのひとりなのだと確信したのです。

一九三七年、わたしはアッシジで素晴らしい二日間を過ごしました。比類のない驚くべき純粋さを保っているサンタ・マリア・デリ・アンジェリの一二世紀のロマネスク様式の小さな礼拝堂のなかにひとりでおりました。そこは、聖フランチェスコが、頻繁に祈りを捧げた場所です。そのとき、わたしより強い何ものかが生まれてはじめてわたしを跪かせたのです。

一九三八年、枝の日曜日[*10]から復活祭の火曜日までの一〇日間をソレム[*11]で過ごし、すべての聖務に参列しました。強烈な頭痛がしていました。音のひとつひとつが、殴られたような苦痛をわたしに与えました。そして渾身の注意力をもってわたしはこの惨めな肉体の外に出て、肉体だけをその片隅に押し込めて苦しませ、歌と言葉のかつてない美しさのうちに純粋で完全な歓びを見出すことができたのです[*12]。この経験からわたしは、アナロジーによって、不幸を通して神の愛を愛しうる可能性をいっそうよく理解することができたのです。この聖務のあいだ、キリストの〈受難〉の考えがわたしのうちにはっきりと入ってきたのは言うまでもありません。

そこに、ひとりの若いカトリックのイギリス人がおり、その人はわたしにはじめて、秘跡の超自然的な徳という考えを授けてくれました。それは、聖体拝領の後に身に纏っているように思われた実に天使のような閃光によってです。偶然が――わたしは〈摂理〉というより偶然というほうをつねに好むので――この人をわたしにとって真に使者としたのです。というのも、この人が、形而上学的と言われている、一七世紀のイギリスの詩人たちが現にいたことをわたしに知らせてくれたからです。後になってそれらの詩人のものを読んでいるとき、わたしはそこに「愛」と題された詩を見つけました。不本意ながらまったく不充分な翻訳であなたに読んで聞かせたものです。わたしはこの詩を暗誦しました。しばしば頭痛が危機的に激しい極みにあるとき、その詩にわたしの注意力すべてを傾けて、その詩がうちにもつ優しさにわたしの魂すべてを傾けてこの詩を暗誦しようとしました。わたしはこの詩をただ一篇の美しい詩として暗誦していると思っておりましたが、知らないうちにこの暗誦は祈りの効果をもっていました。この暗誦のさなか、あなたに書き送りましたように、キリスト自身が降りてきて、わたしを捕らえたのです。

神の問題は解決不可能であろうというわたしの推論のうちに、この世で、人と人とが出会うような人間と神とのあいだの真の接触の可能性を予想しておりませんでした。わたしはこの種の事柄が話されるのを漠然と聞いたことがありましたが、この種の事柄をけっして信じてはおりませんでした。『小さな花（*Fioretti*）』[*13]におけるキリストのあらわれの物語は、福音書における奇跡と同様に、他の事柄よりもわたしを意気阻喪させました。そうであるにもかかわらず、このように突然キリストによってわたしが捕らえられたことには、意味も、想像力も、いっさい役割を果たしませんでした。わたしはただ、苦しみを通して、愛する人の微笑のうちに読み取る愛に似た愛のあらわれを感じただけです。[*14]

わたしは一度も神秘家のものを読んだことはありませんでした。なぜなら、神秘家のものを読むよう命じられたと感じたことは一度としてなかったからです。本を読むことにおいてもわたしはつねに従順を実践しようと努めてきました。知的な深化に関してそれ以上望ましいものはありません。というのも、わたしはできるだけ飢えているものだけを読むからです。そして飢えているときわたしは読まず、食べます。神はわたしに慈悲深く神秘家のものを読むのを遠ざけたのです。それは絶対に予期しえぬ神秘家との接触が、わたしの作り出したものではないことがわたしにあきらかになるためにです。

とはいえ、わたしはまだ、わたしの愛ではなく、わたしの知性をなかば拒否しておりました。というのも、真理への純粋な配慮からそうするならば、神に抵抗しすぎることはけっしてありえないのは確かだとわたしには思われましたし、今日でもそう思っているからです。キリストはキリストよりも真理のほうを好むことを望んでいます。というのも、キリストはキリストである前に真理であるからです。真理へと赴くためにキリストから遠ざかるならば、遠からずキリストの腕に抱かれるでしょう。

こうしたことを経てわたしは、プラトン[*15]は神秘家であり、『イーリアス』[*16]全篇はキリスト教の光で満たされており、ディオニュソス[*17]とオシリス[*18]は、ある意味ではキリスト自身であると感じたのです[*19]。そしてそのことによってわたしの愛は増大してゆきました。

イエス[*20]が神の受肉であったのか否かをわたしは一度も自分に問うたことはありませんでした。ですが、実のところ、イエスを神として考えずにイエスのことを考えられませんでした。

一九四〇年の春、『バガヴァッド・ギーター』[*21]を読みました。奇妙なことですが、眩いばかりの、きわめてキリスト教的な響きをもった、神の受肉の教えが鏤（ちりば）められた『ギーター』の言葉を読んでいたときに、美しい一篇の詩に取り憑かれるのとはまったく別の宗教的な真理に、まったく別の範疇に取り憑かれるといった宗教的真理にわたしたちは負っているのだと強く感じたのです。

とはいえ、洗礼の問題を自分に課すことができるとは思っておりませんでした。キリスト教ではない宗教に関する、そしてイスラエルに関するわたしの感情を――そして実のところ、時間と省察によってその感情は強まっていったのですが――誠実に捨て去ることはできないと感じておりました。そしてそれは絶対的な障碍であると思っておりました。ひとりの司祭がわたしに洗礼を授けようと考えうる可能性すら想像だにしておりませんでした。もしあなたに出会っていなければ、わたしは、実際問題として、洗礼の問題を自分に課すことはけっしてなかったでしょう。

このような精神的な深まりのあいだずっと、わたしは一度も祈ったことがありませんでした。わたしは、祈りがもつ暗示の力を怖れておりました。パスカルが勧める祈りがもつ暗示の力[*22]です。パスカルの方法は、信仰に至るためのもっとも悪い可能性のひとつだとわたしには思われました。

あなたと接触することによってわたしは、祈るということに納得できませんでした。その反対に、あなたに対するわたしの友情という暗示の力もまた用心すべき危険性であると、それだけいっそうわたしには思われました。それと同時に、祈らないでいることを、そしてそれをあなたに申し上げないでいることをとても気詰まりに感じておりました。そしてそれをあなたに申し上げれば、わたしに関して、あなたに過ちを犯させることを知っておりました。そのときわたしはあなたに理解してもらうことはできなかったでしょう。

　昨年の九月まで、ただの一度も人生で、少なくとも言葉の文字通りの意味で祈るということがわたしにやってくることはありませんでした。一度も声に出して、あるいは心のなかで、神に言葉を向けることはありませんでした、一度も典礼の祈りを口にしたことがありませんでした。「サルヴェ・レジナ（*Salve Regina*）」[*23]をときどき暗誦しましたが、それはただ美しい一篇の詩としてでした。

　昨年の夏、T…〔ティボン〕[*24]とギリシア語をやっていたとき、「主の祈り」[*25]をわたしはティボンに一語一語ギリシア語で読んで聞かせました。「主の祈り」を暗誦することをわたしたちは約束し合いました。ティボンは暗誦しなかったと思います。わたしもそのときはしませんでした。ですが、数週間経って、福音書を繙いていて、「主の祈り」を暗誦するつもりだったのだから、そしてそれは善いことなのだから、そうすべきだと自分に言い聞かせたのです。わたしは「主の祈り」を暗誦しました。「主の祈り」のギリシア語のテクストのかぎりない優しさが、そのときあまりにもわたしを摑んだので、数日間わたしは「主の祈り」を絶えず暗誦せずにはいられませんでした。一週間後わたしは葡萄摘みを始めました。仕事の前に毎日わたしはギリシア語で「主の祈り」を暗誦し、葡萄畑で何度も繰り返しました。

　それ以来わたしはただひとつの務めとして、絶対的な注意力をもって、「主の祈り」を毎朝一回暗誦することを自らに課しました。暗誦しているあいだ、自分の注意力が散漫になったり、あるいは眠っていたりする場合には、たとえそれがごくわずかであっても、絶対的に純粋な注意力をもう一度獲得するまでやり直しました。こうして、純粋な歓びからもう一度やり直すときもありましたが、そうしたいと欲する場合にかぎってそうしました。

「主の祈り」の暗誦の効果は驚愕すべきもので、毎回わたしを驚かせます。というのも、わたしは毎日暗誦するのですが、その効果は毎回わたしの期待を上回るからです。

最初の数語がもうすでにわたしの思考をわたしの身体から切り離し、遠近法も視点もない空間の外側の場所にわたしの思考を置くときもあります。空間がひらかれます。知覚による通常の空間の無限性が、二乗された、あるいはときには三乗された無限性によって置き換えられます。同時に、このかぎりない無限性は沈黙によって隅々まで満たされます。音の不在ではない沈黙、積極的な感覚の対象である沈黙、音の感覚よりも積極的な沈黙によって満たされるのです。もし騒音があるならばそれは、この沈黙を通り過ぎた後でなければわたしに到達することはないのです。

「主の祈り」の暗誦のあいだ、あるいは他の瞬間、キリスト自身があらわれ、しかもそれは、キリストがわたしを最初に捕らえたときよりもいっそうかぎりなく現実的なあらわれをもって、いっそう胸を突き、いっそう明晰に、いっそう愛に満ちたあらわれであるときもありました。

出発するということがなければ、これらすべてをあなたに申し上げる責任を負うことはけっしてできなかったでしょう。そして、わたしはおそらく死ぬかもしれないと思いながら出発する以上、これらのことを黙っている権利がわたしにはないと思われます。というのも、結局のところ、これらすべてにおいて、わたしが問題となっているのではないからです。問題となっているのは神だけです。これらのことについてわたしはまったく何ものでもないからです。神における誤りというものを想定しうるならば、これらすべては、誤りによってわたしのうちに降りてきたとわたしは考えるでしょう。ですがおそらく神は、ごみ、できそこない、くずを利用するのを好まれます。結局のところ、聖体拝領のパンにはカビが生えるでしょうが、それにもかかわらず、司祭によって聖別された後は、キリストの〈身体〉となるのです。[*26] ただ、わたしたちは不従順であることができるのに、パンはそうなるのを拒絶できないということです。あまりに慈悲深く扱われ、わたしの罪のすべてが、致命的な罪であるはずだとわたしに思われるときがあります。そしてわたしは絶え間なく致命的な罪を犯しております。

あなたはわたしにとって父のようでもあり、兄のようでもあるとわたしはあなたに申し上げました。ですが、こう申し上げることで、アナロジーを表現しているにすぎません。こう申し上げることはおそらく、深いところでは、愛情、感謝、称賛の感情にのみ照応しております。というのも、わたしの魂の精神的方向に関しては、神自らがはじめからその方向を手で摑み、それを保っているとわたしは思っているからです。

そうであるからといって、わたしがひとりの人間に対してそうありうるかぎり、あなたにもっとも大きなものを負っていることに変わりはありません。わたしがあなたに負っているものが正確に何であるのかは次のとおりです。

まずはじめに、わたしたちが出会って間もない頃、あなたは一度、わたし自身の奥底にまでいたる言葉をわたしにおっしゃいました。あなたはこうおっしゃったのです。「よく注意しなさい。というのも、あなたの誤りのために、大きな事柄の傍らを通り過ぎてしまっているのならば、それは残念なことでしょうから」、と。

こうおっしゃってくださることでわたしは、知的誠実さの義務をめぐる新たな局面に気づかされました。それまでわたしは知的誠実さを信仰に対峙するものとしてのみ捉えておりました。それは恐ろしいことのように思われますが、その反対にそうではありません。このことは、わたしがわたしの愛すべてを信仰の傍らに感じてきたことを支えていました。あなたがおっしゃることは、わたしのうちに、わたしの知らないうちに、信仰に対する不純な障碍、偏見、習慣がおそらくあることをわたしに考えさせました。何年ものあいだ、「おそらく、これらすべては真実ではない」とだけ自分に言い聞かせた後で、そう言い聞かせるのをやめずに――現在でも頻繁にそれを言い聞かせているのですが――、「おそらく、これらすべては真実である」という反対の言葉と結び合わせて、これらふたつの言葉を交互に入れ替えなければならない、とわたしは感じたのです。

それと同時に、自分にとって洗礼の問題を現実の問題とすることで、真正面から長いあいだ、間近から、注意力の充溢をもって、信仰、教義、秘跡を、わたしが見極め、成し遂げなければならない責務を担っているものとみなすように、あなたはわたしを促してくださいました。あなたが促してくださらなければ、わたしはけっしてそうしなかったであろうと思います。そしてそうすることはわたしには必要不可欠なことでした。

ですが、あなたの多大なるご親切は別次元のものでした。同等のものに一度も出会ったことがないようなあなたの慈愛によってあなたはわたしの友情を独占し、人間の事柄のうちに見出しうるもっとも力強く、もっとも純粋なインスピレーションの源泉をわたしにお与えになりました。というのも、いっそう強烈にずっと神へと向けられた眼差しを保つために、神の友に向けられた友情より力強いものは人間の事柄にはないからです。

あなたがこれほど長く、そして多大なる優しさをもってわたしを寛容さで包んでくださったことによって、何よりもあなたの慈愛の広がりがどれほどのものであったのかがわかります。わたしが冗談を言っているように思われるかもしれませんが、そうではありません。わたしに対する嫌悪や排斥を感じるのに、あなたがわたしと同じ動機（わたしがあなたにいつか書いたことがあるもの）をもっていないのは真実です。ですが、そうはいっても、わたしに対するあなたの忍耐は、超自然的な寛大さからのみやってくることができるものだとわたしには思われます。

あなたに与えうる最大の失望をわたしはあなたに与えずにはいられませんでした。ですが、いまに至るまで、祈りのあいだに、ミサのあいだに、あるいはミサの後に魂のうちに残る光線の眩さのうちに、わたしはしばしば洗礼の問題を持ち出しておりましたが、一度も、一秒も、わたしが教会に入ってゆくことを神が望んでいるという感覚を抱いたことはけっしてありませんでした。わたしは一度も、不確実さの感覚を抱いたことがありません。いまのところ、神はわたしが教会のなかへ入るのを望んでいないと結論づけることができると思います。それゆえ、どうかまったく嘆かないでください。

神はわたしが教会に入ることを少なくともいまのところ望んでいません。ですが、思い違いでなければ、神の意志は、これから先も、おそらく死の瞬間を除いて、わたしが教会の外に留まることであるようにわたしには思われます。とはいえ、わたしはつねに、どのようなものであれ、あらゆる命令に従う心づもりがあります。地獄の直中（ただなか）に赴き、そこに永遠に留まりなさいという命令にも、わたしは歓びをもって従うでしょう。この種の命令に対する嗜好があると申し上げたいわけではもちろんありません。こうした倒錯をわたしはもっておりません。

キリスト教は、あらゆる召命を、例外なく、キリスト教のうちにもっていなければなりません。なぜなら、キリスト教は普遍的（カトリック）だからです。教会も同様です。ですが、わたしの目には、キリスト教は道理の上では普遍的ですが、実際はそうではありません。多くのものが教会の外にあります。わたしが愛し、捨て去るのを望まない多くのものが、神が愛している多くのものが、教会の外にあります。というのも、もしそうでなければ、こうした多くのものが現に存在していることはなかったでしょう。この二〇世紀を除く、過ぎ去った何世紀にも亘るあらゆる膨大な広がりが。有色人種が住んでいるあらゆる国が。白色人種の国におけるあらゆる世俗の生が。白色人種の国の歴史のなかで、マニ教[27]やアルビジョワ[28]の伝統のように異端と糾弾されたあらゆる伝統が。あまりにしばしば堕落していますが、まったく無価値ではない、ルネッサンス由来のあらゆるものが。

キリスト教は道理の上では普遍的であるのに、実際はそうでないとすると、道理の上でわたしは教会の一員であっても、実際にはそうではありません。そしてそれは、一時のあいだだけではなく、わたしの全生涯においてそうなのです。

しかしそれはただ道理上かどうかということではありません。神がわたしに反対のことを命令しているという確信を神がわたしに与えないかぎり、それはわたしにとっての義務だと思っております。

向こう二、三年の責務、裏切りがなければ、ほぼ欠かすことができないようなあまりに厳密な責務は、真に受肉したキリスト教の可能性を大衆に露わにすることだと、わたしは考えておりますし、あなたもまたそう考えていらっしゃいます。一度も、現に知られている全歴史において、地球全体を通して、魂が今日のようにこれほど危険な状態にある時代はありませんでした。青銅の蛇に眼差しを投げかける人誰しもが救われるために、ふたたび青銅の蛇が上げられなければなりません。[*29]

しかし、すべてはあまりにすべてと結び合わされているため、キリスト教が真に受肉しうるのは、わたしがさきほど定義した意味で、キリスト教が普遍的（カトリック）である場合にかぎられます。キリスト教が自らのうちにすべてを、絶対的にすべてをうちにもっていなければ、どのようにしてヨーロッパの国家という肉体をキリスト教はめぐることができるのでしょうか。もちろん虚偽でないならばです。ですが、存在するもののすべてのうちには、たいていの場合、虚偽よりも真実のほうに多くの時間が割かれています。

この緊急事態に関してあまりに強烈で、あまりに苦しい感情をもっているので、もし、生まれたときから佇んでいる、キリスト教とキリスト教以外のすべてが交差する一点を離れてしまうならば、わたしは、真実を、すなわち、わたしが見て取る真実の様相を裏切ってしまうでしょう。

わたしはつねに正確に、キリスト教とキリスト教以外のすべてが交差する一点に、教会の敷居に、動かずに、不動のままで、（patientia よりもはるかに美しい言葉である）ἐν ὑπομονῇ（エン ヒュポモネー）〔堪え忍んで〕、留まっておりました。いまだけ、わたしの心は、祭壇上にさらされている聖体のうちに永遠に移されていることを願っております。

H…〔エレーヌ・オノラ〕[*30]が、多大なる善意をもって授けてくれた考えのはるか彼方にわたしがいるとあなたは思っていらっしゃいます。わたしはまた、いかなる責め苦を感じるよりはるか彼方にもいるのです。

もしわたしが悲しみを抱いているならば、それは何よりもまず、境遇によってわたしの感性のうちに永遠に刻み込まれた永続的な悲しみからやってくるものです。そのわたしの感性の上に、もっとも大きな、もっとも純粋な歓びがただ重なり合うことができるだけであり、それは、注意力の努力を払ってのことです。続いて、わたしの惨めで、絶え間なく続く罪によってです。さらに続いて、この時代のあらゆる不幸、過ぎ去った全世紀のあらゆる不幸によってです。

わたしがずっとあなたに抗っていたとご理解いただけるはずだと思っております。とはいえそれは、司祭であるあなたが、真正の召命によって教会のなかに入らないでいるのをお認めになられる場合です。

もしそうでなければ、わたしの側に誤りがあるのであれ、あなたの側に誤りがあるのであれ、わたしたちのあいだには、無理解という障壁が残るでしょう。そうすると、わたしのあなたに対する友情という点に鑑みて、わたしは悲しむでしょう。なぜならその場合、あなたに対して、あなたの慈愛によってわたしに向けられた努力と欲望のすべてが失望となるでしょうからです。そして、わたしに誤りがないのに、忘恩のために自分を責めるのを抑えられないでしょう。というのも、繰り返しますが、わたしはあなたにかぎりないものを負っているからです。

わたしはあなたの注意力を一点に呼び覚ましたいのです。それは、キリスト教の受肉に対して絶対に乗り越えられない障碍があるということです。それは、anathema sit〔破門〕というささやかな二語の使用です。この二語が現に存在するということではなく、この二語がこれまで行使されてきたということです。このこともまた、わたしに教会の敷居を越えられなくさせるものです。このささやかな二語のために、教会は普遍的な集まりの場であるのに、教会に入ってゆけないすべての存在の側にわたしは留まっております。自分自身の知性が研ぎ澄まされればされるほど、これらの存在の側に留まっております。

キリストの受肉は、個人と集団とのあいだの関係の問題を調和的に解決することを意味します。ピュタゴラス的な意味における調和です。[*31] 相反するものの正確な均衡です。この解決は、人間がまさしく今日渇望しているものです。

知性の状況は、この調和の試金石です。なぜなら、知性は、特別で、厳密に個人的な事柄だからです。この調和は、知性がその場に留まり、障碍なく、知性の役割を十全に果たし、満たすところどこにでも現に存在します。この調和は、キリストの魂のあらゆる部分に亘って、磔刑のあいだの苦しみに対するキリストの感受性について、聖トマス[*32]が見事に述べているものです。

知性に固有の働きはすべてを否定する権利をもち、いかなる支配も受けない、全的な自由を要求します。知性が全権を握って命じているところではどこでも、過剰な個人主義があります。知性の居心地が悪いところではどこでも、ひとつか、いくつかの抑圧的な集団があります。

教会と国家は、それらが非難の対象としている行為を知性が勧めるときには、それぞれのやり方で知性を処罰すべきです。知性が純粋に理論的な思弁の領野に留まっている場合、人生の規範において、あらゆる有効な手段を用いて、いくつかの思弁が実際に影響を与える危険性に対して、必要とあれば、大衆に警戒を呼びかける義務を、教会と国家はなおもっています。ですが、知性による理論的な思弁がどのようなものであれ、教会と国家は、知性による理論的な思弁を窒息させようとする権利も、知性による理論的な思弁の作り手にいかなる物理的ないし精神的な損害を課する権利ももっておりません。とりわけ、もし知性による理論的な思弁の作り手が望むのであれば、その人たちから秘跡を奪うべきではありません。というのも、その人たちが何を言ったとしても、たとえその人たちが現に神が存在することを公に否定したとしても、その人たちはおそらく何も罪を犯していないからです。同様の場合、教会は、その人たちが誤りのうちにあることを声高に述べるべきですが、どのようなものであれ、その人たちが言ったことをなかったことにさせたり、人生の〈パン〉を奪ったりすることを要求すべきではありません。

集団は教義を見張るものです。そして教義は、愛、信仰、知性といった三つの厳密に個人的な能力にとってじっと見つめられる対象です。それゆえ、ほぼ原初のはじまりから、キリスト教において個人は居心地が悪く、とりわけ、知性の居心地は悪いのです。このことは否定しえません。〈真理〉そのものであるキリスト自身が、評議会のような会衆を前にして話す際には、最愛の友と一対一で話す際の言語をもちえなかったでしょう。そしておそらく空疎な言葉に直面して、矛盾しており、虚偽であると真に迫ってキリストを糾弾しえたでしょう。というのも、神自らが敬意を払っている自然法則のひとつのために、太古の昔から神は自然法則を欲しているため、たとえ同じ言葉からなっていても、集団の言語と個人の言語というまったく異なるふたつの言語があります。キリストがわたしたちに送った〈聖霊〉、真理の〈精神〉は、状況によってどちらかの言語を話すのであり、そして自然の必然性によって双方の言語の一致はありません。

わたしの感情としては、マイスター・エックハルト[*33]のような神の真正なる友は、隠れたところで、沈黙のうちで、愛による結合のうちで、聴き取られた言葉を繰り返しています。そしてそうした言葉は、教会の教えと一致しません。それはただ単に、公の場で交わされる言語は、婚礼後の寝室で交わされる言語ではない、というだけのことです。

真の会話は二、三人のあいだにしか成り立たないということは広く知られています。五、六人ならば、すでに集団の言語が支配し始めます。そのため、「あなたがたのうちの二人か三人がわたしの名のもとに集まるところでは、わたしはそのなかにいるでしょう[*34]」という言葉を教会に当てはめるならば、完全な錯誤がなされています。キリストは、二〇〇人とも、五〇人とも、一〇人とも述べていません。二人か三人と述べたのです。まさしく、そう述べたのです。キリスト教的な友情の親密さにおいて、一対一の親密さにおいて、自分はつねに第三者の立場にいるのだ、と。

キリストは教会に約束しましたが、これらの約束の何ひとつ、「隠れたところにいるあなたがたの〈父[*35]〉」という表現の力をもっていません。神の言葉は、隠れている言葉です。神のこの言葉を聴き取らなかった人は、たとえ教会によって教えられる教義すべてに精通していたとしても、真理との接触を欠いています。

集団として教義を保持するという教会の役割は必要不可欠です。教会のこの特別な役割において特別な範囲で、教義をあからさまに攻撃する人すべてに秘跡を授けないという罰を与える権利と義務を教会はもっています。

こうして、教義の事柄についてほとんど何も知らないのですが、教会はルター[*36]を罰する理由をもっていた、とわたしは暫定的に考えざるをえません。

しかし、教会が規範として教会の言語を用いるよう愛と知性に強いるならば、教会は権力の乱用を犯しています。この権力の乱用は、神からやってくるものではありません。この乱用は、例外なく、あらゆる集団が権力の乱用になびく自然的な傾向からやってくるものです。

キリストの神秘的な〈身体〉のイメージは、きわめて魅惑的なものです。ですが、今日キリストの〈身体〉のイメージに与えられている重要性をわたしは、わたしたちの失墜のもっとも深刻な徴のひとつとみなしております。というのも、わたしたちの真の尊厳は、それが神秘的なものであるとしても、それがキリストのものであるとしても、ある身体の部分であることではないからです。わたしたちの真の尊厳は、完全性の状態のうちにあって、わたしたちひとりひとりの召命であり、もはやわたしたちが自分自身のうちに生きるのではなく、キリストがわたしたちのうちに生きるということのうちにあるからです[*37]。この状態によって、その完全性において、それぞれのうちに一性(いっせい)を保って、ひとつひとつの聖体のうちに完全にいますものとして、キリストはある意味では、わたしたちひとりひとりとなるのです。聖体は、キリストの身体の部分ではありません。

神秘的な〈身体〉のイメージというこの現実的な重要性は、どれほどのキリスト者が、惨めにも、外側からの影響にかぶれているのかを指し示しています。確かに、キリストの神秘的な〈身体〉の部分であるということに対する、活き活きとした陶酔があります。しかし今日、キリストの頭をもたない他の多くの神秘的な身体が、同じ本性から陶酔によるキリストの〈身体〉の部分に生じているようにわたしには思われます。

従順によるのと同様に長く、キリストの〈身体〉の部分となる歓びが剥奪されているのは、わたしには甘美なことです。というのも、神がわたしをうまく助けてくださろうとするならば、キリストの〈身体〉の部分となる歓びなく、それにもかかわらず、死に至るまでキリストに忠実でありうることを、わたしは証（あか）しすることになるであろうからです。今日、社会的感情がこのように影響力をもち、その感情が、苦しみにおいて、そして死において、ヒロイズムの最高段階にまで高まっています。それゆえ、キリストの愛は、本質的にまったく別のものであると証しするために、小羊の何頭かが父の家たる教会の外に留まるのはよいことだとわたしは思っております。[*38]

今日教会は、集団的な抑圧に抵抗する個人の、そして恐怖政治への抵抗を考える自由の、侵しえない権利の大義を保護しています。ですがこれらの大義は、一時的に、最強ではない人々が自発的に把握するものです。おそらくそれは、いつの日かふたたび最強になるための唯一の手段です。このことはよく知られています。

こうした考えは、おそらくあなたを傷つけるでしょう。しかしあなたは間違っているでしょう。あなたは教会ではありません。教会によって侵害されたもっとも残忍な権力の乱用の時代に、あなたのような司祭たちが数多くいたはずです。あなたの信仰が善いものであることが、あなたのほかの〈秩序〉すべてと共通していても、あなたの信仰が善いものであることが保証とはなりません。事態がどのように変遷してゆくのかをあなたが予見することはできません。

現行の教会の態度が効力をもち、片隅として、社会的に現に存在しているもののうちに真に浸透してゆくために、教会は変わったと、あるいは変わろうとしていると、教会は率直に言わなければなりません。そうでなければ、異端審問所のことを思い起こしながら、いったい誰が、現行の教会の態度を真面目に受け取ることができるでしょうか。異端審問所について話すのをお許しください。異端審問所のことを思い起こすと、あなたを通して、あなたの秩序へと広がってゆく、わたしのあなたに対する友情が、わたしにとってとても苦しいものとなります。ですが、異端審問所は現に存在していました。全体主義[*39]であったローマ帝国の崩壊後、アルビジョワ戦争[*40]の後、一三世紀に全体主義の大枠を最初に打ち立てたのは教会です。この木は多くの実りをもたらしました。

そして、教会が先導した全体主義の原動力となったのは、anathema sit〔破門〕というこのささやかな二語です。

さらに、この二語の使用が正当に移し替えられることで、わたしたちの時代に、全体主義的体制を打ち立てたあらゆる部分が捏ねられました。これはわたしがとりわけ考察した歴史の問題点です。

このように多くのことを語ることで、わたしはあなたに悪魔的な傲慢さの印象を与えているにちがいありません。語ってきたこれら多くのことは、わたしのなかで充分すぎるほど練り上げたものですが、それらを何ひとつ理解する権利をわたしはもっていないのです。これはわたしの誤りではありません。それらの考えは何かの間違いからわたしのうちに入ってきて、それらがここに来たことが間違いであると知って、出てゆくことを絶対に望んでいるのです。これらの考えがどこからやってくるのか、これらの考えに価値があるのかはわかりませんが、何が起ころうとも、これらの考えが働くのを防ぐ権利が自分にあるとは思っておりません。

さようなら。十字架を除くあらゆる善をあなたに望みます。というのも、わたしは自分自身のようには、自分の隣人を愛していないからです。とりわけそのことをご存知のあなたには。ですがキリストは、自分の最愛の友に、そしておそらく自分の精神を継承している人すべてに、堕落、穢れ、苦悶を通してではなく、絶え間ない歓び、純粋さ、甘美さにおいて、自分のところにやってくるようにされたからです。そのため、いつの日か、〈主〉のために、暴力的な死によって死ぬという栄誉をあなたがうるとしても、それは歓びにおいてであって、いかなる苦悶もないように、とわたしはあえて願うことができます。そして、三つの至福（柔和 mites、心の純潔 mundo corde、平和 pacifici[*41]）があなたに与えられますように、と願うことができます。他のすべては、多少とも苦しみをうちにもっています。

この願いは、人間の友情の脆弱さにのみ帰せられるべきものではありません。個別に捕らえられた人誰に対してであれ、わたしはつねにこう結論づける理由を見出しております。あまりに大きなことに対して凡庸すぎると、あるいはその反対に、破壊されるには貴重すぎると思われるにせよ、不幸はその人に適していない、と。ふたつの本質的な命令の二つ目[*42]を欠くのはいっそう深刻なことです。そして一つ目の命令に関しては、なおいっそう恐ろしい仕方で、わたしはそれを欠いております。というのも、キリストの磔刑を考えるたびに、わたしは羨望の罪を犯しているからです。

かつてないほど、そして永遠に、忠実で、優しく感謝に満ちたわたしの友情を信じてください。

シモーヌ・ヴェイユ

手紙Ⅴ　知的な召命

わたしは目が見えないので、わたしの身の回りのことを手伝ってくれる人々に大いに助けてもらわなければならない。シモーヌ・ヴェイユは、S…〔ソランジュ・ボーミエ〕[*1]と十全たる信頼をもった友情を築いていた。それが、カサブランカから書かれたこの手紙の意味するところである。

渡航者を一時収容する収容所でシモーヌは、わたしのための仕事をし続けた。なぜ彼女の習慣に反して彼女が書き物を円滑にできるようにこの収容所の数少ない椅子のひとつを独占したのか、とわたしは別のところで述べている[*2]。

カトリックではない大半の知識人と同様、シモーヌ・ヴェイユは、自分の外側に纏(まと)わりつく権威が、自分の知性の自由と客観性の妨げとなることを恐れている。それは別次元の事柄であることが、彼女にはわかっていない。神の教えである〈真理〉が、わたしたちをかぎりなく超え出てわたしたちのものとなりうるのは、〈高み〉からの啓示によってのみである。神の〈名〉において、神の保証をもって、教会はわたしたちに〈真理〉を教えている。他方で、わたしたちの精神の法則と条件それ自体に正確に従って働き、わたしたちの精神が到達しうる真理がある。この領野で証(あか)しされるのは権威ではなく、論証、経験、文書などであり、それは、何らかの規律が問題となるに従ってである。すべての文献のうちで、「神とヨブの議論」を正当化する聖トマスの次の命題ほど、真理の権利をめぐる大胆な主張を見出せるだろうか。聖トマスはこう熟考している。「真理は、個人の状況によらない。真理を述べる人は、その人と対話する人が誰であろうと、打ち負かされることはない」（『ヨブ記註解』一三・Ⅱ）、と。

〔ペラン神父〕

カサブランカより

親愛なるS…〔ソランジュ・ボーミエ〕さま

四つのものをあなたにお送りいたします。

まず最初に、ペラン神父宛ての個人的な手紙です。これは恐ろしく長いもので、ずっと待てないようなものは何も入っておりません。これをペラン神父に送らないでください。神父にお会いになるときに、神父に渡してくださいませ。そして、いつか、時間の余裕ができ、精神が自由になったら読んでください、と神父にお伝えいただけましたら幸いです。

二つ目は（取り扱いやすいように封をしてありますが、他の二通と同様、開封してください）、ピュタゴラス派のテクストの註解[*3]で、仕上げる時間がなかったものですが、出発する際にあなたに託した仕事に付け加えられるべきものです。これは番号が振ってあるのでわかりやすいと思います。これは恐ろしくひどい草稿で、構成もまずく、読み上げる場合には順を追ってゆくのが間違いなくとても大変ですが、書き写すには長すぎます。ですが、このままお送りさせてください。

最初にペラン神父にお伝えしたように、この仕事はまとめてすべてわたしのノート〔『カイエ』〕と一緒に、最終的にはティボンにもっていてもらうことを望んでいると、神父にお伝えください。ですがジュース一滴を搾り出し、ペラン神父自身が使用できると考えるぐらい長く神父の手元に置いておいていただけましたらと思っております。神父が見せたらよいと判断する人にも見せていただけましたら幸いです。わたしは誠実さすべてをもってこれらを、迷うことなく、ペラン神父に遺贈いたします。ギリシア語のテクスト原典を除いて、価値のない贈り物になることだけを怖れております。ですが、わたしには他に贈り物がないのです。

三つ目に、わたしの書類のなかから見つけたソフォクレスの断片の翻訳を書き写したものも入れてあります。これは、エレクトラとオレステスの全対話[*4]で、あなたがもっていてくださっている仕事のなかに、詩のいくつかだけを書き写したものです。これを書き写しているあいだ、言葉のひとつひとつが、わたしの存在の中心そのものにおいて、あまりに深く、あまりに秘められた響きをもっていました。そのため、もしわたし自身がこの詩を書いたならば、エレクトラを人間の魂に、オレステスをキリストに擬える解釈をしたであろうこともまた、ほぼ確実なことです。[*5] このこともペラン神父に伝えてください。このテクストを読めば、神父は理解してくださるでしょう。

次のものも神父に読んでさしあげてください。これが神父の苦痛にならないよう心の奥底から願っております。

ピュタゴラス派についての仕事を仕上げているときに、人間がこの二語[*6]を使用する権利をもつかぎり、わたしの召命は教会の外に留まるよう自分に課することであると決定的に、そして確実に感じたのです。そしてそれは、召命とも、キリスト教の教義とも、たとえ暗々裏なものであってもいかなる種類のかかわりもなしにでした。ともかく、知的な仕事がまったく不可能にならないあいだはそうです。そしてそれは、知性の領野における、神とキリスト教の信仰の務めに対してでした。わたしにとっての責務である知的誠実さの段階は、わたし自身の召命のために、たとえば、唯物論や無神論も含めて、例外なく、あらゆる考えにわたしの思考が公平であることを要求しています。あらゆる考えに対して、ひとしくひらかれており、そしてひとしく慎重だということです。水のなかに落ちる物体に対して水が公平であるようにです。水は水のなかに落ちてくる物体の重さを量りません。ある程度の時間の振動の後、物体が物体自体を量るのです。[*7]

わたしが水のなかに落ちる物体のようではまったくないことをわたしはよく知っております。これは美しすぎるでしょう。ですが、わたしはこうあるべき責務を担っております。そして、もしわたしが教会のなかにいるならば、水のなかに落ちる物体のようではまったくいられなくなるでしょう。自分の個別の場合において、水と精神から生まれるために、[*8]目に見える水に留まるのをわたしは差し控えなければなりません。

自分に知的な創造の能力を感じているというのではありません。ですが、知的な創造との関係をもつ責務を感じております。これはわたしの誤りではありません。わたしはこの責務を避けることができないのです。わたし以外の誰もこれらの責務の真価を見極められないでしょう。知的なあるいは芸術的な創造の条件は、あまりに親密で、あまりに秘められているので、誰も外側からその条件に入り込んでゆくことはできません。そのため芸術家が自らの悪行の言い訳をしているのをわたしは知っております。ですが、わたしにとって問題となっているのはまったく別のことです。

知性の水準における思考のこの公平性は、神の愛と相容れないものではまったくありません。そしてまた、日々、瞬間瞬間、内的に刷新され、そのたびごとに永遠であり、そのたびごとにまったく手付かずで新たな、愛の誓いとも相容れないものではまったくないのです。わたしがあるべきものであるならば、わたしはこのようにあるでしょう。

これは不安定な均衡状態のように思われますが、忠実さによってかぎりなく動かず、ἐν ὑπομονῇ（エン ヒュポモネー）〔堪え忍んで〕そこに留まることができます。その忠実さとは、神がわたしに恩寵を授けるのを拒まないように願うということです。

〈真理〉としてのキリストの務めのために、キリストが打ち立てた仕方によって[*9]キリストの肉体に与る（あずか）のをわたしは自分に禁じております。キリストの務めはいっそう正確にわたしにそれを禁じています。というのも、いままで一度も、一秒たりとも、自ら選択したという印象をもったことはないからです。わたしが全生涯に亘ってこのように剝奪されている存在の権利を人間はもっていることも確信しております。おそらく――おそらくとしか言いようがないのですが――状況が決定的に、そして全的に、知的な仕事の可能性をわたしから奪う場合を除いてそうです。

このことがペラン神父に苦痛を与えざるをえないならば、神父がわたしのことをすぐさま忘れてくださることを願うだけです。というのも、神父に悲しみを与えないことよりも、神父の考えにいっさい与らないことのほうをわたしははるかに強く望んでいるからです。とはいえ、そこから神父が善を導き出すことができる場合は別です。

わたしのリストの話に戻りますが、間違ってもってきてしまった、学業の精神的な活用について書いたもの[*10]もお送りいたします。これもまた、ペラン神父のためのもので、モンペリエのJ・O・C〔キリスト教青年労働者連盟[*11]〕に神父が間接的にかかわられているためです。ともかく、ペラン神父が望むであろうすべてがなされることを願っております。

わたしに傾けてくださるあなたのご親切に、心の奥底からもう一度、感謝させてください。わたしは何度もあなたのことを想うでしょう。折に触れて、お互いに手紙のやりとりができることを願っております。確実ではありませんが。

友情を込めて。

シモーヌ・ヴェイユ

手紙Ⅵ　最後に考えていたこと

S…〔ソランジュ・ボーミエ〕に伝えていたように、シモーヌがカサブランカから送ったもののなかに、わたし宛てのこの最後の手紙が入っていた。

この手紙を注釈するのは不謹慎であろう。わたしがここに公開するのは、この手紙が教会の使命について、キリストのメッセージを世界にもたらすための天才的な聖性の必要性について、彼女の魂がもつ意味をよく知らしめるからである。

発送できず、そのため、シモーヌ・ヴェイユに届けられなかったわたしの手紙からの抜粋を返信のかたちで転載するのをうれしく思う。

（ペラン神父）

一九四二年五月二六日（カサブランカより）

神父さま

それでもやはりわたしにお便りくださるのは、あなたの優しさによるものでした。出発する際に、あなたから愛情深い言葉のいくつかをいただけたのは、わたしには貴重なことでした。

　聖パウロ[*1]の眩いばかりの言葉をあなたはわたしに引用してくださいました。ですが、わたしの悲惨さをあなたに打ち明ける際に、神の慈悲を見誤っているという印象をあなたに与えていなければよいのですが……。わたしは臆病と忘恩のこの段階に一度も陥ったことはありませんし、これからもけっして陥らないであろうと思っております。神の豊穣な慈悲深さを信じるために、いかなる希望も約束もわたしは必要としておりません。神の豊穣な慈悲深さをわたしは経験による確信をもって認識しております。わたしは神の豊穣な慈悲深さに触れたことがあるのです。神の豊穣な慈悲深さを接触によって認識することは、わたしの理解と感謝の能力をあまりにも超えているため、将来の至福が約束されていることですら、わたしには、神の豊穣な慈悲深さに何ひとつ付け加えられないでしょう。人間の知性にとって、無限をふたつ足しても足し算にはならないのと同じことです。

　神の慈悲は、不幸においても、歓びにおいてと同様に、否おそらくそれ以上にあきらかです[*2]。なぜなら、神の慈悲は、不幸という様相において、人間のものによるどのようなアナロジーももたないからです。人間の慈悲があらわれるのは、歓びという恵みにおいて、あるいはまた、身体の治癒や教育のような、外的な効果を目指して痛みが課されることにおいてのみです。ですが、神の慈悲を証（あか）しするのは、不幸による外的な効果ではありません。真の不幸の外的な効果は、ほぼつねに悪しきものです。そのことを隠そうとすると、嘘をつくことになります。神の慈悲が光り輝くのは、不幸そのものにおいてです。実のところ、慰めのない不幸の苦渋の中心においてなのです。愛において堪え忍び、「わが神、なぜわたしをお見捨てになったのですか」[*3]という叫びをもはや魂が抑えられない点にまで陥ったとき、愛するのをやめずにこの一点に留まるならば、ついには、もはや不幸ではなく、歓びではなく、核となる、不可欠で、純粋な、感じられず、歓びと苦しみに共通する本質であり、そして神の愛そのものである何ものかに触れるのです。[*4]

歓びとは神の愛に接触する甘美さであり、不幸とは苦しんでいる際のこの同一の神の愛との接触の傷であり、そして重要なのは接触それ自体だけであり、その接触形態ではない、ということをこのとき知るのです。[*5]

同様に、長い不在を経てとても親しい人に再会するとき、大切なのは、その人と交わす言葉ではなく、大切なのはただ、その人のあらわれを証ししてくれるその人の声の音だけです。[*6]

このような神のあらわれを認識することは慰めにはならず、不幸の恐ろしい苦渋から何も取り除かず、魂が引き裂かれることを癒やしません。ですが、わたしたちへの神の愛は、この苦渋の、この引き裂かれの実体そのものであることを、確実な仕方で知るのです。

感謝によってこのことを証しできるようでありたい、とわたしは思っております。

『イーリアス』の詩人は、感謝によってこのことを証ししうる能力をもつのに充分、神を愛していました。というのも、『イーリアス』には、詩の暗々裏の意義と、詩の美しさの唯一の源泉があるからです。[*7] ですが、このことはほとんど理解されておりません。

この世の生を超えるものはわたしたちには何もないであろうとはいっても、死の瞬間がわたしたちに何も新しいものをもたらさないであろうとはいっても、神の慈悲の過剰なまでのかぎりなさは、この世全体に、すでに隠れた仕方であらわれております。

ありえない仮説ですが、深刻な過ちを一度も犯すことなく死に、それにもかかわらず、死に際に地獄の底に堕ちるとしても、それでもやはり、わたしの現世での生のために、神のかぎりない慈悲に対してかぎりない感謝をわたしは神に負っているでしょう。わたしがあまりに不出来な被造物であるとしてもそうです。このありえない仮説においてすら、それでもなお、神のかぎりない慈悲深さのなかで、わたしの分け前すべてを受け取っていると考えるでしょう。というのも、現実の、永遠の、完全な、無限の歓びを実体としてもちつつ、神を愛し、神を思い描く能力をすでにこの世でわたしたちは確実に受け取っているからです。このことに関してあらゆる疑いを消し去るために、肉体というヴェールを通して、高みから、わたしたちは充分永遠の予感を受け取っています。

これ以上、何を求め、何を望みましょう。自分の息子や自分の愛する人が歓びのうちにあると確信している母親や恋人は、それ以外のものを求めたり望んだりしうるという考えを自分の心のうちにもたないでしょう。わたしたちはさらにそれ以上のものをもっています。わたしたちが愛するものは、完全な歓びそのものです。そのことを知るならば、希望それ自体が無益なものとなり、希望にはもはや意味がなくなります。残っている希望すべきものはただひとつ、この世で不従順ではないという恩寵です。その他のものは、神にのみかかわる事柄であり、わたしたちにはかかわりがありません。

こうして、あまりに長く絶え間ない苦しみのために、わたしの想像力は引き裂かれ、自分に可能なものとして救いという考えを受け取ることができません。それにもかかわらず、わたしにとって何も欠けるものはないのです。救いという考えについてあなたがわたしにおっしゃることは、あなたが真にわたしにいくらかの友情をもっていてくださるということを確信することのほかには、わたしにとって何の効果ももたらしえません。友情という点に関してあなたの手紙はわたしにとってとても貴重なものでした。あなたの手紙は、わたしのなかで友情以外のものに働きかけることはありえませんでした。ですが、友情以外に働きかけることは必要なことではありませんでした。

わたしは自分の惨めな弱さを充分認識しております。それゆえ、ほんの少しの反対の運命だけでおそらく、いまあなたに説明した考えの余地が当分まったくなくなってしまうまで、わたしの魂は充分苦しみに満たされてしまうであろうと考えております。ですが、これすらもさほど重要ではありません。確信は魂の状態によりません。確信はつねに完全な安心のうちにあります。

この確信について、もう本当に何もわからない場合がひとつだけあります。それは他人の不幸との接触です。はるか遠く遡（さかのぼ）った時代の人々も含めて、無関係な人や知らない人の不幸との接触も同様に、いやおそらくそれ以上にです。他人の不幸との接触は、神への愛がしばらく自分に不可能となるほど、わたしを残酷に苦しめ、わたしの魂を隅々まで引き裂きます。いまにもわたしは不可能だと言いそうになります。それはわたしを不安にさせます。キリストが、イェルサレムの略奪の恐ろしさをあらかじめ思い描いて涙を流したことを思い起こすことで、少し心が安らかになります。*8キリストは同情をお認めになると思っております。

わたしの洗礼の日があなたにとって大いなる歓びだとお書きになられていることにわたしは苦しみました。あなたから多くを受け取った後、あなたにこのような歓びをもたらすことはわたしの能力のうちにあります。とはいえ、そうしようという考えは、一秒たりともわたしにやってこないのです。あなたに歓びを引き起こすことに対してわたしは何もなしえません。あなたに歓びをもたらすのをわたしに妨げる能力をもっているのは神だけである、と心底そう思っております。

純粋に人間関係の面のみを考えてみても、わたしはあなたにかぎりない感謝を負っております。あなたを除くすべての人が次のようであったと思っております。わたしの友情によって、わたしを容易(たやす)く苦しめる能力を得たすべての人が、頻繁にあるいは稀に、意識的にあるいは無意識的に、しかしすべての人が何度か、わたしが苦しむのを楽しんでいるときがありました。それが意識的なものだと認めると、わたしは刀を手にとり、事前に相手に告げることなく、友情を断ち切りました。

この人たちがこのような振る舞いをしたのは意地の悪さからではなく、よく知られた現象の効果のためです。それは、雛鶏たちが、自分たちのなかに傷ついた一羽の雛鶏がいると、いっせいにその雛鶏を突くという効果です[*9]。

あらゆる人間は、自分のうちにこの動物の本性をもっています。この本性は、認識しているか否かにかかわらず、かかわっているか否かにかかわらず、自分に近しい人に対する自分の態度を決定します。こうして、時々、思考がいっさい働くことなく、ひとりの人間のうちなる動物の本性は、他者のうちなる動物の本性が損傷を受けているのを感じて、その結果反応するのです。起こりうるあらゆる状況と、それに照応する動物的な反応も同様です。この機械的な必然性は、あらゆる人間をあらゆる瞬間支えています。そこから逃れられるのは、真正の超自然性を自らの魂のうちにもっている場所に応じてのみです。

こうした事柄において、部分的ではあっても分別をもつのは、きわめて難しいことです。ですが、もしそれが真に完璧に可能であるならば、ここに、魂の生のなかで、超自然的な部分の規範、秤のように確実で正確な規範、宗教上信じるということいっさいとまったく独立した規範をもつでしょう。他の多くの事柄のなかでこれこそが、「このふたつの命令はひとつである」[*10]と述べることで、キリストが指し示したものです。

あなたの傍にいたときだけは、このメカニズムの余波によって攻撃されたことは一度もありませんでした。あなたをめぐるわたしの境遇は、次のような物乞いの境遇に似ております。貧窮のためにつねに飢えており、一年中、折に触れパンを求めて裕福な家を訪れており、そして生涯ではじめてその家で、屈辱を堪え忍ぶということがなかった物乞いの境遇にです。このような物乞いは、一切れのパンをもらうたびに生命を与えるのでなければ、そして全生命を与えるとしても、自分が負っているものが軽くなったとは考えないでしょう。

しかし、わたしにとって、あなたとともに、人間関係が永遠に神の光を包み込むという事実が、さらにまったく別の段階に感謝をもたらすはずです。

とはいえ、わたしへの正当な苛立ちをあなたに引き起こしうるであろうことをあなたについて申し上げなければ、わたしはあなたに感謝の印を何ら示すことにはならないでしょう。というのも、それを申し上げるのも、それを考えるのですらも、わたしにはまったくふさわしくないことだからです。わたしにはそうする権利がないことを重々承知しております。

しかし実のところわたしはそうしたことを考えていたので、あえて黙っていることはいたしません。それらが間違っているとしても、それらが悪をなしはしないでしょう。それらが真理をうちにもっていることはありえないことではありません。それらが真理をもっている場合、わたしの手のうちにある筆を通して、神があなたにこの真理を届けることを信じる余地があるでしょう。インスピレーションを通して届けられるのがふさわしい考えがあり、被造物を介して届けられるのがいっそうふさわしい他のものがあり、神は神の友に対して双方の道をとられます。たとえば、雌のロバのような、どんなものでも、区別なく、媒介に役立つことはよく知られています。神はおそらく、媒介の使用にあたって、もっとも卑しいものを好んで選ばれます。自分自身の考えに恐れを抱かないために、わたしはこのことを自分に向かって述べる必要があります。

わたしの荒削りの精神的自叙伝[*11]を書いてあなたにお渡ししたとき、そこにはある意図がありました。暗々裏の信仰をめぐる具体的で確かな例を確かめる可能性をあなたにもたらしたかったのです[*12]。確かなというのは、わたしが嘘をつかないことをあなたはご存知でいらっしゃるからです。

その是非はともかく、キリスト者という名を受ける権利がわたしにあるとあなたはお考えです。わたしの幼少期から思春期にかけて、召命、従順、貧しさの精神、純粋さ、受容、隣人への愛、といった言葉を用いるとき、それらの言葉が自分にとってその瞬間、厳密に意味をもっているとわたしはあなたにはっきりと申し上げます。とはいえ、両親と兄によって、わたしは完全な不可知論のなかで育てられました。そして、自分の考えをもって、その完全な不可知論から外に出るためにほんの少しの努力もしたことは一度もありませんし、そうしたいとほんの少しでも思ったことが一度もないと思っております。そうであるにもかかわらず、実のところ、生まれたときから、いわば、いかなるわたしの過ちも、いかなるわたしの不完全性も、無知を言い訳としたことは実際にありません。〈小羊〉が怒りのうちに置かれるであろうその日に、[*13]わたしはすべてを完全に考慮しなければならないでしょう。

ギリシア、エジプト、古代インド、古代中国、世界の美、芸術や学問における世界の美の純粋で真正の映し、宗教上の信がないうちなる人間の心の襞の光景、こうした事柄すべてによって、目に見えるキリスト教の事柄と同様に、わたしがキリストに捕らえられるよう促されたというわたしの言葉についてもあなたは信じることができます。もっと述べることもできると思います。目に見えるキリスト教の外側にあるこうした事柄への愛によって、わたしは教会の外に留まっております。

このような精神的命運は、あなたには理解し難いものであるように思われるはずです。ですが、こうした理由そのものから、この命運は、じっくり考える対象となるのに適っています。自分自身を出るよう促すものについてじっくり考えるのはよいことです。どうしてあなたが真に幾ばくかの友情をわたしにもっていただけたのか想像するのは難しいのですが、あきらかに事態はこうなっているので、友情がこのように用いられることはありうるでしょう。

理論的には、暗々裏の信仰という考えをあなたは十全に認めていらっしゃいます。実際にもまたあなたは、きわめて例外的な心の広さと知的誠実さをお持ちです。ですが、とはいってもまだ、きわめて不充分だと思います。完全性だけが充分なものです。

その是非はともかく、わたしはあなたのうちに、不公平な態度を認めたと思うことがしばしばありました。とりわけ、実際に個別の場合に、暗々裏の信仰の可能性を認めることに対する嫌悪です。わたしは少なくとも、B…〔ジョー・ブスケ〕[14]についてあなたに話していたときに、とりわけ、聖性からさほど離れていないとわたしがみなしているスペインの農民について話していたときに、そういう印象をもちました。おそらく、それはなによりわたしの間違いであったというのが真実でしょう。わたしの不器用さは、わたしが愛するものについて語っている際に、わたしが愛するものを傷つけてしまいます。わたしはそうしたことを何度も経験しております。ですが、不幸のうちにあって自分の不幸を世界の秩序の一部として受け入れている信仰をもたない人について語られるとき、キリスト者や神の召命に従うことが問題となっているときと同じ印象をあなたに与えてはいないともわたしには思われます。とはいえ、これは同じ事柄です。少なくとも、もし本当にわたしがキリスト者の名を受ける権利があるとしても、ストア派[15]の徳とキリスト教の徳は、ただひとつの、同じ徳であることを、経験からわたしは知っております。真正のストア派の徳は、なによりも愛です。粗野なローマの幾ばくかが真正のストア派の徳を紛い物にしてしまったことではありません。あなたもまた、理論上はそのことを否定できないであろうとわたしには思われます。ですが、実際にはあなたは、具体的な現代の事例において、ストア派の徳の超自然的な効力の可能性を認めるのを嫌悪されています。

　あなたが正統でないとおっしゃろうとなさったとき、間違った言葉を使われた日もあなたはわたしを大いに悲しませました。あなたはすぐさま言い直されました。そこには、完全な知的誠実さとは相容れない、用語の混乱があると思います。そのことを、〈真理〉であるキリストが喜ばれるのは不可能です。

ここに、あなたに深刻な不完全性があるのは確かだとわたしには思われます。そしてなぜあなたに不完全性があるのでしょうか。不完全であるのはあなたにまったくふさわしくありません。それはあたかも美しい歌のなかの間違った音のようです。

この不完全性は、現世の故郷に対するような、教会に対する執着だと思います。実際、教会は、あなたにとって、天空の故郷とのつながりと同様に、現世の故郷です。あなたは、人間的に温かい雰囲気に包まれて、教会で生活していらっしゃいます。そのことが、少しばかりの執着をほとんど避けられないものとしています。

この執着はおそらく、あなたにとって十字架の聖ヨハネ[*16]が語っている、ほぼかぎりなく細い糸であり、それは、切られないかぎり、太い金属の鎖と同じように鳥を地上につなぎ止めておくものです。最後の糸は、とても細いとはいっても、切るのがもっとも難しいもののはずです。というのも、この糸が断ち切られれば飛び立たなくてはならず、それは恐ろしいことだからです。ですがまた、責務は差し迫ったものです。

神の子は、宇宙そのもの以外に、理性をもつ被造物全体とともに、いかなる他の故郷ももつべきではありません。宇宙は理性をもつ被造物全体をうちに含んでいたし、現在うちに含んでいるし、これからもうちに含むでしょう。この宇宙という生まれ故郷こそが、わたしたちの愛に対する権利をもつのです。

教会もそのうちに数えられる、宇宙よりも広くない事柄は、どこまでも広がることができる責務を課しています。ですがそのなかに、愛するという責務は見当たりません。少なくともわたしはそう思っております。知性にかかわる責務が宇宙よりも広くない事柄にいっさい見当たらないとも確信しております。

わたしたちの愛は、太陽の光そのものと同じ空間全体を通した広がり、同じ空間のあらゆる部分における平等性をもっているはずです。光が区別なく降り注ぐのに倣うように、天なるわたしたちの〈父〉の完全性に到達するようキリストはわたしたちに命じています。[*17] わたしたちの知性もまた、この完全な公平性をもつべきです。

現に存在するものすべては、現に存在するということにおいて、神の創造の愛によって、ひとしく支えられています。神の友は、自らの愛が神の愛と混じり合うまで、この世の事柄に関して現に存在するものすべてを愛さなければなりません。

魂が宇宙すべてをひとしく満たす愛に至るとき、この愛は、世界という卵を突き破る金の羽をもった雛鳥になります。[*18] その後は、内側からではなく、外側から、わたしたちの長兄たる神の〈叡智〉が居を構える場所から、愛は宇宙を愛します。こうした愛は、神のうちなる存在や事物を愛するのではなく、神がいますところから愛するのです。神の傍にいて、そこから魂は自らの眼差しを下げて、神の眼差しと混じり合いつつ、存在すべてに対して、事物すべてに対して、自らの眼差しを向けます。

普遍的(カトリック)でなければなりません。すなわち、創造の全体性でなければ、創造された何ものにも、糸で結び合わされてはなりません。この普遍性は、かつて聖人において、聖人その人の意識においてすら暗々裏のものでありえました。聖人は、自らの魂において、一面では、神と神の全創造にのみ負っている愛に対して、他の面では、宇宙よりも小さいものすべてに対する責務に対して、暗々裏に正義の部分をなしえていました。アッシジの聖フランチェスコ、[19]十字架の聖ヨハネはそうであったと思います。ふたりともまた詩人でもありました。

次のことは確かなことです。隣人を愛さなければなりません。ですが、キリストがこの命令を説明するのに挙げている例において、隣人とは、裸で、血まみれになって、路上で気を失っている、何も知られていない存在です。[20]問題となっているのは、まったく無名の愛、したがってまったく普遍的な愛です。

キリストが弟子たちに、「互いに愛し合いなさい」[21]と述べたのもまた確かなことです。ですが、ここで問題となっているのは、神の友ひとりひとりを他の神の友ひとりひとりに結びつけるべきふたりの存在のあいだの個人的な友情であると思います。友情は、ただ普遍的な仕方で愛するという義務に対する正当な唯一の例外です。またわたしが思うに、友情が真に純粋であるのは、友情がいわば距離を保った無関心の緻密な覆いによってあらゆる部分が取り囲まれている場合にかぎられます。[22]

わたしたちはまったく前例のない時代を生きており、現在の状況では、かつて暗々裏でありえた普遍性が、いまでは十全に明白でなければなりません。普遍性が言語やあらゆる生き方を満たさなければなりません。

今日、聖人であるだけではまだ何ものでもなく、現在という瞬間が要求する聖性が、新しい聖性が、これもまた前例のない新しい聖性が不可欠です。

マリタン[*23]はそう言いましたが、マリタンは、一時、少なくとも現代には通用しない、かつての聖性のありようを数え上げるだけでした。それらに代わって今日の聖性が、どれほど奇跡的な新しさを包み込むべきかをマリタンは感じていませんでした。

新しい形態の聖性とは、湧出であり、発明です。保たれているあらゆる均衡は、それぞれの物事をそれぞれの列に保っており、宇宙と人間の命運の新たな啓示のアナロジーに等しいものです。それは、塵の厚い層でこれまで隠されてきた真理と美の大きな分け前が赤裸々になることです。そこで必要とされているのは、力学と物理学を発明するためにアルキメデス[*24]に必要であった以上の天才です。新たな聖性は、いっそう驚異的な発明です[*25]。

ある種の背徳によってのみ、天才であることが否応なく神の友から剝奪されます。なぜなら、天才の過剰を受け取るために、神の友は、キリストの名のもとに、自らの〈父〉に天才の過剰を希う(こいねが)だけで充分だからです。

これは、少なくとも今日、正当な要求です。なぜなら、この要求は必要だからです。この形態のもとで、あるいは他の同等のあらゆる形態のもとで、いまなすべき最初の要求であり、飢えた子どもがつねにパンを希うように、毎日、毎時間、なすべき要求です。世界は、天才をもっている聖人を必要としています。それは、ペストに見舞われた街が医者を必要としているのと同様にです。必要があるところには、責務があります。

こうした考えや自分の精神のうちでこうした考えをともなう考えすべてを、わたし自身はいっさい用いることができません。なにより、わたしが怠惰にも自分のなかでそのままにしている著しい不完全性のために、こうした考えが当てはまる点からかなりかけ離れた距離にわたしはおります。これは、わたしの許せないところです。最良の場合でも、かくも大きな距離は時間をかけなければ、乗り越えられません。

しかし、たとえわたしがすでにこの大きな距離を乗り越えているとしても、わたしは腐った道具です。わたしは疲弊しすぎています。そして、たとえわたしが、神によって自らのうちなる本性の毀損が埋め合わされるとしても、それを希う決心はできないでしょう。神によって自らのうちなる本性の毀損が埋め合わされるのを確信したとしても、そうしえないでしょう。こうした要求は、不幸という恵みをわたしになした、かぎりなく優しい〈愛〉に対する侵害とわたしには思われるでしょう。

どうしてかはわかりませんが、わたしのような不充分な存在のうちに宿った考えに誰も注意を傾けようとしないならば、それらの考えは、わたしとともに埋もれてしまうでしょう。[*26] わたしがそう思っておりますように、それらの考えがうちに真理を有しているならば、残念なことです。わたしはそれらの考えを無駄にしてしまいます。それらの考えがわたしのうちに見出されることで、それらの考えに注意力が傾けられなくなってしまいます。

わたしのうちにあるこれらの考えに注意力を傾けてくださるようわたしが懇願できるのは、あなただけです。わたしを満たしてくださったあなたの慈愛がわたしから離れ、わたしがうちにもち、そしてわたしよりもはるかにいっそう価値があるとわたしがそう信じたいものに向かうことを望んでおります。

わたしのうちに降りてきた考えが、わたしの不充分さと悲惨さで穢され、死を余儀なくされるのを恐れるのは、わたしにとって大きな苦しみです。実のならないイチジクの話[*27]をわたしは震えずに読むことが一度もありません。実のならないイチジクはわたしの肖像だと思っております。実のならないイチジクはその本性上不能であるとしても、許されておりません。キリストは実のならないイチジクを憎悪しました。

それゆえ、わたしの人生において、あなたに告白したほかに、真に深刻な個別の誤りはおそらくないとしても、理性的に、そして冷静に物事を見つめると、大罪を犯した多くの罪人よりも、神の怒りを恐れる正当な原因を自分は数多くもっている、とわたしは思っております。

実のところ、神の怒りを恐れているのではありません。不可思議な突然の変化によって神の怒りという考えは、わたしのうちに愛を呼び起こします。神の慈悲がなしうる恩恵という考えが、わたしのうちにある種の恐れを生じさせ、わたしを震わせるのです。

しかし、キリストにとって実のならないイチジクのようであると感じて、わたしの心は引き裂かれます。

幸いにも神は、もしそれらが善いものであるならば、同じ考えだけではなく、はるかに素晴らしい他の多くの考えを、手付かずのまま、神に仕える存在のうちに容易く送ることができます。

しかし、わたしのうちにある考えが、少なくとも部分的に、あなたが何かに使われるものに向けられていないかどうかを知っている人がいるでしょうか。それらの考えが向けられるのは、わたしに対する少しばかりの友情、真の友情をもっている人だけです。というのも、他の人にとって、言うなれば、わたしは現に存在してはいないからです。わたしは枯葉の色彩の色に溶け込んでいるいくつかの虫のようなものです。

ここまでわたしが書いてきたすべてのうちに、間違っている、あるいは無作法であるとあなたに思われるものがありましたら、お許しください。どうかご立腹なさらないでください。

これからの何週間、何ヶ月のあいだ、お便りを差し上げられるかどうか、またあなたからのお便りを受け取れるかどうかわかりません。ですが、あなたと離れているのが辛いのはわたしにとってだけのことですから、さして重要なことではありません。

わたしができるのは、もう一度、子としての感謝と、かぎりない友情をあなたにはっきりと申し上げることだけです。

シモーヌ・ヴェイユ

手紙Ⅵへの返信（ペラン神父）

ここにわたしは、シモーヌ・ヴェイユに宛てた返信をあえて転載する。この手紙は発送できなかった。しかもわたしがシモーヌ・ヴェイユの最後のメッセージの内容を知ったのは、彼女がカサブランカを発った後であり、彼女にこの返信を送る住所を得ることがどうしてもできなかったのである。

［……］

暗々裏に提起されている考えと問いに満ち満ちているあなたの手紙に応答するためには、本一冊分ぐらいが必要でしょう。一緒に真理を探究するために、いつ、どこで、この対話をいたしましょうか。

まずはじめに、キリスト教以外の善についてわたしがあまり理解していない、とあなたの目に映っているのをどれほど残念に思っているかをもう一度言わせてください。とはいえ、神秘的であって、現実にキリストに結びついていない善はほんのわずかであってもこの世界にはなく、「万人をキリストに惹きつけるために」[*28]、キリストは亡くなられました。キリストのうちに打ち立てられるべきではないもの、収斂されるべきではないものはひとつもないと確信しております。聖パウロの言葉をもう一度取り上げるならば、天空にあるわたしたちの故郷は、キリストのうちにあります。[*29]

この言葉は遠くまで赴いて、別のかたちであなたの考えと結び合わされます。この言葉を彩り、この言葉にその意義を与えるために、古代人にとっての故郷であり、故郷の一員であるものをふたたび誕生させなければならないでしょう。古代人の権利、古代人の現世に根をもつ場所、古代人の文化、古代人の居場所、古代人の興味を。これらすべては、わたしたちにとって天空のうちにあります。というのも、キリストは天空にあって、わたしたちを救った後、いつかは死ぬわたしたちの身体そのものを栄光に変えるでしょうからです。

神の子の心は、天空の〈父〉の心に類似していなければならず、〈父〉の心に羨望は近づきえません。なぜなら、聖トマスが指摘しているように、まず第一に、悲しみは、実体的な〈歓び〉である至福の〈自然・本性〉とは相容れないからです。続いて、〈父〉の心は〈理想〉であるのと同時に、〈源泉〉であり、〈目的〉であり、あらゆる善の〈善〉であるからです。聖書の言葉によれば、神はあらゆる善を通して自らを愛し、「善と戯れる」のです。

神に与る（あずか）ことによって、何ものとも切り離されず、わたしたちの精神の自由は変わりません。おそらくあなたは、社会的、歴史的局面から、ああ！　わたしたちの悲惨さに属する局面から、カトリック教会を見すぎていらっしゃるのではないでしょうか。そしてこの観点からのみ、あらゆる社会と同様に、個人のために、すなわち、魂に仕える者のために教会がつくられていると考えていらっしゃるのではないでしょうか。教会を、キリストの〈伴侶〉として、キリストの「plērōma〔充溢〕」としてじっと見つめ、〈慈愛〉の〈王国〉として見つめなければなりません。Romaのアナグラムは、遅さや遅れをあらわすmoraではなく、〈Amor〔愛〕〉であるとはじめて指摘したのはロシア出身の人だったと思います。教会の神秘が見出されるのは、ただ、神の〈愛〉のこの光のなかでのみです。

それは、聖パウロが新しいイェルサレムについて述べているように、「わたしたちの〈母〉」たる教会であり、わたしたちの故郷たる「魂の家」であり、境界がなく、あらゆる善を受け入れるものであり、ついには慈愛となるこの善すべてからなっています。

教会がカエサルに負っているのは、[*30] ペテロを十字架にかけた磔刑と、パウロの首を斬った剣のみです。それゆえ、あなたのローマ嫌いは、安心してよいものです。

人間のもつ欠落、偏狭さ、精神に対する不誠実さ、神に対する人間のあらゆる抵抗をわたしたちは嘆くことができるし、嘆くべきです。それはあまりにもあきらかなことです。教会は、日々、赦しを乞うことをわたしたちに教え、わたしたちが自らを正すことを促しています。教会は、罪ある仲間とともに聖なるものであり、狭く、限られた仲間とともに普遍的（カトリック）であり、分裂を引き起こすエゴイズムにもたらされた仲間とともに一（いつ）なるものであることを知っています。「キリストが子のうちにあるまで[*31]」、教会は神の子を生み出すことをその役割としています。洗礼によって教会に与（くみ）することないしキリストに与することはまったくひとつのことであり、自らを完璧だとみなすことでも、完璧な人の社会に入ることでもなく、成人したキリストの身の丈に成長することを望む神の子であることです。

「道理の上では普遍的（カトリック）ですが、実際はそうではありません[*32]」とあなたはおっしゃっています。

道理の上で普遍的（カトリック）です。なぜなら、教会はすべての人間のためにつくられており、すべての人間が〈真理〉の認識にやってくるのを見ることを欲しているからであり、階級、人種、文化の区別なく、万人が、キリストにおいて一（いつ）なるものとなるからです。「あなたがたのうちには、ユダヤ人も、異邦人も、ギリシア人も、バルバロイももはやいません……」*33。教会はすでに、神秘において、あらゆる言語の、あらゆる文明の、あらゆる国家のこの無数の多様性を素描しています。

ですが、カトリック性＝普遍性を実現してゆくということもあります。カトリック性＝普遍性の実現は深化してゆくものであり、人間の忠実さに託された神の恵みです。人間の忠実さとは、福音をもたらす人、福音を受け取る人、双方の忠実さです。カトリック性＝普遍性が大きくなってゆくのか、あるいは少なくとも実現するのかは、神の恵みを託された人次第です。わたしたちが知性と恵みを受け取っていればいるほど、カトリック性＝普遍性を大きくしてゆく、ないし実現してゆく責務は差し迫ったものとなります。

教会に「破門」があるからといって教会を非難するには、破門のためにいったいどれだけの涙が流されているのかを忘れてはなりません。というのも、〈使徒〉と同様に、「教会が破門について語るのは、涙を流しながらである」からです。破門とはけっしてある意識の状態についての裁きを示しているのではありません。裁くのは神の秘密だけです。

秘跡の排他性が意味するのは次の点だけです。秘跡が排他的なものであると考える人は信仰をもっておらず、秘跡とは信仰の徴（しるし）であり、教会とは信仰を見張るものです。秘跡を希うことで想定されるのは、秘跡という象徴が表現するものを信じるということです。これはあなたご自身が感じていらっしゃることです。

そもそも、教会が決定することがすべて同じ意義をもってはいません。神の言葉の形式的な否定が問題となっている場合があります。多かれ少なかれ正統とは相容れない命題が問題となる場合もあります。正統とは相容れない命題は、ある瞬間に、未来を探し求めるなかで正確になったり、時間が経つにつれて他の見方がもたらされるということと相容れず、折り合えず、離れているように思われるものです。

さらに、もしそれが神のお気に召すならば、〈主〉に一緒に耳を傾けるために、これらすべてをひとつひとつふたたび取り上げなければならないでしょう。

洗礼についてですが、もしわたしがあなたに洗礼を望み、なおいっそう強く望んでいるならば、それは「鹿が泉に新鮮な水を求めるようなもの」[*34]であり、同じような場合にシエナの聖カタリナ[*35]が述べたことです。あなたがよくご存知のように、そのただひとつの理由は、洗礼が善であり、途轍もない善であり、「水と〈精神〉から生まれること」[*36]だからです。「〈精神〉から生まれる」というこの言葉は、なんと神の善を約束しているのでしょう！　神の〈愛〉によってふたたび生まれること！……　ですが、あなたもよくご存知のように、神には約束の時間があり、神の眼差しに従って神の恩寵は成長してゆきます。司祭は、外で立っている「〈伴侶〉の友」です。キリストだけが〈伴侶〉です。そしてすべては、キリストにわたしたちの声を貸している、あるいはいっそうよく言えば、わたしたちのうちでキリストが話しているのです。

洗礼を受けた者としてわたしは、キリストの心とキリストの唇による「声」であることができるならば！

［……］

ここのところ、キリスト教の黎明期のアンティオキアの聖イグナティオス[*37]の手紙を読み直しています。アンティオキアの聖イグナティオスは、あなたとは違う仕方で〈主〉の言葉を解釈しており、キリストとの近さと同時に、司祭のまわりに集まった共同体について驚くべき感覚をもっています。アンティオキアの聖イグナティオスは、キリストのことを想って、殉教者となることを切望しました。〈源泉〉にあまりにも近く、〈精神〉があまりにも浸透したこれらの証言に、大きな価値を与えてはならないのでしょうか。

［……］

マリタンについては、「世俗の聖性化」という豊穣で積極的な考えをわたしは見出しております。もっとも、マリタンの他の著作の別の多くの箇所に当たる必要があるでしょう。

［……］

J＝M・ペラン

論考

神への愛のために学業を善用することについての省察

この省察は、一九四二年四月にシモーヌ・ヴェイユによって起草されたものだと思う。ともかく、モンペリエでのわたしの任務のためにわたしを介して接触するはずのカトリックの学生たちの助けとなるよう、彼女はわたしにこの草稿を贈ってくれたのである。出発の際わたしにこの草稿を託すのを忘れてしまったため、彼女はカサブランカからこの草稿をわたしに送ってくれた。彼女はそのことをS…〔ソランジュ・ボーミエ〕宛ての手紙[*1]のなかで示唆している。

シモーヌはこの草稿にこの上ない重要性を与えていた。彼女は、あらゆる困難にもかかわらず、とりわけ、彼女のひどい頭痛からやってくる困難にもかかわらず、自らの学業を辛抱強く続ける力を彼女に与える秘密をこの草稿に託している。

神を知る以前、真理に面してとるこうした姿勢は、彼女の大いなる関心事のひとつであった。後になって彼女が神を知ったとき、彼女はこの姿勢の真価をいっそうよく理解した。なぜなら、このとき彼女は、このように〈真理〉に身を委ねることが神と神のうちなる隣人に導かれることであるのを見出したからである。

それぞれの学科の個別の方法を踏まえておらず、主観的な姿勢についてしか語っていない、とシモーヌ・ヴェイユをここで非難するのは適切ではなかろう。科学の方法、文学の方法、科学の法則、芸術創造の法則はそれぞれ別であるはずである。彼女は、神との出会いの内的で独特の視点に立っている。だが、自らが発見したものに目をくらまされて、彼女はほぼつねに「客観的」視点を欠いており、それは、すでに述べたように、[*2]カトリシズムを考察する際の、彼女の主要な困難のひとつであった。このことを認めておかなくてはならない。

（ペラン神父）

〔一九四二年四月五日以降〕

学業をめぐるキリスト教的な見方において鍵となるのは、祈りが注意力からなっているということである。魂がなしうるあらゆる注意力は、神の方向へと向けられている。注意力の質は祈りの質に大いによっている。心の熱さは、注意力の質を補いえない。

神と接触するのはもっとも高い注意力の部分だけである。神との接触が打ち立てられるために、祈りが充分強烈で純粋であるならば、そうである。だが、注意力はすべて神へと向けられている。

学校の勉強がさほど注意力が研ぎ澄まされない部分を伸長させるのはもちろんのことである。それにもかかわらず、祈りの際に自由に用いられるであろう注意力の能力を高めるのに、学校の勉強は充分効果的である。注意力を高めるという目的のために、この目的のためだけに学校の勉強をするならば、そうである。

学業は注意力を高める。このことは、今日見過ごされているように思われる。だが注意力の能力の形成は、学業の真の目標であり、学業のほぼ唯一の関心事である。[*3] 学業の大半は内面的な関心ももっている。だがこの関心は二義的である。同じ理由から、注意力の能力に真に訴えかける練習はすべて、ほぼひとしく興味深い。

神を愛する高校生や大学生は、「わたしは数学が好きだ」、「わたしは国語が好きだ」、「わたしはギリシア語が好きだ」などと言うべきでは断じてなかろう。あらゆる科目を好んで学ばねばならない。なぜなら、あらゆる科目は、神へと向けられた、祈りの実体そのものである注意力を高めるからである。

幾何学に対する素養や天性のセンスがなくても、問題の探究や論証の練習によって注意力を伸ばす妨げとなることはない。むしろほぼそのまったく反対であり、素養や天性のセンスの欠如は、好ましい状況ですらある。

うまく解答を見出したり、うまく論証を把握したりするのは、さほど重要ですらない。うまく解答を見出したり、うまく論証を把握したりするよう真に努力せねばならないとしても、そうである。

けっして、いかなる場合でも、真の注意力の努力はいっさい失われない。真の注意力の努力はつねに充分精神的な効力を発揮する。それゆえまたさらに、知性より下の面においてもそうである。というのも、あらゆる精神的な光は、知性を照らすからである。

真の注意力をもって幾何学の問題の解答を探究するならば、一時間経って、始めたときからいっこうに進んでいなくても、それでも、一時間の毎分、いっそう神秘的なもうひとつの次元では進んでいる。そう感じずに、そうと知らずに、見た目は不毛で、成果のないこの努力は、魂にいっそう多くの光を当てている。成果はいつの日か、後になって、祈りのさなかに見出されるであろう。成果はまた、高められ、おそらく数学とまったく無関係の知性の領野で見出されるであろう。おそらく、いつの日か、こうした効果のない努力をなした人は、この努力のために、ラシーヌ[4]の詩句の美しさをいっそう直に把握しうるであろう。だが、こうした努力の成果は祈りのさなかに見出されるはずである。これは確かなことであり、まったく疑いのないことである。

こうした確信は実験的なものである。だが、こうした確信を得る前にこの種の確信を信じていなければ、少なくとも、こうした確信を信じているかのように振る舞わないならば、こうした確信に到達するという経験はけっして得られないであろう。ここにある種の矛盾がある。こうした事情であるのは、精神的な進歩に有用なあらゆる認識にとってある確かな段階からである。このような確信を確かめる前に、このような確信を行為の規範としてとらないならば、長いあいだ、信仰のみによって、最初は闇であり、光のない信仰によってのみ、こうした確信を堅持していないならば、こうした確信を確かなものに変えることはけっしてできないであろう。信仰は不可欠の条件である。

最良の信仰の支えは、〈父〉にパンを希うならば、石が与えられることはない、という保証である。[*5] 宗教的にはっきり信じるということすべてを超えて、真理を摑むのにいっそう適うようになりたいというただひとつの欲望をもって人間が注意力の努力を成し遂げるたびに、その人は真理を摑むのにいっそう適うようになる。その人の努力が目に見える成果をひとつも上げていなくても、そうである。あるエスキモーの寓話では、原初の光がこう説明されている。「永遠の闇のなかにいるカラスは糧を見出せず、光を望んだ。すると大地が輝いた[*6]」、と。真に欲望があるならば、欲望の対象が真に光であるならば、光への欲望が光を生み出す。注意力の努力があるならば、真に欲望がある。他の動機がいっさいないならば、光それ自体が欲望される。何年ものあいだ、見かけ上は注意力の努力が不毛であったとしても、いつの日か、この努力に正確に比例する光が魂を満たすであろう。それぞれの努力が、世界中の何も奪えない宝に、わずかな黄金を付け加える。長く苦しい何年もの歳月のあいだ、アルスの司祭[*7]が成し遂げたラテン語を習得するための不毛な努力は、眩いばかりの識別能力のうちにその努力すべての成果をもたらした。アルスの司祭は、この識別能力によって、告解する人の言葉の背後に、沈黙の背後にさえ、告解する人の魂そのものを見たのである。

それゆえ、良い点を取ろうという欲望をいっさいもたずに、試験に成功しようという欲望をいっさいもたずに、いかなる学業の成果をも得ようとする欲望をいっさいもたずに、天性のセンスや素養を考慮せず、あらゆる学習に同じように取り組み、祈りの実体であるこの注意力の形成にあらゆる学習を役立てようと考えて、勉強しなければならない。学習に取り組んでいるとき、その学習を正確に成し遂げようとしなければならない。なぜならこの意志は、真の努力があるために不可欠だからである。だがこの直接の目標を通して、深い意図が、祈りのために、注意力の能力を高めるためにのみ向かわなければならない。書くとき、文字の形を紙の上に描いている。だがそれは、文字の形のためではなく、考えを表現するためであるのと同様である。*8

他のすべてを排して注意力を祈りへと向ける意図だけを学業のうちに置くことは、学業を精神面で善用するための第一条件である。第二条件は、失敗したひとつひとつの学業を、失敗したという凡庸さのもつ醜悪さすべてにおいて、言い訳をいっさい探すことなく、間違いや教師による訂正をひとつも見逃さず、なぜ間違えたのかその根源に立ち戻り、長いあいだ、正面から眺め、注意力をもって見つめるよう厳密に努めなければならない。出来が悪い場合、その反対のことをしようと、訂正された課題のうちに斜に構えた眼差しを滑り込ませ、訂正された課題をすぐさま隠そうとする誘惑は大きい。ほとんどすべての人がほぼつねにそうする。この誘惑を峻拒せねばならない。付言すれば、さらに、学業の成功にこれ以上必要なものは何もない。というのも、犯した間違いと教師の訂正に注意力を傾けるのを厭うならば、どれほど努力しても、大して進歩せずに勉強することになるからである。

とりわけ、どんな学業上の進歩よりもかぎりなく貴重な宝である謙遜という徳は、このようにして獲得される。この点に関して、自分自身の愚かさをじっと見つめることは、おそらく罪をじっと見つめるよりも有益ですらある。罪の意識によって自分が悪いという感情が芽生える。そしてその感情のうちにある確かな傲慢さから弁明が見出されるときがある。目と魂の眼差しが愚かしくも失敗した学業に暴力的に釘付けになるのを余儀なくされるとき、否応なくはっきりと、自分は凡庸であると感じる。これ以上望ましい認識はない。魂すべてを挙げてこの真理を認識するに至るならば、真実の道のうちにしっかりと立っている。

注意力を祈りへと向ける条件と間違いを通して謙遜へ至る条件が、完璧に充分満たされるならば、おそらく学業は、他のあらゆる道と同様、聖性へと向かう善き道である。

間違いを通して謙遜へと至る条件が満たされるためには、それを意欲すれば充分である。注意力を祈りへと向ける条件はそうではない。真に注意力を働かせるために、どうするのかを知らなければならない。

もっともしばしば、注意力とある種の筋肉的な努力とが混同される。「さあ、注意しましょう」と言われるとき、生徒は、眉間に皺を寄せ、目を凝らし、呼吸を止め、筋肉を強張らせる。二分後、何に注意していたのかと問われても、生徒は答えられない。何にも注意していなかったのである。注意力を働かせなかったのである。筋肉を強張らせたのである。

学業でこの種の筋肉の努力が費やされるのはよくあることである。疲れ果てると、「よく勉強した」という感覚をもつ。それは幻想である。疲労は勉強と何のかかわりもない。疲労しようがしまいが、勉強は有益な努力である。学業におけるこの種の筋肉の努力は、たとえ善い意図をもって成し遂げられたとしても、まったく不毛である。こうした場合の善い意図とは、地獄へと敷きつめられた善い意図である。[*9] このように成される学業は、点数や試験という観点から見れば学業として善いとされる場合もありうる。だがこのように成される学業が善いのは、努力如何にかかわらず、天性の才能のおかげである。このように成される学業はつねに無益である。

意志は、歯を食いしばり、苦しみを堪え忍ぶことを必要としている。このような意志は、手仕事における見習いの主要な武器となる。だが意志は、一般にそう思われているのとは対照的に、学業におけるほぼいかなる場所ももたない。知性は欲望によってしか導かれえない。欲望があるためには、快さと歓びがなければならない。知性が育まれ、実を結ぶのは、歓びのなかでのみである。*10 学業に学ぶ歓びが不可欠なのは、走者に呼吸が不可欠なのと同様である。歓びがないところに学生はいない。そこにあるのは、見習い修業をなし終えた後に職を手にしていない見習いの哀れな戯画である。

学業において歓びをもたらすというこの欲望の役割が、精神的な生活の準備をなす。というのも、欲望は神へと向けられており、魂を上昇させるただひとつの力が欲望だからである。より正確には、神だけが魂を捕らえにやって来て、魂を高める。だが欲望だけが神を降りてこさせる。神がやって来るのは、神がやって来るよう希う人にのみである。しかも、頻繁に、長く、熱心に希う人に神は降りてこざるをえないのである。

注意力は努力であり、おそらく、もっとも大きな努力である。だが、それは消極的な努力である。注意力は注意力を働かせることで疲労しない。疲労を感じているとき、すでによく鍛錬されていなければ、注意力を働かせるのはもはやほぼ不可能である。疲労を感じているときは、注意力を働かせるのを諦め、休息をとって少し経ってから、ふたたび注意力を働かせ、息を吸ったり吐いたりするように、注意力を働かせたり働かせなかったりするほうがよい。

宿題をやり終え、「よく勉強した」と感慨深く述べる、眉間に皺を寄せる三時間よりも、強烈で疲労のない注意力を傾ける二〇分のほうが、はるかに価値がある。

だが見た目とは裏腹に、強烈で疲労のない注意力を二〇分働かせるのも、はるかにいっそう難しい。わたしたちの魂のうちには、肉体が疲労を厭うよりもはるかに激しく真の注意力を厭うものがある。それは、肉体よりもはるかにいっそう悪に近いものである。[*11] それゆえ、真に注意力を働かせているときにはいつでも、自らのうちなる悪を破壊している。自らのうちなる悪を破壊するという意図をもって注意力を働かせるならば、一五分間の注意力は、多くの善い活動に匹敵する。[*12]

注意力は、その人の思考を宙吊りにし、自由なままにし、真空にし、対象に入ってゆけるようにすることにある。そして、用いるよう仕向けられている獲得された多様な認識を、思考の近くではあるが、思考よりも低い次元で、思考と接することなく、注意力それ自体のうちに保つことにある。思考は、すでに形成された個別の思考に対して、山頂にいる人のようでなければならない。山頂にいる人は、自分の眼前のものを眺めながら、同時に眼下に広がる森や平原を眺めはしないが、それらを視野に収めている。そしてとりわけ思考は、真空の状態で、待機の状態で、何も探さず、だがその赤裸々な真実において、思考に入り込んでくる対象を受け取る準備ができていなければならない。[*13]

翻訳する際の誤訳、幾何学の問題を解く際の不合理、国語の宿題における下手な字体や一貫性のない考え、これらすべては、思考が急いで何かに突進したために起こることであり、時期尚早にいっぱいになってしまっているため、もはや真理に対してひらかれていないのである。能動的でありたいと意欲したことが揺るがぬその原因である。探し求めようとしたのである。もし根源に遡（さかのぼ）れば、毎回、ひとつひとつの誤りを検証することができる。この検証をすることよりもよい練習はない。というのも、この真実は、何百回何千回、実際に経験することでしか、信じることができないものだからである。核となる真実はすべて、こうしたものである。

もっとも貴重な善は探し求められてはならず、待機されねばならない。というのも、人間は自分の力でもっとも貴重な真理を見出すことはできないからである。もし人間がもっとも貴重な真理を探し求め始めるならば、もっとも貴重な真理の代わりに偽りの善を見出してしまうであろう。その偽りの善が偽りであると識別しえずに、である。

幾何学の問題の正解は、正解それ自体として貴重な善なのではない。そうではなく、同じ法則が正解となったものにも当てはまるということである。というのも、正解は、貴重な善のイメージだからである。正解は、個別の真理の小さなかけらである。それゆえ正解は、ただひとつの、永遠の、活き活きとした〈真理〉の純粋なイメージである。この〈真理〉とは、「わたしは〈真理〉である」[*14]とかつて人間の声で述べられたものである。

こう考えると、あらゆる学業は、秘跡に似ている。

それぞれの学業には、真理を探し求めようとすることなく、欲望をもって真理を待機するある特別な仕方がある。正解を探し求めずに幾何学の問題に注意力を傾ける仕方、意味を探し求めずにラテン語やギリシア語のテクストの言葉に注意力を傾ける仕方、不適切な言葉だけを払い除け、正しい言葉それ自体が筆にやってくるのを待機する仕方があるのだ。

生徒や学生に対する第一の義務は、一般的にだけではなく、それぞれの学習にかかわる個別の形態において、真理を待機するこの方法を生徒や学生に認識させることである。これは、生徒や学生の教師の義務である。だがそれだけではなく、生徒や学生を精神的に導く人の義務でもある。そして、生徒や学生を精神的に導く人はさらに、生徒や学生の学習ひとつひとつにおける知性の姿勢と、充分な油を備えたランプを携え、信頼と欲望をもって〈伴侶〉を待つ魂の状態との類比を、光の充溢のなかに、輝かしい光線のうちに置かなければならない。[*15] 愛を知る青年ひとりひとりは、ラテン語の翻訳をしているあいだ、ラテン語の翻訳によって次のような瞬間に少し近づけるよう希わなくてはならない。主人が宴会に赴いているあいだ、叩かれるとすぐに戸を開けられるよう戸の近くで眠らず、耳をそばだてている奴隷のように、真にそうあるような瞬間にである。そうすると主人は奴隷をテーブルにつかせ、奴隷に食べ物を与える。[*16]

奴隷のこの待機、奴隷のこの注意力があってこそ、主人は過剰に優しくせざるをえない。奴隷が畑で疲れ果てていても、帰ってきた奴隷に主人は、「わたしの食事の準備をして、食事を出せ」、と言う。そうして主人はこの奴隷を、命令されたことしかしない役立たずの奴隷として扱う。[*17] なるほど、行為の領野では、どれほど努力しても、どれほど疲労していても、どれほど苦しんでいても、命令されることとすべてをなさねばならない。というのも、命令に従わない人は愛していないからである。だが、命令されたすべてをなし終えても、役立たずの奴隷でしかない。これが愛の条件である。だがこの条件は不充分である。奴隷を自分の奴隷とし、その奴隷を慈しむよう主人を駆り立てるのは、このためではまったくない。ましてや奴隷が無謀にも自分自身の創意工夫を企てようとすることではない。自分の奴隷とし、奴隷を慈しむよう主人を駆り立てるのは、奴隷が目覚めており、待機しており、注意力を傾けているということだけである。

したがって、自分の青少年期を、目覚めて待機しているという注意力の能力の形成にのみ向けられた人は、幸いである。こうした人はおそらく、畑や工場で働く自分の兄弟よりも、善の近くにいるわけではおそらくない。別の仕方で善の近くにいるのである。農民や労働者は神の近くにいる。それは、貧しさ、社会的配慮の欠如、長くゆっくりとやってくる苦しみの奥底に潜んでいる比類のない味わいのためである。[*18] だが、活動そのものを考えるならば、学業は神にいっそう近い。それは、学業の魂である注意力のためである。自らのうちにこの注意力を成長させずに何年も学業をして過ごす人は、大いなる宝物を失ってしまっている。

実体として注意力をもっているのは神への愛だけではない。隣人への愛は神への愛と同じ愛であることをわたしたちは知っている。[*19] 隣人への愛は、その実体として同じ注意力をもっている。この世界で不幸な人が必要としているのは、自分に注意力を傾けてくれる人間だけである。不幸な人に注意力を傾けうるのはきわめて稀であり、きわめて難しい。それはほぼ奇跡である。それは奇跡である。不幸な人に注意力を傾けうると思い込んでいるほぼすべての人は、そうしえない。熱意、高揚、敬虔は、不幸な人に注意力を傾けうるには不充分である。

最初の聖杯伝説[*20]でこう言われている。聖杯は、聖別された生贄の徳によって、あらゆる飢えを満たす奇跡の石である。この石は誰のものであろうか。それは、もっとも痛々しい傷でほぼ麻痺した王であり石の番人である人に、「お苦しいのですか?」と最初にたずねる人のものである。

隣人への愛が充溢しているとは、もっとも痛々しい傷でほぼ麻痺した人に、「お苦しいのですか？」と問うことができるということだけである。それは、不幸な人が現に存在しているのを知ることである。一集合体としてではなく、「不幸な人」とレッテル貼りされた社会的範疇の一例としてではなく、わたしたちとまったく同じ人間として不幸な人が現に存在しているということを知ることである。[*21]不幸な人は、ある日、不幸によって打ちのめされ、他に類を見ないような徴（しるし）を刻み込まれている。そのため、不幸な人に確かな眼差しを注げるというだけで充分であるのだが、それはまた不可欠なことである。

この眼差しは、なによりも注意深い眼差しである。そのとき魂は、自らが見つめている存在を自らのうちに受け取るために、自らの内実すべてを剝ぎ取られている。注意深い眼差しという真実においてて魂はこのようになっている。そうしうるのは、注意力を傾けられる人だけである。

こうして、逆説的であるが、ラテン語の翻訳、幾何学の問題は、たとえそれらに失敗しても、それらに適った種類の努力を傾けるならば、ある日、ずっと後になって、機会が訪れた際、その極限の苦悶の瞬間に、まさしく不幸な人を救済しうる救いを不幸な人に確かにもたらすことができる。

この真理を摑むことができ、そしてあらゆる他者に愛を傾けるというこの成果を欲する充分心優しい若者にとって、学業は、学業による精神的な充溢をもつであろう。それは、宗教によって信じるということすべてを超えてさえいる。

学業は、真珠が埋められている畑である。その畑を買うために、何ひとつ所有せず、自分の財宝すべてを売り渡しさえすればよい。[*22]

神への愛と不幸

これらの省察は、一九三四年から一九三五年にかけて、シモーヌ・ヴェイユが労働生活の際にした不幸の経験と、彼女のキリストとの出会いの経験を同時に結び合わせている。

ギュスターヴ・ティボンがその序文[*1]で示唆している、そしてまた、彼女が〈主の祈り[*2]〉を見出したことによっても照らし出している恐ろしい日々のあいだに、おそらく、不幸の経験とキリストとの出会いの経験を、十全に、ともに、彼女は生きたのである。

これらの省察は、一九四二年の春に起草され、彼女の出発の数日前にわたしに授けられたものだと思う。

（ペラン神父）

〔一九四二年四月－五月はじめ〕

苦しみという領野において、不幸は他と異なり、特別で、どうにもならないものである。不幸は単なる苦しみとはまったく別のものである。不幸は魂を捕らえ、魂の奥底まで、不幸にのみ属する徴、奴隷の徴を刻み込む。古代ローマで実践されていた奴隷制度は、不幸の極限的な形態にほかならない。このことを熟知していた古代人は、「奴隷になったとき、人は魂の半分を失う[*3]」と述べたのであった。

不幸は身体的な苦しみと切り離せないものであるが、苦しみとはまったく異なるものである。苦しみのなかで、身体的な痛みやそれに類するものに結びつかないものはすべて、人為的で、想像上のものであり、思考をうまく組み合わせれば解消しうるものである。愛する人の不在や死といった場合でも、悲しみのどうにもならない部分は、呼吸が苦しくなったり、胸が締め付けられたりといった身体的な痛み、あるいは飢えといった満たされない欲求、あるいはそれまで一ヶ所に集中していたエネルギーが無理やり解き放たれてもうどこに向かってよいかわからなくなってしまうといったほぼ生物学的な錯乱といったものである。こうしたどうにもならないものにこびり付いて離れない悲しみでないものは、ロマンティックなあるいは文学的なものにすぎない。屈辱もまた、侮辱を受けて飛び上がりたいのに、無力ないし恐怖によって強制され、我慢しなければならない全身の激烈な状態である。

その反対に、身体的なものにすぎない痛みは取るに足らないものであり、魂に何ら痕跡を残さない。歯の痛みはその一例である。虫歯のために引き起こされた激しい痛みが数時間続くとしても、その痛みがひとたび過ぎ去ってしまえば、それはもはや何でもないものになる。

長引くあるいは頻繁に起こる身体的な苦しみは、歯痛のような身体的なものにすぎない痛みとはまったく異なるものである。だがこのような苦しみは往々にして苦しみとも別のものである。このような苦しみは往々にして不幸である。

不幸は生命の根こぎであり、身体的な痛みによって引き起こされる打撃、あるいは身体的な痛みが直にもたらす不安のために、否応なく魂にあらわれる、多かれ少なかれ弱められた死に等しいものである。身体的な痛みがまったくなければ、魂に対する不幸はない。なぜなら、不幸とは別のどんな対象にも思考は向かってゆくからである。思考は、動物が死を避けるのと同様に、素早く、どうしようもなく不幸を避ける。[*4] この世で思考をつなぎ留めておくことができるのは身体の痛みだけであって、他の何ものでもない。思い描くのが困難な肉体的な現象を身体の痛みと同一視するならば、そうである。そして厳密には両者は同一のものである。とりわけ、身体的な痛みへの不安はこの種のものである。

思考が身体的な痛みの打撃を受け、たとえこの痛みが軽いものであったとしても、不幸のあらわれを認めざるをえない場合、死刑囚が何時間ものあいだ自分の首に降りかかるギロチンを見つめるよう強いられているのと同様の暴力的な状態が生み出される。[*5] 人間はこうした暴力的な状態で二〇年も、五〇年も生きることができる。こうした人の傍を通り過ぎてもそのことに気づかない。もしキリスト自身が自らの目を通して見つめるのでなければ、誰がそうした人に気づくことができようか。こうした人が奇妙な振る舞いをすることがあるのを目に留めるだけであり、そしてそうした振る舞いを非難するのである。

生命を捕らえ、生命を根こぎにした出来事が、直接的にせよ間接的にせよ、生命のありとあらゆる部分に、社会的、心理的、身体的打撃を与えるのでなければ、真の不幸はない。社会的要因は本質的なものである。何らかの形態において、社会的失墜、あるいは社会的失墜への不安がないところには、真の不幸はない。

きわめて激しく、深く、長く続くものであったとしても、悲しみはいわゆる不幸とは別のものであり、不幸とあらゆる悲しみとのあいだには、水の沸点のように、連続であるのと同時に敷居のような境界がある[*6]。これを超えると不幸があり、超えなければ不幸はないといった限界があるのだ。この限界は純粋に客観的なものではない。あらゆる種類の個人的な要因が考慮される。同じ出来事がある人間を不幸に陥れるが、他の人間をそうはしない。

人生の大きな謎は苦しみではなく、不幸である。無実の人が殺害されたり、拷問を受けたり、国を追われたり、悲惨な境遇や奴隷状態に陥れられたり、強制収容所や独房に入れられたりするのは驚くに足らない。なぜなら、そうしたことをやってのける犯罪者がいるからである。病気が生命を麻痺させるような長引く苦しみを課し、生を死のイメージとすることも、驚くに足らない。なぜなら、自然は機械的な必然性の盲目的な働きに従っているからである。だが神が不幸に、無実な人の魂そのものを捕らえ、至高の主（あるじ）として魂を支配する力を与えたのは驚くべきことである。最良の場合でも、不幸の徴を受けた人は、魂の半分しか保っていないであろう。

そうした打撃のひとつを受け、半分押しつぶされた虫のように地面をのたうちまわっている人は、自分に起こっていることを表現する言葉をもたない。[*7] そのような人が出会っている人々のなかに、たとえ自らもたいそう苦しんだ経験をもつ人がいたとしても、いわゆる不幸との接触を一度もしたことがなければ、不幸の何たるかはまったくわからない。不幸は特別なもので、他の何ものにも還元されえないものであり、耳が聞こえない人にとって音の何たるかがまったくわからないようなものである。そして不幸によってずたずたに引き裂かれた人は、誰にも救いを与えられない状態にあり、また、そうしたいと欲することすらしえない。こうして、不幸な人に対する同情は不可能なものとなる。不幸への同情が真に生み出されるならば、それは水上歩行[*8]や、病気の治癒や、さらには死からの復活よりも驚くべき奇跡である。

不幸はキリストに免れさせてほしいと懇願し、人々に憐れみを乞い、〈父〉に見捨てられたと思い込むことを余儀なくさせた。[*9] 不幸は正義の人に神に向かって泣き叫ばせることを余儀なくさせた。人間の自然・本性におけるかぎり完全なる正義の人が神に向かって泣き叫ばざるをえなかったのである。さらにおそらく、ヨブが歴史的な人物であるよりもキリストの似姿であるならば、ヨブの場合がそうである。「神は無辜(むこ)なる人の不幸を嘲笑う」[*10]。これは冒瀆ではない。これは痛みに張り付いた真正の叫びである。「ヨブ記」は最初から最後まで、真理と真性があらわされている純然たる驚嘆すべきものである。不幸を主題にしていながらヨブのモデルからかけ離れているものはすべて、多かれ少なかれ虚偽で穢れている。

不幸は一時のあいだ神を不在にする。死よりも、真っ暗闇の独房のなかの光よりも不在にする。

ある種の恐怖が魂全体を覆い尽くす。この神の不在のあいだ愛すべきものは何もない。恐ろしいのは、愛すべきものが何もないこの暗闇のなかで魂が愛するのをやめるならば、神の不在が決定的になるということである。魂は、たとえその無限小の部分をもってしても、空しく愛し続けなければならない、あるいは少なくとも愛そうと欲しなければならない。そうするならば、ヨブの場合がそうであったように、[*11]いつの日か魂に神がやって来て、魂に世界の美を啓示する。[*12]だがもし魂が愛するのをやめるならば、魂はこの世においてすでに、ほぼ地獄に等しい状態に堕ちてしまう。

こうして、不幸を受け取る心づもりがない人間を不幸のうちに突き落とす人は、魂を殺すのである。他方で、不幸が万人の上に宙吊りにされている今日のような時代、魂にもたらされる救いが効力をもつのは、それが、現実的に、不幸の心づもりを魂にさせる場合にかぎられる。それは些細なことではない。

不幸は頑なにさせ、絶望させる。なぜなら、不幸は、魂の奥底まで、焼きごてを押し当てるように、自分自身に対する侮蔑、嫌悪、そして反逆さえも刻み込むからである。罪があり穢れているという感覚は、論理的には犯罪によって生み出されるはずのものである。だが犯罪によっては生み出されない。悪は犯罪者の魂のうちにそれと感じられずに住まっている。悪は無辜なる不幸な人の魂のうちで感じられるのである。あたかも本来、犯罪者にふさわしい魂の状態が犯罪から切り離され不幸に結びついたかのように、すべては起こる。さらにそれは、不幸な人の無辜の度合いに応じてさえいる。

ヨブがかくも絶望的な調子で自らの無実を泣き叫ぶのは、もはやヨブその人が自分の無実を信じられないからである。ヨブのうちでその魂は友達の側についているからである。ヨブは自分の無実を証（あか）ししてほしいと神に懇願する。[*13] なぜなら、もはや自分の意識が自分の無実を証しするのが聞こえないからである。ヨブにとって自分の無実の証しはもはや抽象的で死した思い出でしかない。

人間の肉的な自然・本性は動物のそれと変わらない。雌鶏は、傷ついた一羽の雌鶏を猛然とくちばしで突く。これは重力と同様の機械的な現象である。わたしたちの理性が犯罪に結びつけるあらゆる侮蔑、あらゆる排斥、あらゆる嫌悪を、わたしたちの感性は不幸に結びつける。キリストが魂全体に浸透している人を除いて、すべての人は多かれ少なかれ不幸な人を軽蔑している。ほとんど誰もそのことに気づいていないのだが、そうである。

わたしたちの感性のこの法則は、自分自身にも当てはまる。不幸な人に見られるこのような軽蔑、排斥、嫌悪は不幸な人自身に向けられ、魂の中心にまで浸透し、そこから不幸の毒々しい色彩で宇宙全体を染め上げる。超自然的な愛がまだ生き残っているならば、不幸の色彩で宇宙全体を染め上げることは防げる。だが、自分自身に対する軽蔑、排斥、嫌悪を食い止めることはできない。自分自身に対する軽蔑、排斥、嫌悪は不幸の本質そのものである。自分自身への軽蔑、排斥、嫌悪がないところに不幸はない。

「キリストはわたしたちにとって呪いとなられた」[*14]。呪いとなったのは、木に吊り下げられたキリストの身体だけではない。キリストの魂全体もそうである。同様に、不幸のうちにある無辜なる人はすべて、呪われていると感じている。かつて不幸のうちにあって、いまは境遇が変わり不幸から抜け出した人であっても、不幸がかなり深く食い込んでいるならば、その人たちもまた同様である。

不幸のもうひとつの作用は、魂に無気力という毒素を注入して、少しずつ魂に不幸との共犯関係を結ばせることである。かなり長いあいだ不幸であった人誰しものうちに、自分自身の不幸との共犯関係が見られる。この共犯関係は、自分の境遇をより善くするために不幸な人がなしうるあらゆる努力の妨げとなる。この共犯関係は、不幸から解き放たれるための手段を講じることを妨げ、ときには、不幸から解き放たれたいと願うことさえも妨げる。こうして不幸な人は不幸のうちに留まり、それでその人は満足しているのだと人々は思い込む。さらにこの共犯関係は、その人の意に反して、不幸から解き放たれる手段を避け、その手段を逸してしまうよう不幸な人を追いやる。こうして不幸と不幸な人との共犯関係は、しばしば滑稽な口実のもとに覆い隠されてしまうのである。不幸から抜け出した人においてすらも、恒久的に魂の奥底まで不幸に食い込まれているならば、ふたたびその人を不幸に急(せ)き立てるものが存続している。それはあたかも、不幸が寄生虫のようにその人のうちに住みついて、その人を不幸の目的に沿って動かすがごとくである。この衝動はしばしば不幸な人が幸福へと向かう魂の働きすべての上にもたらされる。もし恩恵の効果によって不幸が終わるならば、恩恵をもたらしてくれた人に対する憎悪がともないうる。これは傍(はた)から見ると説明しえない粗野な数々の忘恩の行為の原因となっている。現にいまある不幸から不幸な人を解き放つのは容易(たやす)いこともある。だが、不幸な人をその過去の不幸から解き放つのは難しい。それは神だけがなせる業である。神の恩寵そのものですら、癒やし難く傷つけられた自然・本性を、この世で癒やしえない。キリストの栄光の身体は傷跡をともなっていた。

不幸を距離として見つめるのでなければ、不幸が現に存在していることを受け入れられない。

神は、愛によって、愛に向けて創造した。神は愛そのものと愛する手段以外のものを創造しなかった。神は愛のあらゆる形態を創造した。神は可能なかぎり遠く離れた距離において愛することができる存在を創造した。神自らが最大の距離に、無限の距離に赴いた。なぜなら、他の何ものもそうしえなかったからである。神と神とのあいだのこの無限の距離であり、至高の引き裂かれであり、他の何ものも近づきえない痛みであり、愛の驚異であるもの、それがキリストの磔刑である。呪いとされたことよりも神から遠ざかることはできない。

この引き裂かれの上に至高の愛によって至高の一致というつながりが置かれる。この引き裂かれは、宇宙を貫き、沈黙の奥底で、離れては溶け合う二音のように、純粋で悲痛な調和(ハーモニー)として永遠に響き渡る。これが神の〈み言葉〉である。創造全体はこの調和の振動にほかならない。人間の音楽がそのもっとも大いなる純粋さにおいてわたしたちの魂を貫くとき、音楽を通してわたしたちが聴くのはこの振動である。わたしたちが沈黙を聴く術(すべ)を学んだならば、沈黙を通していっそうはっきりと把握するのは、この振動である。*15

辛抱強く愛し続ける人は、不幸がその人を置いたまさしくその失墜の奥底で、この音色を聴く。この瞬間から、この人はもはや疑いを抱くことはできない。

不幸に襲われた人間は十字架の足下におり、ほぼ可能なかぎり神と最大の距離に隔てられている。罪のほうがより大きな距離に隔てられていると思ってはならない。罪は距離ではない。罪とは、眼差しの向きが間違っていることである。

この距離と原初の不従順のあいだには神秘的なつながりがあるのは確かである。原初から人類は神から眼差しを背け、赴けるだけ遠く、間違った向きに歩んだと伝えられている。[*16]そのとき人類は、歩くことができたからである。わたしたちは、眼差しの自由だけを残してその場に釘付けになり、必然性に従属している。盲目的な必然性は、精神の完全性の度合いなどまったく考慮に入れず、人間を揺さぶり続け、そのうちの幾人かをまさしく十字架の足下に投げ込む。揺さぶられているあいだ、ただ神へと眼差しを向けているのかそうでないのかはその人次第である。それは、神の摂理が不在だということではない。神はまさしく神の摂理によって、盲目的なメカニズムとして必然性を欲したのである。

メカニズムが盲目的でなかったならば、不幸などいっさいなかったであろう。不幸は、なによりもまず無名であり、捕らえた人からその人の人格性を剝奪し、その人を物にしてしまう。[*17]不幸は無関心であり、金属的な冷たさであるこの無関心という冷徹さが、不幸が触れる人すべてを魂の奥底まで凍らせる。この人たちはもはやけっして温かさを取り戻すことはないであろう。こうした人たちはもはやけっして自分が誰かであるとは信じないであろう。

不幸に含まれる偶然性という部分がなかったならば、不幸はこうした作用を及ぼさないであろう。自らの信仰のために迫害され、そしてそのことを知っている人は、たとえどれほど苦しまねばならないとしても、不幸な人ではない。こうした人が不幸に陥るのは、迫害の理由を忘れるほどまでに、苦しみあるいは恐れで魂がいっぱいになる場合のみである。猛獣の餌食となるべく歌いながら闘技場へと入っていった殉教者は、不幸な人ではなかった。キリストは不幸な人であった。キリストは殉教者として亡くなったのではなかった。キリストは一般法による犯罪者として、盗賊たちと一緒に、ただかれらよりも若干滑稽なかたちで亡くなったのである。というのも、不幸は滑稽なものだからである。[18]

盲目的な必然性だけがある。その必然性は、極限の距離に隔てられた一点に、十字架のすぐ傍に人間を投げ込むことができる。不幸の大半の原因である人間の犯罪は、盲目的な必然性の一部をなしている。というのも、犯罪者は自分のしていることがわからないからである。[19]

友情にはふたつのかたちがある。それは、出会いと別れである。このふたつは切り離せない。これらふたつは同一の善であり、唯一の善である友情をうちに有している。というのも、友人ではないふたりが傍にいても、出会いはないからである。友人でないふたりが離れていても、別れはない。出会いと別れは、同一の善をうちに有しており、ひとしく善きものである。

神は完全に自らを産出し、自らを認識する。[20] それは、わたしたちが惨めにも自分の外に対象を作り出し、それを認識するのと同様である。だがなにより神は愛である。神はなにより自らを愛する。この愛、この神のうちなる友情が、三位一体である。神の愛のこの関係性によって結び合わされた項と項とのあいだには近さ以上のものがある。無限の近さがあり、同一性がある。だが、〈創造〉、〈受肉〉、〈受難〉によって無限の距離もある。時間と空間の全体が、それらの厚みを介在させて、神と神とのあいだに無限の距離を置いている。

恋人や友人はふたつの欲望を抱いている。そのひとつは、一方が他方のうちに入り込み、ひとつになるほどまでに愛し合うことである。もうひとつは、ふたりが地球の反対側にまで隔てられていても、ふたりの結びつきが少しも弱まらないほどまでに愛し合うことである。この世で人間が空しく欲するものはすべて、神においては完全であり、実在のものである。不可能なこれらの欲望はどちらも、わたしたちの使命の徴のようにわたしたちのうちにある。そしてこれらの欲望がわたしたちにとって善きものとなるのは、もはやこれらの欲望を果たそうと希わなくなるときである。

神と神とのあいだの愛は、それ自体が神である。この愛は、これらふたつの欲望を叶えるという効用をもつつながりである。このつながりは、見分けがつかなくなるほどふたつの存在を結びつけ、実のところただひとつのつながりとなる。このつながりは距離を超えて広がり、無限の別れを克服する。複数性をいっさい消失させる神の一性、自らの〈父〉を完全に愛することをやめずにキリストがそう思い込んでいる見棄てられた状態、このふたつは、神そのものである〈愛〉という神の効用のふたつのかたちである。

神はあまりにも本質的に愛そのものであるため、ある意味では神の定義でもある一性は、愛の結果にほかならない。そして、この愛のかぎりない一性という効用に、この効用によって克服されるかぎりない別れが照応する。この別れは創造の全体であり、時間・空間の全体を通して広がっており、機械的で粗暴な物質からなっている。キリストとその〈父〉とのあいだに置かれているのはこの別れである。

それ以外の人間であるわたしたちは、その悲惨さによって、〈子〉と〈父〉のあいだに置かれたこの距離に与るというかぎりなく貴重な特権を与えられている。だがこの距離が別れであるのは、愛する人にとってのみである。愛する人にとって別れは苦しいものであるが、善きものである。なぜなら、別れとは愛だからである。見棄てられたキリストの苦悶そのものは善きものである。この世でこのキリストの苦悶に与えるよりもわたしたちにとって大いなる善はありえない。この世において神は肉体をもたないために、わたしたちの前に完全にあらわれることはない。だが、極限の不幸のうちにあるとき、わたしたちに神はほぼ完全に不在である。これが、この地上でわたしたちにとって唯一の完全性の可能性である。こうして十字架はわたしたちの唯一の希望である。「どのような森にも、こうした花、こうした葉、こうした芽をもつ、このような木はない」[*21]。

わたしたちが生きており、その微小な部分をなしているこの宇宙は、神の〈愛〉によって神と神とのあいだに置かれたこの距離である。わたしたちはこの距離における一点である。時間・空間、物質を支配しているメカニズムは、この距離である。わたしたちが悪と名づけるものはすべて、このメカニズムにほかならない。神は、神の恩寵がひとりの人間の中心そのものに浸透し、そこからその人の全存在を照らすとき、自然法則を侵害することなく、その人が水の上を歩けるようにした。だが神から目を背けるならば、その人はただ重力に委ねられるがままになっている[*22]。さらに、その人は意欲し選択していると思い込んでいる。だが、その人は落下する石のようなひとつの物にすぎない[*23]。間近で、真に注意深い眼差しで魂と人間社会を見つめるならば、超自然的な光の効用がないところではどこでも、すべては物体の落下の法則と同様に盲目的で厳密な機械的な法則に従っていることを知る。この知は有益で不可欠なものである。わたしたちが犯罪者と名指す人々は、偶然、風によって屋根から剝がれ落ちる瓦にすぎない。この人たちの唯一の誤りは、自らをこの瓦にしたという最初の選択だけである。

必然性のメカニズムは、天然の物質において、植物において、動物において、群衆において、魂において、形を変えて、ありとあらゆる段階に移し替えられてゆく。わたしたちがいる一点から、わたしたちの視座を通して見つめるならば、必然性のメカニズムはまったく盲目的である。だがわたしたちが自分の心を自分の外に、時間・空間の外に、わたしたちの〈父〉がいますところに移し、そしてそこからこの必然性のメカニズムを見つめるならば、それはまったく異なって見えてくる。必然性と思われていたものは従順となる。[*24] 物質は完全な受動性であり、したがって神の意志に従順である。物質はわたしたちにとっての完璧なモデルである。神と神に従順なもの以外のものはありえない。物質は完全に従順であるため、その〈主(あるじ)〉を愛する人によって愛されるのにふさわしい。それは、恋人がいまは亡き愛する女性の使っていた針を優しさをもって見つめるようなものである。世界の美によってわたしたちの愛にもたらされる物質のこの寄与をわたしたちはよく知っている。粗暴な必然性は世界の美において愛の対象となる。海の波の儚い襞あるいは山々のほぼ永遠の襞に刻み込まれた重力ほど美しいものはない。[*25]

船が沈没することがあるのを知っているからといって、海がわたしたちの目に美しく映らないということはない。それどころか、そうであればなおいっそう海は美しい。もし海が船を救うために波の動きを変えるならば、海は識別と選択を備えており、それゆえあらゆる外的圧力に対して完璧に従順な流体ではない。海の美しさとは、この完璧な従順のことである。

この世界で生起する惨禍はすべて、重力によって海の波に刻み込まれた襞のようなものである。だからこそ海の波は美をうちに有している。『イーリアス』のように、一篇の詩がこの美を感じさせることがある。

人間は神への従順からけっして逃れられない。被造物が従順でないわけにはいかないのである。知性を有し、自由な被造物としての人間に与えられた唯一の選択は、従順を欲するか欲しないかだけである。[*26] もしその人が従順を欲しないとしても、それでもやはりその人は、機械的な必然性に従属する物として絶え間なく従順である。もしその人が従順を欲するならば、機械的な必然性に従属してはいるが、その必然性にもうひとつ新たな必然性が、超自然的な事柄に固有の法則からなる必然性が付け加わる。その人には不可能となる行為もあるが、その人を通して、時にはその人とほぼ無関係に成し遂げられる行為もある。

こうした場合、神に不従順であったという感情をもつならば、それは、一時のあいだ、ほかならぬ従順を欲するのをやめたということを意味する。そもそもすべての事柄が同一であっても、言うまでもなく、従順に同意するか否かによって人間は同じ行為を成し遂げはしない。そもそもすべての条件が同一であっても、植物が光のうちに置かれているかあるいは闇のうちに置かれているかによって、同じようには成長しないのと同様である。植物は自らの成長に関して何も支配しないし、何も選択しない。わたしたちは、光に自らをさらすか否かを唯一の選択としてもつであろう植物のようなものである。

キリストは、働きをなさず、紡がない野の百合を見つめ、物質の従順さに倣うよう促した。[*27] すなわち、野の百合はしかじかの色彩を纏おうとはせず、自らの意志を動かそうとはせず、その目的のために手段を講じようとはせず、自然的な必然性が自らにもたらすすべてを受け入れた。野の百合が豪奢な織物よりもはるかにいっそう美しくわたしたちにあらわれるならば、それは、野の百合が織物よりも豪奢だからではなく、野の百合のこの従順さのためである。織物もまた従順ではあるが、人間に従順なのであって、神に従順なのではない。人間に従順であるとき、物質は美しくない。物質が美しいのは、神に従順であるときにかぎられる。物質が芸術作品において、海や山や花々におけるのとほぼ同様に美しくあらわれる時があるならば、それは神の光が芸術家を満たしているからである。神に照らされていない人によって作られた物を美しいと感じるためには、その作り手自身がそれと知らずに従順である物質だということを、魂すべてを挙げて理解していなければならない。そこまで到達した人にとっては、この世のものすべては絶対的に完璧に美しい。*28 現に存在するものすべてにおいて、生み出されるものすべてにおいて、その人は必然性のメカニズムを見極め、必然性において従順のかぎりない甘美さを味わい尽くす。神とわたしたちとの関係においてこのように物が従順であるとは、ガラスと光の関係において、ガラスが透明であるのと同様である。わたしたちが全存在をかけてこの従順を感受するやいなや、わたしたちは神を見る。

新聞を逆さまにもつと、わたしたちの目に映るのは、印字された奇妙な形である。新聞を正しく持ち替えると、もはや印字は目に映らず、わたしたちの目に映るのは言葉である。嵐に襲われた船の乗客は、船が揺れるたびに胃がひっくり返るような思いをする。船が揺れるたびに船長が把握するのは、風や潮の流れや波のうねりと、船の位置、形状、運航、舵との複雑な組み合わせだけである。

読み方を学習したり職をつけたりするのと同様に、あらゆる事柄において、何よりもまず、そしてほぼひたすら、宇宙の神への従順を感受することを学ぶ。これは実に見習い修業である。あらゆる見習い修業と同様、この見習い修業は努力と時間を要する。見習い修業を終えた人にとって、様々な事柄や出来事のあいだに差異はない。それは、赤インクで印字されていようと、青インクで印字されていようと、字体がどうであろうと、文字が読める人が差異を感じない以上に差異はない。読み方を知らない人はそこに差異だけを認める。読み方を知っている人には、どれも同一のものである。なぜなら、文は同じだからである。事柄や出来事は、見習い修業を成し遂げた人にとって、いつでも、どこでも、かぎりなく甘美な神の同一の言葉の振動である。これは見習い修業を成し遂げた人が苦しまないということではない。痛みとは、出来事の色彩なのである。赤インクで書かれた文を目の前にして、読み方を知っている人も知らない人も、そこに赤色をみとめる。だがその赤の色彩が両者にもたらす重要性は同じではない。

見習い修業をする人が怪我をすると、あるいは疲れたと不平を言うと、農民や職人は、「仕事が身体のうちに入ったのだ」という美しい言葉を口にする。痛みを堪え忍ぶたびにわたしたちは、宇宙、世界の秩序、世界の美、被造物の神への従順が自分の身体のうちに入ったのだと、真理とともに自分に向かって述べることができる。[*29] こうしたときわたしたちは、もっとも優しい感謝の念をもって、この恩恵をわたしたちに送ってくれた〈愛〉を讃えずにいられようか。

歓びも痛みもひとしく貴重な恩恵であり、そのどちらもそれぞれ、その純粋さにおいて、両者を混同しようとすることなく、徹底的に味わい尽さなければならない。歓びによって世界の美がわたしたちの魂のうちに入り込んでくる。痛みによって世界の美がわたしたちの身体のうちに入り込んでくる。歓びだけではわたしたちは神の友になることはできないであろう。それは、航海術を学んだだけでは船長になることができない以上に神の友になることはできない。あらゆる見習い修業には身体がかかわっている。身体的な感性の次元では、痛みだけが世界の秩序をなすこの必然性と接触する。というのも、歓びが必然性の印象をうちに留めることはないからである。歓びにおいて必然性を感受しうるのはいっそう高次の感性の部分であり、そしてそれが可能なのは、美の感情を介してのみである。[*30] わたしたちの存在がそのすべてをもって、いつの日か、物質の実体であるこの従順を、隅々に至るまで感受するようになるために、神の言葉の振動として宇宙に耳を傾けうるこの新たな感覚がわたしたちのうちに芽生えるために、苦しみを変形させる効用と歓びを変形させる効用のそのどちらもが不可欠である。苦しみに対しても歓びに対しても、そのどちらかがやって来たときには、魂の中心を開いていなければならない。それは、愛する人が遣わした者に自分の家の扉を開いておくようなものである。伝言を託してさえくれれば、その使いの者が礼儀正しかろうが粗暴であろうが、恋人にとってはどうでもいいのではなかろうか。

だが不幸は痛みではない。不幸は神による教育的な配慮といったものとはまったく別のものである。

無限なる時間・空間によってわたしたちは神から引き離される。どのようにしてわたしたちは神を探すのであろうか。どのようにしてわたしたちは神へと赴くのであろうか。たとえ何世紀に亘って歩いたとしても、地球のまわりをぐるぐる回るだけであろう。飛行機に乗ったとしても、同じことであろう。わたしたちは垂直方向に向かってゆくことの埒外にある。わたしたちは天空に向かって一歩も進むことができない。神が宇宙を横切ってわたしたちのところまでやって来るのである。

無限なる時間・空間を超えて、かぎりなくいっそう無限なる神の愛がわたしたちを捕らえにやって来る。神は気が向いたときにやって来る。神の受け入れに同意する、あるいは拒絶する権限をわたしたちはもっている。わたしたちが神の訪れに耳を貸さないでいると、神は物乞いのように何度もやって来る。だがまた物乞いのように、ある日を境にもうやって来なくなる。神の受け入れに同意するならば、神はわたしたちのうちに小さな種を蒔き、立ち去ってしまう。[*31] この瞬間から待つことを除いて神がすべきことは何もないし、わたしたちもまたそうである。ただわたしたちは自らがなした同意、すなわち、結婚の承諾を後悔してはならない。それは、一見そう思われるほど容易いことではない。というのも、わたしたちのうちなる種子の成長は苦しいものだからである。さらに、神の種子の成長を受け入れるために、わたしたちはこの成長を阻むものを取り壊し、雑草を取り除き、わけても手強い雑草であるシバムギを刈り取らねばならない。だが酷なことに、このシバムギはわたしたちの肉体の一部をなしているので、庭師がシバムギを刈り取るこの作業は手荒なものとなる。とはいえ、結局のところ、種はひとりでに成長してゆく。魂が神のものとなる日がやって来る。そのとき魂は、愛に同意するだけではなく、真に、実際に愛する。こうして今度は、魂が宇宙を横切って神のところに赴かねばならない。

魂は、創造された愛によって被造物として愛するのではない。魂のうちにあるこの愛は神のものであり、創造されていないものである。[*32] というのも、魂を横切ってゆくのは、神に向けられた神自らの愛だからである。神だけが神を愛することができる。わたしたちがなしうるのは、自らの魂のなかに神の愛が通る道を空けるために、自らの感性そのものを捨象するのに同意することだけである。これが、自己を否定するということである。わたしたちはこの同意のためだけに創造されたのである。

神の〈愛〉は、無限なる時間・空間を横切って、神からわたしたちのところへやって来た。だが有限な被造物から出発する際、神の〈愛〉はどのようにしてこの行程を逆向きにふたたびなしうるのであろうか。わたしたちのうちに蒔かれた神の〈愛〉の種子が成長して一本の木になったとき、神の〈愛〉を有しているわたしたちは、どのようにしてその〈愛〉を元あった場所に戻し、神がわたしたちのところに赴いた行程を逆向きになし、無限の距離を横切ってゆけるのであろうか。

それは不可能であるように思われる。だが、方法がひとつある。その方法をわたしたちは知悉している。自らのうちで成長した木が何に似せてつくられているのかをわたしたちはよく知っている。この木はあまりに美しいので、天の鳥が止まりにやって来る。すべての木のなかでどの木がもっとも美しいのかをわたしたちは知っている。「どんな森にもこのような木はない」[*33]。絞首台よりも若干恐ろしいものが、木々のうちでもっとも美しい木である。それは、その種子が何であるのかをわたしたちに知られずに、神がわたしたちのうちに蒔いた種子が成長した木である。もし知っていたならば、そもそもわたしたちは承諾しなかったであろう。わたしたちのうちで成長して、根こぎにしえないものとなったのは、まさしくこの木である。この木を根こぎにしうるのは、裏切りだけである。

ハンマーで釘を叩くと、釘の先端は一点であるにもかかわらず、釘の広い頭が受けた衝撃は全体として少しも損なわれることなく、先端にまで伝わる。もしハンマーと釘の頭がかぎりなく広大であるとしてもやはり、すべては同じように起こるであろう。釘の先端はそれが当てられた一点に、この途轍もない衝撃を伝えるであろう。

身体的な苦しみであり、魂の苦悶であり、社会的な失墜である極度の不幸は、このような釘をなしている。釘の先端は魂の中心そのものに当てられている。釘の頭は時間・空間の全体に亘って鏤(ちりば)められた必然性のすべてである。

不幸は神の業の驚異である。それは、盲目で粗野で冷徹な途轍もない力を有限な被造物の魂のうちに入り込ませる、単純で工夫された装置である。神を被造物から引き離す無限の距離が全体として不幸というこの一点に集中し、魂の中心を突き刺す。

こうした事態に見舞われた人間は、この働きにまったく与っていない。その人は生きたままピンで標本に留められた蝶のようにもがいている。だがこうした人は恐怖に貫かれていながらも、愛することを欲し続けることはできる。この点に関して、いかなる不可能も、いかなる障碍もなく、いかなる困難もないとさえ言いうるであろう。というのも、最大の痛みは、気を失わないかぎり、善の方向に同意する魂のこの一点には触れないからである。

愛とは方向性であり、魂の状態ではないということを完全に知らねばならない。このことを知らないと、不幸の最初の一撃で、絶望のうちに落ち込んでしまう。

釘で魂が突き刺されているあいだ神のほうに魂を向けている人は、宇宙の中心そのものに釘付けにされている。宇宙の真の中心は、宇宙の真中にあるのではなく、時間・空間を超えたところにある。*34 それは神である。空間ではない次元、時間ではない次元、まったく別の次元によってこの釘は、被造物を通して、魂を神から隔てる分厚い遮蔽幕を貫いて、穴をひとつ穿つ。

この驚異的な次元によって魂は、魂が結び合わされている身体が置かれている場所と瞬間を離れることなく、時間・空間の全体性を貫いて、神がいます前までたどり着くことができる。

魂は、被造物と〈創造主〉とが交差する点にいる。この交差する点とは、十字架の縦木と横木が交わる点である。

「大きさ、長さ、高さ、深さであるものを摑めるように、そして、あらゆる認識を超えるキリストの愛を認識しうるように、愛のなかに根づきなさい[*35]」と述べたとき、おそらく聖パウロはこの種の事柄を思い描いていたのであろう。

神への暗々裏の愛の諸形態

このテクストの真価を理解し、その射程と限界を見極め、その深さに気づくために、ここでシモーヌ・ヴェイユが経験について語っていることが忘れられてはならない。

認識していない神を愛し、仕えるというこの状態において、全生涯をと言うべきであるように思われる、一九三九年の眩いばかりの出会いまでの数年を彼女は生きた。後になって、大いなる啓示の際に、彼女の神との生は、経験によって認識するという仕方で、人格から人格へと向かうものであった。それ以前には、神をまったく彼女は知らず、神を探し求めなかったにもかかわらずに、である。

おそらく掛け替えのないこの経験の事実のために、手探りで神を探し求めることについて、神を見出す予感といったものについて彼女は何も知らない。

その上、まだカトリックの信仰にも、秘跡の価値をめぐるカトリックの教えにも彼女は与(くみ)していない。偏狭で、形式主義的なユダヤ人の親しい親戚に幼少期のはじめに彼女は、恐ろしく衝撃を受けた。儀式がああ！　もはや宗教的な意味をもっていない、多くの信者に彼女は接触した。ここから、彼女の立場は次のようになる。神の〈愛〉に触れ始めた者のはっきりしているが、不完全なありようを彼女は知らない。神の啓示と、教会による神の教えを受けた、あまりに大多数の人々の凡庸さはこのありようにおいて止まる。若干単純化すれば、カルメル山の頂上[*1]という「魂の城という最後の住居[*2]」しか彼女は知らない、と言えよう。

このテクストは、神学者の省察の素材に役立つであろう。また、キリスト者ではない人々の救いという苦悶の問題に、よりいっそうの応答を練り上げることに寄与するであろう。わたしにはそう思われる。このようにいっそう広げられた人間の経験は、神学者がいっそう注意深く信仰の言葉を探るのを促すであろう。

ここに見られる欠陥を目の当たりにするとき――彼女を非難すべきではまったくないし、差し当たって目安をつけるだけであるが――これらの頁に全的な解決を見るのは、早計であろう。シモーヌ・ヴェイユはまったくそうするつもりはなかった。彼女は自らの証言を伝えたいと思っていた。だがわたしたちは、憧憬と敬意をもって彼女のテクストに耳を傾け、豊かな教えを引き出そうとしないではいられない。

これらが起草されたのは、一九四二年の四月に遡(さかのぼ)るはずである。というのも、彼女の出発までの、より正確には彼女の乗船までのわずかな時間に、シモーヌ・ヴェイユはこれらのテクストをわたしに託すようにしたからである。なぜなら、その後でなければわたしはこの草稿の内容を知ることができず、そのため、ふたたび彼女とこの草稿について、とりわけ、秘跡の成り立ちと、秘跡における神の真価をめぐって話せなかったからである。しかもいくつかの章句にもかかわらず、彼女は秘跡における神の真価を十全に認めていた。

このテクストにおいて、シモーヌ・ヴェイユの考えは、〈主〉の言葉と相反しているが、彼女の考えは、注意力をもって、しかじかの決意を取り囲むはずの、洗礼、真剣さ、宗教的精神について思いを巡らせるようわたしたちを促しているのはあきらかである。

さらに、真の回心は、「回心」や転向であるよりも開花であり、達成である。不完全で、部分的で、素描されたものであったものすべてが成し遂げられる。積極的なものは何ひとつそこでは消え去っておらず、その反対に、いっそう磨かれている。わたしはふたたび、たとえば、ニューマン[3]や他の多くの人々のことを考えている。

（ペラン神父）

「神を愛しなさい」[4]という掟が命令形で問題としているのは、神が自らの未来の花嫁の手を取ろうと人格のうちに入ってくるとき、魂が同意を与えうるのか拒みうるのかということだけでなく、神の訪れに先立って神を愛しているのかということである。[5]というのも、問題となっているのは絶え間ない責務だからである。

神の訪れに先立つ愛は、神を対象としえない。なぜなら、神はあらわれておらず、またかつて一度もあらわれたことがないからである。したがって、神の訪れに先立つ愛は、神ではないものを対象としている。とはいえ、神の訪れに先立つ愛は、神への愛になるよう定められている。神の訪れに先立つ愛は、神への間接的な、あるいは神への暗々裏の愛と名指すことができる。

このことは、たとえ神の訪れに先立つ愛が向けられる対象が神の名をもっているとしても、真実である。というのも、この場合、神の名が不適切に当てられているとも言えるし、生み出されるはずの成長に向けてのみ、神の名は正しく用いられているとも言えるからである。

神への暗々裏の愛は、三つの直接的な対象のみをもちうる。この世の三つの対象にだけは、そのあらわれは密やかであっても、神は現実に存在している。その三つの対象とは、宗教的儀礼、世界の美、隣人である。宗教的儀礼、世界の美、隣人が、三つの愛をなしている。

宗教的儀礼への愛、世界の美への愛、隣人への愛に、おそらく友情を付け加えねばならない。友情は、隣人への慈愛と厳密に区別される。

宗教的儀礼への愛、世界の美への愛、隣人への愛、友情といった間接的な愛は、正確に、厳密に、同等の徳を有している。環境、気質、召命に従って、これら間接的な愛のいずれかが、魂のうちに最初に入ってくる。いずれかが、準備期間のあいだ、中心となっている。必ずしも準備期間を通してどの愛が中心となっているかは、おそらくずっと同じではない。

大半の場合、準備期間に終わりが見えるのは、魂が自らの〈主（あるじ）〉の訪れを受け入れる心づもりをするのは、これら間接的な愛すべてを、高い段階で魂が自らのうちにもつ場合におそらくかぎられる。

これら間接的な愛の総体が、準備期間に適うようにして、包み込むようにして、神への愛をなしている。

厳密な意味で神への愛が魂のうちに生じても、宗教的儀礼への愛、世界の美への愛、隣人への愛、友情は消えない。これらの愛は、かぎりなくいっそう強くなり、そしてこれらの愛すべてはともに、ただひとつの愛になる。

だが、包み隠された愛のかたちがかならず先立ち、そしてしばしば、きわめて長いあいだ、包み隠された愛のかたちだけが魂を占めている。おそらく多くの人において、死に至るまで、包み隠された愛のかたちだけが魂を占めている。包み隠されたこの愛は、純粋さと力とのきわめて高い段階に到達しうる。

包み隠された愛の可能なかたちのひとつひとつは、包み隠された愛が魂に触れる瞬間に秘跡の効果をもつ。

隣人への愛

キリストは隣人への愛について、この包み隠された愛のかたちのありようをかなりはっきりと指し示している。「わたしが飢えていたときに、あなたは食べさせてくれた」[*6]とキリストは恩人に語り、その人に自分はいつか感謝するだろうと述べている。キリスト自身でなければ、誰がキリストの恩人でありうるであろうか。その人のうちに生きているのはもはやその人自身ではなく、その人のうちで生きているキリストだけである[*7]と聖パウロが語るその状態に高められた瞬間には少なくとも、その人が存在していないのでなければ、どのようにしてひとりの人間がキリストに食べ物を与えることができるであろうか。

福音書のテクストで問われているのは、不幸な人におけるキリストのあらわれだけである。もっとも、施し物を受け取る人の精神的な尊厳が原因ではまったくないように思われる。このときに承認されなければならないのは、キリストを運び込む者である恩人その人が、飢えで苦しむ不幸な人のうちに、与えられるパンとともに、キリストを入り込ませるということである。パンを受け取る人は、まさしく聖体拝領を受ける人のように、恩人によって運び込まれたキリストのあらわれに同意しうるかしえないかである。施し物がうまく与えられ、そしてうまく受け取られるならば、ひとりの人間からもうひとりの人間へのひとかけらのパンの移り行きは、真の聖体拝領のようなものである。

キリストの恩人は、愛情深い人とも、慈悲深い人ともキリストから名指されていない。キリストの恩人は、正義の人と名指されているのである。福音書では、隣人への愛と正義とのあいだにいかなる区別もされていない[*8]。ギリシア人の目にはまた、嘆願するゼウスへの敬意は、なによりもまず、正義の義務を果たしていると映った[*9]。わたしたちは隣人への愛と正義の区別を作り出した。それがなぜなのかを理解するのは容易(たやす)い。正義をめぐるわたしたちの考えは、もっている人に与えることを免れさせている。それにもかかわらず、もっている人が与えるならば、もっている人は自分に満足できると思い込んでいる。その人は善をなしたと考える。受け取る人が正義をめぐるわたしたちの考えを理解する仕方に従って、正義についてのわたしたちの考えは、受け取る人から感謝をいっさい取り除いてしまうか、あるいは受け取る人が無理をして低俗に感謝するかである。

正義と愛を絶対的に同一なものとみなすことだけが、同情と感謝を、それと同時に、自分自身による、そして他人による、不幸な人における不幸の尊厳への敬意を可能とする。

親切を装った過ちを犯さないためには、[*10] どのような親切も正義を超えてはなしえないと考えねばならない。だが、正義の人が正義であることを感謝せねばならない。なぜなら、正義はあまりにも美しいものだからである。神の大いなる栄光のためにわたしたちが神に感謝するように、感謝しなければならない。ほかの感謝はすべて、隷属的であり、動物的ですらある。

正義の行為を目の当たりにしている人と、その正義の行為の特恵を実際に受け取る人とのあいだにあるただひとつの違いは、この状況において、正義の美は正義の行為を目の当たりにしている人にとっては光景でしかないが、その正義の行為の特恵を実際に受け取る人にとっては接触する対象であり、食べ物のようなものでさえあるということである。こうして、正義の行為を目の当たりにしている人にとっては単なる称賛にすぎない感情が、その正義の行為の特恵を実際に受け取る人にとっては、感謝の炎によっていっそう高い段階にもたらされねばならない。

不正義が容易になされうる状況において、正義をもって遇されたのに感謝しないのは、正義による純粋な行為がうちにもつ超自然的な秘跡の効力が剝ぎ取られているということである。

正義による純粋な行為がうちにもっている超自然的な秘跡の効力は、自然的な正義の教えによってもっともよく思い描かれる。それは、トゥキュディデス[11]の眩いばかりの数行で、比類なき精神の誠実さをもって描かれているのが見られるとおりである[12]。

スパルタとの戦いのさなかであったアテナイ人は、古くからスパルタと同盟関係にあり、そのためこのときまで中立であった小さなメロス島の住民を、無理やり自分たちに連合させようとした。メロス島の住人は、アテナイの最後通牒を前にして、空しく正義を希い、自分たちの街の祖先のために憐れみを乞うた。メロス島の住人が譲歩しようとしなかったため、アテナイ人は街を破壊し尽くし、男たちを死に至らしめ、女と子どもすべてを奴隷として売り飛ばした。

トゥキュディデスはこの数行をアテナイ人に語らせている。アテナイ人は、自分たちの最後通牒が正義であることを示そうとは思わない、と語り始める。

「それよりも、できることをしよう……。わたしたちと同様、あなたたちもそのことを知っている。正義であるかどうかが吟味されるのは、双方に同等の必然性がある場合だけである。そのように人間の精神はなっている。だが強者と弱者がいる場合、強者によってなしうることが課され、そして弱者によって堪え忍ばれる[13]」、と。

戦時には、正義のために、神々は自分たちとともにいる、とメロス島の人々は述べる。そう想定するいかなる動機も見当たらない、とアテナイ人は応答する。

「神々については信じることを、人間については確実であることをわたしたちはもっており、つねに自然の必然性によって、それぞれの人間は、権能があるところではどこでも命令する。わたしたちがこの法則を打ち立てたのではなく、はじめてこの法則を適用したのでもない。この法則が打ち立てられているのをわたしたちは見出したのであり、つねに続いてゆくべきものとしてわたしたちはこの法則をもち続けている。そしてそれゆえ、わたしたちはこの法則を適用する。わたしたちはよく知っている。他のあらゆる人と同様に、ひとたび同じ権能の水準に到達するならば、あなたたちも同じように行為するであろう」[*14]、と。

不正義をめぐる見方における知性のこの明晰さは、慈愛の光のすぐ下にある光である。この知性の明晰さは、慈愛が現に存在していたが消失してしまったところで、しばらくのあいだとって代わられる明るさである。この明るさの下に闇夜がある。その闇夜で、強者の理由は弱者の理由よりも正義であると、強者は率直にそう思い込んでいる。ローマ人とヘブライ人の場合がそうであった。

この数行では、可能性と必然性という言葉が正義に対置されている。強者が弱者に課しうるすべては可能なことである。それがどこまで可能なのかを検討するのは、理に適っている。それがわかりきったものだとするならば、強者が自らの意志を可能なかぎり存分に成し遂げるであろうことは確かである。それは機械的な必然性である。もしそうでなければ、強者は欲しているのと同時に欲していないことになってしまうであろう。ここに、強者にも、弱者と同様に必然性がある。

ふたりの人間が一緒になさなければならず、そして相手に課する権能がひとつもないとき、ふたりは互いに理解し合わなければならない。このとき正義が試される。というのも、正義だけが、両者の意志を一致させる権能をもっているからである。正義は、神において〈父〉と〈子〉を結び合わせる、この〈愛〉のイメージである。それは、離れて考える者同士の共通の考えである[*15]。だが、強者と弱者がいる場合、ふたりの意志を結び合わせる必要はまったくない。意志はひとつしかなく、その意志とは強者の意志である。弱者は付き従う。ひとりの人間が物質を扱うようにすべては起こる。一致すべきふたつの意志はない。人間が欲し、そして物質が堪え忍ぶ。弱者は物のように存在している。煩わしい犬を追い払うのに石を投げることと、「この犬を追い払え」と奴隷に述べることには、いかなる違いもない。

人間同士の不均衡な力関係において、下に置かれた人にはある一定の不均衡の段階から物質の状態への移行と個人性の喪失がある。「奴隷になったとき、人は魂の半分を失う」と古代人は述べていた[*16]。

力の平等な関係性のイメージである釣り合いのとれた秤は、はるか古代から、そしてとりわけエジプトで正義の象徴であった。商業で用いられる以前、秤はおそらく宗教的な道具であった。商業における秤の使用は、この相互の同意のイメージであり、交換の規則でなければならない正義の本質そのものである。相互の同意をなすものとしての正義の定義はスパルタの法のうちに見られ、おそらくエーゲ・クレタ文明由来のものであった。

不均衡な力関係において、もし上にいるのであれば、正義の超自然的な徳とは、まさしく平等性があるかのごとくに振る舞うことにある。まさしくすべての点について、口調や態度といったもっとも些細な部分も含めてである。というのも、不均衡な力関係における些細なことが、下にいる人を、こうした自然なことである物質の状態に投げ込むのに充分だからである。それは、ちょっとした衝撃で零度以上で液状であった水が凍ってしまうようなものである。

このように扱われている下に置かれた人にとっての徳は、力の平等性が真にあるとは思わず、他者の寛容さによってのみ自分がこのように扱われていると認めることにある。これが承認と名指されているものである。寛容さをもって扱われていない下に置かれた人にとっての正義の超自然的な徳とは、自分が堪え忍んでいる扱いは正義ではないが、他方でこの扱いは、必然性と人間の本性のメカニズムに適っていると理解することにある。寛容さをもって扱われていない下に置かれた人は、服従もせず、反抗もせずにいなければならない。

力関係によって自分よりもはるか下に置かれた人を平等に扱う人は、境遇によって下に置かれた人から剝奪された人間の質という恵みを下に置かれた人に真に与える。被造物がそうしうるかぎりその人は、〈創造主〉の原初の寛大さを下の人にふたたび生み出す。

この徳は、優れてキリスト教の徳である。この徳はまた、エジプトの『死者の書』で、福音書の言葉と同様に卓越した言葉で表現されている。「わたしは誰にも涙を流させなかった。わたしはわたしの声を一度も尊大なものにしなかった。わたしは誰にも一度も恐怖を呼び起こさなかった。わたしは正義であり、真実である言葉に耳を貸さなかったことは一度もなかった」。

不幸な人における承認は、それが純粋であるならば、力関係によって自分よりもはるか下に置かれた人を平等に扱うという徳と同じ徳に与（あずか）る。というのも、力関係によって自分よりもはるか下に置かれた人を平等に扱う人だけが、不幸な人を承認しうるからである。力関係によって自分よりもはるか下に置かれた人を平等に扱う効果を感じていても、他の人は不幸な人を承認することはない。

力関係によって自分よりもはるか下に置かれた人を平等に扱うという徳は、真の神における、現実の、活き活きした信仰と同一のものである。トゥキュディデスが描くアテナイ人は、自然状態にある人間と同様、神は可能なかぎり極限まで命じると考えていた。

真の神は、全能として、だがそうしうるどこでも命じるわけではないものとして、思い描かれる神である。というのも、真の神がいますのは天空のみであり、あるいはまた、隠れてのみこの世にいますからである。

メロス島の人たちを虐殺したアテナイの人々は、もはやこうした神の観念をまったくもっていなかった。

アテナイ人が間違っているのを証しするのは、なにより、アテナイ人の主張とは裏腹に、きわめて稀であるが、人間は、純粋な寛大さから、命ずる能力があるのに命じないことがあるということである。人間がなしうることを、神はなしうる。

類例に反論することはできる。だがこれらの類例で問題になっているのは純粋な寛大さだけであることが認められるならば、純粋な寛大さが広く称賛されるのは確かであろう。人間が称賛しうるすべてを、神はなしうる。

この世界の光景は、さらにいっそう確かな証しである。この世界の光景のどこにも純粋な善は見当たらない。神が全能でないか、神が絶対的に善でないか、あるいは神に命令する能力があるのに命令しないか、である。

こうして、悪がこの世に現に存在することは、神の実在を否定する証しであるどころか、神の真理において、わたしたちに神の実在が啓示されているということである。

〈創造〉は、神の側の自己拡大の行為ではなく、退去であり、放棄である。[*17] 神と被造物すべてを合わせたものは、神だけに及ばない。神は自らが縮小することを引き受けた。神は自らから存在の一部を剝ぎ取った。神は自らの神性による創造の行為においてすでに無となっている。それゆえ世のはじめから〈小羊〉は生贄にされている、と聖ヨハネは述べている。[18] 神ではない、神よりはるかに劣るものが現に存在することを神は許した。創造の行為によって神は自らを否定した。キリストがわたしたちに自らを否定せよと命じたように、神は自らを否定したのである。わたしたちが神に向けて自らを否定しうることをわたしたちに示すために、神は自らを否定した。この応答、この照応を拒絶するのはわたしたち次第である。そしてこの応答、この照応だけが、創造の行為という愛の狂気を正当化しうる。[19]

神による否定、神による自発的な距離、神による自発的な消去、神のあらわれとしての不在、神のこの世での隠れたあらわれといったものを思い描いた宗教、このような宗教は真の宗教であり、多様な言語で表現されている神の大いなる〈啓示〉である。命じる能力があるところどこでも命じるものとして神を表現している宗教は間違っている。たとえその宗教が一神教であったとしても、その宗教は偶像崇拝である。

不幸のために、不動の、受動的な物の状態に貶められ、他人の寛大さのおかげで少なくともほんの少しのあいだ人間の状態に戻る人が、この寛大さの真の本質を受け入れ、感じる術を心得ているならば、この瞬間、ひたすら慈愛からやってくる魂を受け取る。その人は、高みから、水と精神から生まれたのである[20]（福音書の ἄνωθεν という言葉は、「新たに」よりも多くの場合、「高みに」を意味する）。不幸な隣人を愛をもって遇するのは、その人に洗礼を授けるようなものである。

寛大さの行為をもたらす人がそのように行為しうるのは、その人が思考の上で他者のうちに自らを移し入れている場合にかぎられる。その人もまた、この瞬間、水と精神のみからなっている。

寛大さと同情は切り離しえず、寛大さも同情も、そのモデル[*21]は神のうちに、すなわち〈創造〉と〈受難〉のうちにある。

キリストはわたしたちにこう教えている。隣人への超自然的な愛とは同情と感謝の交換であり、それは、個性＝人格をもっている人と個性＝人格を剝奪されている人とのあいだの閃光として生み出されるのだ、と。ふたりのうちのひとりは、名もなく、誰にもいっさい知られず、道端で動かず血まみれの裸の肉片にすぎない。物となったこの人の傍らを通り過ぎる人は、この人にほとんど目もくれず、そして数分後には、物となったこの人を見かけたことすら忘れている。ただひとりの人だけが立ち止まり、物となったこの人に注意力を傾ける。[*22]それに続く行為は、この注意力を傾ける瞬間から自動的に起こる結果にすぎない。このような注意力は創造的である。だが、注意力が働いている瞬間、注意力は放棄である。少なくとも注意力が純粋であれば、そうである。自分の能力を広げるのではなく、自分とは無関係に、自分ではない他の存在をただ現に存在させるエネルギーの消費に集中することで人間は、自らが縮小することを受け入れる。さらに、他者が現に存在していることを欲するとは、その人のうちに、共感によって自分を移し入れることである。したがって、その人が置かれている動かぬ物質の状態に与ることである。

この働きは、不幸を認識したことがなく、不幸の何たるかがわからない人においても、不幸を認識したことがあり、あるいは感じ取ったことがあり、不幸を恐怖のうちに捉えたことのある人においても、同程度に自然性に反している。

パンをもっている人間が、飢えている人にパンのひとかけらを与えるのは、驚くべきことではない。驚くべきなのは、品物を買う身振りとは別の身振りで、飢えている人にパンのひとかけらを与えうるということである。施しは、それが超自然的ではないときには、買い物をするのに似ている。施しは不幸な人を買うのである。[*23]

最高の徳においても犯罪においても、大きな企図においてもちょっとした些事においても、ひとりの人間が何を意欲しようと、その人の意欲の本質はつねに、なによりも自由に意欲するのを欲することにある。不幸のために自由な同意の能力を剝ぎ取られている他の人間にこの自由な同意の能力が現に存在するのを意欲するとは、他者のうちに自らを移し入れることであり、その人自身が不幸に、すなわちその人自身の破壊に同意することである。それは自分を否定することである。自分自身を否定することで神に倣い、創造的な肯定によって他者を肯定しうるようになる。他者のためにその代償として自らを与える。それは贖いの行為である。

弱者が強者に共感するのは自然なことである。というのも、他者に自らを移し入れることで弱者は想像上の力を得るからである。強者が弱者に共感するのは正反対の働きであり、自然性に反している。

それゆえ、強者への弱者の共感が純粋なのは、強者たる他者が真に寛容である場合に、強者たる他者の弱者たるその人への共感に、弱者が共感する場合にかぎられる。ここに超自然的な感謝がある。超自然的な感謝は、幸いにも超自然的な同情の対象となっていることのうちにある。超自然的な感謝は自尊心をまったく手付かずのままにしておく。不幸における真の自尊心の保持もまた超自然的である。純粋な同情と同様に純粋な感謝は、なによりもまず不幸への同意である。不幸な人とその恩人とのあいだには、運命の違いによって置かれた無限の距離があるが、両者は不幸への同意においてひとつとなる。不幸な人とその恩人とのあいだには、ピュタゴラス派の意味における友情がある。ピュタゴラス派の意味における友情とは、奇跡的な調和であり、平等性である。[*24]

そしてまた、命令する権能があるからといって命令しないのはいっそう善いことだと、不幸な人とその恩人は双方とも、魂すべてを挙げて認めている。もしこう考えることが魂全体を占め、あらゆる行為の源泉となる想像力を支配するならば、こう考えることが真の信仰をなしている。というのも、こう考えることは、あらゆる権能の源泉があるこの世界の外に善を移すことだからであり、秘められた点のモデルとしての善を認めることだからである。秘められた点のモデルとしての善は、個性＝人格の中心にあり、自己否定の原理である。[*25]

芸術や学問においても、輝かしいあるいは凡庸な二流の産出が自己拡大であるとしても、第一級の産出である創造は自己放棄である。[*26] この真理は見極められない。なぜなら、栄光の閃光によって第一級の産出ともっとも輝かしい二流のものが混同され、区別なく覆われてしまうからである。しばしばもっとも輝かしい二流のものに重きが置かれさえしてしまう。

創造的な注意力から隣人への慈愛がなされるならば、隣人への慈愛は天才と酷似している。

創造的な注意力は、現に存在していないものに真に注意力を傾けることにある。道端で動かぬ、名のない肉体に人間性は現に存在していない。それにもかかわらず、立ち止まり、見つめるサマリア人は、不在のこの人間性に注意力を傾けるのである。[*27] それに続く行為は、実際の注意力が問題となっているのを証ししている。

信仰とは見えないものを見る眼差しである、と聖パウロは述べている。[*28] 注意力のこの瞬間、愛と同じく信仰がよくあらわれている。

同様に、他人の裁量に完全に委ねられている人間は、現に存在してはいない。奴隷は、主人の目にも、自分自身の目にも、現に存在してはいない。アメリカの黒人奴隷は、事故で手足を怪我したとき、こう述べていた。「大したことではないですよ。これは、ご主人様の足であり、ご主人様の手ですから」、と。善とは、どのようなものであれ、そこに社会的配慮が結晶化されているものであり、そうした善を全的に剝奪されている人は、現に存在してはいない。スペインのある大衆歌は、眩いばかりの真実の言葉でこう述べている。「見えなくなりたければ、貧しくなる以上の方法はない」、と。愛は、見えないものを見る。

神は存在していないものを考えた。そして存在していないものを考えることで、存在していないものを存在させた。瞬間瞬間、わたしたちが現に存在しているのは、わたしたちが現に存在していると考えることに神が同意しているからである。わたしたちは実際には現に存在していないにもかかわらずに、である。少なくともこのために、わたしたちは〈創造〉を、人間的に、したがって誤って思い描いている。だが心に描かれるこのイメージには真理が孕まれている。神だけが、存在していないものを実際に考える能力をもっている。わたしたちのうちにあらわれる神だけが、不幸な人における人間の資質を実際に考えることができる。事物を見るのとは別の眼差しで不幸な人を真に見つめることができる。言葉に耳を傾けるように、不幸な人の声に真に耳を傾けることができる。このとき不幸な人は、自分が声をもっていることに気づく。もしそうでなければ、不幸な人に自分が声をもっていることに気づく機会はないであろう。

不幸な人に真に耳を傾けるのが難しいのと同じく、自分に耳が傾けられるのは同情によってのみであると不幸な人が知るのも困難である。

隣人への愛は、神から人間へと降りてくる愛である。隣人への愛は、人間から神へと向けられる愛に先立つ。不幸な人のところに降りてゆくことを神は切望している。魂が同意するようになるやいなや、そうした魂がもっとも貶められた、もっとも悲惨な、もっとも形なきものであっても、魂のなかの神は、魂を通して不幸な人を見つめ、不幸な人に耳を傾けようと急いている。時間が経ってはじめて魂は、自らのうちなる神のあらわれを知る。だが、自らのうちなる神のあらわれを名指す名を見出してはいない。不幸な人がその人のために愛されているところではどこでも、神があらわれている。

不幸な人がただ善をなす機会でしかないところには、希われようとも、たとえそのために不幸な人が愛されていても、神はあらわれない。[*29] というのも、このとき、不幸な人は、不幸な人の自然な役割のうちに、不幸な人の物質という役割のうちに、物という役割のうちにいるからである。不幸な人は非人格的に愛されている。そして不幸な人になされなければならないのは、不動の、名のないその人の状態に人格的な愛がもたらされることである。

それゆえ、神において、神のために隣人を愛するという表現は、偽りの、いかがわしい表現である。道端で動かず、服を剝ぎ取られた肉片をただ見つめるという、ひとりの人間がもっている注意力の能力はごくかぎられている。それは神に想いを馳せる瞬間ではない。例外なく被造物すべてを忘れて神について考えなければならないときがある。それと同様に、被造物を見つめ、〈創造主〉についてはっきりとは考えてはならないときがある。このとき、わたしたちのうちなる神のあらわれは、その条件として隠れをもっている。その隠れはあまりにも深く、神のあらわれはわたしたちにも隠れている。神について考えることでわたしたちは神から離れてしまうときがある。慎み深さは、婚礼における結びつきの条件である。

真の愛において、わたしたちが神のうちなる不幸な人を愛するのではない。わたしたちのうちなる神が、不幸な人を愛するのである。不幸のうちにあるとき、わたしたちのうちなる神が、わたしたちに善を欲する人を愛するのである。同情と感謝は神から降りてくる。そして眼差しにおいて同情と感謝が交換されるとき、眼差しが出会う一点に神はあらわれている。不幸な人ともうひとりの人が愛し合うのは、神からであり、神を通してであり、神への愛のためではない。不幸な人ともうひとりの人は互いの愛のために愛し合う。これは不可能なことである。それゆえ、不幸な人ともうひとりの人が愛し合うのは、神によってのみなされる。

神への愛のために飢えた不幸な人にパンを与える人は、キリストから感謝されないであろう。この人は、神への愛のために飢えた不幸な人にパンを与えると考えることですでに報いを得ている。自分が誰に食べ物を与えたのかを知らない人にキリストは感謝するのである。*30

もっとも、恵みは、不幸な人への可能なふたつの愛のかたちのひとつでしかない。権力はつねに、善をなすか悪をなすかの権力である。きわめて不均衡な力関係において、上にいる人は下にいる人に対して正義でありうる。正義をもって下にいる人に善をなすにせよ、正義をもって下にいる人に悪をなすにせよ、そうである。善をなす場合は施しであり、悪をなす場合は懲罰である。[*31]

正義である施しと同じく正義である懲罰は、神の真のあらわれを包み込み、そして秘跡のような何かをなしている。このことはまた福音書ではっきりと示されている。このことは、「罪のない者が最初に彼女に石を投げよ[*32]」という言葉で表現されている。罪がないのはキリストだけである。

キリストは、不義の女性を免れさせた。懲罰の働きは、十字架に赴き、息絶えた、現世で現に存在していた者にはふさわしくなかった。だが、刑罰の裁きを廃止するようキリストは命じてはいない。キリストは石を投げ続けることを認めた。それが正しくなされるところではどこでも、したがってキリストが最初に石を投げるところではどこでも、石を投げ続けることを認めたのである。そして正義の人が食べ物を与える飢えた不幸な人のうちにキリストは住まっている。キリストは同様に、懲罰が与えられる、有罪宣告を受けた不幸な人のうちにも住まっている。キリストはそうは言わなかったが、一般法による犯罪者として死んでゆくことでキリストは、そのことを余すところなく指し示している。キリストは、正義のために逮捕された神のモデルである。J・O・C〔キリスト教青年労働者連盟[*33]〕構成員の若い労働者たちは、キリストがかれらのひとりであるという考えに陶酔している。正義のために逮捕される人は、同じ陶酔を正当に味わうことができよう。そのことを労働者に述べるのと同じように、正義のために逮捕される人にもそのことだけを述べなければならないであろう。キリストはある意味では殉教者よりも正義のために逮捕される人の傍にいる。[*34]

もしキリストが出発点と到達点にあらわれているならば、殺す石と養うパンのかけらは、まったく同じ効果をもっている。生の恵みと死の恵みは等価である。

ヒンズー教の伝統によれば、三位一体の第二の〈ペルソナ〉の受肉であるラーマ王[*35]は、自分の民衆における躓きの石を避けるために、極度の無念な想いで、法に背いて禁欲の修行に身を委ねた低いカーストの男を殺さなければならなかった。王自ら低いカーストのこの男を探しにゆき、この男を剣の一振りで殺した。その直後、死者の魂が王にあらわれ、王の足下にひれ伏し、幸いなる王の剣との接触が自分にどれほどの栄光を授けたかを王に感謝した。ある意味ではまったくの不正義であるが、法に適っており、神の手ずから成し遂げられたものは、完全な秘跡の効果をもっていたのである。[*36]

もしその人に宗教的なものを授けないならば、秘跡と類似するものをなさないならば、懲罰が法に適っていることはその真の意義をもたない。それゆえ、あらゆる刑罰の役割は、判事の役割から死刑執行人や看守の役割まで、何らかの仕方で聖職に与っていなければならないであろう。

正義は、施しにおけるのと同じ仕方で、懲罰においても定義される。正義は、ひとつの物としてではなく、ひとりの人間として、不幸な人に注意力を傾けることにあり、不幸な人に自由な同意の能力が保たれるのを欲することにある。

人間は、犯罪を侮蔑していると思い込んでいるが、実のところ、不幸の脆さを侮蔑している。犯罪と不幸の脆さが組み合わさっている存在は、犯罪を侮蔑するという口実のもとに、思うがままに不幸の脆さを侮蔑させる。こうして、犯罪と不幸の脆さが組み合わさっている存在は、もっとも大きな侮蔑の対象となる。侮蔑は注意力と正反対のものである。例外となるのは、何らかの理由で威信のある犯罪が問題となっている場合だけである。それは往々にして、殺人が束の間の権能をもたらす場合である。あるいは、この束の間の権能のために罪責という考えが裁く人をあからさまに刺激しない場合である。盗みは威信がもっとも欠如した犯罪であるが、もっとも憤りを引き起こす犯罪でもある。*37 なぜなら、所有はもっとも一般的で、もっとも強烈な執着だからである。このことは、刑法典にもあらわされている。

真実であれ虚偽であれ、罪責のあらわれに包まれており、数語でその人の境遇を決定する幾人かの人間の裁量に完全に委ねられている存在ほど下に置かれた者はいない。その人の境遇を決定する人間はその人に注意を払わない。しかもひとりの人間が刑罰の仕組みの手に落ちた瞬間からその仕組みから抜け出るまで――そしてそもそも売春婦が死ぬまでほぼけっしてその仕組みから抜け出られないのと同様に、前科者と言われる人は――注意力が向けられる対象にはけっしてならない。もっとも些細な事柄にいたるまで、声の抑揚にいたるまで、その人が万人の目にも、自分自身の目にも、卑しい物であり、ごみ屑と映るようすべては組み合わされている。粗暴さと軽々しさ、侮蔑と冗談の言葉、話し方、耳の傾け方、そして耳を貸さない態度すべてがひとしく効力をもっている。

ここに、故意の悪意はどこにもない。不幸というありようのもとで、すなわち、穢れへの恐怖が赤裸々にあらわれているありようのもとで見られる、犯罪を対象とした職業的な生業による自動的な効果である。こうした接触は、絶え間なく、不可避的に悪影響を与える。そしてこの悪影響を受けたありようが侮蔑である。この侮蔑こそが、被告人ひとりひとりに跳ね返される。刑罰の仕組みは伝達の仕組みとしてある。その伝達の仕組みは、不幸な犯罪が住まう場所全体によって閉じ込められる穢れの総量を、被告人ひとりひとりに跳ね返す。刑罰の仕組みとの接触そのものに、無辜の度合い、無傷なままの魂の部分に直接比例したある種の恐怖がある。完全に腐敗してしまっている人は、刑罰の仕組みとの接触によって被害を被ることも、苦しむこともない。

刑罰の仕組みと犯罪とのあいだに穢れを浄化するものがなければ、事情は異なるものとはなりえない。穢れを浄化するものは神以外ではありえない。無限なる純粋さだけが、悪との接触によって悪影響を被らない。あらゆる有限の純粋さは、悪との接触が長引けば、有限の純粋さそれ自体が穢れとなってしまう。どのように法を変えてみても、キリストを通らなければ、懲罰は人間的にはなりえない。

刑罰の厳格さの程度はさほど重要ではない。現実の条件において、罪があり、その過ちに照らせば相対的には寛容な刑罰に服しているとしても、受刑者は残酷な不正義の犠牲者であったと正当にみなされうる場合が多々ある。銘記すべきは、刑罰は正当なものだということである。すなわち、法から直に生じてくるものだということである。法は、その内容によってではなく、法として神的な性格をもっているとみなされている。懲罰の裁きの組織全体が行政官や副行政官を抱えるのは、その裁量のうちにある誰しもに対してあらゆる人間によって払われるべき注意力と敬意を被告人に対してもつためでなければならない。そして被告人は、科された刑罰に対する同意、無辜なるキリストが完全なモデルとなった科された刑罰に対する同意をもたなければならない。

このようになされているならば、軽い罪のために死刑に処せられることになっても、今日の六ヶ月の懲役よりも恐ろしいものではなかろう。被告人が置かれた状況ではこの世界に自分の言葉以外の方策がないのに、社会的な出自や教養の欠如のために言葉をうまく操ることができず、罪責、不幸、恐怖に打ちのめされ、被告人の言葉に耳を傾けることなく、洗練された言語で身振り手振りを交えて被告人の言葉を遮る判事の前に立たされ、もごもごと口ごもる、頻繁に見かける被告人の光景ほどおぞましいものはない[*38]。

社会生活のなかに不幸があるかぎり、法的なあるいは私的な施しと懲罰が避け難いものであるかぎり、世俗の制度と宗教生活を切り離すのは犯罪であろう。それ自体のうちに囚われている非宗教的な考えは、完全に間違っている。非宗教的な考えが正当性をもちうるのは、全体主義的な宗教に対する反発としてのみである。この点に関して、非宗教的な考えに一理あることを認めなければならない。

あるべき姿でいたるところにあらわれうるために、宗教は全体主義的であるべきでないのみならず、宗教に唯一ふさわしい超自然的な愛の面に厳密に限定されなければならない。そうであるならば、宗教はいたるところに浸透してゆくであろう。聖書はこう述べている。「その完全な純粋さのために、〈叡智〉はどこまでも浸透してゆく[*39]」、と。

キリストが不在であるため、もっとも広義の物乞いと刑罰の行為は、おそらく現世でもっとも恐ろしい事柄であり、ほとんど地獄のようなふたつの事柄である。広義の物乞いと刑罰の行為は、地獄の色彩そのものを帯びている。そこに売春を付け加えられる。売春と真の結婚との関係は、慈愛のない施しと正義による施しとの関係、および、慈愛のない懲罰と正義による懲罰との関係である。

人間は、自らに近しい人の身体のみならず、魂にも、善と悪をなす能力を授かっている。神があらわれていない人の魂すべてに、神によって住まわれていない他者の魂の部分すべてに善と悪をなす能力を授かっている。神によって住まわれている人間が、悪の権能によって、または単に肉体のメカニズムによって与えるあるいは罰するならば、その人が自らのうちにもっているものは、パンを通してあるいは鉄剣を通して他者の魂のうちに入る。パンと剣という物質は手付かずのものであり、善も悪も剝奪されており、善も悪もそのどちらも無差別に伝達しうる。不幸のためにパンを受け取らざるをえず、打撃を被らざるをえない人は、悪にも善にも、赤裸々に、無防備にさらされた魂をもっている。

善だけしかけっして受け取らないただひとつの方法がある。それは、純粋な慈愛によって生気づけられていない人間は、不動の物質がそうであるように、世界の秩序における仕組みであるということを、抽象的にではなく、魂すべてを挙げて知ることである。そのときから、ひとりの人間の愛を通してであれ、触知しうるあるいは心的な不動の素材を通してであれ、すべては神から直にやってくる。精神と水を通してやってくる。[40] わたしたちのうちで生命エネルギーを高めるものはすべて、キリストが正義の人に感謝するパンのようなものである。[41] 打撃、痛手、損壊といったすべては、キリスト自身の手によってわたしたちに投げられた石のようなものである。パンと石はキリストからやってくる。そしてそのパンと石はわたしたちの存在の内奥まで深く入り込み、わたしたちのうちにキリストを入り込ませる。パンと石は愛である。わたしたちはパンを食べなければならない。そして、石が自らの肉体に食い込むように、できるかぎり石の前に身をさらさなければならない。キリストによって投げられる石に対して自らの魂を守ることができる甲冑をもっているならば、それを剝ぎ取り、投げ捨てなければならない。

世界の秩序への愛

世界の秩序と世界の美への愛は、隣人への愛を補うものとなる。

世界の秩序と世界の美への愛は、創造した際の神の放棄のイメージとなる同じ放棄から生じてくる。この宇宙に命じる能力をもっているのに、この宇宙に命じないでいることに同意して、神はこの宇宙を現に存在させている。だがそれは、神に代わって、魂の心的な素材も含めてすべての物質に貼り付いている機械的な必然性に支配させることによって、そしてまた、考える人格に本質的な自律に支配させることによってでもある。

わたしたち自身も、わたしたちに近しい人も、創造した際の神の愛に、隣人への愛によってわたしたちは倣う。わたしたちがその一部であるこの宇宙を創造した際の神の愛に、わたしたちは世界の秩序への愛によって倣う。

物質と魂に命令するのを人間は放棄すべきではない。なぜなら、人間は物質と魂に命令するのを放棄する能力をもってはいないからである。だが神は、この放棄の能力の想像上のイメージを、想像上の神性を人間に委ねた。それは、被造物ではあるが、人間もまた、自らの神性を剝ぎ取ることができるためである。

神は宇宙を超えたところにいますのと同時に、現実に宇宙の中心にいます。[*42] それゆえ、ひとりひとりの人間も同様に、世界の中心に想像上の状況をもっている。遠近法の錯覚のために人間は空間の中心に置かれている。[*43] 同様の錯覚のために人間のうちなる時間の意味が歪められる。そしてさらに、同様の別の錯覚のために、人間のまわりに価値のあらゆる階層が配置される。この錯覚は現に存在しているという感情にすら広がっている。わたしたちのうちで価値の感情と存在の感情が密接につながっているためである。自分から遠ざかるにつれて存在は、それだけいっそう希薄になる。

　わたしたちは、その段階に、間違った想像力の段階に、この錯覚の空間のありようを貶めている。わたしたちはそうするのを余儀なくされている。もしそうでなければ、わたしたちは対象をただひとつだけ知覚することはないであろう。どうやって意識的に一歩を踏み出してよいかわたしたちはよくわからない。こうして神は、自らの魂すべてを変形すべき働きのモデルをわたしたちにもたらす。子どもの頃すでにわたしたちは、空間の感情のうちにこの錯覚を低め、抑えることを学んでいる。それゆえ、時間の感情、価値の感情、存在の感情についても同様にそうしなければならない。もしそうしなければ、空間の局面とは別のあらゆる局面のもとで、ただひとつの対象を見極めることはできないし、一歩も踏み出すことはできない。わたしたちは非現実のうちに、夢想のうちに存在している。知性の上でのみならず、魂の想像上の部分においても自らの想像上の中心の状態を放棄するとは、現実に目覚めることであり、永遠に目覚めることであり、真の光を見ることであり、真の沈黙を聴くことである。こうして、感性の根そのものにおいて、感覚的な印象や心理的な印象を直に受け取るように変形がなされる。夜中に通りでうずくまっている人を見かけたと思っていたところで突然それが木だとわかるときに、あるいはささやきを聞いたと思っていたのに葉のこすれ合うかすかな音だとわかるときに生じる変形に似た変形である。同じ色を見ている。同じ音を聞いている。だがその見方、聞き方は同じではない。

自らの偽りの神性を剝ぎ取ること、自己自身を否定すること、世界の中心を想像のうちに置くのをやめること、世界のあらゆる点が同等に中心にあり、真の中心は世界の外にあるのを見極めること、それは、物質における機械的な必然性と、魂ひとつひとつの中心にある自由な選択の支配に同意することである。この同意は愛である。考える人格に向けられたこの愛の局面は、隣人への慈愛である。物質に向けられたこの愛の局面は、世界の秩序への愛である。あるいは、同じことであるが、それは世界の美への愛である。

古代では、世界の美への愛は、考えるということにおいてかなり大きな位置を占めており、眩いばかりの詩で生活全体を包み込んでいた。中国でも、インドでも、ギリシアでも、あらゆる大衆においてそうであった。ギリシアのストア主義は驚くべきものであり、原始キリスト教、とりわけ、聖ヨハネの考えにかぎりなく近いものである。そのギリシアのストア主義は、ほぼひたすら世界の美への愛であった。イスラエルについては、旧約聖書の「詩篇」、「ヨブ記」、「イザヤ書」、「知恵の書」のいくつかの箇所は、世界の美の比類なき表現をうちにもっている。

聖フランチェスコ[*44]の例は、キリスト教の考えのどのようなところに世界の美が占めうるのかを指し示している。聖フランチェスコの詩が完璧な詩であるだけではなく、かれの全生涯が生きている完璧な詩であった。たとえば、ひとり隠遁するために、あるいは修道院を建立するために聖フランチェスコが選んだ景観は、それ自体もっとも美しい生きた詩であった。聖フランチェスコにとって放浪と貧しさは詩であった。世界の美と直に触れ合うために聖フランチェスコは、何ももたなかったのである。[*45]

十字架の聖ヨハネ[*46]にもまた、世界の美をめぐる美しい詩のいくつかが見出される。だが概して、キリスト教の伝統に世界の美はほぼ見られないと言える。知られていないあるいはほとんど知られていない、忘れ去られた中世の事物のなかにおそらく埋もれているであろう宝を留保しておくとしてもである。これは奇妙である。その理由を知るのは困難である。これは恐ろしい欠落である。キリスト教に宇宙それ自体が見られないのに、どうして自らを普遍的(カトリック)と称する権利がキリスト教にあるだろうか。

福音書で世界の美が問題となることはまずないのは確かである。だが、聖ヨハネが述べているように、福音書の短い記述のうちにキリストの教えすべてを織り込むことはとてもできない。おそらく弟子たちは、あまりにもあまねく行き渡っている感情について織り込む必要はない、と判断したのであろう。[*47]

とはいえ、世界の美について二度、言及されている。そのひとつでは、野の百合と鳥の未来への無関心と運命への従順をじっと見つめ、野の百合と鳥に倣いなさいと、キリストは命じている。[*48]もうひとつでは、雨と太陽の光が分け隔てなく降り注ぐのをじっと見つめ、雨と太陽の光に倣いなさい、と命じている。[*49]

ルネッサンスは、キリスト教を超えて古代との精神的なつながりをもったと思い込んだ。だが、古代のインスピレーションの二流の産物、芸術、学問、人間の事柄に関する好奇心以外、ルネッサンスは古代からほとんど何も受け取っていない。世界の美との接触をルネッサンスはふたたび見出してはいない。古代の中心的なインスピレーションにルネッサンスはほとんど触れていない。

一一世紀と一二世紀がルネッサンスの黎明期である。ルネッサンスに成果がありえたならば、黎明期のものは真実のものであった。ルネッサンスが芽生えはじめるのは、とりわけラングドック地方である。春をめぐる吟遊詩人の詩のいくつかを読めば、キリスト教のインスピレーションと世界の美への愛がおそらくその当時切り離されていなかったであろうと考えられる。さらにオックの精神はその痕跡をイタリアに刻んでおり、おそらく聖フランチェスコのインスピレーションと無縁ではなかった。だが、一致するのであれ、おそらくそうであろう因果関係があるのであれ、オックの精神の萌芽はアルビジョワ戦争時[*50]に根絶やしにされ、残っているのはその痕跡だけである。

今日こう信じることができよう。白色人種は世界の美への感受性をほぼ失ってしまった、と。そしてまた、自らの武器、商業、宗教をもたらした大陸すべてから世界の美への感受性を消滅させようとしてきた、と。それは、「あなたがたは不幸である！ あなたがたは認識の鍵を取り上げてしまった。あなたがたは入らないし、他の人を入れさせない[*51]」、とキリストがパリサイ人に述べているとおりである。

とはいえ、今日、白色人種の国において、世界の美は神を入り込ませうるほぼ唯一の道である。というのも、わたしたちは他のふたつの道からさらにいっそう遠ざかっているからである。宗教的実践への真の愛と敬意は、宗教的実践に熱心な人にも稀であり、そうでない人にはまず見られない。

大半の人は、宗教的実践への真の愛と敬意が可能であるのを思い描くことすらない。不幸の超自然的な使用に関しては、同情と感謝が稀であるだけでなく、今日、同情と感謝はほぼ誰にも理解されなくなった。同情と感謝という考えそのものが消えてしまったのである。同情と感謝という言葉の意味そのものも低められてしまっている。

翻って美の感情は、損なわれ、変形され、穢されていても、人間の心のうちに力強い動機として抑え難く宿っている。*52 美の感情は、ありとあらゆる世俗の生活の関心事にあらわれている。美の感情が真正で純粋になるならば、美の感情は、あらゆる世俗の生活をひとかたまりにして神の足下に運ぶであろう。美の感情は信仰を全体として受肉させることができよう。

しかも、世界の美は概して、もっとも行き渡り、もっとも容易く、もっとも自然な道である。

魂を通して不幸な人を愛し、不幸な人に仕えるよう魂がわずかに開かれるやいなや神はあらゆる魂に急いで降りてくる。それと同様に、神自らの創造である、感じられる美を魂を通して愛し、称賛するために、神はあらゆる魂に急いで降りてくる。

だがその反対もさらにいっそう真実である。美を愛するという魂の自然な傾向は、高みからの息吹に魂を開くために、神がもっとも頻繁に用いる罠である。

それは、コレーが捕らわれた罠である。水仙（ナルキッソス）の香りは、高みにある天空全体を、大地全体を、海のうねり全体を笑わせた。哀れな幼い少女が手を伸ばすやいなや、少女は罠に捕らわれ、生きている神の手に落ちたのである。神の手から抜け出すとき少女は、自らを永遠につなぎ留める柘榴（ザクロ）の実を食べていた。少女はもう処女ではなかった。少女は神の伴侶となったのである。*53

世界の美は迷宮への入り口となる穴である。軽率な人がなかに入り、数歩進み、少し時間が経つと、入り口の穴をふたたび見出すことはできない。疲れ果て、飲まず食わずで、暗闇のなかで、親しい人からも、自分が愛するあらゆるものからも、自らがよく知っているあらゆるものからも切り離され、何もわからずに、希望なく、本当に歩いているのかどうかも、あるいは同じところをぐるぐる回っているのかもわからずに歩いている。だがその人の不幸は、その人を脅かしている危険の傍らでは何ものでもない。というのも、もし勇気を失っていなければ、もし歩き続けるならば、ついには迷宮の中心にたどり着くであろうと、その人ははっきり確信しているからである。そして迷宮の中心で神は、その人を食べるために待っている。やがて抜け出しても、神に食べられ、神に消化され、その人は変えられ、別のものとなっている。そのときその人は、近づいてくる人を優しく迷宮へと誘い出すために、迷宮の入り口となる穴のすぐ傍にいるであろう。

世界の美は物質それ自体の属性ではない。世界の美は世界とわたしたちの感性との関係である。この感性は、わたしたちの身体と魂の構造によっている。繊毛虫、ヴォルテール[*54]のミクロメガス[*55]は、わたしたちが宇宙で食べる美にまったく近づけないであろう。このような生き物が現に存在している場合、そうした生き物にとってもまた世界は美しいであろうという確信をもたなければならない。だがそれは別の美であろう。いずれにせよ、あらゆる段階で宇宙は美しいという確信をもたなければならない。そしてより一般的には、実際に現に存在している考える存在ひとつひとつの、そして可能な考える存在すべての、肉体的・心理的な構造との関係における美の充溢を宇宙はもっている、と確信しなければならない。それは、世界の美の超越的な性格をなしている無限なる完璧な美との一致ですらある。それにもかかわらず、わたしたちが世界の美から感じるものは、わたしたち人間の感性に向けられている。

世界の美は、神の〈叡智〉と創造との協働である。「ゼウスがすべてをなして、バッカスが仕上げた」[*56]とオルフェウス教の詩句は述べている。仕上げとは美の創造である。神は宇宙を創造した。そして、最初に生まれたわたしたちの兄弟たる神の〈子〉が、わたしたちのために宇宙の美を創造した。世界の美とは、物質を通してわたしたちに向けられたキリストの優しさによる微笑みである。[*57]それは宇宙の美において実際にあらわれている。宇宙の美への愛は、わたしたちの魂のうちに降りてきた神から生じてきて、そして宇宙においてあらわれている神に向かってゆく。それはまた、秘跡のような何かである。

そうであるのは、宇宙の美に関してのみである。だが神を除けば、宇宙全体だけが、用語の完全な特性をもって美しいと名づけられうる。美しいという語の厳密な意味を超えて、間接的に美に与る事物に、宇宙の美の模倣である事物に、美という言葉を広げることによってのみ、宇宙と宇宙より下にあるもののすべてが美しいと名づけられうる。

こうした二義的な美はすべて、宇宙の美にひらかれたものとして無限の価値がある。だがこうした二義的な美で止まってしまうならば、二義的な美は、その反対に宇宙の美を覆うヴェールとなってしまう。そのとき、二義的な美は腐敗している。多かれ少なかれあらゆる二義的な美は、この傾向をうちにもっているが、その段階は様々である。

わたしたちを誘惑する多くの因子もある。それらは美と何ら関係がないが、識別できないために、それらが宿っている事物は美しいと名指される。というのも、わたしたちを誘惑する多くの因子は、不正な仕方で愛を惹きつけるからであり、人間はすべて、自分が愛するものすべてを美しいと名指すからである。すべての人間は、もっとも無知な人でも、もっとも下劣な人でも、美だけがわたしたちの愛に権利をもっているのを知っている。[58] 真正のもっとも偉大なる人もまたこのことを知っている。いかなる人間も、美の上にも下にもいない。美を表現する言葉は、自分が愛するものを讃えたいと思うやいなや万人の口に上る。すべての人は、多かれ少なかれ、美をはっきり識別することだけはできる。

美はこの世の唯一の合目的性である。カント[59]が的確に述べているように、美はいかなる目的ももたない合目的性である。[60] 美しいものは、それ自体以外に、美の全体性において、美がわたしたちにあらわれるような、いかなる善もうちに有していない。美に何を求めているのかを知らずにわたしたちは美に向かってゆく。美はそのものが現に存在することをわたしたちに与える。わたしたちは他の何も望まない。それ自体が現に存在することを所有している。[61] とはいえわたしたちはさらに望む。それが何であるのかまったくわからない。わたしたちは美の後を追いたいと欲するであろう。だが美は見かけでしかない。美は、わたしたち自身の善への欲望をわたしたちに跳ね返してくる鏡のようなものである。美はスフィンクスであり、謎であり、苦々しく苛立たせる神秘である。わたしたちは美を食べたいと欲するであろうが、美は見つめる対象でしかなく、美はある一定の距離を保ってしかあらわれない。人間の生の大いなる痛みとは、見つめることと食べることとが、ふたつの異なる働きだということである。天空の反対側からのみ、神によって住まわれる国において、見つめることと食べることとがただひとつの同じ働きである。すでに長いあいだお菓子を見つめていた子どもは、お菓子を手に取り食べるとがっかりしてしまう。だが見つめることと食べることは両立しえず、子どもは痛みを味わう。悪徳、性的倒錯、犯罪といったものはほぼつねに、否つねにですらあるのだが、見つめることだけをしなければならない美を食べようとすることをおそらくその本質としている。見つめるべき美を食べたのはイヴが最初である。果実を食べることでイヴが人間性を失ったのならば、その反対の態度である果実を食べずに見つめるということは、救うものであるはずである。「二羽のつがいの鳥が木の枝に止まっている。一羽は果実を食べ、もう一羽は果実を見つめている」、と『ウパニシャッド』は述べている。[*62] この二羽の鳥は、わたしたちの魂のふたつの部分である。

いかなる目的ももたないからこそ、美はこの世で唯一の合目的性をなしている。というのも、この世に目的はいっさいないからである。わたしたちが目的とみなすものはすべて、手段である。ここに、明白な真理がある。金銭は買うための手段であり、権能は命令するための手段である。わたしたちが善と名づけるものは、多かれ少なかれ目に見えてそうである。

美だけが他のものの手段ではない。美だけがそれ自体として善い。だがそれは、美のうちにいかなる善も見出さない場合である。美はそれ自体、約束であり、善ではないように思われる。だが美は美それ自体しか与えない。美は他のものをけっして与えない。

それにもかかわらず、美はただひとつの合目的性であるため、人間の探究すべてのうちに美はあらわれている。あらゆる探究は手段のみを追い求めている。とはいえ、この世に現に存在しているものはすべて手段にすぎないので、この世に現に存在しているものに、それらを合目的性で彩る閃光を美は与える。もしそうでなければ、欲望はありえないであろうし、したがって探究におけるエネルギーもありえないであろう。

アルパゴン[*63]のような守銭奴にとって、世界の美はすべて黄金のうちにある。そして実際、純粋で輝かしい物質である黄金は、美しいものである。金銭としての黄金はなくなったため、守銭奴のような人もまたいなくなったように思われる。今日、消費せずに貯蓄する人は権能を探し求めている。

富を探し求める大半の人は、贅沢という考えを富に付け加えている。贅沢は富の合目的性である。そして贅沢は、ある種の人間すべてにとって美そのものである。贅沢は取り巻きをつくり、取り巻きに囲まれたときだけ、宇宙は美しいと漠然と感じることができる。宇宙は美しいと聖フランチェスコが感じるために、放浪と貧しさを必要としたのと同様にである。どちらの手段も、同様に直で、純粋で、十全たる仕方で世界の美が感じられるのであれば、どちらの場合もひとしく理に適っているであろう。だが幸いにも神はそうではないことを望まれた。貧しさには特権がある。ここに摂理的な配剤があり、この配剤がなければ、世界の美への愛は隣人への愛と容易く矛盾してしまうであろう。それにもかかわらず、貧しさへの恐れは――そしてあらゆる富の減少は貧しさとして、あるいはまた拡張しないこととして強く感じられうるのであるが――本質的には醜さへの恐れである。混然としていても、虚偽を通していても、状況のために世界の美を何も感じないようにされている魂には、この種の恐怖がその中心まで浸透している。

権能への愛は、自分のまわりの人間や事物のあいだに、大規模であれ小規模であれ、秩序を打ち立てたいという欲望に帰着する。そしてこの秩序は、美の感情の効果によって望ましいものである。贅沢の場合と同様、権能への愛の場合、有限であるのに、往々にして絶えず拡張したいと望んでいる場所に、宇宙の美の印象を与える配置を刻み込むことが問題となっている。不満足や拡張したいという欲望の原因には、まさしく、宇宙の美と接触したいという欲望がある。自分が取り組んでいる場所が宇宙ではないのに、である。自分が取り組んでいる場所は宇宙ではないし、その場所は宇宙を隠してしまっている。周縁に追いやられた宇宙は劇場の装飾のようなものである。「セミラミスのアリア」[*64]と題された詩でヴァレリー[*65]は、恐怖政治の施行と美への愛とのつながりを力強く感じさせている。ルイ一四世は、権力拡大の道具である戦争のほかは、宴会と建築にしか興味を示さなかった。戦争それ自体は、そもそも、とりわけかつてそうであったように、活き活きとした、胸を突くような仕方で、美への感性に触れてくる。

芸術とは、宇宙全体の無限なる美のイメージを、人間によって捏(こ)ねられた有限な量の物質のうちに移し替える試みである。試みが成功すると、この物質の部分は宇宙を隠しはせず、その反対に、周縁に追いやられた宇宙という実在を一面にあらわし出すはずである。

正しく純粋な世界の美の映しではなく、世界の美に直に働きかけるひらけではない芸術作品は、厳密に言えば美しくない。そうした芸術作品は第一級のものではない。そうした芸術作品の作り手は多くの才能をもっているかもしれないが、真正の天才をもってはいない。もっとも有名で、もっとも褒めそやされている芸術作品の多くの場合がそうである。[*66]真の芸術家はすべて、現実に、直に、媒介なしに世界の美との接触をもっていた。この接触は秘跡のようなものである。神は第一級の芸術作品すべてに息を吹きかけた。たとえその主題がひどく世俗的なものであったとしてもそうである。神は第一級の芸術作品以外の何ものにも息を吹きかけない。それに対して、第一級ではない芸術作品のいくつかを覆っている美の閃光は、まったく悪魔的な閃光でありうるであろう。[*67]

学問が対象としているのは、世界の秩序の探究とその理論的な再構築である。[*68]世界の秩序は、人間の精神的・心理的・肉体的な構造とかかわりをもっている。幾人かの学者の素朴な幻想とは対照的に、望遠鏡や顕微鏡の使用も、もっとも特異な代数学の公式の使用も、矛盾律の軽視も、人間の精神的・心理的・肉体的構造の限界を超え出ていない。しかもこれは望ましからぬことである。〈叡智〉はわたしたちの兄弟であり、物質は世界をなしている。学問の対象は、〈叡智〉の宇宙におけるあらわれであり、物質を通したキリストのあらわれである。

わたしたち自身は、限定され、数えられ、厳密に定義されたものから、世界の秩序をイメージにおいて再構築している。これらひとつひとつは抽象的であり、そのため扱いやすい。わたしたち自身は、これらひとつひとつのあいだで関係を思い描いてつながりを打ち立てる。こうしてわたしたちはあるイメージのなかで必然性をじっと見つめることができる。現に存在しているそのイメージそれ自体は、わたしたちの注意力の働きに宙吊りになっている。必然性は宇宙の実体そのものであるが、宇宙の実体として必然性がわたしたちに立ちあらわれるのは、打撃によってのみである。[*69]

何らかの愛がなければ、じっと見つめることはない。世界の秩序である必然性のイメージをじっと見つめるとは、世界の美とのある確かな接触をなすことである。世界の美とは、愛されている世界の秩序である。[*70]

肉体労働は世界の美とのある特別な接触をなしている。しかももっとも善い瞬間、ほかに同等の何も見当たらないような充溢との接触である。芸術家、学者、思想家、瞑想家は、真に宇宙を讃えるために、この非現実の薄皮を突き破られなければならない。この非現実の薄皮は宇宙を覆い、ほぼすべての人間にとって、ほぼすべての人間の人生のほぼすべての瞬間に、宇宙を夢想あるいは演劇の装飾にしている。芸術家、学者、思想家、瞑想家はこの非現実の薄皮を突き破らねばならない。だがかれらはたいていそうしえない。労働の一日とは、物質に従属していた一日である。そうした労働の一日の労力で疲れ切った四肢をもつ人は、宇宙の現実を棘として自らの肉体のうちにもっている。こうした人にとって難しいのは、見つめ、愛することである。もしこうした人が見つめ、愛しうるならば、その人は現実を愛するのである。[*71]

これは、神が貧しき人に割り当てたかぎりない特権である。だが貧しき人がそのことを知ることはまずない。貧しき人にこの特権が語られることはない。過度の疲労、金銭といった悩みの種、真の教養の欠如のために、貧しき人は、神から割り当てられたこのかぎりない特権に気がつかない。貧しき人が宝物に接近できるように、貧しき人の条件に対してわずかな事柄が変えられれば充分であろう。多くの場合、人間が自らに近しい人に宝物をもたらすのがどれほど容易く、それなのにどうしてその労をとることなく何世紀もやり過ごしてきたのかを見ると、胸が引き裂かれる思いがする。

わたしたちは今日、民俗学の名のもとに、民衆文化の残骸を博物館に展示している。そうした民衆文化があった時代、おそらく民衆はこうした宝物に接近していた。神話学は民俗学と酷似している。神話学もまた、もし神話学のうちに詩を読み解くならば、このことを証ししている。

真の結婚あるいはプラトニックな愛といったもっとも高いものから放蕩のようなもっとも低いものにいたるまで、あらゆる形態における肉体的な愛は、世界の美をその対象としている。天空や草木や海や山の光景に、自然の微かな無数の物音から感じられる自然の沈黙に、風の吐息に、太陽の熱さに語りかけられる愛、あらゆる人間が少なくとも漠然とある瞬間感じ取っているこの愛は、不完全で、苦しい愛である。なぜなら、応答しえないものに、物質に語りかけているからである。人間はこの同じ愛を、愛に応答することができ、「はい」と応えることができ、委ねることができる自らに近しい人にふたたび向けたいと思う。[*72] ときにひとりの人間の見た目に結びついている美の感情は、少なくとも幻想的な仕方でこの移し替えを可能にする。だがこの移し替えは、世界の美であり、欲望が向けられる宇宙の美である。

この種の移し替えは、詩でもっとも使われる太古の隠喩や直喩からプルースト[*73]の繊細な分析にいたるまで、愛をめぐるあらゆる文学が表現しているものである。

ひとりの人間において世界の美を愛したいという欲望は、本質的には〈受肉〉への欲望である。[*74] 別のものだと思い込むのは誤りによるものである。〈受肉〉だけが、この欲望を満足させうる。神秘家が愛の言語を用いると非難されることがあるのもまったく間違っている。神秘家こそが愛の言語を正当に所有する人である。他の人は愛の言語を借りる権利しかもたない。

もしあらゆる段階における肉体の愛が多かれ少なかれ美へと向かうならば――そして例外はおそらく見た目だけであるが――ひとりの人間における美は、その人間を想像力に対して世界の秩序と同等のものにしている。

このため、愛と美と世界の秩序をめぐるこの領野における罪は深刻である。魂は無意識に神を探し求めているので、罪とは神を攻撃することである。さらに罪はすべてをひとつに収斂させる。それは、多かれ少なかれ同意なしですまそうと欲することにある。まったく同意なしですまそうと欲することは、あらゆる人間の犯罪において、途轍もなくもっとも恐ろしいものである。そうと知らずにその人のうちに神と同等のものを探し求めているひとりの人間の同意に敬意を払わないということよりも恐ろしいものはなかろう。

さほど深刻ではないとはいえ、魂の低次のないし表面的な部分から出てくる同意に甘んじるのもまた犯罪である。承諾は永遠なものでしかありえない。魂のこの核となる点から双方の同意が生じるのでなければ、肉体的な結合があるにせよないにせよ、愛の交換は正当ではない。今日では単なる社会的な約定ともっともしばしばみなされている結婚の責務は、肉体的な愛と美とのあいだの近さによって人間の考えるという自然・本性そのもののうちに刻み込まれている。美と何らかのかかわりがあるものはすべて、時間の流れを逃れてゆかなければならない。美はこの世における永遠である。

人間が何かに魅了されるとき、その人をかぎりなく超え出てゆく、抗(あらが)いえないある絶対の感情を頻繁に抱くのは驚くべきことではない。絶対はまさしくそこにある。だが、絶対が快楽のうちにあると思い込むのは間違いである。

間違いが起こるのは、人間の思考の中心のメカニズムである想像力の移し替えのためである。死ねば主人の声が聞こえないだろうというヨブが語る奴隷は、主人の声が自分に悪をなすと思い込んでいる。[*75] それはあまりにも真実である。声は奴隷に極度の悪しかなさない。そうはいっても、奴隷は間違っている。声それ自体は苦々しいものではない。奴隷でなければ、声はその人に心痛を引き起こさないであろう。だが、奴隷であるために、聞こえてくる声によって鞭打ちの痛みと荒々しさが魂の奥底にまで入ってくる。奴隷はそれを防ぐことができない。不幸がこのつながりを打ち立ててしまったのである。

同様に、快楽によって支配されていると思い込んでいる人間は、実のところ、快楽のうちに宿っている絶対によって支配されている。この絶対と快楽との関係は、鞭打ちと主人の声との関係と同様である。だが絶対と快楽のつながりは不幸のためではない。絶対と快楽のつながりは原初の犯罪である偶像崇拝という犯罪のためである。聖パウロは、悪徳と偶像崇拝との親和性を指摘している。[*76] 快楽のうちに絶対を宿らせている人は、絶対によって支配されていないとは言えない。人間は絶対と闘わない。快楽の外側に絶対を宿らせることができた人は、節制という完全性を手にしている。

様々な悪徳の種類、文字通りのあるいは隠喩的な意味での、麻痺させるような言葉の使用といったものは、世界の美が感じられる状態を探し求めている。誤りは、正確には、特別な状態を探し求めていることのうちにある。間違った神秘主義は、この誤りの一形態でもある。誤りが魂のうちにかなり深く打ち込まれていると、人間が誤りに屈しないということはできない。

もっとも罪深いものからもっとも無垢なものにいたるまで、もっとも一般的なものからもっとも特殊なものにいたるまで、人間のあらゆる趣味は概して、状況全体に、世界の美に近づいているように自らに思われる環境にかかわっている。しかじかの状況全体の特徴は、気質、過去の生活の痕跡、あるいはもっともしばしば認識しえない原因によっている。

さらに頻繁に見られるのは、感じられる快楽の魅力が、美との接触による魅力ではない場合である。それは反対に、感じられる快楽の魅力が、美からの逃げ場をもたらす場合である。

魂が探し求めているのは世界の美との接触のみである。あるいはいっそう高い段階では、神との接触のみである。だがそれと同時に魂は、世界の美との接触あるいは神との接触を避けてもいる。魂が何かを避けているときにはつねに、醜悪さの恐れを避けているか、真に純粋なものとの接触を避けているかである。というのも、凡庸なるものはすべて、光を避けるからである。[*77] そして、完全性の近くにある魂を除いたあらゆる魂において、凡庸なる大きな部分がある。この部分は、わずかな純粋な美、わずかな純粋な善があらわれるたびに突然の恐怖に囚われる。魂のこの部分は身体の背後に隠れ、身体を隠れ蓑にしている。実際、好戦的な民族は、自分たちの征服の計画を成功させるために、何らかの口実で自分たちの攻撃を覆い隠す必要があり、しかもその口実の質にはまったく関心を払わない。同様に、魂の凡庸なる部分は、光を避けるために軽い口実を必要としている。快楽による魅惑や痛みへの恐れは、この口実を提供する。ここで魂を支配しているのは、まだ快楽ではなく絶対である。だがその絶対は、排斥の対象としてであり、魅了の対象としてではない。肉体の快楽を探し求めることにおいてもきわめてしばしば、どちらがどちらであるかわからなくなるほどにもつれ合うなかで、純粋な美へと突き進む動きと純粋な美から遠く逃げ去る動きという、ふたつの動きが組み合わされている。

いずれにせよ、それが何であれ、人間がなすことにおいて、世界の美への配慮がないことはけっしてない。世界の美は、多少とも均整が崩れていたりあるいは穢れていたりするイメージにおいて気づかれるものである。したがって、人間の生には自然性に委ねられている領野はない。超自然性はいたるところに隠れている。恩寵と死に至る罪は無数の多様な形態をとっていたるところにある。

部分であり、無意識であり、ときに犯罪である美のこの探究と、神とのあいだのただひとつの媒介は、世界の美である。世界という共同体に向けて、世界というこの世の故郷に向けて、この敬虔さであるストア派の考えが付け加わらないかぎり、キリスト教は具現化しないであろう。今日では理解しえない誤解のため、キリスト教がストア派から切り離された日に、キリスト教は抽象的で隔離されて現に存在するのを余儀なくされたのである。

たとえば、芸術ないし学問における美の探究のもっとも高い完遂それ自体は、実のところ、美しくない。ただひとつの真の美、神の真のあらわれであるただひとつの美とは、宇宙の美である。宇宙よりも小さい何ものも美しくない。

美の名に値する完璧な芸術作品があるとすればその作品が美しいであろうように、宇宙は美しい。また宇宙は、目的や善をなしうる何ものもうちにもっていない。宇宙は、宇宙の美それ自体のほかに、いかなる合目的性もうちにもっていない。この宇宙をめぐる認識すべき本質的な真理とは、宇宙には合目的性が絶対的に剝奪されているということである。いかなる合目的性による関係も、虚偽ないし誤謬によるのでなければ、宇宙には当てはまらない。*78

ある詩において、なぜこれこれの語はこれこれの位置にあるのかと問い、そしてその答えがあるならば、その詩が第一級のものではないか、あるいはまた読み手が何も理解していないかである。これこれの考えを表現するために、あるいは文法的なつながりのために、あるいはリズムのために、あるいは畳韻法のために、あるいは行を満たすために、あるいは確かな彩りのために、あるいはまたこの種の様々な動機を一度に示すために言葉がそこにあるのが理に適っていると正当に言いうるならば、詩の創作においてあったのは、効果の探究であり、真のインスピレーションではない。真に美しい詩に対するただひとつの答えは、その言葉がそこにある、なぜなら、その言葉がそこにあるのが適っているからだということである。その言葉がそこにあるのが適っている証しは、その言葉がそこにあり、そして詩が美しいということである。詩は美しい。それはすなわち、その詩が別のものであることを読み手が願わないということである。[79]

　このように、芸術は世界の美に倣っている。物や存在や出来事が適っていることは、それらが現に存在し、そしてそれらが現に存在しないことを、あるいはそれらが別のものであったことをわたしたちが願うべきではないということのうちにのみある。そう願うことは、宇宙というわたしたちの故郷に対する不敬虔であり、宇宙へのストア派的な愛の欠如である。宇宙へのストア派的な愛が実際に可能であるようにわたしたちはなっている。そして、宇宙へのストア派的な愛が可能であることこそが、世界の美という名をもっているのである。

「なぜこれらの物であって、他の物ではないのだろうか[80]」というボーマルシェ[81]の問いに答えはけっしてない。なぜなら宇宙は合目的性を剥奪されているからである。合目的性がないとは、必然性が支配しているということである。物には原因があって、目的がない。〈摂理〉に特殊な企図を見極めようと思い込んでいる人は、美しい詩と引き換えに、テクスト解釈と呼んでいるものに身を委ねる教師に似ている。

芸術における必然性のこの支配に相当するものは、物質の抵抗と恣意的な規則である。言葉の選択において一続きの考えと絶対的にいかなる関連もなく、脚韻はある方向性を詩人に課する。詩における脚韻は、生における不幸に似た働きをおそらくもっている。不幸は、魂すべてを挙げて、合目的性がないということを感じさせる。

もし魂の方向性が愛ならば、必然性をじっと見つめれば見つめるほど、自らに突き刺さるように、そして肉体に対してすら突き刺さるように、金属的な硬さと冷たさを抱きしめることとなり、それだけいっそう世界の美に近づいてゆく。それはヨブが経験するものである。神はヨブのうちに降りてきて、ヨブに世界の美を啓示する。それは、ヨブが自らの苦しみのなかであまりに正直であったからであり、ヨブが自らのうちに自らの苦しみという真実を変えうるいかなる考えも認めなかったからである。[*82]

雨と太陽の光はどのようにして善人にも悪人にも区別なく注ぐのかを見つめるように、キリストはわたしたちに命じた。それはなにより、合目的性がないこと、意図がないことが、世界の美の本質だからである。[*83] このことは、プロメテウス[*84]の至高の叫びを思い起こさせる。「天空から万人に、同じ光がめぐっている」[*85]。キリストはわたしたちにこのような美に倣うよう命じている。『ティマイオス』でプラトンも、大いにじっと見つめることで、世界の美に倣うよう、日々、夜々、月々、四季、年々を生起させ、帰還させる円運動の調和に倣うようわたしたちを促している。この円運動にもまた、その組み合わせに意図と合目的性がないのはあきらかである。そして円運動において純粋な美が光り輝いている。[*86]

宇宙は故郷である。なぜなら、宇宙はわたしたちに愛されており、宇宙は美しいからである。宇宙は、この世でわたしたちのただひとつの故郷である。この考えは、ストア派の叡智の本質である。天空という故郷をわたしたちはもっている。だが天空という故郷は、ある意味では、愛するのがあまりにも難しい。なぜならわたしたちは、天空という故郷を認識していないからである。ある意味では、とりわけ天空という故郷はあまりにも容易く愛することができる。なぜなら、自分が思うように宇宙を想像しうるからである。宇宙という名のもとにわたしたちは、虚構を愛する危険を冒している。この虚構への愛が充分強いならば、この虚構への愛はあらゆる徳を容易いものにするが、またあらゆる徳をほぼ価値がないものにしてしまう。この世の故郷を愛そう。この世の故郷は現実のものである。この世の故郷は愛に抗っている。この世の故郷こそが、愛するために神がわたしたちに与えたものである。この世の故郷を愛するのは難しい。だが愛することはできる。神が望んだのはこのことである。

この世でよそ者であり、根こぎにされており、追放されている、とわたしたちは感じている。自分が眠っているあいだに水夫たちに運ばれてしまったオデュッセウス[*87]もまた、見知らぬ国で目覚め、魂が張り裂けんばかりの欲望をもってイタケーに想いを馳せていた。突然、アテナ[*88]がオデュッセウスの目を覚まさせ、オデュッセウスはイタケーにいるのに気づく。同様に、飽くことなく自分の故郷を欲し、カリュプソ[*89]によってもセイレン[*90]によっても自分の欲望が惑わされることのない人間はすべて、ある日突然、自分の故郷にいるのに気づく。

世界の美に倣うとは、合目的性、意図、区別がないことに応答するとは、わたしたちのうちに意図がないということであり、意志それ自体を放棄するということである。完全に従順であるとは、わたしたちの天なる〈父〉が完璧であるように、完璧だということである。[*91]

人間同士のあいだでは、主人に従うことで奴隷は、主人に倣いはしない。その反対に、奴隷が主人に従えば従うほど、奴隷と命令する主人とのあいだの距離は大きくなる。

人間が神に従う場合は別である。人間が神に従っているかぎり、もし理性をもつ被造物が絶対的に従順であるならば、理性をもつ被造物は、〈全能〉の完璧なイメージとなる。

人間のうちなる神のイメージそれ自体であるものは、わたしたちのうちにあって、人格であるという事実に貼り付いている何かである。だがこの何かは、実のところ、人格であるという事実それ自体ではない。それは人格を放棄する能力である。それは従順である。[*92]

神に与ることで、ひとりの人間が神的存在となる卓越した段階に上げられるたびに、その人のうちに非人格的で、無名な何かがあらわれる。その人の声は沈黙に包まれている。このことは、偉大な芸術作品や思想業績において、聖人の偉大な行為や言葉において、一目瞭然である。

したがって、ある意味では確かに、神を非神格的なものとして思い描かなければならず、またある意味で神は、自らを放棄することで自らを超え出てゆく人格の神的モデルである。神を全能なペルソナとして思い描くならば、あるいはまた、キリストの名のもとに個性＝人格として思い描くならば、それは神への真の愛とは相容れない。こうして、太陽の光を等しく降り注ぐことにおいて、天なる〈父〉の完全性を愛さなければならない。*93 わたしたちのうちなるこの放棄は従順である。この放棄の絶対的な神のモデルは、宇宙の創造と秩序の原理であり、存在の充溢である。

人格であるのを放棄することで人間は、神の映しとなる。それゆえ、人間を不幸へと急き立て、人間を動かぬ物質の状態にするのはあまりにも恐ろしいことである。すでに充分心づもりができている人を除いて、個性＝人格の質とともに、人間から個性＝人格を放棄する可能性が剝ぎ取られてしまう。わたしたちが愛によって自律を放棄する可能性をもつために、神はわたしたちの自律を創造した。それゆえ同じ理由で、わたしたちは自らに近しい人に自律が保たれるよう望まなければならない。完全に従順な人は、自由な選択の能力を人間のうちでかぎりなく貴重なものとして捉えている。*94

同様に、世界の美への愛と同情とのあいだに矛盾はない。世界の美への愛は、その愛のために、不幸であるときに苦しまないというのではない。世界の美への愛は、他者が不幸であるために苦しまないというのでもない。世界の美への愛は、苦しみとは別次元のものである。

世界の美への愛は普遍的であるのに、二義的で、それ自体に従属している愛として、真に貴重なものすべてへの愛をもたらす。真に貴重なものはすべて、不運によって破壊されうる。真に貴重なものは、世界の美へと至る階段となり、そして世界の美への入り口となっている。かなり遠くまで、世界の美それ自体にまで赴いた人は、真に貴重なものに、より少ない愛ではなく、以前よりもはるかに大きな愛をもたらす。

芸術と学問の純粋で真正の完遂がこのなかに入る。はるかにいっそう一般的な仕方で、社会のあらゆる階層を通して、人生を詩で包み込むものすべてが入る。あらゆる人間は、天空の光の映しである確かな現世の詩によってこの世に根をもっている。その詩は、多少とも漠然と、宇宙という自らの故郷と自らとのつながりを感じさせる。不幸とは、このような詩による根をもたないことである。*95

人間の共同体はおもに、共同体の完全性の段階によってそれぞれ、共同体の住人の生活を詩で包み込んでいる。人間の共同体は、世界という共同体のイメージであり、映しである。ともかく、人間の共同体が国家という形態をとればとるほど、人間の共同体それ自体が故郷であることを切望すればするほど、人間の共同体は、ばらばらの、穢れたイメージとなる。だが、物理的にであれ精神的にであれ、共同体を破壊することは、あるいはまた、人間を社会的廃棄物のうちに急き立て、人間を共同体から排除することは、人間の魂と宇宙とのあいだの詩と愛のつながりすべてを断ってしまうことである。それは、人間を力ずくで恐怖と醜悪さのなかに沈めることである。これより大きな犯罪はまずない。わたしたちはすべて、こうした犯罪のほぼ数えきれない量に共犯的に加担している。わたしたちはすべて、ただ理解しうるならば、そのために血の涙を流さなければならないであろう。

宗教的実践への愛

既成の宗教への愛は、神という名がその宗教に必然的にあらわれていても、それだからといって、神への明白な愛ではなく、神への暗々裏の愛である。というのも、既成の宗教への愛は、神との直の、媒介なしの接触をうちにもってはいないからである。宗教的実践が純粋なものであれば、隣人と世界の美と同様に宗教的実践のうちに神はあらわれている。だが、隣人と世界の美を超えてはいない。

宗教への愛が魂のなかでとっているありようは、生活環境によって大いに異なってくる。環境によって宗教への愛が生まれるのが妨げられる場合もあるし、あるいはまた、環境によって宗教への愛が大きな力をもちうる前に宗教への愛が殺されてしまう場合もある。その人とは無関係に、不幸において、宗教への憎悪と軽蔑をもってしまっている人間もいる。なぜなら、宗教を司る幾人かの人の残酷さや傲慢さや腐敗ぶりが、こうした人たちを苦しめたからである。幼少期から宗教の精神に満たされた場所で育った人間もいる。こうした場合、神の慈悲のために、隣人への愛と世界の美への愛が充分に強く、また充分に純粋であるならば、隣人への愛と世界の美への愛は魂をどんな高みにも導くのに充分であると考えねばならない。

既成の宗教への愛は、通常、育った国や環境を占めている宗教が対象となっている。あらゆる人間がまずはじめに思いを巡らせるのは、こうした宗教についてである。それは生活とともに魂のうちに入ってきた習慣のためであり、神への務めについて考えるたびにこうした宗教に思いを巡らせる。

宗教的実践の徳は、〈主〉の名を唱えることに関する仏教の伝統によって全体的に思い描かれうる。仏陀[*96]は、仏陀によって救われたいという欲望をもって仏陀の名を唱える人すべてを、仏陀のとところまで、〈浄土〉のうちに引き上げたいという願いをかけたのであろうと言われている。そしてこの願いのために、〈主〉の名を唱えることには、魂を真に変形させる徳があるとされている。*[97]

宗教とは、神のこうした約束にほかならない。宗教的実践、儀式、典礼はすべて、〈主〉の名を唱えるありようのひとつである。そして、救われたいという欲望をもって〈主〉の名を唱えることに専心する人誰しもを救うという徳を、実際に、その原理としてもっていなければならない。

あらゆる宗教は、それらの宗教の言語で〈主〉の名を発語している。もっともしばしば、ひとりの人間にとって外国語でよりも母国語で神の名を唱えるほうがよい。例外を除けば、たとえ知り尽くしている外国語であったとしても、外国語の言葉を探そうとする軽い努力を魂に課されねばならない瞬間、魂は完全に明け渡されえない。

母国語が貧弱で、難解で、世界に広く行き渡っていない作家は、別の言語で書きたいという想いに突き動かされる。コンラッド*[98]のように輝かしい成功を収める場合もあるが、それはきわめて稀である。例外を除けば、母国語から外国語に言語を変えるのはよくないことであり、思考と文体の質を落としてしまう。後から習得した言語のなかで作家は凡庸なままであり、居心地が悪いままである。

魂にとって宗教を変えることとは、作家にとって言語を変えるようなものである。あらゆる宗教がひとしく〈主〉の名を正確に唱えるのに適しているわけではないのは確かである。きわめて不完全な媒介となるものもおそらくいくつかある。たとえばイスラエルの宗教は、キリストを十字架にかけることができたのだから、実にきわめて不完全な媒介であったにちがいない。おそらくローマの宗教は、どの段階のものであれ、宗教の名に値しなかった。

だが、宗教の階層は概して見分けるのが難しく、ほぼ不可能であり、おそらくまったく不可能なものである。というのも、宗教は内側から認識されるものだからである。カトリック信徒はカトリシズムについてそう述べているが、それはあらゆる宗教について真実である。宗教は食物である。一度も食べたことのない食物の風味や栄養価を、見つめることによって見極めるのは難しい。

宗教の比較がある程度可能なのは、共感という奇跡的な徳によってのみである。外側から観察するのと同時に、共感に突き動かされて、自分自身の魂を一時のあいだ人間のうちに移し入れるならば、ある程度人間を認識しうる。同様に、多様な宗教の研究が認識に至るのは、信仰によって、研究している宗教の中心そのものに、一時のあいだ自らを移し替える場合のみである。その信仰は、言葉のもっとも強い意味における信仰である。

それは、ほぼけっして起こらないものである。というのも、信仰をいっさいもたない人もいれば、ひとつの宗教においてだけ信仰をもち、他の宗教には、奇妙な形の貝殻に向けるような注意力しか傾けない人もいるからである。公平でありうるとさえ思い込んでいる人もいる。なぜなら、こうした人は、どこにでも無差別に向ける漠然とした宗教的な感情をもっているからである。その反対に、自らの注意力、信仰、愛のすべてを、個別の宗教に向けなければならなかったのである。それは、その宗教がうちにもつ最高段階の注意力、信仰、愛をもって、別の宗教のひとつひとつについて考えうるためである。同様に、心のすべてをもって見知らぬ人の境遇にも関心をもちうるのは、友情をもちうる人であって、他の人はそうしえない。

あらゆる領野において愛が現実のものとなるのは、個別の対象に向けられる場合のみである。愛が現実のものであるのをやめずに普遍的となるのは、類比と移し替えの効果によってのみである。

付言すれば、類比と移し替えによる認識、数学、様々な科学、哲学がその準備となる認識は、こうして愛と直にかかわっている。

今日、ヨーロッパにおいて、そしておそらく世界においてさえも、比較宗教をめぐる認識はほとんどどこにもない。比較宗教をめぐる認識が可能だという考えすらもたれていない。わたしたちを惑わす偏見がなくとも、比較宗教をめぐる認識を感じ取るのがすでにかなり難しい。多様な宗教生活のありようのあいだに、目に見える違いを部分的に補うものとして、おそらくもっとも鋭い識別によってのみ垣間見られる、隠された同質なものがいくつかある。それぞれの宗教は、明白な真理と暗々裏の真理との独自の組み合わせである。ある宗教では明白なものが、別の宗教では暗々裏である。ある真理への暗々裏のかかわりは、ときに明白なかかわりと同じだけの徳を、ときにそれ以上の徳をもちうる。心に秘められたものを認識する人だけが、信仰の様々なありようのうちに秘められたものをも認識する。こうした人が信仰の様々なありようのうちに秘められたものをわたしたちに啓示することはなかった。人が何と言おうとそうである。

〈主〉の名を唱えるのに不適切というほどではない宗教のうちに生まれ、よく方向づけられた純粋な愛から生まれた場所の宗教を愛するならば、神と直に接触して魂が神の意志そのものに従属する前に、生まれた場所の宗教を捨て去る理に適った動機を思い描くのは難しい。神と直に接触して魂が神の意志そのものに従属するという敷居を越えたならば、宗教を変えるのが理に適っているのは、従順によってのみである。こうしたことが起こるのは稀である。それは、歴史が指し示すところである。もっともしばしば、おそらくつねに、もっとも高い精神的領域に到達した魂が認められるのは、魂に梯子（はしご）の役割を果たす伝統への愛においてである。

生まれた場所の宗教があまりにも不完全であるならば、あるいは生まれた場所の宗教があまりにも腐敗したありようでその環境にあらわれているならば、あるいはまた生まれた場所の宗教への愛が生まれるのを妨げるないしは生まれた場所の宗教への愛を殺してしまうならば、外国の宗教をとるのは理に適っている。理に適っているし、必要な場合がある。だがそれはおそらく万人にとってではない。いかなる宗教的実践もなく育った人についても同様である。

他のあらゆる場合において、宗教を変えるのはきわめて深刻な決定であり、さらに他者の宗教を変えさせようとするのはいっそう深刻である。この意味において、征服した国で、公式に無理やり宗教を変えさせるのは、かぎりなくいっそう深刻である。

翻って、ヨーロッパやアメリカの領土に現に存在している宗教の違いにもかかわらず、道理の上で、直接的にあるいは間接的に、近くからあるいは遠くから、カトリックの宗教は、白色人種の人間すべての、生来の精神的な環境である。

宗教的実践の徳が見られるのは、悪を破壊するために、完全に純粋なものとの接触が上げる効果においてである。宇宙全体の美を除いて、完璧に純粋なものはこの世に何もない。完全性に充分近づく前に、宇宙全体の美を直に強く感じる能力は、わたしたちのうちにはない。そもそも宇宙全体の美は、感じられる何もののうちにも含まれていない。宇宙全体の美がある意味では感じられているとはいえ、そうである。

宗教的な事柄は、個別に感じられる事柄である。この世に現に存在しているものであるが、完全に純粋なものである。それは宗教的な事柄固有のものではない。教会は醜悪で、賛美歌は偽物で、司祭は腐敗し、信者は上の空であるかもしれない。ある意味では、そうしたことはどうでもよい。幾何学者が正確な論証をするのに、直線が曲がっていたり、円が歪んでいたりする図形を描いても、そうしたことがどうでもよいのと同様である。宗教的な事柄は、理論上、仮説上、定義上、約定上、理に適って純粋なのである。このように、宗教的な事柄の純粋さは条件づけられていない。宗教的な事柄の純粋さにはいかなる穢れも到達しえない。それゆえ、宗教的な事柄の純粋さは完全である。だが、考えられうる徳すべてをもっているが、現に存在していないという欠点をもったローランの牝馬[*99]のように完全なのではない。人間の約束は、その約束を人間にじっと見つめさせる強い動機と結び合わされなければ、効力をもたない。約束はそれ自体としては抽象的なものにすぎない。約束は非現実のものであり、何もなさない。だが、約束によって宗教的な事柄が純粋なものとなるならば、そのような約束はまさしく神から承認を受けている。そうした約束はまた効力があり、徳をうちにもっており、それ自体で何かをなす。このような約束の純粋さは条件づけられておらず、完璧であるのと同時に現実のものである。

実のところ、ここに真理がある。それゆえ論証しえない。論証しうるのは経験による検証を通してのみである。

実際、宗教的な事柄の純粋さは、信仰と愛があるほぼいたるところで、美という形態をとってあらわれている。それゆえ、典礼の言葉は眩いばかりに美しいのである。わけても、キリストの唇からわたしたちに向けられる祈りは、完璧なものである。同様に、ロマネスク様式の建築もグレゴリオ聖歌も完璧に美しい。

だがこれらの中心そのものに、完全に美が剝奪されており、純粋なものが何ひとつあらわれず、約束でしかない何かがある。そうでなければならない。建築、歌、言語といったものはすべて、たとえキリストがこれらの言葉を発しているとしても、絶対的な純粋さとは別のものである。絶対的な純粋さは、この世で個別なものとして現世のわたしたちの感覚にあらわれる。それは約束でしかありえない。約束であって、他の何ものでもない。〈聖体の秘跡〉の中心にはこのような約束が置かれている。

キリストの現実のあらわれであるという教義の不合理さが、約束の核心をなしている。食物というあまりにも胸を打つ象徴であるということを除いて、ひとかけらのパンのうちに、神へと想いを向けさせるようなものは何もない。それゆえ、神のあらわれが約束なのはあきらかである。キリストがひとかけらのパンのうちにあらわれうるならば、それは、約束によってのみである。約束によってのみであるために、キリストはひとかけらのパンのうちに完全にあらわれうる。神がこの世にあらわれるのは、隠れた状態においてのみである。〈聖体の秘跡〉においてキリストのあらわれは実に隠れている。なぜなら、わたしたちの考えのいかなる部分も、隠れたものには及ばないからである。それゆえ、〈聖体の秘跡〉におけるキリストのあらわれは、全的なものである。

完璧な直線や円は現に存在しない。だが、完璧な直線や円を想定する推論が、効力をもって技術に応用されることに驚く者はいない。とはいえ、このことは理解を超えている。〈聖体の秘跡〉における神のあらわれは現実のものであり、いっそう完璧である。だが、そうはいってもいっそう理解を超えているわけではない。

聖別された聖体のうちに仮説上キリストがあらわれていると、ある意味では類比的に述べられよう。それは、三角形のうちに等しい二角があると仮説上、幾何学者が述べるのと同様の仕方である。

大切なのは約束である。それゆえ、聖別する形式だけが重要なのであり、聖別する人の精神状態が重要なのではない。

〈聖体の秘跡〉が約束以外のものであるならば、〈聖体の秘跡〉は少なくとも部分的には人間のものであり、全的に神のものではない。現実の約束とは、超自然的な調和である。それは、ピュタゴラス派の意味における調和を保つものである。

約束だけがこの世で完全な純粋さでありうる。というのも、約束ではない純粋さはすべて、多かれ少なかれ不完全だからである。約束が現実のものでありうるということが、神の慈悲による奇跡である。

〈主〉の名を唱えるという仏教の考えの内実も同様である。というのも、名もまた約束だからである。とはいえ、事柄と名を一緒にして考えるというわたしたちの習慣は、名が約束だということを容易く忘れさせてしまう。〈聖体の秘跡〉は、もっとも高い段階の約束である。

肉体をもつ人間としてのキリストのあらわれでさえ、完全な純粋さではなかった。なぜなら、キリストは自分を善人だと名指した人を非難したからである。「あなたにとってわたしは立ち去ったほうがよい」[100]と述べたからである。それゆえ、聖別されたひとかけらのパンのうちに、いっそう完全にキリストがあらわれているであろう。隠れていればいるほどそれだけいっそうキリストは完全にあらわれている。

とはいえ、司直が現行犯でキリストの身柄を拘束したとき、おそらくキリストのあらわれはその肉体において、さらにいっそう完全で、さらにいっそう隠れていた。だがまたキリストはこのとき、万人から見捨てられた。あまりにもキリストはあらわれていた。それは、人間には堪え難いことであった。

〈聖体の秘跡〉あるいはその類の約束はすべて、人間に不可欠なものである。完全な純粋さの感じられるあらわれが、〈聖体の秘跡〉あるいはその類のあらゆる約束に不可欠である。というのも、人間は自らの十全たる注意力を感じられる事物にしか向けられないからである。そして人間は自らの注意力を完全な純粋さに向けるのを必要としているときがある。自らの注意力を完全な純粋さに向けるという行為だけが、移し替えの働きによって自らのうちなる悪の一部を破壊しうる。それゆえ実に聖体は罪を取り除く神の〈小羊〉である。[101]

誰しも自らのうちなる悪を感じており、自らのうちなる悪を恐れており、自らのうちなる悪から逃れたいと思っているであろう。自らを超えたところでは、苦しみと罪という異なるふたつのありようにおいてわたしたちは悪を見ている。だが抽象的にでなければ、反省を介するのでなければ、わたしたちが自分自身について抱く感情において、苦しみと罪の区別はあらわれない。わたしたちが自らのうちで感じているものは、苦しみでも罪でもなく、苦しみでもあり罪でもあるものであり、苦しみと罪に共通の根であり、苦しみと罪が区別なく混じり合ったものであり、穢れであるのと同時に痛みであるものである。それがわたしたちのうちなる悪である。それがわたしたちのうちなる醜悪さである。わたしたちが自らのうちに醜悪さを感じているかぎり、醜悪さはわたしたちを震え上がらせる。魂は唾棄するように醜悪さを拒絶する。移し替えの働きによって魂は、わたしたちを取り囲む事物に醜悪さを運び入れる。だがこのようにしてわたしたちの目に醜悪で、穢れていると映る事物は、その事物のうちにわたしたちが置いた悪をわたしたちに送り返してくる。この悪の行き来を繰り返しているうちに、わたしたちのうちなる悪は肥大化してゆく。こうして、わたしたちが居る場所そのものによって、わたしたちが生きている環境そのものによって、日に日にわたしたちは悪のうちに閉じ込められる。ここに、恐ろしい苦悶がある。この苦悶のために疲弊しきった魂がもはや苦悶を強く感じないならば、魂にとって救いはまずない。

このようにして病人は自分の部屋やまわりの人を、受刑者は自分がいる牢獄を、そしてきわめてしばしば、労働者は自分の工場を、嫌悪し、軽蔑する。*102

こうした状態にいる人に美しいものを与えても何の役にも立たない。というのも、時間が経つにつれ、この移し替えの働きによって、ついに恐れさせるまで穢れてしまわないものは何もないからである。

完全な純粋さだけが穢されえない。悪によって魂が満たされているとき、完全に純粋なものに悪の一部を移し替えて完全に純粋なものに注意力が向けられるならば、完全に純粋なものは悪によって変容を被らない。完全に純粋なものは悪を送り返さない。このような注意力が働く毎瞬はこうして、真にわずかな悪を破壊する。

贖罪の山羊の儀式において一種の魔術を用いてヘブライ人が成し遂げようとしたことがこの世でなされうるのは、完全な純粋さによってのみである。*103 贖罪の真の山羊は〈小羊〉である。

完全に純粋な存在がこの世で人間の姿を纏ったとき、この人のまわりに不可避的に振りまかれた考えられる最大量の悪が苦しみという形態をとってこの人のまわりに収斂した。この時代、ローマ帝国における人間の最大の不幸と最大の犯罪は奴隷状態である。それゆえ、完全に純粋な存在であるこの人は、奴隷状態という不幸の極限の段階の責め苦を被ったのである。神秘的なことだが、この移し替えが〈贖罪〉となった。

同様に、聖別されたパンのうちにあらわれている神という〈小羊〉の上に、ひとりの人間が自らの眼差しと注意力を注ぐとき、その人が自らのうちにもっている悪の一部分が完全な純粋さにもたらされ、そこで破壊される。*104

これは、破壊というよりむしろ変質である。完全な純粋さとの接触は、苦しみと罪との分かち難い混合を切り離す。完全な純粋さとの接触という炎で焼かれた魂のうちなる悪の部分は苦しみだけとなり、そして苦しみは愛に満たされた苦しみとなる。

同様に、ローマ帝国に散らばっていたこうした悪はすべてキリストに収斂され、キリストにおいて苦しみだけになった。

完全で無限な純粋さがこの世にないならば、時間が経つにつれて悪との接触によって使い果たされてしまう有限な純粋さしかないならば、わたしたちはけっして救われることはなかろう。

刑罰の裁きは恐怖をもってこの真実を例証している。刑罰の裁きは原理的には純粋なものであり、善に向けられている。[*105] だが刑罰の裁きは、不完全で、有限で、人間による純粋さである。また、犯罪と不幸が入り混じっているものとの絶え間ない接触は、この不完全で、有限な、人間による純粋さを使い尽くしてしまいもする。そしてこの純粋さに代わって犯罪の全体とほぼ等しい穢れを置く。この穢れは、犯罪をなしたその人の穢れをはるかに超えている。

人間は、純粋さの泉から飲もうとはしない。だが、犯罪と不幸があるところどこでも純粋さの泉が湧き出ないならば、〈創造〉は残酷な働きであろう。わたしたちから二千年以上隔てられた時代に、宣教師が布教していない国に犯罪と不幸がなかったならば、教会がキリストと秘跡を独占していると信じることができよう。この時代にはキリストはおらず、どんな種類の秘跡も知られていないと考えるならば、二二世紀前に十字架にかけられたただひとりの奴隷について、神を呪詛せずにどうして考えられようか。実際、二二世紀前に十字架にかけられたただひとりの奴隷について考えられることはまずない。

完全な純粋さに眼差しを向けることを学んだならば、人生の長さがかぎられているということを除いて、すでにこの世において裏切りがないかぎり、完全性に到達するであろうという確信を妨げるものはない。というのも、わたしたちは有限な存在だからである。わたしたちのうちなる悪もまた有限である。わたしたちの目に映る純粋さは無限である。眼差しを向けるたびにわたしたちが破壊する悪はごくわずかである。それゆえ、もし時間の制限がなく、純粋さによって悪を頻繁に破壊する働きが繰り返されるならば、いつの日か確実に悪はすべて破壊されるであろう。こうしてわたしたちは悪の果てまで赴くであろう。これは、『バガヴァッド・ギーター』の眩いばかりの表現にあらわされている。[*106]〈真理〉の〈主〉のためにわたしたちは悪を破壊し、そしてわたしたちは〈主〉に真理をもたらすであろう。エジプトの『死者の書』にもそう述べられている。

キリスト教の中心となる真理のひとつは、眼差しが救いとなるということである。このことは今日、万人に見過ごされている。青銅の蛇が上げられたのは、堕落の底でずたずたに切り裂かれた人間がその蛇を見つめ、救われるためである。[*107]

うまくいっていないと言われるとき、聖なる事柄に適うよう魂が高められていないと感じるとき、まさにこういうときにこそ、完全な純粋さに向けられる眼差しがもっとも効力を発揮する。というのも、こういうときにこそ、悪が、より正確に言えば凡庸さが、純粋さの炎と接触して焼かれるのにもっとも都合のよい魂の表面の位置にあらわれるからである。

だがまたこうしたとき、見つめるという働きはほぼ不可能である。魂の凡庸なる部分はすべて、肉体の死が近づくことで引き起こされる恐怖よりも激しい恐怖から死を恐れて反抗し、自らを守るための虚偽を生み出すからである。[*108]

このような虚偽は信じずにはいられないものである。そうであるのにこのとき、このような虚偽に耳を貸さない努力、純粋さを見つめる努力は、きわめて荒々しいものとなる。とはいえ、こうした努力は、努力と言われているもの一般とはまったく異なる。努力と言われているもの一般は、自分への荒々しさであり、意志の働きである。純粋さを見つめる努力について語るためには、別の言葉が必要であろう。だが、純粋さを見つめる努力をあらわす言語はない。
魂が救われるための努力は、見つめる努力に、耳を傾ける努力に、婚約者が「はい」と述べる努力に類似している。それは、注意力と同意の働きである。その反対に、言語が意志と名指すものは、筋肉の努力に類似している。

意志は、魂の自然的な部分の次元にある。意志の善用は、救いの条件におそらく必要だが、間接的で、低次で、きわめて従属的で、もっぱら消極的なものである。農民の筋肉の努力によって雑草が刈り取られる。だが麦が成長するのは太陽と水によってのみである。魂において意志はいかなる善もなさない。

意志の努力の持ち分は、厳密な責務を果たすことにのみ向けられている。厳密な責務がないところではどこでも、自然的な傾向にであれ、召命すなわち神の掟にであれ、従わなければならない。傾向から生じる行為は、あきらかに意志の努力によるものではない。そして神に従順である行為では、受動的である。神に従順である行為にともなう労苦がどうであれ、行為が見せる展開がどうであれ、筋肉の努力に類する何ものも魂のうちに生み出されない。苦しみと歓びを通ってきた待機と注意力と沈黙と不動性だけがある。キリストの磔刑は、あらゆる従順の行為のモデルである。

この種の受動性の行為、あらゆる行為のうちでもっとも高次の行為は、『バガヴァッド・ギーター』や老子[*109]で完璧に描き出されている。ここにも、相反するものの超自然的な一致、ピュタゴラス派の意味における調和がある。

善意志の努力は、わたしたちのうちなる凡庸なる部分からにじみ出る虚偽のひとつである。わたしたちのうちなる凡庸なる部分は、破壊されるのではないかという恐怖のうちにある。善意志の努力は、わたしたちのうちなる凡庸なる部分をまったく脅かさず、わたしたちのうちなる凡庸なる部分の快適さを減少させることすらない。善意志の努力が多くの疲れや苦しみをともなうとしてもそうである。というのも、わたしたち自身の凡庸なる部分は疲れや苦しみを恐れないからである。わたしたち自身の凡庸なる部分が恐れるのは、殺されるということである[110]。

毎日より高く飛べばいつかは落ちずに天空に昇るであろうという希望をもって、足を揃えて飛び続ける人間のように、自らの魂を高めようとする人がいる。そうした想いに憑かれている人は、天空を見つめることができない。わたしたちは一歩も天空のほうに向かうことはできない。わたしたちに垂直方向は禁じられている。だがもしわたしたちが長いあいだ天空をじっと見つめるならば、神が降りてきて、わたしたちを持ち上げる。神はわたしたちを易々と持ち上げる。アイスキュロスが述べるように、「神の業（わざ）には努力がない[111]」。救いには容易いものがある。それがわたしたちにはあらゆる努力よりも難しいのである。

『グリム童話』には、巨人とちびの仕立て屋の力比べの話がある[112]。巨人は石をはるか遠くに投げるので石はかなり長いあいだ落ちてこない。ちびの仕立て屋は鳥を放つ。鳥は落ちることがない。翼をもっていないものは、いずれにせよ最後には落ちる。

意志は救いの働きをなしえない。それゆえ、世俗の道徳をめぐる考えは無意味なものである。というのも、道徳と名指されるものは、意志にのみ、そして意志がいっそう筋肉的であるもののなかでのみ、訴えかけるからである。宗教はその反対に欲望に訴えかける。そしてその欲望とは、救いとなる欲望である。

ローマのストア主義の戯画もまた、筋肉的な意志に訴えかける。だが真のストア主義であるギリシアのストア主義は、ひたすら欲望と敬虔と愛である。聖ヨハネは、あるいはおそらくキリストは、λόγος（ロゴス）や πνεῦμα（プネウマ）という言葉をギリシアのストア主義から借用している。ギリシアのストア主義は謙遜で満たされている。

今日キリスト教は、他の多くの点と同様この点について、キリスト教に対抗するものによって堕落させられている。神を探し求めるというメタファーは、筋肉的な意志の努力を思い起こさせる。[*113]このメタファーの命運にパスカル[*114]が一役買っているのは確かである。パスカルはいくつかの過ちを、とりわけ、信仰と自己暗示をある程度混同するという過ちを犯している。[*115]

神話や民話の大いなるイメージにおいて、福音書の譬えにおいて、神が人間を探している。「わたしを探して、君は疲れて座った（Quaerens me sedisti lassus）[*116]」。福音書のどこでも、人間によって取りかかられる探究が問題となることはない。押されなければ、あるいはまたはっきりと呼びかけられなければ、人間は一歩を踏み出さない。未来の花嫁がなすべきことは、待つことである。主人が宴会にいっているあいだ奴隷は待っており、目覚めている。[*117]通りがかりの人は婚礼の宴に呼ばれないし、呼んでほしいとも希わない。通りすがりの人はほぼ不意に婚礼の宴に連れてゆかれる。通りすがりの人がすべきことはただ、正装していることだけである。[*118]畑のなかに真珠を見つけた人間は、その畑を買うために自らの全財宝を売り渡す。[*119]その人は、鋤をもって畑に戻り、真珠を掘り返す必要はなく、自分の全財宝を売り渡しさえすればよい。神を欲し、他のすべてを放棄すること、それだけが救いとなる。

救いをなす態度は、いかなる行為にも似ていない。この態度を表現するギリシア語は、ὑπομονή（ヒュポモネー）であり、〔ラテン語の〕patientia はかなりまずい訳である。ὑπομονή（ヒュポモネー）は待機であり、注意深く、忠実な不動性である。果てしなく続いてゆき、いかなる衝撃にも揺さぶられることはない。主人が叩くとすぐに開けられるよう扉の近くで耳をそばだてている奴隷は、その最良のイメージである。態度を変えるのではなく、飢えと疲れで死ぬ覚悟ができていなければならない。仲間がその奴隷に呼びかけ、話しかけ、叩いても、頭すら動かしてはならない。主人が亡くなったと告げられても、そしてそう信じていても、奴隷は動かないであろう。主人は奴隷に苛立っており、帰ってきたら奴隷を鞭打つだろうと告げられても、そしてそう信じていても、奴隷は動かないであろう。

能動的に探し求めることは、愛にとってだけではなく、愛の法則に倣う知性にとっても有害である。幾何学の問題の解答が、ラテン語やギリシア語の章句の意味が、精神に立ちあらわれるのをひたすら待たなければならない。いっそう強い理由から、新しい科学的な真理に対して、美しい詩句に対して、そうしなければならない。探し求めることは誤りに行き着く。あらゆる種類の真の善についても同様である。人間がなすべきことは、善を待ち、悪を避けることだけである。人間が筋肉的な努力をしなければならないのは、悪によって揺さぶられないためだけにである。人間の条件をなしている突然の変化に際して、あらゆる領野における真正の徳は消極的な事柄である。少なくとも見かけ上はそうである。だが、このように善や真理を待つことは、あらゆる探究よりもいっそう強烈である。

意志による徳に対置される恩寵という考え、知的なあるいは芸術的な仕事に対置されるインスピレーションという考え、このふたつの考えは、よく理解されるならば、待機と欲望のこうした効用を表現している。

宗教的実践は全体として、欲望によって生気づけられた注意力からなっている。そのため、いかなる道徳も宗教的実践にとって代わられることはない。だが魂の凡庸なる部分は、祈っているあいだや聖体の秘跡に与っているあいだでさえ、その兵器庫に魂の凡庸なる部分を守ることができる多くの虚偽を保管している。眼差しと完全な純粋さのあらわれとのあいだに、魂の凡庸なる部分は、自らがいとも容易く神と名指しているヴェールをかけている。これらヴェールとは、たとえば、感じられる歓び、希望、励まし、慰め、和らぎの源泉といった魂の状態、あるいはまた習慣全体、あるいはまたひとりないし幾人かの人間、あるいはまた社会的な環境である。

避けがたい罠は、神の完全性をイメージしようとする努力である。宗教は神の完全性をわたしたちが愛すべきものとしている。どのような場合でも、自らより完全な何もわたしたちはイメージしえない。神の完全性をイメージしようとする努力は、〈聖体の秘跡〉の驚異を無益なものにしてしまう。

〈聖体の秘跡〉に定義上含まれているものだけを、〈聖体の秘跡〉に与っているさなかにじっと見つめうるためには、知性のある確かな形成が不可欠である。それは、わたしたちが全的には知らないものであり、プラトンが述べているように、わたしたちが知っているのはただそれが何かだということだけであり、誤りによるのでなければ、他の何もけっして欲望されないものである。*[120]

罠のうちの罠、ほぼ避けられない罠は、社会的な罠である。いたるところに、つねに、あらゆる事柄のうちに、社会的な感情は、信仰の完全な紛い物、すなわち完全に間違った紛い物を生じさせる。この紛い物は、魂のあらゆる部分を満足させるという大きな利点をもっている。善を欲望する魂の部分は、養われていると思い込んでいる。魂の凡庸なる部分は、光によって傷つかない。魂の凡庸なる部分は完全に寛いでいる。こうしてすべてが和合する。魂は平和のうちにある。だが、自分がやって来たのは平和をもたらすためではない、とキリストは述べている。キリストは剣をもたらしたのである。[*121] アイスキュロスが述べているように、二つに断ち切る剣をもたらしたのである。[*122]

信仰と、信仰の社会的な紛い物とを識別するのは、ほぼ不可能である。魂のうちに真正な信仰の部分と、紛い物の信仰の部分がありうるならば、なおさらそうである。この識別は不可能に近いが、不可能ではない。

現在の状況において、社会的な紛い物を押し返すのは、信仰にとっておそらく死活問題である。穢れを取り除くには完全に純粋なあらわれが不可欠であるが、それは教会にかぎられたことではない。自分の穢れをもたらしに人々は教会にやってくる。そしてこれはとても善いことである。だがそれ以上に、恥辱、悲惨さ、犯罪、不幸でもっとも穢れた場所に、監獄や法廷や貧民救済所にキリストが自らのあらわれをもたらしにいったほうが、キリスト教の精神に適っているであろう。法廷での審議は、判事、警察、被告人、傍聴人がともに祈ることから始められ、終わらなければならないであろう。労働現場や勉強する場所にキリストがあらわれないはずはなかろう。あらゆる人間は、何をなそうと、どこにいようと、それぞれの日に合わせて青銅の蛇に眼差しを注ぐことができるはずであろう。

だがまた、宗教は眼差しのうちにしかないということが、公に、正式に認められるべきであろう。宗教が眼差しではないものを装うならば、次のことは避け難い。それは、宗教が教会の内部に閉じ込められるか、あるいはまた、宗教が見出される場所とはまったく別の場所で、すべてを窒息させるかである。宗教は、魂のうちなる超自然的な愛に適っていない場所を社会のなかに占めようとすべきではない。だが、多くの人は慈愛を自らのうちで堕落させているのも確かである。なぜなら、多くの人は自らの魂のなかに、大きすぎる、見えすぎる場所を慈愛に占めさせようとしているからである。わたしたちの〈父〉がいますのは、隠れたところのみである。慎みなくして愛は赴かない。真の信仰とは、自分自身に向き合うときでさえ、大いなる慎みを意味する。真の信仰とは、神とわたしたちとのあいだの秘密である。わたしたち自身はこの秘密にほぼ与っていない。

隣人への愛、世界の美への愛、宗教への愛は、ある意味ではまったく非人格的な愛である。宗教への愛が非人格的な愛でなくなるのは容易いであろう。なぜなら宗教は、社会環境とかかわっているからである。宗教的実践の本性そのものは社会環境を改善しなければならない。カトリックの宗教の中心に、無形のわずかな物質、わずかなパンが見出される。この物質のかけらに向けられた愛は、必然的に非人格的なものである。それはわたしたちが想像するようなキリストの人間としての個性＝人格ではなく、わたしたちのうちなる想像力のあらゆる誤謬に従属している〈父〉のペルソナでもない。パンのかけらというこの物質のかけらこそが、カトリックの宗教の中心にある。それは、カトリックの宗教においてもっとも躓きの石となりやすいものであるが、そこにはカトリックの宗教のなかでもっとも輝かしい徳が住まっている。宗教生活の真正なあらゆる形態において、同様に、その非人格的な性格を証しするものがある。直接的で人格的な接触がまだないならば、神への愛は非人格的でなければならない。そうでなければ、神への愛は、想像上の神への愛である。続いて神への愛は、人格的であり、なおかついっそう高められた意味でふたたび非人格的であらねばならない。

友情

だが、純粋で、神の愛の予感と神の愛の映しをうちにもっているのは、人格的な人間の愛である。それは、友情である。厳密に、友情固有の意味でこの言葉を用いるならば、そうである。

ひとりの人間に対する好みは、慈愛とは必然的に別のものである。慈愛は無差別のものである。もし慈愛がいっそう個別に何らかの部分をもはや占めていないならば、同情と感謝の交換を生み出す不幸という偶然がただひとつの原因となる。慈愛はあらゆる人間にひとしく向けられている。不幸が万人に同情と感謝の交換をもたらしうるならば、そうである。

決まったひとりの人間に対する個人的な好みは、ふたつの本性をもちうる。それは、他者のうちにある確かな善を探しているか、他者を必要としているかである。概してあらゆる可能な執着は、このふたつの本性のあいだでふたたび動き出す。何かに向かってゆく。なぜならそこに善を探し求めているからである。あるいは、それなしには生きられないからである。このふたつの動機が一致する場合もある。だが往々にして一致しない。このふたつの動機それ自体によってふたつの動機は区別され、まったく独立している。それしかなければ、嫌いな食べ物を食べる。なぜなら、それ以外にしようがないからである。適度に貪欲な人間は、善いものを探し求める。だが、それなしでもどうということはない。もし空気がなければ、窒息してしまう。空気を求めてもがく。空気の善を待っているからではなく、空気が必要だからである。いかなる必要性に促されることなく、海の渚のそよぎにあたりにゆく。なぜならそれが心地よいからである。時間の流れに沿って、善という動機に続いて不可避的に必要という動機がもたらされる。これは、人間の大きな痛みのひとつである。優れていると思い込んでいる特別な状態に近づくために阿片を吸う人がいる。続いて往々にして阿片はその人を辛い状態に置き、その人は堕落したと感じる。だがその人はもはや阿片なしではいられない。アルノルフ[123]は、アニェスの義理の母からアニェスを買う。なぜなら、少女を自分のところに置き、徐々に少女を伴侶にしてゆくのは善である、とアルノルフには思われたからである。後になってアニェスは、胸を引き裂くような、堕落させるような痛みしかアルノルフに引き起こさないものとなった。だが時が経つにつれて、アルノルフのアニェスに対する執着は、恐ろしい詩句をアルノルフに発語させる生の束縛となる。

「だがわたしはそこで、自分が朽ち果ててしまうにちがいないと感じている[124]」

アルパゴン[125]は黄金を善とみなすことから始めた。後になって、黄金はもはや悩ましい強迫観念の対象でしかなくなる。だが、それがなければ死んでしまうであろう対象である。プラトンが述べているように、必要の本質と善の本質とのあいだには大いなる違いがある。[*126]

ひとりの人間の傍らに善を探すことと、その人に善を望むこととのあいだには、いかなる矛盾もない。この理由自体のために、ひとりの人間に向かう動機がただ善を探し求めることであるならば、友情の条件は成り立たない。友情は、超自然的な調和であり、相反するものの一致である。

ひとりの人間をある程度必要としている場合、自分の善を望むのをやめなければ、その人の善を望むことはできない。必要があるところでは、強制と支配がある。必要なものを所有していなければ、必要なものに翻弄される。あらゆる人間にとって中心となる善は、自分を自在に操ることである。自分を自在に操らないのは、偶像崇拝という犯罪である。というのも、自らを自在に操らないという権利をもっているのは、神を想っての場合にかぎられるからである。あるいはまた、必要としている人間が自らを自在に操れないのを望んでいることになってしまう。

あらゆる種類のメカニズムが、必要性による鉄のように固い愛情のつながりを、人間同士のあいだに縫い合わせる。母親の愛は往々にしてこうした本性のものである。バルザックの[*127]『ゴリオ爺さん』[*128]におけるように、父親の愛もそうである場合がある。『女房学校』や『フェードル』[*129]におけるように、もっとも強烈な形態の肉体の愛はそうである。とりわけ習慣の効果による夫婦の愛は、きわめて頻繁にそうである。きわめて稀であるが、子の親への愛や兄弟愛もそうである。

さらに、必要性には段階がある。その喪失が真に生命エネルギーの減少を引き起こすものはすべて、ある程度必要である。もし生命現象の研究が物体の落下の研究と同程度に進んだとしても、必要性という語がもちうるであろう正確で厳密な意味で、そうである。極度の必要性の段階では、欠乏は死をもたらす。それは、ある人の生命エネルギーすべてが、執着によって他の人に結びついている場合である。いっそう低い次元において、欠乏は多かれ少なかれかなりの消耗をもたらす。こうして、食料が完全になくなれば死がもたらされる。だが、食料が部分的になくなっても消耗がもたらされるだけである。それにもかかわらず、人間が消耗してしまう前に、一定量の食料が必要だとみなされる。

愛情によるつながりでもっとも頻繁に見られる必要性の原因は、同情と習慣とのある確かな組合わせである。吝嗇（りんしょく）あるいは中毒の場合のように、はじめは善を探し求めていたのに、時間が経過しただけで必要に変わってしまう。だが、吝嗇、中毒、あらゆる悪徳との違いは、愛情のつながりでは善の探究と必要というふたつの動機がうまく共存しうるということである。善の探究と必要とはまた、切り離されうる。ひとりの人間の他の人間に対する執着は、必要からのみなっている。それはむごたらしい事柄である。世界のわずかな事柄が、醜悪さと恐怖のこの段階に達しうる。善を探し求めている人間が見出したのが必要性だけだというあらゆる状況には、何かしらおぞましいものがある。愛する人が突然、生首であらわれるという寓話はそのもっともよいイメージである。[*130] この醜悪さから身を守るために、そして必要性しかないところに想像力のなかで偽りの善を作り出すために、人間が大量の虚偽を手にしているのは確かである。まさにこのために、醜悪さは悪である。なぜなら、醜悪さは虚偽を余儀なくさせるからである。

まったく一般的に言って、どのような形態であれ、必要性があまりに苛酷に感じられ、衝撃を堪え忍んでいる人の虚偽の許容量を苛酷さが超えてしまうときにはいつでも、不幸がある。[*131] それゆえ、もっとも純粋な人はもっとも不幸にさらされている。魂における虚偽の許容量を増大させようとする、反射的に身を守る反応を避けることができる人にとって、不幸は悪ではない。不幸がつねに傷であり、ある意味では堕落であるとしてもそうである。

ひとりの人間がもうひとりの人間に、必要性をある程度うちにもつ愛情のつながりによって執着している場合、自分自身にも他の人にも自律が保たれるのを願うのは不可能である。自然のメカニズムのために、不可能である。だが、超自然性の奇跡的な介入によって可能である。この奇跡が友情である。

「友情は調和からなる平等である」とピュタゴラス派の人々は述べている。[*132] 調和がある。なぜなら、必然性と自由という相反するふたつのあいだに超自然的な一致があるからである。[*133] 神は世界と人間を創造する際、必然性と自由という相反するふたつを結び合わせた。平等がある。なぜなら、自分自身と他者に自由な同意の能力が保たれるのを欲しているからである。

ひとりの人間を従属させたいと誰かが欲するとき、あるいはひとりの人間に従属するのを誰かが受け入れるとき、友情の痕跡は見られない。ラシーヌ[*134]のピラドは、オレストの友人ではない。[*135] 不平等には友情はない。

友情にはある確かな相互性が不可欠である。ふたりのうちのひとりにまったく好意が欠如しているならば、もうひとりの人は、自由な同意への敬意によって、自分自身のうちなる愛情を取り除かなければならない。その人は、自由な同意に対して攻撃をもたらそうと欲してはならない。ふたりのうちのひとりに相手の自律への敬意がないならば、その相手の人は、自分自身への敬意のためにその人とのつながりを断たなければならない。同様に、従属を受け入れる人は友情を手にしえない。だが、愛情のつながりのうちにある必然性が現に存在するのは、いっぽうのみにである。友情という言葉をまったく正確で厳密な意味で用いるならば、この場合友情があるのはいっぽうのみにである。

たとえ一瞬でも、双方に自由な同意の能力を保ちたいという欲望に必然性によって友情が持ち込まれるならば、友情はすぐさま穢れてしまう。人間の事柄すべてにおいて、必然性は不純なものの原理である。友情のうちに、たとえ痕跡だとしても、相手に気に入られたいという欲望、あるいはその反対の欲望が見られるならば、あらゆる友情は不純である。完璧な友情には、相手に気に入られたいという欲望、あるいは相手を気に入りたいという欲望はいっさいない。ふたりの友はふたつであるのを完全に受け入れているのであって、ひとつであるのを受け入れているのではない。ふたりの友は、異なるふたつの被造物であるという事実のために、ふたりのあいだに置かれている距離を尊重している。*136 人間は、神とのみ直に結び合わされるのを欲する権利をもっている。

友情は奇跡である。この奇跡のために人間は、糧として自分に必要な存在そのものに近づくことなく、距離をとって見つめることを受け入れる。それは、イヴがもっていなかった魂の力である。しかもイヴは果実を必要としていなかった。もしイヴが果実をじっと見つめていたとき飢えていたならば、そしてもしそれにもかかわらず、果実に一歩も向かうことなく果実をずっと見続けていたならば、完璧な友情の奇跡にも似た奇跡を成し遂げたであろう。

人間の自律に敬意を払うというこの超自然的な徳のために友情は、同情と、不幸から生じる感謝という純粋なありようにとてもよく似ている。同情と、不幸から生じる感謝の場合、調和の二項である相反するものは必然性と自由である。あるいはまた、服従と平等性である。相反するふたつの対は同等である。

相手に気に入られたいという欲望、あるいは相手を気に入りたいという欲望には純粋な友情がない。そのため純粋な友情には、愛情と同時に完全な無関心のようなものがある。友情はふたつの人格のつながりであるが、友情は非人格的なものである。友情が不公平に手をかけることはない。太陽の光と雨をいたるところに降り注ぐ、天なる〈父〉の完全性に倣うことを、友情はいっさい妨げない。その反対に、友情と完全性としての神に倣うこととは、少なくとも頻繁に、互いに補い合う条件である。というのも、すべての人間は、あるいはほぼすべての人間は、必要性をある程度うちにもった愛情のつながりによって他者に結び合わされている。そのため、すべての人間、あるいはほぼすべての人間が完全性に到達しうるのは、こうした愛情を友情に変えることによってのみだからである。友情は普遍的なものである。友情は、人類をなしている人々ひとりひとりを個別に愛せるようでありたいと願うように、ひとりの人間を愛することのうちにある。幾何学者が個々の図形を見つめて三角形の普遍的な特性を導き出すのと同様に、愛するということを心得ている人は、個別の人間に普遍的な愛を向ける。自分自身にも他者にも自律が保たれていることへの同意は、その本質からして普遍的なものである。ひとり以上の人間に自律が保たれているのを望むと、万人に自律が保たれているのを望むようになる。というのも、この世にあるであろう中心のまわりの円のうちに世界の秩序を配置するのをやめるからである。天空の上に中心を移す。

互いに愛し合うふたりの人間が不適切に愛情を用いてひとつになろうと思うならば、友情は天空の上に中心を移すというこの効力をもたない。だがまたこのとき、言葉の真の意味で友情はない。ここには、たとえ夫婦のあいだであったとしても、言うなれば不実な結合がある。友情があるのは、距離が保たれ、距離が尊ばれるところでのみである。

愛する人と同じように何かの点について考えることに歓びをうるという素朴な事柄や、あるいはともかく、愛する人と何か意見を一致させたいと欲することは、知的誠実さのみならず、友情の純粋さをも侵害してしまう。こうしたことは頻繁に起こる。だがまた、純粋な友情も稀である。

人間同士のあいだの愛情と必要性とのつながりが、超自然的に友情に転換することはない。愛情は不純で低俗だというだけでなく、愛情は憎悪と排斥が混じり合っている。このことは、『女房学校』と『フェードル』にとてもよくあらわれている。肉体的な愛以外の愛情においてもメカニズムは同じである。このことは容易に理解しうる。わたしたちは自分が依存しているものを憎悪する。わたしたちは自分に依存してくるものを嫌悪する。愛情が単に憎悪と嫌悪の入り混じったものではなく、愛情が憎悪と嫌悪に完全に転換することもある。愛情から憎悪と嫌悪への転換がほぼすぐさまで、その結果、ほぼいかなる愛情もあらわれる暇（いとま）がないときもある。それは、必要性がほぼ直ちに赤裸々になる場合である。人間同士を結びつけている必要性が愛情という本性からのものではなく、その必要性が状況にのみよっている場合、しばしば最初から敵意が生じる。

「互いに愛し合いなさい」[*137]とキリストが弟子たちに述べたとき、キリストが命じたのは執着ではない。実際、弟子たちのあいだには共通の思考、共同生活、習慣から生じたつながりがあったので、こうしたつながりを友情に転換して、こうしたつながりが不純な執着あるいは憎悪にならないようにしなさい、と命じたのである。

キリストは亡くなる直前、「互いに愛し合いなさい」というこの言葉を、新たな掟として、隣人への慈愛と神への愛の掟に付け加えた。それゆえ、純粋な友情は、隣人への慈愛と同様、秘跡のような何かをうちにもっていると考えられる。「あなたがたの二人ないし三人がわたしの名のもとに集まるとき、わたしはその人たちのあいだにいるであろう」[*138]とキリストが述べたとき、おそらくキリストは友情が秘跡のような何かをうちにもっていることを示そうとしたのである。純粋な友情は原初の完璧な友情のイメージである。純粋な友情は三位一体のイメージであり、そして神の本質そのものである。ふたつの存在がひとつであるのは不可能である。しかも、ふたつの存在それぞれに神があらわれていなければ、ふたつの存在を分かつ距離を真摯に尊重するのは不可能である。平行線が交わる一点は、無限のうちにある。

暗々裏の愛と明白な愛

もっとも狭義のカトリシズムでさえ、同情、感謝、世界の美への愛、宗教的実践への愛、友情は、教会があらわれた時代と国が専有しているものである、と主張しようとはしないであろう。これらの愛がその純粋さを保つのは稀である。だが、これらの愛が他の時代や国より教会があらわれた時代や国に頻繁にあったと主張するのが精一杯のところであろう。キリストがあらわれていないところにこれらの愛が生み出されうると思い込むのは、キリストを貶め、侮辱することに行き着く。それは不敬なことであり、ほぼ冒瀆である。

これらの愛は超自然的なものである。そしてこれらの愛はある意味では不合理なものである。これらの愛は狂気である。神のペルソナそのものと魂が直の接触をもたない長いあいだ、経験に基づくものであれ、推論に基づくものであれ、これらの愛はいかなる認識にもよることはない。したがってこれらの愛は、隠喩的な意味で言葉を用いてためらいと正反対のものを示さなければ、いかなる確実さの支えにもなりえない。続いてこれらの愛は、信じるということといっさいをともなわないのが望ましい。そうすると、知的にいっそう誠実であり、愛の純粋さをいっそう保っている。信じるということといっさいをともなわないことは、あらゆる点でいっそうふさわしい。神の事柄に関して、信じるということはふさわしくない。確かさだけがふさわしい。確かさより下にあるものはすべて、神に値しない。

準備期間のあいだ、これら間接的な愛は、魂が上昇する動き、何らかの努力をともなって高みへと向けられた眼差しをなしている。長いあいだ神がそうであったように、まずはじめに神が人格のうちにやって来て魂を訪れるのみならず、魂を捕らえ、魂の中心を神の傍に移した後は、事情が異なる。[*139] 雛は殻を割ったのである。雛は卵の世界の外にいる。[*140] 同情、感謝、世界の美への愛、宗教的実践への愛、友情といった当初の愛は存続し、以前より強烈になる。だが以前とは別のものである。この冒険を耐え抜いた人は、不幸な人を、不幸のうちにあるとき自分を助けてくれる人を、自分の友人を、宗教的実践を、世界の美を、以前よりも愛する。だが、同情、感謝、世界の美への愛、宗教的実践への愛、友情といった愛は、神が下に降りてくるように下降する動き、神の光のうちに溶け込んだ光線となる。少なくともそう想定しうる。

同情、感謝、世界の美への愛、宗教的実践への愛、友情といった間接的な愛は、この世の存在や事物に対する善へと方向づけられた魂の姿勢にほかならない。これらの愛そのものは善を対象としていない。この世に善はない。それゆえ、正確に言えば、これらの愛は愛ではない。これらの愛は、愛する姿勢である。

準備期間のあいだ、魂は真空で愛する。実在する何かが自らの愛に応答するかどうかは魂にはわからない。魂は自らの愛がそれを知っていると信じることができる。だが信じることは知ることではない。こう信じることは助けにはならない。自らが飢えていることだけを魂は確かに知っている。大切なことは、魂が自らの飢えを泣き叫ぶことである。おそらくパンはないと示唆されても、子どもは泣き叫ぶのをやめない。それでも子どもは泣き叫ぶ。

危険なのは、パンがあるかどうかを魂が疑うことではなく、自らは飢えていないという虚偽で魂が自らを納得させることである。というのも、魂が飢えているという現実は、そう信じることではなく、確かなことだからである。

わたしたちはみな知っている。この世に善はなく、この世に善としてあらわれているものはすべて有限であり、限定されており、尽き果てるものであり、そしてひとたび尽き果てると、必然性が赤裸々にあらわれてくるということを。あらゆる人間は、この世に善はないとはっきり認めた瞬間がおそらく人生のうちで幾度かある。だがこの真実を知るやいなや、この真実を虚偽で覆ってしまう。悲しみのうちに病的な享楽を探し求め、この真実を声高に叫んで悦に入っている人が大勢いさえする。こうした人は、面と向かって一秒たりとも真実を見つめることに耐えられなかったのである。しばらくのあいだ面と向かってこの真実を見つめていると、人間は死の危険があることを感じる。これが真実である。この真実の認識は、剣よりも致命的なものである。この真実を認識することは、肉体の死よりも恐るべき死を課する。時が経つとこの認識は、わたしたちのうちに、わたしたちが自己と名指すものすべてを殺してしまう。[*141] この認識を保つためには、生命よりも真実を愛さなければならない。このように存在する人は、プラトンの表現に倣えば、魂すべてを挙げて、移ろいゆくものから向き直るのである。[*142]

こうした人は、神のほうに向き直るのではない。どのようにして真っ暗闇のなかで、神のほうに向き直ることができようか。神自らがこうした人にふさわしい方向を伝える。とはいえ、はるか前に、こうした人に神はあらわれはしない。こうした人は、動かず、眼差しの向きを変えず、耳を傾けるのをやめず、何であるか自分にはわからないものを待ち、誘惑と脅迫に耳を貸さず、衝撃に動じない。長い待機を経て、神がぼんやりと神の光を感じさせるとしても、あるいはペルソナとして啓示されることがあるとしても、それは一瞬でしかない。ふたたび、動かず、欲望が強すぎるときだけ希いつつ、動かず、注意力を研ぎ澄まし、待機のうちに留まらなければならない。[*143]

神が神の実在を啓示しない場合、神の実在を信じるのは、魂ではない。あるいは魂が他のものにレッテルとして神の名を置くならば、それは偶像崇拝である。[*144] あるいは神の存在を信じることは抽象的なものであり、言葉の上に留まるものである。宗教的教義を疑おうとは思ってもみない国や時代においても同様である。こうして、信じないという状態は、十字架の聖ヨハネが闇夜と名づけたものである。信じることは言葉の上でのことであり、魂のうちに浸透してゆかない。今日のような時代、信仰をもたないことが十字架の聖ヨハネの闇夜に等しいものになりうる。[*145] 信仰をもたない人が神を愛しているならば、どこにパンがあるのかわからず、おなかが空いたと泣き叫ぶ子どものようであるならば、そうである。

パンを食べているとき、そしてパンを食べてしまったときも、パンが実在することを知っている。それでも、パンが実在するかどうかを疑うことはできる。哲学者は感じられる世界の実在を疑う。だが、純粋に言葉の上での疑いは、確実さには手をつけずによく方向づけられた精神に確実さをいっそうあきらかにしさえする。同様に、神が自らの実在を啓示する人は、神の実在を難なく疑うことができる。それは純粋に言葉の上での疑いであり、健全な知性に役立つ訓練である。裏切りという犯罪は、神の啓示の前でも、神の啓示のずっと後でも、神が愛されるに値する唯一のものであるのを疑うことである。それは眼差しを背けることである。愛とは魂の眼差しである。それは、一瞬立ち止まり、待ち、耳を傾けることである。

エレクトラはオレステスを探さない。エレクトラはオレステスを待っている。オレステスはもう現に存在していないとエレクトラが思い込むとき、この世界のどこにもオレステスはいないと思い込むとき、そうだからといって自分のまわりの人に近づこうとはしない。エレクトラはいっそうの嫌悪をもってまわりの人から離れる。エレクトラは、オレステスではない人がいることよりも、オレステスがいないことのほうを愛する。オレステスはエレクトラを、奴隷状態、ぼろ着、隷属的な労働、不潔、飢餓、無数の打撃と屈辱から解き放つはずであった。エレクトラはもはやそうしたことを望んでいない。だがエレクトラは、自分に、輝かしく、誇り高い生をもたらしうる別の方法を、もっとも強い者と手を結ぶ方法をとろうとは一瞬たりとも思わない。エレクトラは、富裕や配慮をもたらすのがオレステスでなければ、それらを得ようとは思わないのである。エレクトラは富裕や配慮を考えてみようともしない。エレクトラが欲するものはすべて、オレステスが現に存在していないならば、自分も現に存在していたくないということである。

　こうなると、オレステスはもう我慢できない。オレステスは名乗らずにいられない。オレステスは自分がオレステスであるという確かな証拠を与える。エレクトラはオレステスを見て、オレステスの声を聞き、オレステスに触れる。エレクトラはもう自分の救い主であるオレステスが現に存在しているかどうか自問しはしないであろう[*146]。

　エレクトラのような驚くべき出来事が起こった人、魂そのものをもって、見て、聞いて、触れた人、その人は、これら間接的な神の愛の実在を神のうちに認める。これら間接的な神の愛は神の愛の映しである。神は純粋な美である。ここに、理解しえないものがある。というのも、美は本質的に感じられるものだからである。感じられない美について語るとき、精神のうちに何かしら厳密さの要求をもつ人誰しもに、言語の乱れが見られる。そしてこれは理に適っていることなのである。美はつねに奇跡である。だが魂が感じられない美の印象を受け取る場合、ささやかな奇跡がある。抽象することが問題となっているのではなく、歌を聴く人がいるときに歌が引き起こす奇跡のように、現実的で直接的な印象が問題となっているならば、そうである。奇跡という恩恵の効果によって、沈黙は音の不在ではなく、音よりもはるかに現実的なものであり、そして組み合わされた音がなしうるもっとも美しいものよりも完璧な調和（ハーモニー）の座であることがあたかも感性そのものに露わになっているかのように、すべては起こる。さらに沈黙には段階がある。宇宙の美には沈黙があるが、その沈黙は、神の沈黙に比べると騒音のようなものである。[*147]

神はまた、真の隣人である。ペルソナという項は神にのみ特権的に当てはまるものであるが、また非人格的な項でもある。神はわたしたちに、動かず、血まみれの肉片でしかない存在に貶められた不幸なわたしたちに身をかがめる人である。だが神はまた同時に、言うなれば、あらゆる思考が剝奪された、生気のない身体というあらわれしかもたない不幸な人でもある。神は身分も名前も知る人がいない不幸な人でもある。生気のない身体とは、創造されたこの宇宙である。わたしたちが神に負っている愛、わたしたちが神に到達しうるならばわたしたちの至高の完全性であろう愛は、感謝であるのと同時に同情でもある神のモデルである。

神はまた優れて友人である。神とわたしたちのあいだに、無限の距離を通して、何かしら平等なものが存在するために、神は自らの被造物のうちに絶対を、神が自らに向かうようわたしたちに伝える方向に同意するかしないかの絶対的な自由を置くことを望んだ。神はまた、わたしたちの誤謬と虚偽の可能性を押し広げ、想像力のなかで宇宙と人間のみならず、神の名を正しく用いる術を心得ていないならば、神自らをも支配する能力をわたしたちに託した。神がわたしたちにこのかぎりない幻想の能力を与えたのは、愛によってこの能力を放棄する力をわたしたちがもっているからである。

結局のところ、神との接触は、真の秘跡である。

だが、神への愛によってこの世での純粋な愛を失った人は、神との偽りの友人である、とほぼ確信しうる。

隣人、友人、宗教的儀礼、世界の美は、魂と神とのあいだの直の接触の後で、非現実的な事柄に堕ちることはない。その反対に、このときにのみ、隣人、友人、宗教的儀礼、世界の美といった事柄は現実のものとなる。以前にはなかば夢想であったものである。以前にはまったく現実味のなかったものである。

「主の祈り」について

このテクストの全射程を理解するためには、シモーヌ・ヴェイユにとって〈主の祈り〉[*1]の発見であるもの、彼女の最初の祈りであり、彼女の日常的なキリストとの出会いであるもの（cf.「手紙Ⅳ　精神的自叙伝」）を思い起こさなければならない。

とはいえ、いくつかの章句は訂正されなければならない。シモーヌ・ヴェイユは神の超越性に強烈に心打たれていた。彼女はまだ、自らの近さを、神が神の子の魂のうちに注ぎ込む子としての歓びと信頼を、経験から知ってはいなかった。自らが神の子であると感じさせる、〈精神〉によるこの神の証しを、彼女はまだ不完全にしか知らなかった。〈わたしたちの－主〉は、〈わたしたちの－主〉のものである者たちが、天空なる〈父〉は地上のどんな親よりもかぎりなくいっそう〈父〉であることを知るのを望んでいる。「もしあなたがたが悪しきものであるならば、あなたの子どもたちに善いものを与える術を心得ている。天空にいますあなたがたの〈父〉は、どれだけいっそうそうであるのか」（マタイ七・一一[*2]）。「あなたがたの髪の毛でさえ数えられている」（マタイ一〇・三〇[*3]）。

（ペラン神父）

〔一九四二年五月半ば〕

Πάτερ ἡμῶν ὁ ἐν τοῖς οὐρανοῖς（パーテル ヘーモーン ホ エン トイス ウーラーノイス）

天空にいますわたしたちの〈父〉よ[4]

これはわたしたちの〈父〉である。わたしたちのうちで、〈父〉からやって来ない、現実的なものは何ひとつない。わたしたちは〈父〉のものである。〈父〉はわたしたちを愛している。なぜなら、〈父〉は自らを愛し、そしてわたしたちは〈父〉のものだからである。だが〈父〉は、天空にいます。他の場所にいますのではない。もしわたしたちがこの世で〈父〉をもっていると思い込んでいるならば、それは〈父〉ではなく、偽りの神である。わたしたちは〈父〉へと一歩も向かってゆけない。垂直方向には歩かない。わたしたちが〈父〉へと向けられるのは自らの眼差しだけである。[5]〈父〉を探す必要はない。なさなければならないのは、眼差しの向きを変えることだけである。〈父〉がわたしたちを探す。[6]〈父〉はわたしたちが届く範囲をはるかに超えていると知って幸福を感じなければならない。こうして、たとえ自らのうちなる悪が自らの全存在を満たしていたとしても、自らのうちなる悪は神の純粋さ、至福、完全性をいっさい穢すことはないという確信をわたしたちは抱く。

ハギアステートー　ト　オノマ　スー
Ἁγιασθήτω τὸ ὄνομά σου
あなたの名が聖なるものとなりますように*7

神だけが自らを名乗る能力をもっている。神の名は人間の口からは発せられない。神の名は神の言葉である。それは〈み言葉〉である。何らかの存在の名は、人間の精神とその存在とのあいだの媒介であり、人間の精神が、その存在が不在のときに、その存在の何かを摑（つか）むことができるただひとつの道である。神は不在である。神は天空にいます。神という名は、人間が神に近づくことができる唯一の可能性である。神という名は〈媒介するもの〉である。人間は神という名に近づくことができる。神という名も超越的なものであるとはいえ、そうである。神という名は、世界の美と世界の秩序において、そして人間の魂の内奥の光において輝いている。神という名は、聖性そのものである。神という名を超えて聖性はない。したがって、神という名が聖なるものとされるべきではない。神という名が聖なるものとされるのを希（こいねが）って、わたしたちは現実の充溢をもって永遠なるものを希うのである。たとえかぎりなく小さなものであっても、現実の充溢に付け加えたり、取り除いたりする能力はわたしたちのうちにはない。存在するのを希うこと、わたしたちの願いとはまったく独立して、現実に、絶え間なく、永遠に存在するのを希うこと、それが完全な願いである。わたしたちは欲望せずにはいられない。わたしたちは欲望である。だがこの欲望がわたしたちを想像上のものに、時間に、エゴイズムに釘付けにしている。もしわたしたちが、この欲望をこの完全な願いのうちに丸ごと通すならば、わたしたちはこの欲望を、わたしたちを想像的なものから引き離し現実のうちに、時間から引き離し永遠のうちに、自我という牢獄の外側に置く梃子とする。

ἐλθέτω ἡ βασιλεία σου（エルテトー ヘー バシレイア スー）
あなたの国がやってきますように[*8]

いま問題となっているのは、来るべき何かであり、そこに存在しない何かである。神の国とは、知性をもつ被造物の魂全体を完全に満たす〈聖霊＝聖なる精神〉である。〈精神〉は、欲するところに息を吹きかける[*9]。〈精神〉に訴えることしかできない。自分に、あるいはしかじかの他者に、あるいは万人にすら、〈精神〉に訴えることを個別に考えることさえしてはならない。そうではなく、純粋に、素朴に、〈精神〉に訴えかけなければならない。〈精神〉を考えるとは、訴えであり、叫びでなければならない。それは、極限の渇きのうちにあるとき、渇きで苛まれているとき、もはや自分自身が水を飲むという行為も、一般的に水を飲むという行為すら思い浮かべはしないのと同様である。水だけを、渇きのうちで手にする水だけを思い浮かべる。だが水のこのイメージは、存在全体をかけた叫びとしてのものである[*10]。

γενηθήτω τὸ θέλημά σου.（ゲネーテートー ト テレーマ スー）
あなたの意志が成し遂げられますように。*11

わたしたちが絶対的に、絶え間なく神の意志を確信するのは、過去に対してのみである。生み出された出来事はすべて、それらが何であれ、全能の〈父〉の意志に適っている。それは全能という考えによって指し示されている。未来もまた、どうあるべきであろうと、ひとたび成し遂げられるならば、神の意志に適って成し遂げられるであろう。わたしたちは神の意志との一致に何も付け加えられないし、神の意志との一致から何も差し引くことはできない。こうして、可能なものへの欲望が昂じた後、ふたたびこの局面で、存在しているものを希うのである。だが、〈み言葉〉の聖性がそうであるような永遠の現実をもはや希わない。ここでわたしたちの願いの対象は時間のなかで起こるものである。だが、時間のなかで起こるすべてについて、神の意志との、絶え間ない、永遠の一致を希うのである。最初の願いによって欲望を時間から引き離し、欲望を永遠に当てて、こうして欲望を変形した後わたしたちは、ある確かな永遠なる仕方で、欲望そのものとなったこの欲望をもう一度手に取り、この欲望をふたたび時間に当てる。こうしてわたしたちの欲望は時間を貫いて、時間の背後に永遠を見出す。これが、成し遂げられた出来事すべてを、それが何であれ、わたしたちが欲望の対象としうるときにやって来ることである。それは、仕方なく受け入れるのとはまったく別のものである。「受け入れる」という言葉ですら弱すぎる。生み出されたものすべてが生み出されたことを、そしてそれが他のものではないことを、欲しなければならない。それは、生み出されたものがわたしたちの目に善いと映るからではない。そうではなく、神がそれを許したからであり、出来事の流れが神に従っていることそれ自体が、絶対的な善だからである。

ὡς ἐν οὐρανῷ καὶ ἐπὶ γῆς（ホース エン ウーラーノー カイ エピ ゲース）
天空にも、大地にも等しく[*12]

わたしたちの欲望が神の全能の意志にこのように関与することは、精神的な事柄にも押し広げられなければならない。わたしたちの精神的な上昇と減退と、わたしたちが愛する存在の精神的な上昇と減退は、もうひとつの世界とかかわりをもっている。だがそれらはまた、この世で、時間において生み出される出来事でもある。そのため、それらは出来事の壮大な海で起こる細々とした事柄であり、神の意志に適った仕方で、このような海全体とともに揺れ動いている。[*13] わたしたちの過ぎ去った減退は生み出されたものである。それゆえ、それらが生み出されたことをわたしたちは欲しなければならない。わたしたちはこの欲望を、それが過去となる日に向けて、未来に押し広げなければならない。それは、神の国がやってきてほしいという願いに不可欠な礼儀正しさである。わたしたちは、永遠の生への欲望のために、欲望すべてを放棄しなければならない。だが、わたしたちは放棄とともに、永遠の生そのものを欲しなければならない。「自己から離れること」にすら執着してはならない。救いに執着することは、他よりもなおいっそう危険である。渇きで死にそうなときに水のことを考えるように、永遠の生を考えなければならない。それと同時に、神の意志に反して満たされるよりは、自らにも自らに親しい人にもこの水が永遠に欠如していることのほうを欲しなければならない。こうしたことが想定される場合は、そうである。

先の三つの願いは、〈子〉、〈聖霊〉、〈父〉という三位一体の三つの〈ペルソナ〉にかかわっている。そしてまた、現在、未来、過去という時間の三つの部分にもかかわっている。続く三つの願いは、現在、未来、過去という時間の三つの部分に、いっそう直に、そして別の次元においてもたらされる。

τὸν（トン） ἄρτον（アールトン） ἡμῶν（ヘーモーン） τὸν（トン） ἐπιούσιον（エピウーシオン） δὸς（ドス） ἡμῖν（ヘーミーン） σήμερον（セーメロン）.

超自然的であるわたしたちのパンを、今日、わたしたちに与えてください。[*14]

キリストはわたしたちのパンである。わたしたちはキリストを差し当たりしか希うことができない。というのも、キリストはつねにそこに、わたしたちの魂のすぐ近くにおり、入ってくることを欲しているが、同意を侵害することはない。もしキリストが入ってくることにわたしたちが同意するならば、キリストは入ってくる。だが、わたしたちが欲しなくなるやいなや、キリストはすぐさま立ち去ってしまう。わたしたちは今日わたしたちの明日の意志を結び合わせることはできない。明日、わたしたちの意にすらかかわらず、キリストがわたしたちのうちにいますように、キリストと契約を結ぶことはできない。わたしたちがキリストのあらわれに同意することは、キリストがあらわれることと同じである。同意は行為である。同意は現実のものでしかありえない。同意はわたしたちに、未来に向けられうる意志を与えなかった。わたしたちの意志において効力のないものはすべて、想像上のものである。効力のある意志の部分は、すぐさま効力を発揮する。意志の効力は意志そのものと区別されない。意志の効力のある部分は、未来へと向かってゆく努力ではない。それは同意であり、結婚の承諾である。結婚の承諾は、現在の瞬間において、現在の瞬間に向けて発せられているが、永遠の言葉として発せられている。というのも、この承諾は、わたしたちの魂の永遠なる部分とキリストとがひとつになることに対する同意だからである。

わたしたちにはパンが必要である。わたしたちは、絶えず外側から自らのエネルギーを引き出す存在である。というのも、エネルギーを受け取れば受け取るほど、わたしたちは自分の努力のうちでそのエネルギーを使い果たしてしまうからである。もしわたしたちのエネルギーが日々、刷新されなければ、力がなくなり、動けなくなってしまう。いわゆる糧を超えて、字義通りの意味では、あらゆる刺激はわたしたちにとってエネルギーの源泉である。金銭、昇進、配慮、勲章、名声、権力、愛する存在、行動力によってわたしたちのうちに置かれるすべては、パンのような何かである。これらの執着のひとつがわたしたちのうちにかなり深く入り込み、肉体としてわたしたちが現に存在することの生命的な根源そのものにまで至るならば、その執着の対象の欠如はわたしたちを打ち砕き、死に至らしめさえする。[*15] このことは、嘆きのために死ぬと言われているものである。それは飢えのために死ぬようなものである。これら執着の対象となるものはすべて、いわゆる糧とともに、この世のパンをわたしたちが受け入れるのかあるいは拒むのかは、まったく状況次第である。状況が神の意志に一致していなければ、状況ということについてわたしたちは、何も希うべきではない。わたしたちは、この世のパンを希ってはならない。

この世のパンは超越的なエネルギーであり、その源泉は天空にある。それは、わたしたちが欲するやいなやわたしたちのうちに流れている。これは実にエネルギーである。このエネルギーは、わたしたちの魂とわたしたちの身体を介して行為をなしている。

わたしたちはこの糧を希うべきである。この糧を希う瞬間、そしてこの糧を自らが希っているという事実それ自体によってわたしたちは、神がわたしたちにこの糧を与えるのを欲しているのを知る。この糧なしに一日でも留まるのをわたしたちは堪え忍ぶべきではない。というのも、現世のエネルギーがこの世の必然性に従属しており、わたしたちの行為だけを養うならば、わたしたちがなしうるのは、そして考えうるのは、悪だけだからである。「この世で人間の悪事が倍増し、人間の心の考えが生み出すものが、絶えず、ひたすら悪いということを、神は見た」[*16]。わたしたちを悪へと強いる必然性は、わたしたちのうちなるすべてを支配している。必然性がわたしたちのうちに入ってくる瞬間の高みからのエネルギーを除いてである。わたしたちはこのエネルギーを貯蔵しておくことができない。

καὶ ἄφες ἡμῖν τὰ ὀφειλήματα ἡμῶν, ὡς καὶ ἡμεῖς ἀφήκαμεν τοῖς ὀφειλέταις ἡμῶν.
（カイ アペス ヘーミーン タ オペイレーマタ ヘーモーン ホース カイ ヘーメイス アペーカメン トイス オペイレタイス ヘーモーン）

そして、わたしたちにわたしたちが負っているものを免れさせてください。わたしたちもまた、わたしたちに負っている人を免れさせたように。[*17]

こうした言葉を述べるとき、負っているものすべてからすでに免れていなければならない。それは、わたしたちが堪え忍んだと思っている侮辱の埋め合わせだけではない。それはまた、わたしたちがなしたと思っている善の承認であり、そしてまったく一般的な仕方で、存在や物の側からわたしたちが待機しているすべて、わたしたちが負っていると思い込んでいるものすべて、それがないと奪われているという感情をわたしたちに与えるものの承認である。それらは、過去が未来に向けてわたしたちに与えるとわたしたちが思い込んでいる権利のすべてである。まずはじめに、ある確かな永続性をもつ権利である。わたしたちが長いあいだ何かを享受したとき、それは自分のものだと、そして境遇によってわたしたちがいっそう享受するのは自分に適ったことであると思い込んでいる。続いて、努力の本性が何であれ、それぞれの努力、労働、苦しみ、欲望に対する埋め合わせの権利である。努力がわたしたちから出てゆき、この努力に見合うものが、目に見える成果のかたちをとって自分に戻ってこないとそのたびに、不均衡であり、空虚であるという感情をわたしたちは抱く。この感情はわたしたちに、自分は盗まれたのだと思い込ませる。侮辱を堪え忍ぶ努力は、侮辱する人の懲罰あるいは弁明をわたしたちに待機させる。善をなす努力は、善意を受けた人からの感謝をわたしたちに待機させる。だがこれらは、わたしたちの魂の普遍的法則による個別の場合にほかならない。わたしたちから何かが出てゆくたびに、少なくともそれに見合うものがわたししたちのうちに戻ってくることを絶対的に必要としている。そしてわたしたちはそれに見合うものを必要としている。それゆえ、それに見合うものに対する権利があると思い込んでいる。わたしたちに負っているものがあるものは、存在すべて、事柄すべて、宇宙全体である。あらゆるものは自分に負っているものがあるとわたしたちは思い込んでいる。わたしたちに負っているものがあると思い込んでいるもののすべてにおいて問題になっているのはつねに、想像上で未来に対して過去が負っているものである。放棄しなければならないのは、想像上で過去が負っているものである。

わたしたちが自分に負っているものがある人を免れさせたとは、過去全体をまるごと放棄したということである。未来はいまだ手付かずで生のままであること、わたしたちの知らないつながりによって過去に厳密に結び合わされていること、だが、わたしたちの想像力が課していると思い込んでいるつながりからはまったく自由であるのを受け入れること。起こるかもしれないということを、とりわけわたしたちに何でもが起こるかもしれないということを、明日という日がわたしたちの生すべてを不毛で無駄なものにするかもしれないということを受け入れること。

過去のあらゆる成果を例外なく一挙に放棄して、自らの過去の罪が悪と誤謬によるその悲惨な結果を自らの魂にもたらさないようにと、わたしたちは神に希うことができる。わたしたちが過去にしがみついているかぎり、神自らは、わたしたちのうちで、この恐ろしい結果を斥(しりぞ)けられない。自らの犯罪に執着せずに、わたしたちは過去に執着しえない。というのも、わたしたちのうちでもっとも本質的に悪いものは、自らに知られていないからである。*[18]

宇宙がわたしたちに負っているとわたしたちが思い込んでいる主たるものは、わたしたちの個人性が続いてゆくということである。宇宙がわたしたちに負っているものは、負っている他のすべてを包み込んでいる。自己保存の本能は、わたしたちの個人性が続いてゆくことが必然的なことであるとわたしたちに感じさせ、この必然性が権利であるとわたしたちは思い込んでいる。「殿下、わたしは生きなければなりません」と述べた物乞いに対して、「その必要はないと思われる」[19]とタレーラン[20]は答える。この物乞いのようなものである。わたしたちの個人性はまるごと外的な状況によっている。外的状況はわたしたちの個人性を粉砕するかぎりない力をもっている。[21]だがわたしたちは、そのことを知るよりも死ぬほうを望むであろう。わたしたちにとっての世界の均衡とは、自分の個人性が手付かずのままで、自らに属しているように思われるよう状況が流れてゆくことである。わたしたちの個人性を傷つけた過去のあらゆる状況は、均衡の切断のようにわたしたちに思われる。この均衡の切断は、遅かれ早かれ、逆方向の現象によってかならず埋め合わされねばならない。わたしたちは、この埋め合わせを待機して生きている。差し迫った死が恐ろしいのは、とりわけ、この埋め合わせが生み出されないことを否応なくわたしたちに知らしめるからである。

負っているものから免れさせるとは、自分自身の個人性を放棄することである。わたしが自我と呼ぶもののすべてを放棄することである。いっさいの例外なしにである。わたしが自我と呼ぶものにおいて、外的状況によって消滅させられないものは何ひとつない。いかなる心理的な要素もない。このことを受け入れるようであるのは幸いである。

「あなたの意志が成し遂げられますように」という言葉は、その人の魂すべてを挙げてこの言葉が発せられるならば、この受け入れを意味する。こうして、少し経って、「わたしたちに負っているものからわたしたちは免れさせた」と述べることができる。
負っているものから免れさせるとは、精神的な貧しさであり、精神的な裸性であり、死である。もしわたしたちが完全に死を受け入れるならば、わたしたちのうちなる悪から浄化されてふたたびわたしたちを生かすよう神に希うことができる。というのも、わたしたちが負っているものから免れさせてくれるよう神に希うとは、わたしたちのうちなる悪を捨象してくれるよう神に希うことだからである。赦しとは浄化である。わたしたちのうちにあり、わたしたちのうちに留まっている悪を、神自らは容認する能力をもっていない。神がわたしたちを完全性の状態のうちに置いたときに、神はわたしたちにわたしたちが負っているものから免れさせたのである。

そのときまで、わたしたちが自らに負っているものから免れさせるのに応じて、わたしたちに自らの負っているものを神は部分的に免れさせる。

καὶ(カイ) μὴ(メー) εἰσενέγκῃς(エイスエネンケーイス) ἡμᾶς(ヘーマース) εἰς(エイス) πειρασμόν(ペイラスモン), ἀλλὰ(アッラ) ῥῦσαι(リューサイ) ἡμᾶς(ヘーマース) ἀπὸ(アポ) τοῦ(トゥー) πονηροῦ(ポネールー).

そして、わたしたちを試練のうちに投げ込まず、わたしたちを悪から守ってください。*22

人間にとってただひとつの試練は、悪との接触の際、その人自身に委ねられているということである。このとき人間の虚無が経験として確かめられる。希ったときに魂は、超自然的なパンを受け取っている。だが魂の歓びは恐れと混じり合っている。なぜなら、超自然的なパンを魂が希うことができるのは、現在に対してだけだからである。未来は恐ろしいままである。魂は次の日に対してパンを希う権利をもっていない。だが魂は自らの恐れを懇願のかたちであらわしている。魂はついにはこうするに至る。「父」という言葉で祈りは始められ、「悪」という言葉で祈りは終わる。信頼から恐れへと赴かねばならない。信頼によってのみ、恐怖が失墜の原因ではないための充分な力が与えられる。神の名、神の国、神の意志をじっと見つめた後は、超自然的なパンを受け取り、悪から浄化された後は、あらゆる徳の王冠をかぶる真の謙遜のための心づもりが魂にはできている。この世界において魂はすべて、その全体性において自我と呼ばれるものだけではなく、魂における神のあらわれである魂の超自然的な部分もまた、時間と、変化による浮き沈みに委ねられている。謙遜とは、こうしたことを知ることにある。自分自身のうちなる自然的なものすべてが破壊されるかもしれないということを絶対的に受け入れなければならない。[*23] だが、魂の超自然的な部分が消失するかもしれないということを、受け入れるのと同時に拒まなければならない。神の意志に従ってのみ生み出されるであろう出来事として、魂の超自然的な部分が消失するかもしれないということを受け入れること。恐ろしい何かとして、魂の超自然的な部分が消失するかもしれないということを拒むこと。魂の超自然的な部分が消失するかもしれないということを恐れなければならない。だが恐れは、信頼の完成としてである。

六つの願いが二対二で照応している。超自然的なパンは神の名と同じである。それは、人間と神との接触をなしている。神の国とは、神が悪から広くわたしたちを守っていることである。守るとは、王国の働きである。負っているものから自らを免れさせるとは、神の意志を全的に受け入れるのと同じ事柄である。違いは、はじめの三つの願いにおいて、注意力が神にのみ向けられているということである。終わりの三つの願いにおいて、これらの願いを現実の行為に、想像上のものではない行為にするよう努めるために、注意力が自らに戻される。

祈りの前半部分では、受け入れることから始められる。次に、欲望が認められる。続いて、受け入れることに戻されることによって欲望が改められる。後半部分では順番が変わる。欲望の表現によって終わる。それは、この欲望が消極的なものとなることである。欲望は恐れとして表現される。続いて欲望は、いっそう高い段階の謙遜に照応する。終わるのに適っている。

これらの祈りは、可能なあらゆる願いをうちに含んでいる。魂のうちにすでに含まれている祈りを思い描くことはできない。魂と祈りとの関係は、キリストと人類との関係と同じである。ひとたびそれぞれの言葉に注意力の充溢がもたらされるならば、魂のうちでおそらくきわめて小さいが現実の変化が起こることなく祈りを唱えることができなくなる。

ノアの三人の息子と地中海文明の歴史

わたしは序文で、シモーヌ・ヴェイユの途轍もない学識と神秘体験とを露わにしているこのテクストの重要性と、他方で、彼女が歴史的方法を踏まえていないことを述べた。*1大きな重要性を認め始めたこうした考えが彼女にやってきたのは、マルセイユ滞在の終わり頃であると思われる。

シモーヌの立ち位置はかなり独創的である。彼女は、キリストも、キリスト教も疑うことができない。それゆえ、暗々裏にのみならず、明白にでさえ、何も排除しようとすることなく、あらゆる宗教はキリスト教的であり、それゆえ善である、と彼女は想像している。

この逆説は、真理の一部をうちに包み込んでいる。そして、偉大な宗教史家たちに、どのようにキリストがすべての中心であるのか、どのようにキリストはすべてを自らに呼び寄せるのかの理解を促すことができよう。

（ペラン神父）

〔一九四二年四月上旬〕

ノア[2]とその三人の息子を主題にした言い伝えは、地中海文明の歴史に輝かしい光を投げかけている[3]。憎悪からヘブライ人が付け加えたものをこの言い伝えから取り除かなければならない。ヘブライ人の解釈は、言い伝えそのものと相容れない。それは誰の目にもあきらかである。なぜなら、ヘブライ人は誤りをハム[4]のせいにしており、カナン[5]と名づけられたハムの息子のひとりに呪いをかけたからである。ヘブライ人は、ヨシュア[6]がヘブライ人を率いていたとき、カナンの領土である都市と人民の多くを絶滅させたと自慢していた。厄介払いをしたければどんな難癖でもつけられる。実際に難癖をつけたのだからなおさらそうである。犠牲者に対する殺害者の証言は受け取られない。

ヤペテ[7]は、放浪する民の祖先である。放浪する民のなかに、インド・ヨーロッパ語族とわたしたちが名づける者が認められる。セム[8]は、セム族[9]、ヘブライ人、アラビア人、アッシリア人その他の祖先である。今日、これら諸族のあいだにフェニキア人[10]が分類される。言語学的には説得力がないが、そうである。すべて堪え忍ばねばならない死者に対してためらうことなく、だが、自分たちの現在に狙いを定めて過去を捏ねて、フェニキア人とヘブライ人を近づける者もいる。それに対して聖書のテクストは、フェニキア人とヘブライ人とのあいだにいかなる近さもないことを暗示している。「創世記」でフェニキア人はハムが祖先だとされている。古代ペリシテ人[11]についても同様である。古代ペリシテ人は、今日、クレタ島の人、したがってペラスゴイ人[12]とみなされている。セム族侵攻以前のメソポタミアの住人、すなわち、どうやらシュメール人も同様である。バビロニア人は自分たちの文明を後にシュメール人に負っている。ヒッタイト人[13]も、果てはエジプトも同様である。歴史的時間に直(じか)に先行する地中海文明はすべてハムを祖先としている。[14]ここに挙げたものは、文明化を促進した民族の一覧である。

聖書はこう述べている。

「人間の心から生まれた考えは、ひたすら、絶え間なく、悪いものだと〈永遠者なる神〉は思って［…］、〈永遠なる神〉は嘆き悲しんだ[15]」

だがノアがいた。

「ノアは正義の人であり、同時代人のあいだで非の打ち所のない人であった。ノアは神に従って行為した[16]」

ノア以前は、人類のはじまり以来、正義であるのは、アベル[17]とエノク[18]だけであった。

ノアは人類を破壊から救った。ギリシアの伝承は、この恩恵をプロメテウス[19]、デウカリオン[20]に帰している。ギリシア神話においてノアにあたるデウカリオンは、プロメテウスの子である。デウカリオンの箱舟と、プルタルコス[21]において、オシリス[22]の身体を閉じ込めた箱は同じギリシア語で指示されている。キリスト教の典礼は、ノアの箱舟と〈十字架〉を近しいものとしている。おそらくノアがはじめて、ディオニュソス[23]と同様に、葡萄の木を植えた。

「かれは自分の葡萄酒を飲み、酔った。そして、自分の天幕のなかで、裸になり始めた[24]」

葡萄酒もまた、パンとともに、メルキゼデク[25]の手のうちにある。メルキゼデクは〈正義〉と〈平和〉の王であり、至高の神の司祭である。アブラハムはメルキゼデクに従っており、収穫の一〇分の一をメルキゼデクに貢ぎ、その加護を受けた[26]。「詩篇」でこの主題について述べられている。

「〈永遠なる神〉はわたしの主にこう述べた。「わたしの右側に座りなさい。［…］メルキゼデクの命令に従って、あなたは永遠に司祭である[27]」」

この主題について、聖パウロはこう書いている。

「平和の王。父なく、母なく、系譜なく、この世にいますことに始まりがなく、生命の終わりがなく、神の〈子〉と同一のものであり、絶え間なく司祭である[28]」

葡萄酒はその反対に、神に仕えることにおいてイスラエルの司祭には禁じられていた。だがキリストは、その公の人生の始まりから終わりまで、自分の仲間のあいだで葡萄酒を飲んだ。キリストは、ギリシア人の目にはディオニュソスの象徴的な居場所である葡萄の株に比せられていた[29]。キリストが最初になした行為は、水を葡萄酒に変えることであった[30]。最後になした行為は葡萄酒を神の血に変えることであった[31]。

ノアは葡萄酒に酔って、天幕のなかで裸であった。過ちを犯す前のアダムとイヴのように裸であった。不従順という犯罪のためにアダムとイヴのうちに自らの身体の恥が呼び覚まされ、さらに自らの魂の恥が呼び起こされた。アダムとイヴの犯罪に関与しているわたしたちはすべて、アダムとイヴの恥にも関与している。そして自らの魂のまわりに肉的・社会的考えの衣服を纏(まと)っていることに大いなる関心を払っている。もしわたしたちから一瞬でもこの衣服が剝ぎ取られれば、わたしたちは恥で死ななければならないであろう。とはいえ、プラトンを信じるならば、いつの日か肉的・社会的考えの衣服を脱ぎ捨てなければならないであろう。というのも、万人は裁かれ、裸で死んでいる裁判官が、魂そのものをもって、完全に裸で死んでいる魂をじっと見つめるからである[32]。完璧な幾人かだけが、この世で生きながら裸で死んでいる。アッシジの聖フランチェスコ[33]や十字架の聖ヨハネ[34]の場合がそうである。アッシジの聖フランチェスコは、十字架にかけられたキリストの裸性と貧しさに釘付けになった考えをつねにもっていた。十字架の聖ヨハネは、精神の裸性以外の何もこの世界に望んでいなかった。だが、かれらが裸であるのを堪え忍んでいたならば、それは、かれらが葡萄酒に酔っていたからである。毎日、祭壇の上に流れている葡萄酒に酔っていたのである。この葡萄酒は、アダムとイヴを捕らえた恥を癒やす、ただひとつのものである。

「ハムは、自分の父親が裸であるのを見て、ふたりの兄弟にそれを告げに外に出ていった*[35]」

だが、ふたりの兄弟は父親が裸であるのを見ようとはしなかった。かれらは覆うものを手にとり、後ろ向きで歩いて父親を覆った*[36]。

エジプトとフェニキア*[37]はハムの娘である*[38]。多くの伝承と証言を確かめてヘロドトスは、エジプトのうちに宗教の起源を、フェニキアのうちにそれを継承するものを見ていた*[39]。ヘレネ人〔古代ギリシア人〕は、ペラスゴイ人から自分たちの宗教的な考えすべてを受容した。それらの考えはほぼすべて、フェニキア人を介してエジプトから受容された。エゼキエル書の眩いばかりの一頁をヘロドトスも認めている。というのも、エゼキエル書でテュロス*[40]は、エデンの園で生命の木を保っているケルビム*[41]に比せられており、エジプトは生命の木そのものに比せられているからである――この生命の木とは、キリストが天空の王国としていたものであり、十字架にかけられたキリストの身体そのものを果実としたものである。

「テュロスの王についての哀歌を歌いなさい。あなたはテュロスの王にこう述べるであろう。

「……あなたは完全性の徴（しるし）である……。あなたは神の庭であるエデンの園のなかにいた……。あなたは守護する選ばれたケルビムであった……。炎の石のあいだをあなたは回っていた。創造された日から自らのうちに背徳が見出されるまで、あなたは自らの行為で非難されえなかった……」[42]。

ファラオ[43]に言いなさい。「……あなたは何に比せられるのか」、と……。それは、美しい枝々をつけたヒマラヤスギであった……。その頂（いただき）は雲を貫いていた。水によってその木は大きくなった。あらゆる天空の鳥がその枝々に巣を作っていた。そして枝々の下に、野の動物たちがいた。木陰には、あらゆる偉大な民族がいた。その木は大きく、根は長く、美しかった。というのも、その木の根は大いなる水脈に通じていたからである……。神の庭のどんな木も、美しさにおいてその木に匹敵しなかった……。神の庭にあるエデンの園の木はすべて、その木を羨んでいた……。わたしはその木を拒んだ。民族のなかでもっとも粗暴な異邦人がその木を切った。かれらはその木をそこに捨てた……。天空のあらゆる鳥がその跡地に住まった……。わたしは喪に服した。そのためにわたしは深い泉を覆った……。わたしはその木のためにレバノンを闇に沈めた」[44]

この木陰に偉大な民族がいまなおいさえするならば！　人間に向けられた超自然的な正義と慈悲のために、エジプト以来一度もこれほど胸が引き裂かれる甘美さに包まれた表現は他に見出されていない。四千年来の古い記述が、次のような言葉を神の口に上らせる。

「すべての人間が自らの兄弟として息を吸えるように、わたしは四つの風を創造した。自らの主がそうするように、貧しい者が用いるための大いなる水を創造した。主の兄弟に似せてわたしはすべての人間を創造した。そしてわたしはかれらが不正をなすのを防いだが、かれらの心はわたしの言葉が命じていたものをばらばらにしてしまった」

死は、豊かなあるいは惨めな人間をすべて、永遠なる神、正義のオシリスにした。神がオシリスにこう述べえたならば、そうである。

「真理なる〈主〉、わたしはあなたに真理をもたらす。わたしはあなたのために悪を破壊した」

そのため、オシリスはこう述べる必要があった。

「かつて一度もわたしは栄光のために自らの名を前面に出したことはなかった。自分のために労働の時間が余計に費やされることをわたしは要求しなかった。その主人によっていかなる奴隷もわたしは罰せさせなかった。わたしは誰も死に至らしめなかった。わたしは誰も飢えさせなかった。わたしは誰も恐れさせなかった。わたしは誰も泣かせなかった。わたしは自らの声を尊大なものとしなかった。わたしは、正義なる、真の言葉に耳を貸さないことはなかった」

人間にとっての超自然的な同情は、〈受難〉である神の同情に与（あずか）ることでしかありえない。ヘロドトスは聖なる場所を見た。[45] そこでは、水が満たされている石でできた丸い池の傍で、神秘と名づけられた、神の受難の光景が表現されている祭りが毎年祝われていた。神を見るよう人間に与えられたのは、生贄となった〈小羊〉のうちのみであることを、エジプト人は知っていた。ヘロドトスを信じるならば、およそ二万年前、人間であるとともに聖なるものであり、おそらく神的存在であるとヘロドトスが名指すヘラクレス[46]は、顔と顔を合わせて神を見たいと思い、それを懇願した。ヘラクレスは、ハムの孫であるニムロデ[47]とおそらく同一人物である。神はそれを望まなかったが、祈りに抗うことができず、牡羊を屠（ほふ）り、羊皮を剝ぎ、牡羊の頭を面とし、羊毛をまとってあらわれた。このことを思い起こすために、テーベでは年に一度だけ、人々が喪に服しているあいだに、牡羊を殺して、羊皮でゼウスの化身をまとわせ、牡羊をその後聖なる墓に埋葬したのである。[48]

神の第二の〈ペルソナ〉は、創造と権能の神と同じ神であるのと同時に別の神であり、叡智であるのと同時に愛であり、全宇宙を組織するものであり、人間を教え諭すものであり、受肉によって自らのうちに人間の本性を神の本性に結びつけるものであり、媒介するものであり、苦しむものであり、魂を癒やすものである。神の第二の〈ペルソナ〉をめぐる認識と愛、これが、眩いばかりの木陰に、様々な民族がハムの娘である民族に見出したものである。これが、ノアが酔って裸であるのをハムが見たとき、ノアを酔わせていた葡萄酒であるならば、ノアは、アダムの息子から受け継いだ恥をうまく剝ぎ取ることができたのである。

ノアが裸であるのを見るのを拒んだヤペテの息子であるヘレネ人は、無知の状態でギリシアの聖なる地にたどり着いた。これはヘロドトスや他の多くの証言があきらかにしているものである。だがヘレネ人のうち最初に到着したアカイア人[*49]は、自分たちに授けられた教えを貪るように受け入れた。

至高の神であるのと同時にそうではない神は、アカイア人にあっては多くの名とともに隠されている。それらの名は、もしわたしたちの目が偏見によって曇らされていなければ、わたしたちの目からその神を隠さない。というのも、きわめて明晰な多くの関係、暗示、指示が、これらの名すべてとオシリスの名とが等しいことをしばしば示しているからである。これらの名のいくつかは、ディオニュソス、プロメテウス、エロース、天空のアフロディテ、ハデス、コレー、ペルセポネー、ミノス、ヘルメス、アポロン、アルテミス、〈世界の魂〉[*50]である。素晴らしい運命を担っている別の名は、〈ロゴス〉、〈言葉〉、より正確には、〈関係〉、〈媒介〉である。

ギリシア人はまた、おそらくエジプトから受け取った認識も得た。なぜなら、ギリシア人にとって、異なるふたつのあいだの関係である三位一体の第三のペルソナ以外の源泉はなかったからである。三位一体の第三のペルソナは、プラトンのいたるところにあらわれており、ヘラクレイトス[*51]においてすでにあらわれている。ストア派のクレアンテス[*52]のゼウスへの讃歌は、ヘラクレイトスからインスピレーションを受けて、わたしたちの目に映るように三位一体を置いた。

［…］これが、あなたの不敗の手で握った仕える者の徳である。

双方に傾くもの、火であるもの、生きている永遠、雷……
ここからあなたは、まっすぐ、万物を通して、普遍である〈ロゴス〉を導く……。
あまりに偉大に生み出された〈ロゴス〉は、宇宙における至高の王である。

多くの名のもとでもまた、イシス[*53]とまったく等しいものとして、女性的な存在をギリシア人は認識していた。それは、母であり、処女であり、つねに手付かずのものであり、神と同一ではないが神のようなものであり、人間と物の〈母〉であり、〈媒介〉たる存在である。プラトンは『ティマイオス』〔50d〕でこの女性的な存在について明晰に語っているが、それは低い声で、優しさと恐れをもってである。[*54]

ヤペテあるいはセムを祖先とする別の民族は、ハムの息子が授けた教えを、遅れてではあるが、熱烈に受容した。それはケルト人[*55]の場合である。ガリア[*56]に到着するより確実に前に、ケルト人はドルイド教徒の教義に従っていた。というのも、ケルト人のガリアへの到着は遅く、そしてギリシアの伝承は、ギリシア哲学の起源のひとつとして、ガリアのドルイド教[*57]を挙げているからである。したがって、ドルイド教はイベリア人の宗教であったはずである。ドルイド教の教義についてわたしたちが知っているわずかなことから、ドルイド教徒はピュタゴラスに近づけられる。[*58]バビロニア人はメソポタミアの文明を吸収した。アッシリア人は野蛮な民族であり、おそらくほとんど耳を貸さなかった。キリスト教の洗礼によって多少とも人間的になる日まで、ローマ人は精神的なことすべてにまったく耳を貸さず、まったく目を向けなかった。[*59]ゲルマンの中小部族が超自然的な考えをいくらか受け入れたのは、キリスト教の洗礼をもってのみであったように思われる。だが確かに、ゴート族[*60]は例外としなければならない。正義の人であるこの民族は、おそらくゲルマン人であり、それとともにトラキア人[*61]であり、ゲタイ[*62]に近い存在である。これら放浪の民は、不死性ともうひとつの世界に、狂おしいほど熱狂していた。

超自然的な啓示に対して、イスラエルは拒絶を突き付けた。というのも、イスラエルに必要な神は、密やかに魂に語りかける神ではなく、民族的な集団にあらわれ、戦時に守ってくれる神であったからである。権能と繁栄をイスラエルは欲した。頻繁な、長きに亘るエジプトとの接触にもかかわらず、オシリス、不死性、救い、慈愛によって魂と神が一致するといった信仰に、ヘブライ人は動かされなかった。この拒絶のためにキリストに死を課すことができた。キリストの死後、この拒絶は離散と果てしない苦しみとなった。

とはいえ、イスラエルはイェルサレムからキリスト教を始まらせたという微かな光を受け取るときがあった。ヨブはメソポタミア人であり、ユダヤ人ではなかった。だが、ヨブの眩いばかりの言葉が聖書のうちに表現されている[*63]。聖書でヨブは〈媒介するもの〉を思い起こさせる。ヘシオドスがプロメテウスに与えた、神そのものと人間とのあいだを仲裁する者という〈媒介するもの〉の至高の役割において思い起こさせる。残虐な扱いによって歴史が穢されていないヘブライ人のあいだで、年代的にはダニエル[*64]が、追放されているあいだにカルデア人[*65]の叡智の手ほどきを最初に受けた。ダニエルはメディア[*66]とペルシアの王の友人であった[*67]。ヘロドトスはこう語っている。ペルシア人は人間によるあらゆる表現と神を分けた。だがペルシア人は、ゼウスの傍でミトラ[*68]という名で天空のアフロディテを崇拝していた、と。〈叡智〉の名のもとで聖書にあらわされているのは、おそらくアフロディテである。追放されているあいだも、苦しむ正義なる人という考えは、ギリシア、エジプト、あるいは別の場所からやってきて、イスラエルに浸透した。後になってヘレニズムが一時のあいだパレスチナに浸透した。まさしくこのためにキリストは弟子を得ることができた。だが、キリストはどれほど長く、忍耐強く、慎み深く、弟子たちを育成しなければならなかったであろうか！『イーリアス』では、神々のうちから選ばれた土地としてエチオピアがあらわれ、ヘシオドスによれば、エチオピアでは、ゼウスとディオニュソスだけが崇拝されている。同じくヘシオドスによれば、ギリシア神話は子どものディオニュソスを隠し、守る避難場所をエチオピアに設えていた。このエチオピアの女王の宦官は、宦官であるのにいかなる準備も必要としなかった。キリストの人生とその死の物語を聴くやいなやこの宦官は洗礼を受けた。[*69]

このときローマ帝国は実に偶像崇拝的であった。偶像は国家であった。皇帝が崇められていた。宗教的生のありようはすべてローマ帝国に従属せねばならず、いずれも偶像崇拝のもとで育つことができなかった。ガリアのドルイド教徒はすべて絶滅させられた。ディオニュソスを信奉する者は、放蕩のかどで殺害されるか投獄された。多くの放蕩が広く認められていたので、動機はあまりに不充分であった。ピュタゴラス派の人々、ストア派の人々、哲学者たちが追放された。残った者は、実に低俗な偶像崇拝者であり、こうして、初期キリスト者に広まったイスラエルの偏見は、偶然の一致によって確証されていた。ギリシアの神秘は長いあいだ蔑まれ、東洋からもたらされた神秘は、神智学者が今日信じているのと同程度の真正さしかもっていなかった。

こうして、異教に関する誤った考えが信憑性をもちえた。もし善い時代のヘブライ人がわたしたちのあいだに蘇ったならば、初期ヘブライ人の考えは、偶像崇拝の犯罪のために、ゆりかごの子どもも含めて、わたしたちすべてを虐殺し、わたしたちの街を破壊するだろうとはわたしたちは思っていない。ヘブライ人はキリストをバアル[*70]と、聖母マリアをアスタルテ[*71]と名づけるであろう。

キリスト教の実体そのもののうちに染み込んだヘブライ人の偏見はヨーロッパを根こぎにし、千年来の過去から切り離し、宗教的生と俗世のあいだに隙間のない、越えられない仕切りを打ち立てた。俗世は、いわゆる異教の時代からその全体を引き継いでいる。こうして根こぎにされたヨーロッパは、後になって、さらに根こぎにされた。キリスト教の伝統そのものの大いなる範囲において、古代とのいかなる結びつきも縫い合わせることなく、そうされた。少し後になってヨーロッパは、地球の他のあらゆる大陸で、今度は武器、金銭、技術、宗教的喧伝によって、他のあらゆる大陸を根こぎにしにいった。いまでは地球全体が根こぎにされ、その過去をなくしているとおそらく認めることができる。それは、キリスト教が生まれたが、しかし、キリストの殺害に至る伝統から切り離されえなかったからである。とはいえ、キリストが怒りの炎を投げたのは、偶像崇拝に対してではなかった。それは、ギリシア的な精神の敵であるパリサイ人に対してであった。パリサイ人とは、宗教を制定し、ユダヤ国家を制定した人とその信奉者である。

「あなたがたは認識の鍵を取り上げてしまった[*72]」

この告発の射程が把握されたことはかつて一度もなかったのではなかろうか。

ローマ帝国の支配のもと、ユダヤの地に花咲いたキリスト教は、そのうちにノアの三人の息子の精神を同時にもたらしている。こうして、ハムの精神をもつキリスト者とヤペテの精神をもつキリスト者とのあいだの戦いが見られた。アルビジョワ戦争[73]の場合がそうである。エジプト様式のロマネスク彫刻がトゥールーズに見出されるのは、無意味なことではない。[74]だが、もし酩酊と裸性を拒絶したノアの三人の息子の精神がキリスト者のあいだに見出されえたならば、キリスト教を斥(しりぞ)け、セムとヤペテに覆われているものを公然と受け取る人々において、さらにどれほど多くが見出されれるであろうか。

ノアの[75]そしてメルキゼデクの[76]葡萄酒に、キリストの血に、大きくあるいは小さく、直接的にあるいは間接的に、意識的にあるいは暗々裏に、だが真正に与る人々はすべて、エジプトとトルコの兄弟である。エジプトとトルコは、ハムの養子である。[77]だが今日、ヤペテの息子とセムの息子は、騒音以上のものを多くなしている。[78]力をもつ者と迫害された者が残忍な憎悪によって分かたれているが、かれらは兄弟であり、多くの点で類似している。裸性の拒絶のために、衣服の必要のためにかれらは似ているのである。衣服は、肉体から、そしてとりわけ集団の温もりからなっており、それぞれが己れのうちにもつ悪を光から保護する。[79]肉体と集団の温もりからなるこの衣服は神を無害なものとし、神を無作為に否定したり肯定したり、偽りの名のもとであれ真の名のもとであれ無作為に希(こいねが)うことができる。この衣服のために、神の名による超自然的な権能で魂が変形させられるのを恐れることなく、神の名を唱えることができる。

ノアの三人の息子の歴史のうちで一番下の弟は、他の物語すべてにおいてと同様、眩いばかりの意外な出来事を受け取り、そしてまた、地中海沿岸から離れた広がりをもっていたのではなかろうか。それを見抜くのは難しい。ヒンズー教の伝承が、そのインスピレーションの中心そのものにおいて驚くほどギリシア思想に似ているならば、インド・ヨーロッパ語族起源ではないらしいと考えられるだけである。そうでなければ、ギリシアにたどり着く際にヘレネ人はインドの伝承をもっており、そしてそこからすべてを学んだわけではなかったであろう。他方で、ノンノス[80]によれば、ディオニュソスの伝承において、二度、インドが取り上げられている。ザグレウス[81]はヒュダスペスというインドの大河の近くで育てられ、ディオニュソスはインドに遠征したのであろう。付言するならば、ディオニュソスはこの旅のさなか不敬虔な王に出会ったのであろう。この王は、カルメル山の南で、武器をもっていないディオニュソスに武器を投げ、紅海に避難せざるをえなくさせたのであろう[82]。『イーリアス』もまたこの事件について語っているが、この事件の場所は記していない。イスラエルが問題となっているのであろうか。いずれにせよ、ディオニュソスとヴィシュヌ[83]との類似性はあきらかであり、ディオニュソスはまた、バッカスと名づけられている。インドについてこれ以上何も述べることはできない。それ以外のアジアについて、オセアニアについて、アメリカについて、サハラ砂漠以南のアフリカについて、もう何も述べることができない。

だが、地中海沿岸に関しては、三人の兄弟の伝説は歴史の鍵となる。ハムは実に呪いを堪え忍んだが、美と純粋さの過剰が不幸に運命づけられている事柄すべて、存在すべてとともに、呪いはハムに共通しているものであった。何世紀にも亘って多くの侵略が続いた。侵略者はつねに、あえて目を向けようとしなかった息子たちから生じてきた。侵略した民族がハムの精神である土地の精神に従うたびに、そしてその土地からインスピレーションを受け取るたびに、文明があった。侵略した民族が、自らの傲慢な無知のほうを好むたびに、野蛮があった。そして、死よりも悪い闇夜が、何世紀にも亘って広がった。

ハムの精神がまもなく、ふたたび、地中海沿岸で開花しますように。

補遺

ノアが啓示を受けたというもうひとつ別の証拠がある。神は、ノアという人物において、人類と契約を結んだ、と聖書で言われているということである。その契約の徴が虹である。[*84] 神と人間との契約がありうるのは、啓示としてのみである。

この啓示は、犠牲という考えと関係がある。ノアの犠牲の匂いを嗅ぐことで神は、もうけっして人類を破壊しようとは考えまいと決意したのである。[*85] この犠牲が贖いとなった。キリストの犠牲が予感されていた、とほぼ信じることができよう。

キリスト者は犠牲をミサと呼び、ミサは毎日、〈受難〉を繰り返す。『バガヴァッド・ギーター』はキリスト紀元よりも前のものであるが、受肉した神にこう言わせている。

「犠牲は、この身体にあらわれているわたし自身である」[*86]

したがって、犠牲の観念と〈受肉〉の観念とのあいだのつながりは、おそらくかなり古くからある。

トロイア戦争[*87]は、ハムに対するふたりの兄弟の憎しみからやってきたもっとも悲劇的な例のひとつであった。それは、ハムに対するヤペテの攻撃であった。トロイア人の側に見出されるのは、ハム由来の民族のみである。ハム由来の民族は相手の側にいっさい見出せない。

確証できるあきらかな例外がある。それは、クレタ島の人々である。クレタ島は、ハム由来の文明の真珠のひとつであった。『イーリアス』でわたしたちは、アテナイ人の側にクレタ島の人々を見る。

だが、ヘロドトスはわたしたちにこう知らせる。クレタ島の人々は間違っている、と。[*88]クレタ島がほぼ砂漠となってしまう少し前に住み着いたのは、ヘレネ人であった。とはいえヘレネ人が帰還すると、この戦争に与（くみ）したためにヘレネ人に苛立ったミノス[*89]は、ペストでヘレネ人に打撃を与えた。五世紀にデルフォイ[*90]の〈巫女〉は、メディア人の戦争でクレタ島の人々がギリシア人に与するのを禁じたのである。

トロイア戦争は、ある文明を徹底的に破壊させようとするものであった。それは成功した。

ホメーロスはトロイアをつねに「聖（とうと）いイーリオス」と呼んでいる。[*91]この戦争はギリシア人の原罪となり、悔恨となった。この悔恨のために、加虐者は部分的に自分たちの犠牲者のインスピレーションを受け継ぐことができた。

だがまた、ドーリア人を除いてギリシア人は、ヘレネ人とペラスゴイ人との混血である。ヘレネ人は侵略の柱をなしていたが、実際には、ペラスゴイ人が支配していた。ペラスゴイ人はハム由来である。ヘレネ人は、すべてをペラスゴイ人から学んだ。とりわけアテナイ人は、ほぼ純粋なペラスゴイ人である。

碩学の意見が分かれるふたつの仮説のひとつをとって前一三世紀にエジプトからヘブライ人が外に出たのを認めるならば、ヘロドトスによって指し示されているトロイア戦争時に出エジプト時は近い。[*92]

そうであるならば、単純な仮説が思い浮かんでくる。それは、こういうことである。神からのインスピレーションとともに、あるいは神からのインスピレーションなしに、ヘブライ人は砂漠を彷徨し尽くし、パレスチナに入ることができるとモーセ[*93]が判断した時期は、トロイア戦争のためにトロイアの戦士たちが国からいなくなってしまった時期であり、かなり遠い民族にさえトロイア人は助けを求めたのである、と。ヘブライ人はヨシュアに導かれて、難なく、多くの奇跡を必要とせず、武器をもたない人々を虐殺することができた。だがやがて、トロイアに遠征していた戦士たちが戻ってくる。そのとき征服が止まる。「士師記」の冒頭、ヘブライ人の前進が「ヨシュア記」の掉尾に比べてはるかに遅いことがわかる。そして、ヨシュアのもとで、完全に絶滅したと言っていた人々と格闘しているのが見られる。

こうして、トロイア戦争は聖書のうちにいっさいの痕跡を残さず、ヘブライ人によるパレスチナの征服はギリシアの伝承のうちにいっさいの痕跡を残さなかったことがわかる。

とはいえ、イスラエルについてヘロドトスが完全に沈黙を守っていることには、依然として大きな謎が残されている。ヘロドトスの時代、イスラエルの民族は冒瀆するものとして、言及してはならないものとしてみなされていたとされねばならない。リュクルゴス[*94]の名のもとに指し示されていたのがイスラエルの民族であるならば、そう考えられる。リュクルゴスは丸腰のディオニュソスに武装して襲いかかった王である。だが、国外逃亡からの帰還と〈神殿〉の再建を経て、確かに変化があった。

結び（ペラン神父）

『神を待ちのぞむ』。だが、渇きと自由をもって待ちのぞむ。それは、これらの頁すべてから解き放たれ、シモーヌ・ヴェイユの考えとの、あるいはさらに、シモーヌ・ヴェイユの魂との内奥の接触についてもたれる印象ではなかろうか。

彼女は本書で、キリストに捕らえられ、教会の信仰にますます魅了されている姿を見せている。「彼女の心は、永遠に、祭壇に置かれた〈聖なる－秘跡〉のうちに設えられている」[*1]。「教義を保持するという教会の役割は必要不可欠」[*2]であり、「秘跡には神の真価がある」[*3]ことを彼女は理解している。「被造物の従順として」[*4]〈聖母マリア〉をじっと見つめることを彼女は愛している。これは彼女の言葉のひとつである。だが、同時に彼女は、際限のない困難のうちで悪戦苦闘している。彼女は、教会のうちに、キリストの神秘的な〈身体〉を充分見ることなく、歴史的に社会的であり、有限である身体を見つめている。キリストの神秘的な〈身体〉は、天空で、あるいは地上で神の友情のうちに生きる、洗礼を受けているあるいは受けていない魂すべてを結び合わせている。外的な権威によって自らの知性の忠実さが妨げられることを彼女は恐れている。啓示された〈真理〉への従順が人間の範囲における真理の探究を妨げないことを示している証言と結び合わされるとは考えずにである。わたしはこれ以上何を知ろうか。歴史的な様相をもった個々特殊な多くの問題によってまた彼女は苦悶している。何より彼女は神に従順である心づもりができており、このように正反対に引き裂かれていることによって彼女を特徴づけている待機というこの姿勢をいっそう強く感じさせる。

こうして彼女はマルセイユを離れ、時代の甚大な不幸が彼女にのしかかり、そして彼女は亡くなる。

そうであるならば、鐘楼の象徴のうちに、いつの日か、彼女が自らの道を見出したであろうという予感をどうしてふたたび考えないでいられようか。彼女は、外にいる人々に、通りを歩いている人々に呼びかけている。

彼女とともに、彼女のように真理と正義のために情熱を燃やす人々に、その人たちが従っており、その人たちが自らのすぐ傍に見出すはずであるのはキリストであることを暗々裏に彼女は告げている。彼女は教会の道を指し示している。

〈摂理〉によってその人たちが勇気をもって教会の道を歩くように、自らに宙吊りのままになっている困難を解決する機会が与えられますように。シモーヌ・ヴェイユはこうした人たちを教会の道の最初の段階に導いている。「時間によってヴェールが剝ぎ取られ[*5]」、こうした人たちは果てまで道を究めることを促されている。

こうした人たちは、聖体の光に照らされて、聖堂のうちで跪く（ひざまず）ことができ、そこで、自分自身の、そしてわたしたちの兄弟である人の不幸の重さを持ち堪えられる超自然的な〈パン〉によって養われることができよう。

だが、このときでさえ、とりわけこのときに、教会の鐘楼の響きによってこうした人たちがなおも耳を傾け、入っていけますように。金属の音は驚くほど純粋で力強い。待機のうちにある教会の鐘によってこうした人たちは〈出会い〉の歓びのうちに導かれるであろう。

訳註

序文（ペラン神父）

＊1 パスカル「神の神秘」『パンセ』五五三〔以下すべて、ブランシュヴィック版による〕。

＊2 パスカル（Blaise Pascal, 1623–62） フランスの哲学者、科学者、数学者。一六歳で『円錐曲線論』を著し、パスカルの原理を明らかにする。主著『パンセ』。

＊3 「今こそ、この世が裁かれる時。今、この世の支配者が追放される」ヨハネ一二・三一。

＊4 「手紙Ⅵ 最後に考えていたこと」本書一五〇–一五一頁。

＊5 ペラン神父は、一九四三年八月一三日にゲシュタポに逮捕され、二週間拘束され、八月二八日に釈放されている。cf. Père Joseph-Marie Perrin, *Comme un veilleur attend l'aurore*, Paris, Les éditions du Cerf, 1998.

＊6 ギュスターヴ・ティボン（Gustave Thibon, 1903–2001） 農業をしながら、独学で哲学・神学を学ぶ。ニューヨークに発つ前シモーヌ・ヴェイユは、自分のノートすべてをギュスターヴ・ティボンに託している。彼女の歿後四年の一九四七年にこれらのノートを編纂し出版した『重力と恩寵』がベストセラーとなり、シモーヌ・ヴェイユの名がはじめて世に知られるようになった。

＊7 「悪を行う者は皆、光を憎み、その行いが明るみに出されるのを恐れて、光の方に来ないからである」

ヨハネ三・二〇。「しかし、彼らがしつこく問い続けるので、イエスは身を起こして言われた。「あなたたちの中で罪を犯したことのない者が、まず、この女に石を投げなさい」」ヨハネ八・七。

＊8　ヒッポの偉大な改宗者　アウグスティヌス（Aurelius Augustinus, 354–430）のこと。西方キリスト教会最大の教父。聖人。マニ教から改宗して、三九六年、北アフリカ、ヒッポの司教となる。主著『神の国』、『告白』、『三位一体論』。

＊9　「一九三七年、わたしはアッシジで素晴らしい二日間を過ごしました。比類のない驚くべき純粋さを保っているサンタ・マリア・デリ・アンジェリの一二世紀のロマネスク様式の小さな礼拝堂のなかにひとりでおりました。そこは、聖フランチェスコが、頻繁に祈りを捧げた場所です。そのとき、わたしより強い何ものかが生まれてはじめてわたしを跪かせたのです」「手紙Ⅳ　精神的自叙伝」本書一〇八頁。

＊10　コルネイユ（Pierre Corneille, 1606–84）　フランスの劇作家。モリエール、ラシーヌとともに三大古典劇作家と称される。代表作『ル・シッド』（一六三七）。

＊11　エレーヌ・オノラ（Hélène Honnorat）　「エレーヌ・オノラは、マルセイユのカトリック層の人々に紹介したいと申し出た。シモーヌは、よろこんで受けた。エレーヌを通じて彼女は、少しのちに、ペラン神父を知り、さらに、ペラン神父を通して、ギュスターヴ・ティボンを知るに至った」シモーヌ・ペトルマン、田辺保訳『詳伝　シモーヌ・ヴェイユⅡ』勁草書房、一九七八年、二四一頁。

＊12　シャルル・ド・フーコー（Charles de Foucauld, 1858–1916）　フランスの軍人、探検家、聖職者。アルジェリアで布教活動をし、イスラム教徒から尊敬されるものの、現地人の反乱で殺害される。一九三三年、フーコー神父の遺志を継ぐイスラム教徒への布教団体〈イエスの小さな兄弟たち（Petits Frères de Jésus）〉が創立される。

＊13　『ギリシアの泉』および『前キリスト教的直観』所収の草稿。

＊14　「手紙Ⅳ　精神的自叙伝」本書九九－一二六頁。

＊15 「手紙Ⅵ　最後に考えていたこと」本書一三五－一五八頁。

＊16 「イエスは重ねて言われた。「あなたがたに平和があるように。父がわたしをお遣わしになったように、わたしもあなたがたを遣わす」」ヨハネ二〇・二一。

＊17 「手紙Ⅳ　精神的自叙伝」本書一一五頁。

＊18 「神への暗々裏の愛の諸形態」本書一九九－二八五頁。

＊19 「手紙Ⅰ　洗礼を前にしたためらい」本書七七－七八頁。

＊20 「イエスはお答えになった。「はっきり言っておく。だれでも水と霊とによって生まれなければ、神の国に入ることはできない」」ヨハネ三・五。

＊21 ニューマン（John Henry Newman, 1801–90）　イングランドの神学者。イングランド国教会の司祭からカトリックに改宗して枢機卿となる。

＊22 トマス・アクィナス（Thomas Aquinas, c. 1225–74）　イタリアの哲学者・神学者。ドミニコ会修道士。キリスト教とアリストテレス哲学を総合し、スコラ学を完成させる。主著『神学大全』。

＊23 「わたしはつねに正確に、キリスト教とキリスト教以外のすべてが交差する一点に、教会の敷居に、動かずに、不動のままで、（patientia よりもはるかに美しい言葉である）ἐν ὑπομονῇ（エン ヒュポモネー）〔堪え忍んで〕、留まっておりました」「手紙Ⅳ　精神的自叙伝」本書一一八頁。

＊24 シモーヌ・ヴェイユ『重力と恩寵』一九四七年、初版、ギュスターヴ・ティボンによる序文〔Simone Weil, *La pesanteur et la grâce*. Avec une introduction par Gustave Thibon, Paris, Plon, 1947.〕。ティボンによる序文が付された初版を底本としている邦訳は、渡辺義愛訳「重力と恩寵」『シモーヌ・ヴェーユ著作集Ⅲ』春秋社、一九六八年所収。「序文」、同前、一一－四五頁。

＊25 「一四歳のとき、思春期の底なしのその絶望のひとつに落ち込みました。そしてわたしは自分の生来の能力の凡庸さのために、死ぬことを真剣に考えました。パスカルに比肩される幼少期を送ったわたしの

兄の驚くべき才能が、わたしをそう意識させたのです。外的な成功が得られないのを悔やんだのではなく、真に偉大な人間だけが入るべき、真理が住まうあの超越的な王国に近づくのをいっさい望めないことを悔やんでいたのです。真理なく生きるよりは死ぬほうがましに思えました」「手紙Ⅳ　精神的自叙伝」本書一〇四頁。

＊26　ル・センヌ（René Le Senne, 1882–1954）　フランスの哲学者。〈戦間期〉にあって、精神主義的合理主義の立場から道徳論、価値論を論じる。「シモーヌはル・センヌに対し、尊敬と愛情と感謝の気持をいだいていたが、かれの哲学は彼女に対し継続的な影響を与えないようであった。ル・センヌ自身はシモーヌに影響を及ぼしたことを否定しているようである」『詳伝　シモーヌ・ヴェイユⅠ』四五頁。

＊27　アラン（Alain, 1868–1951）　本名、エミール＝オーギュスト・シャルティエ。ジュール・ラニョーの影響を受け、デカルトやスピノザに傾倒するも、体系を拒み、エッセイ形式で思索する。主著『幸福論』、『イデー』など。「シモーヌの哲学はアランの哲学から出発して構築され、相反すると思われる場合でも、それを延長したものだとわたしは思っている」『詳伝　シモーヌ・ヴェイユⅠ』五一頁。

＊28　この経験は、後に論考「工場生活の経験」に結晶化されることになる。「すべての、否、ほぼすべての工場労働者は、もっとも自立しているように思われても、仕草において、眼差しにおいて、そしてとりわけ唇に刻まれた数多くの皺において、自分は何者でもないと自らみなすように強いられたことをあらわす、ほとんど見て取れないようなものをもっている」「工場生活の経験」『シモーヌ・ヴェイユ　アンソロジー』七七－七八頁。「だがもしその人が、他所からやってきて他所に帰ってゆくであろうことを、ここにいるのは一時的なものにすぎないということを完全に忘れ去り、自分が経験したことと、表情のうちに、眼差しのうちに、身振りのうちに、態度のうちに、言葉のうちに、大小の出来事のうちに読み取るものとをたえず比較するならば、伝達するのは残念ながら難しいが、ある確かな感情を自分のうちに作り出す」同前、九七－九八頁。

＊29 シモーヌ・ヴェイユ、田辺保訳『重力と恩寵』ちくま学芸文庫、一九九五年、一九頁。／シモーヌ・ヴェーユ、田辺保・川口光治訳『カイエ2』みすず書房、一九九三年、三一頁。

＊30 「手紙Ⅳ 精神的自叙伝」本書一〇七頁。

＊31 前掲、シモーヌ・ヴェイユ『重力と恩寵』一三七頁。／前掲、シモーヌ・ヴェーユ『カイエ2』四七一頁。

＊32 ソレム フランス北西部の寒村。一〇一〇年頃に創建のベネディクト会修道院があり、グレゴリオ聖歌正統復興の中心地となっている。

＊33 「一九三八年、枝の日曜日から復活祭の火曜日までの一〇日間をソレムで過ごし、すべての聖務に参列しました。強烈な頭痛がしていました。音のひとつひとつが、殴られたような苦痛をわたしに与えました。そして渾身の注意力をもってわたしはこの惨めな肉体の外に出て、肉体だけをその片隅に押し込めて苦しませ、歌と言葉のかつてない美しさのうちに純粋で完全な歓びを見出すことができたのです。この経験からわたしは、アナロジーによって、不幸を通して神の愛を愛しうる可能性をいっそうよく理解することができたのです。この聖務のあいだ、キリストの〈受難〉の考えがわたしのうちにはっきりと入ってきたのは言うまでもありません」「手紙Ⅳ 精神的自叙伝」本書一〇八頁。

＊34 「手紙Ⅳ 精神的自叙伝」本書一〇八－一〇九頁。

＊35 「手紙Ⅳ 精神的自叙伝」本書一一三頁。

＊36 「シモーヌは彼女〔エレーヌ・オノラ〕に、「わたしは、可能なかぎりカトリックのそばにいる人間よ。だからといって、カトリック教徒ではないんだけど」と語った。のちに、マルセイユを去る直前の頃には、「前には、これ程カトリックのそば近くにいられると思わなかったわ。それにしても、ずいぶん近づいてきたものね」といった」『詳伝 シモーヌ・ヴェイユⅡ』二四一頁。

＊37 「教会もまた社会的なものであるのは避け難いことをわたしはよく知っております。教会が社会的なも

＊38 のでなければ、教会は現に存在してはいないでしょう」「手紙Ⅱ（承前）」本書八七頁。
＊39「わたしは、既にそれを得たというわけではなく、既に完全な者となっているわけでもありません。何とかして捕らえようと努めているのです。自分がキリスト・イエスに捕らえられているからです」フィリピ三・一二。
＊40「手紙Ⅳ　精神的自叙伝」本書一二六頁。
＊41「イエスはお答えになった。「はっきり言っておく。だれでも水と霊とによって生まれなければ、神の国に入ることはできない」」ヨハネ三・五。
＊42「神はわたしが教会に入ることを少なくともいまのところ望んでいません。ですが、思い違いでなければ、神の意志は、これから先も、おそらく死の瞬間を除いて、わたしが教会の外に留まることであるようにわたしには思われます」「手紙Ⅳ　精神的自叙伝」本書一一六頁。
＊43「エレーヌはきっと彼女が洗礼を受けずにしまったのを残念がっていたのだろう。シモーヌは、海の方をさして、そのエレーヌに笑いながらいった、「もし、わたしたちが魚雷攻撃を受けて沈んだら、ここがすばらしい洗礼堂になるわよ」と」『詳伝　シモーヌ・ヴェイユⅡ』三三八頁。
＊44「わたしに味方しない者はわたしに敵対し、わたしと一緒に集めない者は散らしている」マタイ一二・三〇。
＊45 シモーヌ・ヴェーユ、山崎庸一郎訳「根をもつこと」『シモーヌ・ヴェーユ著作集Ⅴ』春秋社、一九六七年、四七－四八頁。
＊46「というのも、わたしはできるだけ飢えているものだけを読むからです。そして飢えているときわたしは読まず、食べます」「手紙Ⅳ　精神的自叙伝」本書一一〇頁。
＊47 シモーヌ・ヴェイユ、田辺保訳『重力と恩寵』ちくま学芸文庫、一九九五年、二四五頁。シモーヌ・ヴ

エーユ、冨原眞弓訳『カイエ3』みすず書房、一九九五年、七六頁。

＊48 「ノアの三人の息子と地中海文明の歴史」本書三〇三―三二三頁。

＊49 ミケランジェロによる制作「システィナ礼拝堂天井画」（一五〇八―一五一二年）のひとつ《ノアの泥酔》。

＊50 ボードレール「二　信天翁（あほうどり）」第四連、「詩人（うたびと）も　哀れ似たりな、この空の王者の鳥と、／時を得て嵐（あらし）とあそび、猟夫（さつお）が矢玉あざけるも／罵詈（ばり）満つる俗世の地（つち）に下（お）り立てば／仇（あだ）しやな、巨人の翼（つばさ）、人の世の行路（こうろ）の邪魔よ」、ボードレール、堀口大學訳『悪の華』新潮文庫、二〇〇二年［改版］、三四頁。

＊51 ボードレール（Charles-Pierre Baudelaire, 1821–67）　フランス象徴派の詩人、美術批評家。代表的詩集『悪の華』。

＊52 「イエスは、別のたとえを持ち出して、彼らに言われた。「天の国はからし種に似ている。人がこれを取って畑に蒔けば、どんな種よりも小さいのに、成長するとどの野菜よりも大きくなり、空の鳥が来て枝に巣を作るほどの木になる」」マタイ一三・三一―三二。

＊53 ユスティノス（Joustinos, c. 100–c. 165）　キリスト教弁証家。殉教者。プラトニズムに心酔した後に、十字架上のキリストのうちに真の哲学を見出す。

＊54 クレメンス［アレクサンドリアの］（Clemens Alexandrinus, c. 150–c. 215）　ギリシア教父。二〇二年頃、迫害でアレクサンドリアを追われ、カッパドキアに逃れ、その地で没する。

＊55 「手紙Ⅰ　洗礼を前にしたためらい」本書七七頁。

＊56 「手紙Ⅳ　精神的自叙伝」本書一一六頁。

＊57 ジャック・マリタン（Jacques Maritain, 1882–1973）　フランスのカトリック哲学者。ネオ・トミズムの立場から近代思想を批判、実存主義的ヒューマニズムを提唱。シモーヌ・ヴェイユの論考「人格と聖なるもの」（『シモーヌ・ヴェイユ　アンソロジー』三一〇―三七八頁）はジャック・マリタンの人格主義に

対する批判の論考でもある。

＊58 ラグランジュ（Marie Joseph Lagrange, 1855–1938）　ドミニコ会司祭。エルサレム・フランス聖書考古学学院の前身、実践聖書研究所の設立者。

＊59 『ポリュークト』　宗教を主題としているコルネイユの古典的悲劇作品（一六四三）。

＊60 「手紙Ⅳ　精神的自叙伝」本書一一八頁。

＊61 「しかし、真理を行う者は光の方に来る。その行いが神に導かれてなされたということが、明らかになるために」ヨハネ三・二一。

＊62 「わたしたちは、十字架につけられたキリストを宣べ伝えています。すなわち、ユダヤ人にはつまずかせるもの、異邦人には愚かなものですが、ユダヤ人であろうがギリシア人であろうが、召された者には、神の力、神の知恵であるキリストを宣べ伝えているのです」コリントⅠ一・二三–二四。

＊63 「しかし、わたしにとって有利であったこれらのことを、キリストのゆえに損失と見なすようになったのです」フィリピ三・七。

＊64 十字架の聖ヨハネ（Juan de la Cruz, 1542–91）　スペインのカトリック教会の司祭、神秘家、聖人。アビラの聖テレジアとともにカルメル会の改革に取り組む。主著『暗夜』。

＊65 シャルドン（Jean François Louis Chardon, 1595–1651）　ドミニコ会修道士。フランス人神秘主義神学者。主著『イエスの十字架』。

＊66 「ほかのだれによっても、救いは得られません。わたしたちが救われるべき名は、天下にこの名のほか、人間には与えられていないのです」使徒四・一二。

＊67 「神は唯一であり、神と人との間の仲介者も、人であるキリスト・イエスただおひとりなのです」テモテⅠ二・五。

＊68 「わたしは地上から上げられるとき、すべての人を自分のもとへ引き寄せよう」ヨハネ一二・三二。

＊69「わたしには、この囲いに入っていないほかの羊もいる。その羊をも導かなければならない。その羊もわたしの声を聞き分ける。こうして、羊は一人の羊飼いに導かれ、一つの群れになる」ヨハネ一〇・一六。

＊70「わたしたちが労苦し、奮闘するのは、すべての人、特に信じる人々の救い主である生ける神に希望を置いているからです」テモテⅠ四・一〇。

＊71「悲しみは歓びと対置される」というこの見方は、シモーヌ・ヴェイユの見方に繰り返し登場するものである。

＊72ミラノ勅令　三一三年、コンスタンチヌス一世がリキニウス帝とミラノで会見し、発した勅令。キリスト教をはじめて公認し、キリスト教迫害に終止符が打たれ、キリスト教の信教の自由が認められる。

＊73「そこで必要とされているのは、力学と物理学を発明するためにアルキメデスに必要であった以上の天才です。新たな聖性は、いっそう驚異的な発明です」「手紙Ⅵ　最後に考えていたこと」本書一四九頁。

＊74「仏陀は、仏陀によって救われたいという欲望をもって仏陀の名を唱える人すべてを、仏陀のところまで、〈浄土〉のうちに引き上げたいという願いをかけたのであろうと言われている。そしてこの願いのために、〈主〉の名を唱えることには、魂を真に変形させる徳があるとされている」「神への暗々裏の愛の諸形態」本書二五〇－二五一頁。

＊75「この緊急事態に関してあまりに強烈で、あまりに苦しい感情をもっているので、もし、生まれたときから佇んでいる、キリスト教とキリスト教以外のすべてが交差する一点を離れてしまうならば、わたしは、真実を、すなわち、わたしが見て取る真実の様相を裏切ってしまうでしょう」「手紙Ⅳ　精神的自叙伝」本書一一八頁。

＊76「人間のあいだで、異なる人間の環境のあいだで過ごすことを、わたしは本質的に必要としており、それを召命といってよいと思っております。それは、その人たちに紛れ、同じ色彩を纏い、少なくとも意

識がそれに反しないかぎり、その人たちのあいだで消え去ることによってです」「手紙Ⅰ　洗礼を前にしたためらい」本書七五頁。

手紙

手紙Ⅰ　洗礼を前にしたためらい

＊1　アルデーシュ　葡萄摘みの農業に従事していたギュスターヴ・ティボンの農園がある県。

＊2　エレーヌ・オノラのこと。「一九四〇年のクリスマスに、彼女は、オノラ兄妹と初めて会った。ピエール・オノラは、数学者で、アンドレ・ヴェイユとは高等師範学校時代の友人であり、シモーヌを前から知っていた。その妹のエレーヌ・オノラは、マルセイユの女子高等中学校教師で、彼女と同時期に、デュリュイ高等中学校の生徒だったことがある。もっとも、彼女より四歳年少であるため、クラスはずっと下だった。彼女がマルセイユに来ていると知って、兄妹は、彼女に会いに行った。エレーヌ・オノラは、熱心なカトリック教徒だった」『詳伝　シモーヌ・ヴェイユⅡ』二四一頁。「序文」訳註11、本書三二九頁参照。

＊3　「エレーヌはきっと彼女が洗礼を受けずにしまったのを残念がっていたのだろう。シモーヌは、海の方をさして、そのエレーヌに笑いながらいった、「もし、わたしたちが魚雷攻撃を受けて沈んだら、ここがすばらしい洗礼堂になるわよ」と」『詳伝　シモーヌ・ヴェイユⅡ』三三八頁。

＊4　この比喩は、すでに、学位論文「デカルトにおける科学と知覚」で、デカルト『屈折光学』における「盲人の杖の比喩」を敷衍（ふえん）して、次のように述べられている。「盲人は手に加わる杖のさまざまな圧迫を

感覚するのではない。彼はあたかも杖が感覚しうるものであって、自らの身体の一部をなすものであるかのように、その杖で事物に直接に触わってみるのである。このわたし自身も現に今、ペンの先に紙を感覚するのであって、目を閉じればそれがいっそうよく感じられる」シモーヌ・ヴェーユ、福居純・中田光雄訳「デカルトにおける科学と知覚」『科学について』みすず書房、一九七六年、八九-九〇頁。

＊5 デュルケーム（Émile Durkheim, 1858–1917） フランスの社会学者。コントの実証主義を発展させ、社会的事実を客観的に考察する科学としての社会学の方法論を確立。主著『社会学的方法の規準』、『自殺論』、『宗教生活の原初形態』など。

＊6 「神に背いたこの罪深い時代に、わたしとわたしの言葉を恥じる者は、人の子もまた、父の栄光に輝いて聖なる天使たちと共に来るときに、その者を恥じる」マルコ八・三八。

手紙II（承前）

＊1 ニューマン（John Henry Newman, 1801–90）「序文」訳註21、本書三三〇頁参照。

＊2 パリサイ主義 前二世紀から紀元一世紀頃に存在したユダヤ教の一派であるパリサイ派の立場。パリサイ派は、律法遵守に徹し、民集に勢力をもついっぽうで、イエスにその排他的形式主義を批判され、イエス迫害の中心的役割を担ったとされる。

＊3 「そして悪魔は言った。「この国々の一切の権力と繁栄とを与えよう。それはわたしに任されていて、これと思う人に与えることができるからだ。だから、もしわたしを拝むなら、みんなあなたのものになる」」ルカ四・六-七。

＊4 この点に関する具体的な状況に即した考察は、以下を参照のこと。「集団に聖なる性格を与えるという誤りが偶像崇拝である。偶像崇拝は、あらゆる時代、あらゆる国に、もっともあまねく広まった犯罪で

ある。人格の開花のみが重要だとみなす人々の目には、聖なるものの感覚すら完全に失われている。［…］／精神的な面から言えば、一九四〇年のドイツと一九四〇年のフランスとのあいだの闘いは、主に、野蛮と文明との闘いでも、悪と善との闘いでもなく、それは、集団に聖なる性格を与えるという誤りと人格の開花に重きを置くという誤りとのあいだの闘いであった。集団に聖なる性格を与えるという誤りが勝利を収めたのは驚くに足らない。というのも、この誤りはそれ自体で最強だからである」「人格と聖なるもの」『シモーヌ・ヴェイユ アンソロジー』三二五−三二六頁。

＊5 「それで、「出て来たわが家に戻ろう」と言う。戻ってみると、空き家になっており、掃除をして、整えられていた。そこで、出かけて行き、自分よりも悪いほかの七つの霊を一緒に連れて来て、中に入り込んで、住み着く。そうなると、その人の後の状態は前よりも悪くなる。この悪い時代の者たちもそのようになろう」マタイ一二・四四−四五。

手紙Ⅲ　出発について

＊1 善い盗賊については以下を参照のこと。「十字架にかけられていた犯罪人の一人が、イエスをののしった。「お前はメシアではないか。自分自身と我々を救ってみろ」。すると、もう一人の方がたしなめた。「お前は神をも恐れないのか、同じ刑罰を受けているのに。我々は、自分のやったことの報いを受けているのだから、当然だ。しかし、この方は何も悪いことをしていない」。そして、「イエスよ、あなたの御国（みくに）においでになるときには、わたしを思い出してください」と言った。するとイエスは、「はっきり言っておくが、あなたは今日わたしと一緒に楽園にいる」と言われた」ルカ二三・三九−四三。

手紙Ⅳ　精神的自叙伝

＊1　パスカル（Blaise Pascal, 1623–62）「序文」訳註2、本書三二八頁参照。

＊2　アンドレ・ヴェイユ（André Weil, 1906–98）二〇世紀を代表するフランスの数学者。一九三四年頃設立したフランスの若い数学者集団ブルバキの創立メンバーのひとり。

＊3　この点について論考「人格と聖なるもの」で次のように展開されている。「村の馬鹿者が、文字通りの意味で馬鹿者であるのだが、真に真理を愛しているならば、たとえこの人がもごもごと口ごもること以外何もしないとしても、その思考によってアリストテレスよりはるかにすぐれている。この人は、かぎりなくプラトンの傍にいる。だがアリストテレスはけっしてそうではなかった。アリストテレスに当てはまるのは才能という言葉だけであるが、この人は天才をもっている」「人格と聖なるもの」『シモーヌ・ヴェイユ アンソロジー』三五三頁。

＊4　「あなたがたのだれが、パンを欲しがる自分の子供に、石を与えるだろうか」マタイ七・九。

＊5　聖フランチェスコ［アッシジの］（Francesco d'Assisi, 1182–1226）イタリアのカトリック教会の聖人。キリストに倣い、清貧主義を貫く。アッシジの地に、フランチェスコ修道会を創立。「太陽の讃歌」などの詩篇を著す。

＊6　正義　シモーヌ・ヴェイユの思想のキータームであり、このコンテクストにおいて誕生した経緯は重要である。

＊7　運命愛（amor fati）一般的にはニーチェの用語とされているが、ヴェイユはマルクス・アウレリウス『自省録』を典拠としている。どのような境遇であれ、自らの生を深く愛し、自らの運命を積極的に肯

定して生きようとする態度。

＊8 マルクス・アウレリウス（Marcus Aurelius Antoninus, 121–180） 古代ローマの皇帝（在位一六一－一八〇）。五賢帝の最後の皇帝。ストア派の哲学者としても知られる。主著『自省録』。

＊9 守護聖人 カトリック教会で、特定の個人・職業・都市・国家などを保護し、神へとりなすと信じられている聖人。

＊10 枝の日曜日 枝の主日。復活祭の一週間前の日曜日にあたる。聖週間の初日となる。

＊11 ソレム 「序文」訳註32、三三二頁参照。

＊12 「激しく愛する人と長い不在の期間を経て再会し、語りかけられるとき、その言葉のひとつひとつは無限に貴重である。それは、言葉がになう意味のためではない。そうではなく、愛する人のあらわれをひとつひとつの音節のうちに聴くからである。そのときたまたま激しい頭痛に苦しんでいて、ひとつひとつの音が痛みを与えるとしても、痛みを引き起こすその人の声は、その人のあらわれを包み込むものとして、無限に愛しく貴重である。同様に、神を愛する人は、過ぎ去った出来事から善が生ずる、と言いたてる必要はない。なし遂げられたあらゆる出来事はすべて、愛（エロース）そのものの声によって発せられた一音節なのである」「『ティマイオス』註解」『前キリスト教的直観』四四－四五頁。

＊13 『小さな花（*Fioretti*）』 聖フランチェスコの死後一五〇年経った一三九〇年に、五三の短い章立てで聖フランチェスコの生涯を伝えようとしたもの。作者不詳。

＊14 ヴェイユがしばしば用いるこの比喩はプラトン『ティマイオス』からインスピレーションを得たものである。「とはいえ、赤ん坊が母親の微笑や声の抑揚のうちに自分に向けられた愛の徴を見出すように、わたしたちは感性にあらわれる美を通して世界の魂を知覚する」「『ティマイオス』註解」『前キリスト教的直観』四三頁。

＊15 プラトン（Platōn, c. 427 BC – 347 BC） 二八歳のときに師のソクラテスの死に直面し、生涯に亘ってソ

クラテスの対話篇を著す。ヴェイユがもっとも敬愛する哲学者であり、プラトンの著作との対話を通してヴェイユは自らの思想を形成している。「『ティマイオス』註解」／「『饗宴』註解」／「『国家』註解」『前キリスト教的直観』二四–一〇九頁。「プラトンにおける神」『ギリシアの泉』。

＊16 『イーリアス』 トロイア戦争を題材にしたホメーロス作とされる、長篇叙事詩。前八世紀頃成立。シモーヌ・ヴェイユは「『イーリアス』の主人公は力である」とする優れた論考を著している。「『イーリアス』、あるいは力の詩篇」『シモーヌ・ヴェイユ アンソロジー』一一五–一九八頁。

＊17 ディオニュソス ギリシア神話で、ゼウスとセメレの子で葡萄酒と豊穣の神。その祭儀は、激しい陶酔状態をともなう。バッカスとも呼ばれる。

＊18 オシリス 古代エジプト神話の神。大地神ゲブと天空神ヌートの子。弟セトに殺害されたがイシスの秘術によって復活し、冥府の神となった。プルタルコスの「倫理論集」といわれるエッセイ集『モラリア』の一篇「エジプト神イシスとオシリスの伝説について」に詳しい。

＊19 シモーヌ・ヴェイユは、神性と「葡萄酒に酔うこと」の連関に着目している。『饗宴』（203b–204b）を解釈するくだりではこう述べている。「神以上に根源的に貧窮している者はない。神の貧窮は被造物すべての貧窮である。苦悶における創造は、あの困窮した女〔ペニア〕の策略を思い起こさせる。この女は裕福な男の意も顧みず、その子を得て男と一緒になろうとする。女は、神の子を授かることを思い描いている。女は、神が酔って眠り込んでいるときを狙う。このような狂気には酔いと眠りが不可欠なのだ。／（このときにはまだワインが出されていない、とプラトンは述べている〔203b〕。そう述べることで、愛（エロース）とディオニュソスの一致を際立たせようとしているのであろう）」「『饗宴』註解」『前キリスト教的直観』七八頁。「ノアの三人の息子と地中海文明の歴史」本書三〇七頁。

＊20 シモーヌ・ヴェイユがイエスという言葉を使うこと自体がきわめて稀である。ほぼつねに、神人性としてのキリストという言葉を用い、このキリストに万人が至ることができるという立場をとっている。

＊21 『バガヴァッド・ギーター』 韻文詩からなるヒンズー教の聖典のひとつ。『マハーバーラタ』の一部として収められている。ヴェイユは『カイエ4』で、『バガヴァッド・ギーター』の登場人物アルジュナとクリシュナをめぐる考察をしている。たとえば、「アルジュナの過ちは自分は戦わないと言ったことだ。かれはクリシュナに、その期におよんではなく、もっと以前に、自分がなにをなすべきかを命じてほしいと嘆願すべきであったのだ」シモーヌ・ヴェーユ、冨原眞弓訳『カイエ4』みすず書房、一九九二年、五六一頁。

＊22 一般に「パスカルの賭け」と言われているもの。神が存在するかしないか存在するほうに賭けても何も失うものはないとする、『パンセ』（二三三）の記述を念頭に置いている。この自己暗示についてシモーヌ・ヴェイユは警鐘を鳴らしている。

＊23 「サルヴェ・レジナ」 カトリック教会で歌われる、聖母マリアのためのキリスト教聖歌の隊形のひとつ、アンティフォナ。

＊24 ギュスターヴ・ティボン（Gustave Thibon, 1903–2001） 「序文」訳註6、本書三二八頁参照。

＊25 マタイ六・九–一三に則った祈禱文。「主の祈り」をめぐるヴェイユによる考察は、「「主の祈り」について」本書二八七–三〇二頁。

＊26 このことはさらに次のように展開される。「教会は醜悪で、賛美歌は偽物で、司祭は腐敗し、信者は上の空であるかもしれない。ある意味では、そうしたことはどうでもよい。幾何学者が正確な論証をするのに、直線が曲がっていたり、円が歪んでいたりする図形を描いても、そうしたことがどうでもよいのと同様である」「神への暗々裏の愛の諸形態」本書二五五頁。

＊27 マニ教 三世紀にマニがイランで創始した宗教。ペルシア固有のゾロアスター教的二元論に、キリスト教、グノーシス主義、仏教を摂取・融合した世界宗教。優れた評伝『詳伝 シモーヌ・ヴェイユ』を著したシモーヌ・ヴェイユの友人シモーヌ・ペトルマンはマニ教研究の第一人者でもある。

*28 アルビジョワ　カタリ派信者をさす。シモーヌ・ヴェイユはカタリ派に深い共感を寄せている。「一叙事詩をとおして見たある文明の苦悶」松崎芳隆訳『シモーヌ・ヴェーユ著作集II』春秋社、一九六八年、二〇七–二一七頁。「オク語文明の霊感は何にあるか?」同前、二二〇–二三三頁。

*29 「そして、モーセが荒れ野で蛇を上げたように、人の子も上げられねばならない」ヨハネ三・一四。「モーセは青銅で一つの蛇を造り、旗竿の先に掲げた。蛇が人をかんでも、その人が青銅の蛇を仰ぐと、命を得た」民数記二一・九。

*30 エレーヌ・オノラ（Hélène Honnorat）「序文」訳註11、本書三二九頁参照。

*31 相反するものが一致することによる調和を意味する。「ピタゴラス派の学説について」『前キリスト教的直観』一三二–一九七頁。

*32 トマス・アクィナス（Thomas Aquinas, c. 1225–74）「序文」訳註22、本書三三〇頁参照。

*33 マイスター・エックハルト（Meister Johannes Eckhart, c.1260–1328）ドミニコ会修道士。一四世紀ドイツ神秘主義の最高峰をなす哲学者。一三二六年に異端の嫌疑を受け、死後の一三二九年、教皇によって異端と断罪される。

*34 「二人または三人がわたしの名によって集まるところには、わたしもその中にいるのである」マタイ一八・二〇。

*35 「施しをするときは、右の手のすることを左の手に知らせてはならない。あなたの施しを人目につかせないためである。そうすれば、隠れたことを見ておられる父が、あなたに報いてくださる」マタイ六・三–四。「だから、あなたが祈るときは、奥まった自分の部屋に入って戸を閉め、隠れたところにおられるあなたの父に祈りなさい。そうすれば、隠れたことを見ておられるあなたの父が報いてくださる」マタイ六・六。「あなたは、断食するとき、頭に油をつけ、顔を洗いなさい。それは、あなたの断食が人に気づかれず、隠れたところにおられるあなたの父に見ていただくためである。そうすれば、隠れた

ことを見ておられるあなたの父が報いてくださる」マタイ六・一七－一八。

＊36 ルター（Martin Luther, 1483–1546）ドイツの宗教改革者。一五一七年、ローマ教皇による贖宥状販売に反対して、九五箇条の提題を発表し、これが宗教改革運動の発端となった。破門されたが、ザクセン選帝侯の保護を得て聖書を独訳し、現代ドイツ語の基礎を築いた。

＊37 「生きているのは、もはやわたしではありません。キリストがわたしの内に生きておられるのです。わたしが今、肉において生きているのは、わたしを愛し、わたしのために身を献げられた神の子に対する信仰によるものです」ガラテヤ二・二〇。

＊38 「わたしには、この囲いに入っていないほかの羊もいる。その羊をも導かなければならない。その羊もわたしの声を聞き分ける。こうして、羊は一人の羊飼いに導かれ、一つの群れになる」ヨハネ一〇・一六。

＊39 個人を全体に従属させる思想・運動。ドイツのナチズム、旧ソ連のスターリン主義がその典型とされる。

＊40 アルビジョワ戦争　一二〇九－一二二九年。アルビジョワ派（カタリ派）異端討伐のため、ローマ教皇インノケンティウス三世がフランス南部トゥールーズ伯領に十字軍を進攻させアルビジョワ派が敗れる。戦乱はオック語による南仏文芸を壊滅させる。この点に関するシモーヌ・ヴェイユの論考については、訳註28参照のこと。

＊41 「柔和な人々は、幸いである、／その人たちは地を受け継ぐ」マタイ五・五。「心の清い人々は、幸いである、／その人たちは神を見る」マタイ五・八。「平和を実現する人々は、幸いである、／その人たちは神の子と呼ばれる」マタイ五・九。

＊42 「イエスは言われた。『心を尽くし、精神を尽くし、思いを尽くして、あなたの神である主を愛しなさい』。これが最も重要な第一の掟である。第二も、これと同じように重要である。『隣人を自分のように愛しなさい』。律法全体と預言者は、この二つの掟に基づいている」マタイ二二・三七－四〇。

手紙Ⅴ　知的な召命

＊1　ソランジュ・ボーミエ（Solange Beaumier）「出発の数日前、彼女は、神父に、「神への愛と不幸」を送った。神父はほとんど目が見えなかったから、神父のかたわらで秘書役をつとめていたソランジュ・Bに、「前キリスト教的直観」の一部を渡しておいた。出発の時にも、ある人、おそらくはエレーヌ・オノラに頼んで、「神への暗黙的な愛の種々相」を届けてくれるよう託した」『詳伝　シモーヌ・ヴェイユⅡ』三三八頁。

＊2　「序文」本書二〇頁。

＊3　「ピタゴラス派の学説について」『前キリスト教的直観』一三二―一九七頁。

＊4　『エレクトラ』註解」『前キリスト教的直観』一三―一六頁。シモーヌ・ヴェーユ、冨原眞弓訳「エレクトラ」『ギリシアの泉』みすず書房、一九八八年、九一―一〇七頁。

＊5　「疲労困憊した〔人間の〕魂は神を待つのをやめ、外的な不幸や内面の渇きのために、神は不在だと思い込む。だがそれでも神を愛するのをやめず、神にとって代わろうとするこの世のもろもろの善を憎む。すると神は、しばし経った後に魂のところまでやってきて、自らを明かし、魂に語りかけ、魂に触れる。十字架の聖ヨハネが魂の闇夜と名づけたのは、このことである」『エレクトラ』註解」『前キリスト教的直観』一五頁。

＊6　「手紙Ⅳ　精神的自叙伝」で二度述べられている、anathema sit〔破門〕のこと。

＊7　ヴェイユは水の不可思議な特性にしばしば着目している。「プラトンが、花托、母体、子宮と呼び、万物の母であるのと同時に、変わらず無垢で処女性を保つ本質と呼んだものである〔『ティマイオス』50d〕。水はその至高のイメージとなる。なぜなら、水は目に見え、触れられるが、色も形もないからで

ある。この観点からすると、物質（matière）、母（mère）、海（mer）、マリア（Marie）という言葉が酷似していて、ほぼ同一でさえあることに着目せずにはいられなくなってくる」「ピタゴラス派の学説について」『前キリスト教的直観』一七〇頁。「盲目的な従順とは、物質の慣性である。それは、わたしたちの想像力においては抵抗性とともに流動性を有する成分、すなわち水によって完璧にあらわされる。従順に同意するまさにその瞬間、わたしたちは水と精神から生を受ける。それ以降、精神と水のみからなる存在者となる」同前、一八九頁。

＊8 「イエスはお答えになった。「はっきり言っておく。だれでも水と霊とによって生まれなければ、神の国に入ることはできない」」ヨハネ三・五。

＊9 「教会に入るということによって」ということ。

＊10 「神への愛のために学業を善用することについての省察」本書一六一－一七四頁。

＊11 J・O・C Jeunesse ouvrière chrétienne（キリスト教青年労働者連盟）一九二五年、ジョゼフ・カーディン神父によってベルギーに創設され、欧米五〇カ国にネットワークをもつ。

手紙Ⅵ 最後に考えていたこと

＊1 パウロ（Paulos, c. 10 BC – c. 65 AD）初期キリスト教の宣教者、聖人。ローマで殉教。ユダヤ教徒として育ち、キリスト者を迫害するが、後に回心し、異邦人に福音を伝え、各地に教会を設立。「パウロの手紙」。

＊2 「不幸、あるいは美の感情による純粋な歓びがそれである。美こそが、いかなる個別の合目的性ももたず、ただちに合目的性のあらわれを感じさせるがゆえに、この力を有するのだ。不幸とこの上もない純粋な歓び――ただふたつの道であり、等価な道である。だが、不幸がキリストの道となる」「ピタゴラ

ス派の学説について」『前キリスト教的直観』一九四－一九五頁。

＊3 「三時ごろ、イエスは大声で叫ばれた。「エリ、エリ、レマ、サバクタニ」。これは、「わが神、わが神、なぜわたしをお見捨てになったのですか」という意味である」マタイ二七・四六／cf. マルコ一五・三四。

＊4 この受難の場面の考察については、「ピタゴラス派の学説について」『前キリスト教的直観』一九四－一九五頁。

＊5 「苦しみに対しても歓びに対しても、そのどちらかがやって来たときには、魂の中心を開いていなければならない。それは、愛する人が遣わした者に自分の家の扉を開いておくようなものである。伝言を託してさえくれれば、その使いの者が礼儀正しかろうが粗暴であろうが、恋人にとってはどうでもいいのではなかろうか」「神への愛と不幸」本書一九三頁／『シモーヌ・ヴェイユ アンソロジー』二六〇頁。

＊6 「激しく愛する人と長い不在の期間を経て再会し、語りかけられるとき、その言葉のひとつひとつは無限に貴重である。それは、言葉がになう意味のためではない。そうではなく、愛する人のあらわれをひとつひとつの音節のうちに聴くからである。そのときたまたま激しい頭痛に苦しんでいて、ひとつひとつの音が痛みを与えるとしても、痛みを引き起こすその人の声は、その人のあらわれを包み込むものとして、無限に愛しく貴重である」「『ティマイオス』註解」『前キリスト教的直観』四四－四五頁。

＊7 「ここから、『イーリアス』がただひとつの作品であることがわかる。それは、優しさからやってきて、そして太陽の明るさのように、ひとしくあらゆる人間に広がってゆく苦渋によるものである。語調が苦渋にまみれてしまうことはけっしてなく、そしてまた嘆きに堕してしまうこともけっしてない。どこまでも不正義である暴力に満ちた『イーリアス』の描写において、愛と正義はどこにもその居場所をもたないが、『イーリアス』は愛と正義の光で満たされている。だがもしその語調がなかったならば、愛と正義の光を感受することはできない」「『イーリアス』、あるいは力の詩篇」『シモーヌ・ヴェイユ アン

ソロジー』一八二頁。

＊8 「エルサレム、エルサレム、預言者たちを殺し、自分に遣わされた人々を石で打ち殺す者よ、めん鳥が雛を羽の下に集めるように、わたしはお前の子らを何度集めようとしたことか。だが、お前たちは応じようとしなかった。見よ、お前たちの家は見捨てられて荒れ果てる」マタイ二三・三七－三八。

＊9 「人間の肉的な自然・本性は動物のそれと変わらない。雌鶏は、傷ついた一羽の雌鶏を猛然とくちばしで突く。これは重力と同様の機械的な現象である。わたしたちの理性が犯罪に結びつけるあらゆる侮蔑、あらゆる排斥、あらゆる嫌悪を、わたしたちの感性は不幸に結びつける。キリストが魂全体に浸透している人を除いて、すべての人は多かれ少なかれ不幸な人を軽蔑している。ほとんど誰もそのことに気づいていないのだが、そうである」「神への愛と不幸」本書一八二頁／『シモーヌ・ヴェイユ アンソロジー』二四〇－二四一頁。

＊10 「彼らの議論を聞いていた一人の律法学者が進み出、イエスが立派にお答えになったのを見て、尋ねた。「あらゆる掟のうちで、どれが第一でしょうか」。イエスはお答えになった。「第一の掟は、これである。『イスラエルよ、聞け、わたしたちの神である主は、唯一の主である。心を尽くし、精神を尽くし、思いを尽くし、力を尽くして、あなたの神である主を愛しなさい』。第二の掟は、これである。『隣人を自分のように愛しなさい』。この二つにまさる掟はほかにない」」マルコ一二・二八－三一。

＊11 「手紙Ⅳ　精神的自叙伝」本書九九－一二六頁。

＊12 暗々裏の神への愛の可能性についての考察は、「神への暗々裏の愛の諸形態」本書一九九－二八五頁。

＊13 「天は巻物が巻き取られるように消え去り、山も島も、みなその場所から移された。地上の王、高官、千人隊長、富める者、力ある者、また、奴隷も自由な身分の者もことごとく、洞穴や山の岩間に隠れ、山と岩に向かって、「わたしたちの上に覆いかぶさって、玉座に座っておられる方の顔と小羊の怒りから、わたしたちをかくまってくれ」と言った。神と小羊の怒りの大いなる日が来たからである。だれが

それに耐えられるであろうか」黙示録六・一四－一七。

＊14　ジョー・ブスケ（Joë Bousquet, 1897–1950）　フランスの詩人。第一次世界大戦で重傷を負い、一九一八年以降、下半身不随の状態で省察、詩作をする。シモーヌ・ヴェイユは、一九四二年、カルカソンヌにジョー・ブスケを訪ね、一夜を語り明かしている。シモーヌ・ヴェーユ、渡辺義愛訳「ジョー・ブスケへの手紙」「神への愛についての雑感」『現代キリスト教思想叢書6』白水社、一九七四年、六五－七六頁。

＊15　ストア派　前三世紀末、キプロスのゼノンによって創始され、後二世紀頃まで盛んにおこなわれたギリシア哲学の一派。神的物質は宇宙の万物に遍在し、世界は必然的な摂理に支配されているとして、禁欲と克己による賢者の自足的生活、アパテイアを理想とした。ゼノン、セネカ、エピクテトス、マルクス・アウレリウスなど。

＊16　十字架の聖ヨハネ（Juan de la Cruz, 1542–91）「序文」訳註64、本書三三五頁参照。

＊17　「あなたがたの天の父の子となるためである。父は悪人にも善人にも太陽を昇らせ、正しい者にも正しくない者にも雨を降らせてくださるからである」マタイ五・四五。

＊18　このくだりは、「ジョー・ブスケへの手紙」でも展開されている。「殻に穴がうがたれ、生きものが出てきたとき、まだそれはこのおなじ世界を対象としてもっています。しかしもはや殻のなかにはいません。空間はあけはなたれひき裂かれたのです。精神は、あわれな肉体をかたすみに置きざりにして空間のその一つの点にはこばれます。それは一つの視点といったものではありません。そこから展望がひらかれているわけではないのです。そこからは、展望なしに、可視的なこの世界の、現実の姿を見ることができます。空間は、卵のなかにいたときとくらべて、二乗の、いやむしろ三乗の無限になっています。瞬間は不動のものとなります、たとえもの音が聞こえたとしても、空間はおしなべて密度の濃い沈黙で満たされます。それは音の不在ではありません。もろもろの感覚の確実な対象、音より確実な対象なの

です。秘められたことば、原初から私たちをその腕にいだいていた〈愛〉のことばなのです」シモーヌ・ヴェーユ、渡辺義愛訳「ジョー・ブスケへの手紙」「神への愛についての雑感」『現代キリスト教思想叢書6』六六―六七頁。

＊19 アッシジの聖フランチェスコ　「手紙Ⅳ　精神的自叙伝」訳註5、本書三四〇頁参照。

＊20 「善きサマリア人の譬え」。「しかし、彼は自分を正当化しようとして、「では、わたしの隣人とはだれですか」と言った。イエスはお答えになった。「ある人がエルサレムからエリコへ下って行く途中、追いはぎに襲われた。追いはぎはその人の服をはぎ取り、殴りつけ、半殺しにしたまま立ち去った。ある祭司がたまたまその道を下って来たが、その人を見ると、道の向こう側を通って行った。同じように、レビ人もその場所にやって来たが、その人を見ると、道の向こう側を通って行った。ところが、旅をしていたあるサマリア人は、そばに来ると、その人を見て憐れに思い、近寄って傷に油とぶどう酒を注ぎ、包帯をして、自分のろばに乗せ、宿屋に連れて行って介抱した。そして、翌日になると、デナリオン銀貨二枚を取り出し、宿屋の主人に渡して言った。『この人を介抱してください。費用がもっとかかったら、帰りがけに払います』。さて、あなたはこの三人の中で、だれが追いはぎに襲われた人の隣人になったと思うか」。律法の専門家は言った。「その人を助けた人です」。そこで、イエスは言われた。「行って、あなたも同じようにしなさい」」ルカ一〇・二九―三七。

＊21 「あなたがたに新しい掟を与える。互いに愛し合いなさい。わたしがあなたがたを愛したように、あなたがたも互いに愛し合いなさい」ヨハネ一三・三四。

＊22 シモーヌ・ヴェイユは友情についてピロラオスの章句に頻繁に言及している。たとえば、「「友情とは調和からなる平等である」という章句を人間にあてはめるならば、調和とは相反するものの一致である。相反するものとは、わたしと他者である。両者はあまりに隔てられており、その一致が見出されるのは神のうちにのみである。人間同士の友情と正義は――正義が状況によって外側から与えられる場合を除

いて——ただひとつの同じ事柄である」「ピタゴラス派の学説について」『前キリスト教的直観』一六五頁。

*23 マリタン（Jacques Maritain, 1882–1973）「序文」訳註57、本書三三四頁参照。

*24 アルキメデス（Archimēdēs, c. 287 BC – c. 212 BC）古代ギリシアの科学者、数学者、技術者。「アルキメデスの原理」の発見者。積分法の先駆となる円、球などの求積法、梃子（てこ）、重心の研究をした。

*25 ここで述べられる聖性については、論考「人格と聖なるもの」で展開されている。「人格と聖なるもの」『シモーヌ・ヴェイユ アンソロジー』三一〇－三七八頁。

*26 「父母への手紙」でヴェイユは、この「宿った考え」を「純金の預かり物」と称している。「お母さん、わたしが何か人に与えるほどのものを持っていると思っていらっしゃるのですね。そんなふうな言いかたは余り適当ではありません。でも、わたし自身、心の中で何かしらこんな確信がいよいよ増し加わって行くのを感じるのです。自分の中には、人に伝えて行かなければならない純金の預かり物がかくされているのだと。ただ、経験からも、今の時代の人々を見ていても、この預かり物を受けとってくれる人はだれもいないのだという思いがだんだんつよくなって行くばかりです」シモーヌ・ヴェーユ、田辺保・杉山毅訳『ロンドン論集とさいごの手紙』勁草書房、一九六九年、三二三－三二四頁。

*27 「朝早く、都に帰る途中、イエスは空腹を覚えられた。道端にいちじくの木があるのを見て、近寄られたが、葉のほかは何もなかった。そこで、「今から後いつまでも、お前には実がならないように」と言われると、いちじくの木はたちまち枯れてしまった」マタイ二一・一八－一九。

*28 「わたしは地上から上げられるとき、すべての人を自分のもとへ引き寄せよう」ヨハネ一二・三二。

*29 「しかし、わたしたちの本国は天にあります。そこから主イエス・キリストが救い主として来られるのを、わたしたちは待っています」フィリピ三・二〇。

*30 「カエサルのものはカエサルに」を念頭においていると思われる。「イエスは彼らの悪意に気づいて言わ

れた。「偽善者たち、なぜ、わたしを試そうとするのか。税金に納めるお金を見せなさい」。彼らがデナリオン銀貨を持って来ると、イエスは、「これは、だれの肖像と銘か」と言われた。彼らは、「皇帝のものです」と言った。すると、イエスは言われた。「では、皇帝のものは皇帝に、神のものは神に返しなさい」」マタイ二二・一八－二一。

＊31 「わたしの子供たち、キリストがあなたがたの内に形づくられるまで、わたしは、もう一度あなたがたを産もうと苦しんでいます」ガラテヤ四・一九。

＊32 「手紙Ⅳ　精神的自叙伝」本書一一七頁。

＊33 「そこではもはや、ユダヤ人もギリシア人もなく、奴隷も自由な身分の者もなく、男も女もありません。あなたがたは皆、キリスト・イエスにおいて一つだからです」ガラテヤ三・二八。

＊34 「涸れた谷に鹿が水を求めるように／神よ、わたしの魂はあなたを求める」詩篇四二・二。

＊35 シエナの聖カタリナ（Caterina da Siena, 1347–80）イタリアの聖女。シエナの糸染め職人の家に生まれ、一三六二年ドミニコ会に入会。ペストやハンセン病患者に尽くした。教皇のアビニョン捕囚からローマへの帰還に尽力。

＊36 「イエスはお答えになった。「はっきり言っておく。だれでも水と霊とによって生まれなければ、神の国に入ることはできない」」ヨハネ三・五。

＊37 アンティオキアの聖イグナティオス（Ignátios Antiokheías, c. 35－c. 110）エウオディオスの後を継ぐ第二代のアンティオキアの司教。異邦人キリスト者であり、パウロやヨハネの信仰の立場を継承する。アンティオキア教会の責任者として逮捕され、殉教する。

神への愛のために学業を善用することについての省察

＊1 「手紙V　知的な召命」本書一二七－一三三頁。

＊2 「序文」本書一七頁。

＊3 「奴隷的でない労働の第一条件」では、次のように述べられている。「学業は、注意力の形成のほかに切実な使命をもたない。注意力は、神へと至るただひとつの魂の能力である。体育の授業は、より低次の論証的な注意力、すなわち、推論する注意力の訓練である。だが、適切な方法で導かれるならば、推論する注意力は、魂のうちにもうひとつ別の注意力を出現させる土台となる。それは、もっとも高度な注意力である。その注意力とは、直観する注意力である。直観する注意力はその純粋さにおいて、完全に美しい芸術の、真に光り輝く新しい学問的発見の、真に叡智に至る哲学の、真に救いとなる隣人愛のただひとつの源泉である。この注意力こそが、直接神へと向かわせ、真の祈りを形作るものである」「奴隷的でない労働の第一条件」『シモーヌ・ヴェイユ アンソロジー』二二一－二二二頁。

＊4 ラシーヌ（Jean Racine, 1639–99）　フランスの劇作家。コルネイユ、モリエールとともにフランス古典主義演劇を代表する。主著『フェードル』。

＊5 「だれでも、求める者は受け、探す者は見つけ、門をたたく者には開かれる。あなたがたのだれが、パンを欲しがる自分の子供に、石を与えるだろうか」マタイ七・八－九。

＊6 シモーヌ・ヴェイユは、エスキモーの寓話をめぐって、『カイエ3』で繰り返し考察している。「エスキモー。常闇の時期。狐が暗闇に乗じて肉を盗んだ。「だが常闇で糧を見つけられなかった鳥は光を希った。すると大地は明るくなった」。（鳥はもっとも利口な鳥である）」シモーヌ・ヴェーユ、冨原眞弓訳

『カイエ3』みすず書房、一九九五年、三三六頁。

＊7 アルスの司祭 ジャン＝マリー・ヴィアンネ（Jean-Marie Vianney, 1786–1859）敬虔なカトリックの家庭に生まれ育ち、キリストの教えを実践して成長する。二〇歳で学業をことはじめ、とくにラテン語に苦労したとされる。並々ならぬ敬虔さでアルス教区司祭となり、周囲に劇的な霊的変化をなしたとされている。守護聖人。

＊8 知覚の転換と不幸については次のように考察されている。「事柄や出来事は、見習い修業を成し遂げた人にとって、いつでも、どこでも、かぎりなく甘美な神の同一の言葉の振動である。これは見習い修業を成し遂げた人が苦しまないということではない。痛みとは、出来事の色彩なのである。赤インクで書かれた文を目の前にして、読み方を知っている人も知らない人も、そこに赤色をみとめる。だがその赤の色彩が両者にもたらす重要性は同じではない」「神への愛と不幸」本書一九二頁／『シモーヌ・ヴェイユ アンソロジー』二五八頁。

＊9 ヨーロッパの格言・ことわざ。フランスの神学者・クレルヴォーのベルナルドゥス（Bernardus Claravallensis, 1090–1153）が、「地獄は善意や欲望で満ちている（L'enfer est plein de bonnes volontés ou désirs）」と書いたことに由来する。ベルナルドゥスは、霊的のみならず政治的勢力をもち、第二回十字軍を実現させた。

＊10 シモーヌ・ヴェイユにおいて、美の感情と純粋な歓びは不可分のものである。「知性がその効力を十全に発揮するようエネルギーを注ぎ込むのは、自然的な能力や天賦の才能ではない。ましてや努力や意志や勉励といったものでもない。それは欲望、すなわち美への欲望のみである。美への欲望は、ある一定の強さと純粋さからは天才と同じものである。すべての段階で、美への欲望は注意力と同じものである。このことが理解されるならば、現行とはまったく別の教育が思い描かれるであろう。なによりもまず、知性は歓びのなかでしか開花しない、ということが理解されよう。知性はおそらく、わたしたちの能力

のうちにあって、歓びが欠かせない唯一の能力であろう。歓びがなければ、知性は窒息してしまう」『饗宴』註解」『前キリスト教的直観』七〇頁。

＊11 それゆえ、注意力を真に働かせる条件は次のようになる。「正面切って、間近に迫った不幸をたゆまぬ注意力をもって見つめることができるのは、真理への愛によって魂の死を受け入れる場合にかぎられる」「神への愛と不幸［「神への愛と不幸」のつづきとして後から発見された数頁］」『シモーヌ・ヴェイユ アンソロジー』二八〇頁。

＊12 それゆえ、この点にこそ芸術の存在意義が見出される。「無期懲役に処せられた囚人の独房にかけておいても、見るのも嫌だという気持にさせずにすむような、そんな一枚の絵」シモーヌ・ヴェイユ、田辺保訳『重力と恩寵』ちくま学芸文庫、一九九五年、二四二頁／シモーヌ・ヴェーユ、山崎庸一郎・原田佳彦訳『カイエ1』みすず書房、一九九八年、三二六頁。

＊13 この「待機」についての考察はすでに一六歳で書かれた最初の論考「『グリム童話』における六羽の白鳥の物語」の主題である。「妹は、六枚のシャツを縫う仕事にのみ努力を傾け、行為を抑制する。というのも、喋らず笑わずこの仕事を最後までやり遂げなければ、妹はどんな行為もなしえないからである。したがって「行為しない」ということには徳がある。この思想は最深のところで、東洋的な考えと結びついている。行為するのが難しいのではけっしてない。わたしたちはつねに行為しすぎている。しかもたえず無秩序な行為に拡散している。アネモネで六枚のシャツを縫い、沈黙していること、ここにこそわたしたちが権能を手にするたったひとつの手段がある」「『グリム童話』における六羽の白鳥の物語」『シモーヌ・ヴェイユ アンソロジー』二六頁。

＊14 「イエスは言われた。「わたしは道であり、真理であり、命である。わたしを通らなければ、だれも父のもとに行くことができない」」ヨハネ一四・六。

＊15 「賢いおとめたちは答えた。「分けてあげるほどはありません。それより、店に行って、自分の分を買っ

て来なさい」。愚かなおとめたちが買いに行っている間に、花婿が到着して、用意のできている五人は、花婿と一緒に婚宴の席に入り、戸が閉められた。その後で、ほかのおとめたちも来て、「御主人様、御主人様、開けてください」と言った。しかし主人は、「はっきり言っておく。わたしはお前たちを知らない」と答えた。だから、目を覚ましていなさい。あなたがたは、その日、その時を知らないのだから」マタイ二五・九―一三。

*16 「腰に帯を締め、ともし火をともしていなさい。主人が婚宴から帰って来て戸をたたくとき、すぐに開けようと待っている人のようにしていなさい。主人が帰って来たとき、目を覚ましているのを見られる僕たちは幸いだ。はっきり言っておくが、主人は帯を締めて、この僕たちを食事の席に着かせ、そばに来て給仕してくれる」ルカ一二・三五―三七。

*17 「あなたがたのうちだれかに、畑を耕すか羊を飼うかする僕がいる場合、その僕が畑から帰って来たとき、「すぐ来て食事の席に着きなさい」と言う者がいるだろうか。むしろ、「夕食の用意をしてくれ。腰に帯を締め、わたしが食事を済ますまで給仕してくれ。お前はその後で食事をしなさい」と言うのではなかろうか。命じられたことを果たしたからといって、主人は僕に感謝するだろうか。あなたがたも同じことだ。自分に命じられたことをみな果たしたら、「わたしどもは取るに足りない僕です。しなければならないことをしただけです」と言いなさい」ルカ一七・七―一〇。

*18 農民や労働者の特権は次の点にあるとされている。「歓びも痛みもひとしく貴重な恩恵であり、そのどちらもそれぞれ、その純粋さにおいて、両者を混同しようとすることなく、徹底的に味わい尽さなければならない。歓びによって世界の美がわたしたちの魂のうちに入り込んでくる。痛みによって世界の美がわたしたちの身体のうちに入り込んでくる。歓びだけではわたしたちは神の友になることはできない」「神への愛と不幸」本書一九二頁／『シモーヌ・ヴェイユ アンソロジー』二五九頁。

*19 「すると、正しい人たちが王に答える。「主よ、いつわたしたちは、飢えておられるのを見て食べ物を差

し上げ、のどが渇いておられるのを見て飲み物を差し上げたでしょうか。いつ、旅をしておられるのを見てお宿を貸し、裸でおられるのを見てお着せしたでしょうか。いつ、病気をなさったり、牢におられたりするのを見て、お訪ねしたでしょうか」。そこで、王は答える。「はっきり言っておく。わたしの兄弟であるこの最も小さい者の一人にしたのは、わたしにしてくれたことなのである」マタイ二五・三七‐四〇。

＊20 聖杯伝説　磔刑のキリストの身体から流れた血を受けたとされる聖杯をめぐる伝説。アーサー王伝説の主題であり、ワーグナーの楽劇の題材である。

＊21 〈隣人への愛〉「神への暗々裏の愛の諸形態」本書二〇四‐二二五頁参照。「類例のひとつとして」ではなく、「ひとりの人間として」という視点は重要である。「時と場合によって、貧者であったり、難民であったり、黒人奴隷であったり、病人であったり、前科者であったり、あるいはこの種の他のものであったりする。その人になされる酷い扱いと親切は、いずれも、その人が他の多くの不幸の一例となっている不幸に向けられている。こうして酷い扱いと親切は、その人を力づくで無名性のうちに置く効力をもっている。どちらも、同一の侮辱の異なるふたつの形態である」「神への愛と不幸［「神への愛と不幸」のつづきとして後から発見された数頁］」『シモーヌ・ヴェイユ アンソロジー』二八六頁。

＊22 「天の国は次のようにたとえられる。畑に宝が隠されている。見つけた人は、そのまま隠しておき、喜びながら帰り、持ち物をすっかり売り払って、その畑を買う。／また、天の国は次のようにたとえられる。商人が良い真珠を探している。高価な真珠を一つ見つけると、出かけて行って持ち物をすっかり売り払い、それを買う」マタイ一三・四四‐四六。

神への愛と不幸

＊1　ティボンによって編纂されたシモーヌ・ヴェイユのノートの抜粋からなるアフォリズム集『重力と恩寵』の序文。一九四七年に出版されたこの書がベストセラーとなり、シモーヌ・ヴェイユの名がはじめて世に知られるようになった。「序文」訳註24、本書三三〇頁参照。

＊2　「「主の祈り」について」本書二八七－三〇二頁。

＊3　ホメーロス『オデュッセイア』一七歌、三二二－三二三行。「奴隷的でない労働の第一条件」『シモーヌ・ヴェイユ　アンソロジー』（二〇三頁）でも引用。

＊4　「生きた肉体が死を厭うのと同じように、思考は不幸について考えることを厭う。猟犬の群れの歯牙にかけられるために鹿が一歩一歩前に進み出ることがないのとほぼ同じように、そうしなくてもすむのに、現実の、間近に迫った不幸について注意力を向ける行為は不可能である」「人格と聖なるもの」『シモーヌ・ヴェイユ　アンソロジー』三四八頁。

＊5　「死に至らしめることで人間を物に変えてしまう権能から、もうひとつの、まったく別の驚くべき権能が生じる。それは、まだ生きている人間を物にする力である。その人は生きており、魂をもっている。だがそれにもかかわらず物なのである。魂をもっている物とはいかにも奇妙である。奇妙な魂の状態である。たえず物になろうと身をよじり、身をくねることがいかに必要かと述べる人がいるであろうか。魂は物に宿るようにはなっていない。魂が物になるよう強制されるとき、暴力を堪え忍んでいる魂のうちには、もはや何もない」「『イーリアス』、あるいは力の詩篇」『シモーヌ・ヴェイユ　アンソロジー』一二〇－一二一頁。

＊6　「不幸の主たる効用とは、キリスト自身がそうであったように、魂に「なぜ、何のために！（pourquoi）」

と叫ばせ、疲労困憊で中断しないかぎり、絶え間なくこの叫びを繰り返させることである。いかなる答えもない。励ましとなる応答を見出すならば、それはなにより自分自身でつくり出したものである。さらに、それをつくり出す力があるということは、水が99℃で沸騰しないのと同じく、どれほど強烈なものであったとしても、苦しみが不幸という特別の段階に達していないことを意味する」「ピタゴラス派の学説について」『前キリスト教的直観』一九四頁。

＊7 不幸には「言葉がない」ことをもっとも明晰に表現しているのは次の記述である。「不幸よりも認識するのが難しいものはない。不幸はつねに神秘である。ギリシアの諺が述べているように、不幸は押し黙っている。不幸の真のニュアンスとその原因を摑むには、内面の分析に対する格別の心の準備がなければならない。だが概して、不幸な人の場合そうではない。たとえ心の準備ができている場合でも、不幸そのものが思考のこの働きを妨げてしまう。そして屈辱の効果はつねに、思考があえて踏み込むことのない立ち入り禁止ゾーンを作り上げてしまう。そのゾーンは沈黙か虚偽に覆われている。不幸な人が不平を述べるとき、ほぼつねに、自らの真の不幸には触れずに、事実とは異なる不平を述べ立てている。そしてさらに、深刻で延々と続く不幸の場合、きわめて強い羞恥心が不平を述べ立てることを押し留めてしまう。こうして、人間における不幸の条件のひとつひとつが沈黙のゾーンを作ってしまい、あたかも島のなかにいるように、人間はそこに閉じ込められてしまう。島を出る人は振り返らない」「工場生活の経験」『シモーヌ・ヴェイユ アンソロジー』九六頁。

＊8 「夜が明けるころ、イエスは湖の上を歩いて弟子たちのところに行かれた。弟子たちは、イエスが湖上を歩いておられるのを見て、「幽霊だ」と言っておびえ、恐怖のあまり叫び声をあげた。イエスはすぐ彼らに話しかけられた。「安心しなさい。わたしだ。恐れることはない」」マタイ一四・二五－二七。

＊9 「三時ごろ、イエスは大声で叫ばれた。「エリ、エリ、レマ、サバクタニ」。これは、「わが神、わが神、なぜわたしをお見捨てになったのですか」という意味である」マタイ二七・四六／cf. マルコ一五・三

四。

＊10 「罪もないのに、突然、鞭打たれ／殺される人の絶望を神は嘲笑う」ヨブ九・二三。

＊11 ヨブ三八・一－四一。

＊12 「ピタゴラス派の学説について」では、ヨブをめぐる次の記述が見られる。「だがより一般的には、どのような痛みも、とりわけ十分に堪え忍ばれたような不幸も、わたしたちを扉の向う側へと移行させる。そしてその調和は、真実の相貌をあらわしつつ高みにその相貌を向けて、世界の美と神の美からわたしたちを隔てる一枚のヴェールを引き裂く。これは、「ヨブ記」の終わり部分に示されているものである。ヨブは苦悶の果てに、見かけはともかくも完璧に十分堪え忍ばれた苦悶の果てに、世界の美の啓示を受ける」「ピタゴラス派の学説について」『前キリスト教的直観』一九〇頁。

＊13 「わたしのために執り成す方、わたしの友／神を仰いでわたしの目は涙を流す。／人とその友の間を裁くように／神が御自分とこの男の間を裁いてくださるように。／僅かな年月がたてば／わたしは帰らぬ旅路に就くのだから。／息は絶え、人生の日は尽きる。／わたしには墓があるばかり。／人々はなお、わたしを嘲り／わたしの目は夜通し彼らの敵意を見ている。／あなた自ら保証人となってください。／ほかの誰が／わたしの味方をしてくれましょう」ヨブ一六・二〇－一七・三。

＊14 「キリストは、わたしたちのために呪いとなって、わたしたちを律法の呪いから贖（あがな）い出してくださいました。「木にかけられた者は皆呪われている」と書いてあるからです」ガラテヤ三・一三。

＊15 受難の場面における、神とキリストとのあいだの「無限の距離」における調和をヴェイユは次のように捉えている。「キリストの叫びと〈父〉の沈黙とが交響し、至高の調和を奏でる。あらゆる音楽はその模倣にほかならず、わたしたちのうちで最高度に悲痛で甘美な調和による音楽であっても、この至高の調和にははるかに及ばない。全宇宙はその微小なかけらであるわたしたち自身の存在も含め、この至高の調和の振動にすぎない」「ピタゴラス派の学説について」『前キリスト教的直観』一九五頁。

＊16 「その日、風の吹くころ、主なる神が園の中を歩く音が聞こえてきた。アダムと女が、主なる神の顔を避けて、園の木の間に隠れると、主なる神はアダムを呼ばれた。／「どこにいるのか」」創世記三・八－九。

＊17 戦場におけるモノ化についてヴェイユは次のように述べている。力はそれに触れる人を、もの言わず、耳を傾けないものにしてしまう」「勝者も敗者も力に接触して、その抗い難い効力を被っている。「『イーリアス』、あるいは力の詩篇」『シモーヌ・ヴェイユ アンソロジー』一七二－一七三頁。

＊18 「不幸は滑稽であること」は、いっさいの「社会的威信の剥奪」という刑罰の表象と表裏一体である。「キリストは、自分を王だと信じる狂人として嘲られ、一般法による罪人として朽ち果てたのである。殉教者には威信が貼りついている。だがキリストは、完全に威信を剥奪されていた。さらにキリストは、歓びのうちにではなく、自分を救ってくれるよう空しく父に懇願し、自分を慰めてくれるよう空しく人々に頼みながら、ついに精根尽きはてて責め苦に赴いたのである」『『国家』註解』『前キリスト教的直観』八九－九〇頁。

＊19 「〔そのとき、イエスは言われた。「父よ、彼らをお赦しください。自分が何をしているのか知らないのです」。〕人々はくじを引いて、イエスの服を分け合った」ルカ二三・三四。

＊20 このことを『ティマイオス』における芸術創造と世界創造を類比的に捉え、ヴェイユは次のように述べている。「第三のペルソナがなぜ〈モデル〉と名づけられているのかを理解するためには、『ティマイオス』冒頭〔28a, 28b〕の芸術創造との比較を思い起こさねばならない。第一級の芸術家は、超越的なモデルに倣って創作する。だが、あらわされるものがこの超越的なモデルなのではなく、モデルは、芸術家の着想の超自然的な源泉にすぎない。モデルを着想に置き換えてみるならば、聖霊にモデルというイメージが与えられる理由がはっきりする。漠然とした類比を思い浮かべても、画家が肖像画を描くとき、モデルとは芸術家と絵とをつなぐものである」『『ティマイオス』註解』『前キリスト教的直観』一一九頁。

＊21　「忠実なる十字架（Crux fidelis）」『聖金曜日の讃歌』ヴェナンティウス・フォルトゥナトゥス作。

＊22　「イエスが「来なさい」と言われたので、ペトロは舟から降りて水の上を歩き、イエスの方へ進んだ。しかし、強い風に気がついて怖くなり、沈みかけたので、「主よ、助けてください」と叫んだ。イエスはすぐに手を伸ばして捕まえ、「信仰の薄い者よ、なぜ疑ったのか」と言われた」マタイ一四・二九–三一。

＊23　「神への従順に同意すること」と「重力に従順であること」との絶対的な差異についてヴェイユは次のように述べている。「宇宙全体は、従順がぎっしりと詰まった塊にほかならない。この塊には光り輝く点がちりばめられている。この点のひとつひとつは、神を愛し、神に従順であることに同意する理性的被造物の魂の超自然的な部分である。残りの部分は、密度の高い塊のなかに取り込まれている。理性を授けられてはいるが神を愛さない存在者は、緊密で薄暗い塊の断片にすぎない。それらもまた全体として従順であるにはあるが、落下する石のように従順であるにすぎない」「ピタゴラス派の学説について」『前キリスト教的直観』一八七–一八八頁。

＊24　必然性から美への転換についてヴェイユは次のように述べている。「必然性がこれまでわたしたちに見せていた相貌、そしてわたしたちのほぼすべてをなしている自然的部分にいまなお見せている相貌は、残酷な支配である。この転換を経て、神の側から戻ってきたわたしたちの思考の断片、そうしたものに見せる必然性の相貌は、純粋な従順となる。わたしたちは家の子となり、当初は主人とみなしていた隷属的な必然性の素直さを愛するのである」「ピタゴラス派の学説について」『前キリスト教的直観』一七九–一八〇頁。

＊25　カントが『判断力批判』で「崇高」と呼ぶものを、シモーヌ・ヴェイユは「美」と呼ぶことは銘記すべき点である。「実際、世界は美しい。ひとり大自然の直中で思いのままに注意を傾けるとき、何ものかに導かれるように周囲に愛が注がれる。だがそれは、粗野で動かず、黙して語らぬものたちにすぎない。

そして美は、たとえば重力が山や波や星の運行に刻み込む襞のように、必然性がはっきりとあらわれていればいるほど、活き活きとわたしたちに触れてくる。純粋数学においてもまた、必然性は美によって光り輝いている」「ピタゴラス派の学説について」『前キリスト教的直観』一八四－一八五頁。

＊26 「ピタゴラス派の学説について」『前キリスト教的直観』一八七－一八八頁。訳註23で引用。

＊27 「なぜ、衣服のことで思い悩むのか。野の花がどのように育つのか、注意して見なさい。働きもせず、紡ぎもしない。しかし、言っておく。栄華を極めたソロモンでさえ、この花の一つほどにも着飾ってはいなかった。今日は生えていて、明日は炉に投げ込まれる野の草でさえ、神はこのように装ってくださる。まして、あなたがたにはなおさらのことではないか、信仰の薄い者たちよ」マタイ六・二八－三〇／ルカ一二・二七－二八。

＊28 美的感情を享受することが神に倣うことであるという点に関しては以下の記述を参照のこと。「自らの自由意志を信じることも含めて、傲慢が生むもろもろの幻想や挑戦、反抗というものはみな、光の反射と同じく厳密に規定された現象にすぎない。こう考えると、生気なき物質と同じく極悪な犯罪者も世界の秩序をなしており、したがって世界の美をなしていることになろう。すべては神に従順であり、したがってすべては完璧に美しい。これを知ること、これを現実のものとして知ること、それは、天にいます〈父〉が完璧であるのと同様に完璧である、ということである」「ピタゴラス派の学説について」『前キリスト教的直観』一八八頁。

＊29 シモーヌ・ヴェイユはしばしば「見習い修業」という言葉を用いている。苦から美への転換については以下を参照のこと。「必然性は美の一面にすぎず、美のもうひとつの面は善であることを心底理解するならば、そのとき、必然性と感じられているものすべて——困難、苦しみ、痛み、障害など——は、愛を促す根拠となる。見習い修業をしている人が怪我をすると、仕事が身体のうちに入ったのだ、と言われる。このことを理解するならば、同様に、あらゆる苦しみについても、美の本体が身体のうちに入っ

たのだ、と考えることができよう」『ティマイオス』註解」『前キリスト教的直観』四一頁。

＊30 不幸と美的経験を同列に並べ、不幸に重心を置くシモーヌ・ヴェイユの傾向は次の記述に明確にあらわれている。「不幸、あるいは美の感情による純粋な歓びがそれである。美こそが、いかなる個別の合目的性ももたず、ただちに合目的性のあらわれを感じさせるがゆえに、この力を有するのだ。不幸とこの上もない純粋な歓び――ただふたつの道であり、等価な道である。だが、不幸がキリストの道となる」「ピタゴラス派の学説について」『前キリスト教的直観』一九四－一九五頁。

＊31 目に見えないほど小さいものが運命を決定づけるという点に関して、「柘榴の実」、「芥子種（からし）」、「パン種」などが挙げられる。「神は、魂を自然のうちに連れ戻さねばならない。だがそうする前に、神は不意をついて、魂にひそかに柘榴の実を食べさせる。魂が食べてしまえば、魂は永遠に捉えられてしまう。柘榴の実とは、魂がそれと知らずになす、神への同意である。その同意は、魂のあらゆる肉的傾向のうちでかぎりなく小さいが、魂の運命を永遠に決定づける。それは、キリストが天の王国になぞらえた芥子（からし）種のことである。それはかぎりなく小さいが、やがて天の鳥たちが止まる樹木に成長するであろう〔マタイ一三・三一－三二／マルコ四・三〇－三二／ルカ一三・一九〕」「デメテルへの讃歌、コレー誘拐の物語」「『ホメーロス讃歌』註解」『前キリスト教的直観』七頁。

＊32 「創造されたもの」を「創造されないもの」に返してゆく過程こそが、「神に倣うこと」であるというシモーヌ・ヴェイユによる自覚の道程は「脱創造」と呼ばれている。「脱創造」の過程については以下を参照のこと。「神は創造した、すなわち、神は自分の外側に何かを生み出したのではない。そうではなく、神は立ち去り、その存在の一部に神でないものが存在することを許したのである。この神の放棄に、創造されたものの放棄、すなわち従順が照応する」「ピタゴラス派の学説について」『前キリスト教的直観』一八七頁。

＊33 「忠実なる十字架」『聖金曜日の讃歌』。訳註21、本書三六三頁参照。

＊34　たとえば『ティマイオス』（30b–31b）を註解する過程で、わたしたちが身体を通して魂に触れている事実をヴェイユは次のように述べている。「プラトンは、世界ないし天空と述べることで、世界の魂のことを述べようとしている。それは、友の名を呼ぶとき、わたしたちはその魂を思い描いているのであり、その身体を思い描いているのではないのと同様である」「『ティマイオス』註解」『前キリスト教的直観』二八頁。

＊35　「また、あなたがたがすべての聖なる者たちと共に、キリストの愛の広さ、長さ、高さ、深さがどれほどであるかを理解し、人の知識をはるかに超えるこの愛を知るようになり、そしてついには、神の満ちあふれる豊かさのすべてにあずかり、それによって満たされるように」エフェソ三・一八－一九。

神への暗々裏の愛の諸形態

＊1　十字架の聖ヨハネが『カルメル山登攀』で詩的かつ論理的に描いた、自然から超自然への転換、神と人間との合一化の過程。

＊2　スペインの聖女・アビラの聖テレジア（Teresa de Avila, 1515–82）が『魂の城』において自分自身の神秘体験を描き出した、神と合一する直前の「第七の住居」。テレジアから多大なる影響を受けた十字架の聖ヨハネが『暗夜』で描いた「魂の闇夜」に相当する。

＊3　ニューマン（John Henry Newman, 1801–90）「序文」訳註21、本書三三〇頁参照。

＊4　「あなたは心を尽くし、魂を尽くし、力を尽くして、あなたの神、主を愛しなさい」申命記六・五。「イエスは言われた。『心を尽くし、魂を尽くし、精神を尽くし、思いを尽くして、あなたの神である主を愛しなさい』。これが最も重要な第一の掟である」マタイ二二・三七－三八。「イエスはお答えになった。「第一の掟は、これである。『イスラエルよ、聞け、わたしたちの神である主は、唯一の主である。心を尽くし、

精神を尽くし、思いを尽くし、力を尽くして、あなたの神である主を愛しなさい』」マルコ一二・二九－三〇。「彼は答えた。「『心を尽くし、精神を尽くし、力を尽くし、思いを尽くして、あなたの神である主を愛しなさい、また、隣人を自分のように愛しなさい』とあります」ルカ一〇・二七。

＊5 この観点から、神への愛と学業との関連が見出されることにヴェイユは着目している。「学業をめぐるキリスト教的な見方において鍵となるのは、祈りが注意力からなっているということである。魂がなしうるあらゆる注意力は、神の方向へと向けられている。注意力の質は祈りの質に大いによっている。心の熱さは、注意力の質を補いえない」「神への愛のために学業を善用することについての省察」本書一六三頁。

＊6 「「お前たちは、わたしが飢えていたときに食べさせ、のどが渇いていたときに飲ませ、旅をしていたときに宿を貸し、裸のときに着せ、病気のときに見舞い、牢にいたときに訪ねてくれたからだ」。すると、正しい人たちが王に答える。「主よ、いつわたしたちは、飢えておられるのを見て食べ物を差し上げ、のどが渇いておられるのを見て飲み物を差し上げたでしょうか。いつ、旅をしておられるのを見てお宿を貸し、裸でおられるのを見てお着せしたでしょうか。いつ、病気をなさったり、牢におられたりするのを見て、お訪ねしたでしょうか」。そこで、王は答える。「はっきり言っておく。わたしの兄弟であるこの最も小さい者の一人にしたのは、わたしにしてくれたことなのである」マタイ二五・三五－四〇。

＊7 「生きているのは、もはやわたしではありません。キリストがわたしの内に生きておられるのです。わたしが今、肉において生きているのは、わたしを愛し、わたしのために身を献げられた神の子に対する信仰によるものです」ガラテヤ二・二〇。

＊8 シモーヌ・ヴェイユにおける「正義」と「隣人への慈愛」との連関は銘記すべき点である。「わたしはまた幼児期から、隣人への慈愛というキリスト教的な考えももっておりました。福音書にしばしば見られる、あまりに美しい隣人への慈愛にわたしは正義という名を与えました。この点に関して、それ以来、

何度も深刻な欠陥をもったことをあなたはご存知かと思います」「手紙Ⅳ　精神的自叙伝」本書一〇五頁。

＊9　「(コロスの長)　でも、正義の女神は、味方のがわにおつきなさいます」アイスキュロス、呉茂一訳「救いを求める女たち」三五四行『ギリシア悲劇全集』第一巻、人文書院、一九六〇年、三四二頁。

＊10　「神への愛と不幸［「神への愛と不幸」のつづきとして後から発見された数頁］」では、「不幸な人」に対する親切と酷い扱いが同列に置かれている。「キリストが愛のためにその神性を剝奪されたように、不幸な人は不運のために、その人間性を剝奪されている。不幸な人は、この不運以外にいかなる存在ももたない。他人の目にも、自分の目にも、その人は、不幸とその人との関係によって全的に規定されている。善くありたいと欲するその人のうちなる何ものかは、つねに虚無のうちに投げ返される。それは、あたかも溺れそうになっている人の頭を何度も殴るようなものである。時と場合によって、貧者であったり、難民であったり、黒人奴隷であったり、病人であったり、前科者であったり、あるいはこの種の他のものであったりする。その人になされる酷い扱いと親切は、いずれも、その人が他の多くの不幸の一例となっている不幸に向けられている。こうして酷い扱いと親切は、その人を力づくで無名性のうちに置く効力をもっている。どちらも、同一の侮辱の異なるふたつの形態である」「神への愛と不幸［「神への愛と不幸」のつづきとして後から発見された数頁］」『シモーヌ・ヴェイユ　アンソロジー』二八五－二八六頁。

＊11　トゥキュディデス（Thoukydidēs, c. 460 BC–c. 400 BC）古代ギリシアの歴史家。ペロポネソス戦争に従軍、戦争中に失脚し、亡命。ペロポネソス戦争を扱った未完の史書『ペロポネソス戦史』の著者。

＊12　トゥーキュディデース、久保正彰訳『戦史』（中）、一〇五、岩波文庫、二〇〇七年［改版］、三五八－三五九頁。

＊13　同前、三五八頁。

＊14　同前、三五八−三五九頁。

＊15　シモーヌ・ヴェイユは、ピロラオスの章句を頻繁に引用・考察している。たとえば、「「友情は調和からなる平等である（φιλίαν εἶναι ἐναρμόνιον ἰσότητα）」という章句は途轍もない意味に満ちている。それが可能となるのは、神との関係、神と人間との結合の関係、人間同士の関係において、調和という語のピタゴラス的な意味を考慮する場合である。調和は比例であり、なおかつ相反するものの一致でもある。／この章句を神に適用させるために、「離れて思考する者たちに共通する思考（δίχα φρονεόντων συμφρόνησις）」〔DK44 E10〕という、一見したところきわめて奇妙な調和の定義に近づけてみなければならない」「ピタゴラス派の学説について」『前キリスト教的直観』一五三頁。

＊16　ホメーロス『オデュッセイア』一七歌、三二二−三二三行。「奴隷的でない労働の第一条件」『シモーヌ・ヴェイユ　アンソロジー』二〇三頁。「神への愛と不幸」本書一七七頁／『シモーヌ・ヴェイユ　アンソロジー』二三二頁。

＊17　それゆえ、「神に倣う」とは次のようになる。「このことを突き詰めてゆくと、宇宙をめぐるきわめて単純な見解にたどり着く。神は創造した、すなわち、神は自分の外側に何かを生み出したのではない。そうではなく、神は立ち去り、その存在の一部に神でないものが存在することを許したのである。この神の放棄に、創造されたものの放棄、すなわち従順が照応する」「ピタゴラス派の学説について」『前キリスト教的直観』一八七頁。この脱創造については、ミクロス・ヴェトー著、今村純子訳『シモーヌ・ヴェイユの哲学——その形而上学的転回』（慶應義塾大学出版会、二〇〇六年）、第一章「脱創造の観念」（二五−九〇頁）に詳述されている。

＊18　「獣は聖なる者たちと戦い、これに勝つことが許され、また、あらゆる種族、民族、言葉の違う民、国民を支配する権威が与えられた。地上に住む者で、天地創造の時から、屠られた小羊の命の書にその名が記されていない者たちは皆、この獣を拝むであろう。／耳ある者は、聞け。／捕らわれるべき者は、

／捕らわれて行く。／剣で殺されるべき者は、／剣で殺される。／ここに、聖なる者たちの忍耐と信仰が必要である」黙示録一三・七－一〇。

＊19 「不幸への同意」と「神の狂気」との照応関係については以下を参照のこと。「奴隷は振りあげられた鞭を目の当たりにして、同意することも拒むこともせず、ただ震えるばかりである。しかし必然性という名のもとでの同意は、まさしくこの情け容赦のない力に対してなされるのであり、まさしくこの鞭に対してなされるのである。いかなる動機、いかなる動因も、この同意にとって十分ではありえない。この同意は狂気であり、創造、受肉、受難がひとつとなって神の狂気をなしているのと同じく、人間に固有の狂気である。神の狂気と人間の狂気は、互いに呼応し合っている。この世界がとりわけ不幸の場所であるというのは驚くに足らない。というのも、絶え間なく宙づりにされた不幸がなければ、人間のいかなる狂気も、神の狂気に呼応しえないからである。神の狂気は、創造の行為のうちにすでにそのすべてが孕まれている。神は創造にあたってすべてであることを放棄し、その存在の一部を自分以外のものに委ねる。創造は、愛による自己放棄である。「ピタゴラス派の学説について」『前キリスト教的直観』一七四頁。その他、愛の狂気についてヴェイユによるソフォクレス『アンティゴネー』解釈などがある。「実のところ、アンティゴネーがいるべき真の場所は、あちら側にあった。というのも、この哀れな少女が従っていた書かれざる掟は、いかなる掟とも、いかなる自然的なものとも共通するものをもつどころではなく、それは、極度の、常軌を逸した愛にほかならなかったからである。この極度の、常軌を逸した愛のために、キリストは十字架へと押しやられたのである」「人格と聖なるもの」『シモーヌ・ヴェイユ　アンソロジー』三四二頁。

＊20 「イエスはお答えになった。「はっきり言っておく。だれでも水と霊とによって生まれなければ、神の国に入ることはできない。肉から生まれたものは肉である。霊から生まれたものは霊である。『あなたがたは新たに生まれねばならない』とあなたに言ったことに、驚いてはならない。風は思いのままに吹く。

あなたはその音を聞いても、それがどこから来て、どこへ行くかを知らない。霊から生まれた者も皆そのとおりである」ヨハネ三・五－八。

＊21 プラトン『ティマイオス』から触発されて、ヴェイユはモデルの役割に着目している。また、プラトンが芸術家の芸術創造との類比関係から神の世界創造を導き出すのを逆照射させ、芸術家の芸術創造からわたしたちひとりひとりの生の創造を類比的に導き出している。「産出されるものはすべて、かならず制作者に由来します。制作者がいなければ、制作はありえません。芸術家が自らに等しいものをじっと眺めモデルに専心するように自らに専心し、本質と徳をふたたび生み出すならば、完璧な美がかならず成し遂げられます。もし芸術家が移ろいゆくものを眺めているならば、そして、もしモデルが移ろいゆくものであるならば、制作されるものは美しくありません」プラトン『ティマイオス』28a-b、「『ティマイオス』註解」『前キリスト教的直観』二四－二五頁で引用。「世界の魂が生み出す自らに似た〈モデル〉とは、精神的な生きもの、すなわち、生きている精神のことである。とするとそれは、ペルソナのことであり、そしてまた、あらゆる点でまったく完璧な精神のことである。したがってそれは神であり、〈父〉、〈ひとり子〉、〈モデル〉という三つのペルソナを備えている。第三のペルソナがなぜ〈モデル〉と名づけられているのかを理解するためには、『ティマイオス』冒頭〔28a, 28b〕の芸術創造との比較を思い起こさねばならない。第一級の芸術家は、超越的なモデルに倣って創作する。だが、あらわされるものがこの超越的なモデルなのではなく、モデルは、芸術家の着想の超自然的な源泉にすぎない。モデルを着想に置き換えてみるならば、聖霊にモデルというイメージが与えられる理由がはっきりする。漠然とした類比を思い浮かべても、画家が肖像画を描くとき、モデルとは芸術家と絵とをつなぐものである」「『ティマイオス』註解」『前キリスト教的直観』一一八－一一九頁。

＊22 「善きサマリア人の譬え」。「イエスはお答えになった。「ある人がエルサレムからエリコへ下って行く途中、追いはぎに襲われた。追いはぎはその人の服をはぎ取り、殴りつけ、半殺しにしたまま立ち去った。

ある祭司がたまたまその道を下って来たが、その人を見ると、道の向こう側を通って行った。同じように、レビ人もその場所にやって来たが、その人を見ると、道の向こう側を通って行った。ところが、旅をしていたあるサマリア人は、そばに来ると、その人を見て憐れに思い、近寄って傷に油とぶどう酒を注ぎ、包帯をして、自分のろばに乗せ、宿屋に連れて行って介抱した。そして、翌日になると、デナリオン銀貨二枚を取り出し、宿屋の主人に渡して言った。『この人を介抱してください。費用がもっとかかったら、帰りがけに払います』。さて、あなたはこの三人の中で、だれが追いはぎに襲われた人の隣人になったと思うか」。律法の専門家は言った。「その人を助けた人です」。そこで、イエスは言われた。「行って、あなたも同じようにしなさい」」ルカ一〇・三〇－三七。

＊23

「キリストが自分の恩人であったと認めた人は、その人の同情が不幸の認識に基づいていた人である。それ以外の人が同情するのは、気まぐれに、変則的に、あるいはその反対にあまりに規則的にである。教育によって刷り込まれた習慣によって、あるいは社会的な約定との一致によって、あるいは傲慢によって、あるいは肉的な憐れみによって、あるいは良識を欲することによって、要するに、自分自身にかかわる動機によってそうするのである。こうした人たちは尊大な、あるいは保護する素振りを見せる、あるいは無粋な憐れみを振りまく、あるいは自分の目には不幸な人が単なるある形態の不幸の一例と映ると不幸な人に感じさせる。とにかく、こうした人たちの施しは傷を与える。そしてこうした人たちはこの世でその報いを受けている。というのも、自らの左手は右手がしていることを知らないからである［マタイ六・三］。こうした人たちが不幸な人と接触しうるのは、虚偽においてのみである。というのも、不幸な人を真に認識するとは、不幸を認識することだからである。不幸の相貌をじっと見つめることができなかった、あるいはそうする心づもりのない人が不幸な人に近づきうるのは、虚偽ないし幻想のヴェールによって守られている場合にかぎられる。ふとした折に、突然、不幸な人の表情に不幸の面影があらわれると、こうした人たちは逃げ出してしまう」「神への愛と不幸［「神への愛と不幸」のつづきとして後から発見された数頁」」『シモーヌ・ヴェイユ アンソロジー』二八三－二八四頁。

＊24 「友情は調和からなる平等である」ピロラオス DK58 B1、「ピタゴラス派の学説について」『前キリスト教的直観』一四四、一五三、一五五、一五八、一六五頁で引用。「「友情は調和からなる平等である(φιλίαν εἶναι ἐναρμόνιον ἰσότητα)」という章句は途轍もない意味に満ちている。それが可能となるのは、神との関係、神と人間との結合の関係、人間同士の関係において、調和という語のピタゴラス的な意味を考慮する場合においてである。調和は比例であり、なおかつ相反するものの一致でもある」同前、一五三頁。「「友情は調和からなる平等である」。調和を幾何学でいう中項の意味でとり、神と人間とを媒介する唯一のものは神であり人間でもある者と捉えるならば、このピタゴラス派の章句から、「ヨハネによる福音書」の数々の見事な章句へと直行しうる。神とひとつになったキリストに倣うことでわたしたちは、悲惨さのうちにありながら、神とのある種の平等性にたどり着く。その平等性とは愛である」同前、一五八頁。「「友情とは調和からなる平等である」という章句を人間にあてはめるならば、調和とは相反するものの一致である。相反するものとは、わたしと他者である。両者はあまりに隔てられており、その一致が見出されるのは神のうちにのみである。人間同士の友情と正義は――正義が状況によって外側から与えられる場合を除いて――ただひとつの同じ事柄である」「ピタゴラス派の学説について」、同前、一六五頁。

＊25 この個性の密やかな一点であり、善を欲望する部分を、わたしたちのうちなる「聖なるもの」として、ヴェイユは考察している。「生まれて間もない頃から墓場に至るまで、罪を犯したり、罪を被ったり、罪がなされるのをまざまざと観たりといった経験があるにもかかわらず、あらゆる人間の心の奥底には、人は自分に悪ではなく善をなしてくれるにちがいない、とどうしようもなく期待してしまうものがある。これが、あらゆる人間のうちにあって、なによりも聖なるものなのである」「人格と聖なるもの」『シモーヌ・ヴェイユ アンソロジー』三一四頁。「傷という形態をとって外側からひとりの人間に課される悪

は、善への欲望を激化させるため、必然的に救いの可能性が引き起こされる。傷が深く入り込んでいる場合、欲望される善は、完全に純粋な善である。「なぜわたしに悪がなされるのか」と問う魂の部分は、あらゆる人間のうちに、もっとも穢れている人のうちにさえも、幼児期から完全に無垢で完全に無邪気な状態で住まわっている奥深い部分である」同前、三六九頁。

＊26 『ティマイオス』を逆照射させ、世界創造と芸術創造との類比関係を、芸術創造と生の創造に転換する過程でヴェイユは次のように述べている。「ある詩において、この言葉はこうした効果を生み出すために詩人によって配置された——たとえば、豊かなリズム、畳韻法、鮮明なイメージなどである——と説明できるならば、その詩は二流である。完璧な詩とは、言葉がそこにあって、それが絶対的に適っている、としか言いようのないものである。自分をも含めて、すべての存在者、すべての事物、時間の流れに組み込まれているすべての出来事も同様である」「『ティマイオス』註解」『前キリスト教的直観』四四頁。

＊27 「善きサマリア人の譬え」ルカ一〇・三〇－三七。訳註22で引用。

＊28 「信仰とは、望んでいる事柄を確信し、見えない事実を確認することです。昔の人たちは、この信仰のゆえに神に認められました。／信仰によって、わたしたちは、この世界が神の言葉によって創造され、従って見えるものは、目に見えているものからできたのではないことが分かるのです」ヘブライ一一・一－三。

＊29 神があらわれるのは次のような場合である。「不幸な人を見かけたときに、その人のうちに自分の存在を移し入れる人は、愛によって、少なくとも一時の間、不幸とは無縁の存在をその人のうちに誕生させている。というのも、不幸はこの超自然的な働きがなされる好機であるとはいえ、その原因ではないからである。原因は、偶然と運命が人間同士のあいだに置く、外見上のあらゆる隔たりを超えた人間の同一性である」「神への愛と不幸［「神への愛と不幸」のつづきとして後から発見された数頁］」『シモー

ヌ・ヴェイユ アンソロジー』二八六－二八七頁。

＊30 「善きサマリア人の譬え」、ルカ一〇・三〇－三七。訳註22で引用。

＊31 失ってしまったように思われる、善を希求する部分を呼び覚ますために、すなわち、「なぜわたしに悪がなされるのか」という驚きの叫びを発する部分を呼び覚ますために、懲罰がある、とシモーヌ・ヴェイユは考えている。「刑罰とはこうしたものにほかならない。死刑ですら、文字通りの意味で共同体に戻ることはできないとしても、これ以外のものであってはならない。刑罰とはもっぱら、それを望まぬ人に純粋な善を与える方法である。罰を与えるとは、罪を犯した人に、苦しみによって、あるいは死をもってさえも、純粋な善への欲望を呼び覚ますことである」「人格と聖なるもの」『シモーヌ・ヴェイユ アンソロジー』三七〇－三七一頁。

＊32 「しかし、彼らがしつこく問い続けるので、イエスは身を起こして言われた。「あなたたちの中で罪を犯したことのない者が、まず、この女に石を投げなさい」。そしてまた、身をかがめて地面に書き続けられた。これを聞いた者は、年長者から始まって、一人また一人と、立ち去ってしまい、イエスひとりと、真ん中にいた女が残った」ヨハネ八・七－九。

＊33 J・O・C〔キリスト教青年労働者連盟〕「手紙V 知的な召命」訳註11、本書三四七頁参照。

＊34 「正義は社会的威信の全的剝奪である」という視点からのキリストと殉教者との絶対的差異について、ヴェイユはこう述べている。「キリストは、自分を王だと信じる狂人として嘲られ、一般法による罪人として朽ち果てたのである。殉教者には威信が貼りついている。だがキリストは、完全に威信を剝奪されていた。さらにキリストは、歓びのうちにではなく、自分を救ってくれるよう空しく父に懇願し、自分を慰めてくれるよう空しく人々に頼みながら、ついに精根尽きはてて責め苦に赴いたのである」『国家』註解」『前キリスト教的直観』八九－九〇頁。

＊35 ラーマ王 古代インドの伝説上の英雄。インドの大叙事詩『ラーマーヤナ』の主人公。ヴィシュヌ神の

化身として、その妻シータとともにインド民衆から熱狂的に崇拝されている。

＊36 ヴァールミーキ、中村了昭訳『新訳 ラーマーヤナ』第七巻、七五章一三－七六章一五、東洋文庫八三八、平凡社、二〇一三年、三一五－三一七頁。

＊37 「人参を盗んだ」という軽罪の被告人と判事との構図の光景をヴェイユは「もっともおぞましいもの」としている。「たとえば、軽罪裁判所で流暢に気のきいた冗談を交えて話す裁判官の前で、ひとりの不幸な人がもごもごと口ごもる光景ほどおぞましいものはない」「人格と聖なるもの」『シモーヌ・ヴェイユ アンソロジー』三一七頁。

＊38 不幸な人に「言葉がないこと」を描写するのに、「人格と聖なるもの」では三度、この譬えが用いられている。同前、三一七、三五五、三六三頁。訳註37参照。

＊39 「知恵は、どんな行動よりも行動的で、その純粋さのために、どんなものをも貫いて入り込む」知恵の書七・二四。

＊40 ヨハネ三・五－八、訳註20、本書三七〇頁で引用。

＊41 マタイ二五・三五－四〇、訳註6、本書三六七頁で引用。

＊42 『ティマイオス』(30b–31b)を手がかりにして、シモーヌ・ヴェイユは次のように述べている。「プラトンは、世界ないし天空と述べることで、世界の魂のことを述べようとしている。それは、友の名を呼ぶとき、わたしたちはその魂を思い描いているのであり、その身体を思い描いているのではないのと同様である。プラトンが世界の魂と名づける存在は、神のひとり子である。プラトンは、聖ヨハネと同様〔ヨハネ一六・二八〕「単性生殖」について語っている。目に見える世界とは、神の身体である。これは汎神論を意味しない。魂が身体のうちにないのと同様、神は目に見える世界のうちにはない」「『ティマイオス』註解」『前キリスト教的直観』二八頁。

＊43 「遠近法の錯覚」について、ヴェイユは次のように述べている。「一般にエゴイズムと言われているもの

は、自己愛ではない。それは遠近法のもたらす結果である。自分のいる場所から見える事物の配置が変わることを人は悪と名づける。その場所から少しでも離れたところにある事物は目に見えない。中国で十万人の大虐殺が起こっても、自分が知覚している世界の秩序は何の変化もこうむらない。だが一方、隣で仕事をしている人の給料がほんの少し上がり自分の給料が変わらなかったとしたら、世界の秩序は一変してしまうであろう。それを自己愛とは言わない。人間は有限である。だから正しい秩序の観念を、自分の心情に近いところにしか用いられないのである」『国家』註解」『前キリスト教的直観』八四頁。

＊44 聖フランチェスコ〔アッシジの〕(Francesco d'Assisi, 1182–1226)「手紙Ⅳ 精神的自叙伝」訳註5、本書三四〇頁参照。

＊45 アッシジでの神秘体験についてヴェイユは次のように語っている。「一九三七年、わたしはアッシジで素晴らしい二日間を過ごしました。比類のない驚くべき純粋さを保っているサンタ・マリア・デリ・アンジェリの一二世紀のロマネスク様式の小さな礼拝堂のなかにひとりでおりました。そこは、聖フランチェスコが、頻繁に祈りを捧げた場所です。そのとき、わたしより強い何ものかが生まれてはじめてわたしを跪かせたのです」「手紙Ⅳ 精神的自叙伝」本書一〇八頁。

＊46 十字架の聖ヨハネ(Juan de la Cruz, 1542–91)「序文」訳註64、本書三三五頁参照。

＊47 「これらのことについて証しをし、それを書いたのは、この弟子である。わたしたちは、彼の証しが真実であることを知っている。／イエスのなさったことは、このほかにも、まだたくさんある。わたしは思う。その一つ一つを書くならば、世界もその書かれた書物を収めきれないであろう」ヨハネ二一・二四–二五。

＊48 「空の鳥をよく見なさい。種も蒔かず、刈り入れもせず、倉に納めもしない。だが、あなたがたの天の父は鳥を養ってくださる。あなたがたは、鳥よりも価値あるものではないか。あなたがたのうちだれが、思い悩んだからといって、寿命をわずかでも延ばすことができようか。なぜ、衣服のことで思い悩むの

か。野の花がどのように育つのか、注意して見なさい。働きもせず、紡ぎもしない。しかし、言っておく。栄華を極めたソロモンでさえ、この花の一つほどにも着飾ってはいなかった。今日は生えていて、明日は炉に投げ込まれる野の草でさえ、神はこのように装ってくださる。まして、あなたがたにはなおさらのことではないか、信仰の薄い者たちよ」マタイ六・二六－三〇、ルカ一二・二四－二八。神への従順と人間への従順との差異について、ヴェイユは美の観点から次のように述べている。「キリストは、働きをなさず、紡がない野の百合を見つめ、物質の従順さに倣うよう促した。すなわち、野の百合は、しかじかの色彩を纏おうとはせず、自らの意志を動かそうとはせず、その目的のために手段を講じようとはせず、自然的な必然性が自らにもたらすすべてを受け入れた。野の百合が豪奢な織物よりもはるかにいっそう美しくわたしたちにあらわれるならば、それは、野の百合が織物よりも豪奢だからではなく、野の百合のこの従順さのためである。織物もまた従順ではあるが、人間に従順なのであって、神に従順なのではない。人間に従順であるとき、物質は美しくない。物質が美しいのは、神に従順であるときにかぎられる」「神への愛と不幸」本書一九〇－一九一頁／『シモーヌ・ヴェイユ アンソロジー』二五五－二五六頁。

＊49 「しかし、わたしは言っておく。敵を愛し、自分を迫害する者のために祈りなさい。あなたがたの天の父の子となるためである。父は悪人にも善人にも太陽を昇らせ、正しい者にも正しくない者にも雨を降らせてくださるからである」マタイ五・四四－四五。この章句はヴェイユがもっとも頻繁に依拠する聖書の箇所である。たとえば、この点を美の観点から敷衍してヴェイユは次のように述べている。「こう考えると、生気なき物質と同じく極悪な犯罪者も世界の秩序をなしており、したがって世界の美をなしていることになろう。すべては神に従順であり、したがってすべては完璧に美しい。これを知ること、これを現実のものとして知ること、それは、天にいます〈父〉が完璧であるのと同様に完璧である、ということである」「ピタゴラス派の学説について」『前キリスト教的直観』一八八頁。

＊50　アルビジョワ戦争　「手紙Ⅳ　精神的自叙伝」訳註40、本書三四五頁参照。

＊51　「あなたたち律法の専門家は不幸だ。知識の鍵を取り上げ、自分が入らないばかりか、入ろうとする人々をも妨げてきたからだ」ルカ一一・五二。

＊52　美についてさらにヴェイユはこうも述べている。「美はひとつの神秘である。この世でもっとも神秘的なものである。だが美はひとつの事実である。存在するものはすべて——もっとも粗野な人であってももっとも低劣な人であっても——美の威力を知っている。美を識別し利用しうる者がごくわずかしかいないとしても、やはりそうである。もっとも下劣な放蕩に身を沈めようとも美が呼び出される。一般に、その是非はさておき、価値あるものを示そうとするとき、その質の如何を問わず、つねに美に関わる言葉が用いられる。あたかも美を唯一の価値とみなしているかのように、そうされるのである」「ピタゴラス派の学説について」『前キリスト教的直観』一八四頁。

＊53　美の魅惑と、なぜ美的感覚が研ぎ澄まされるかについて、ヴェイユは同一の神話をめぐってこう述べている。「神は、魂を自然のうちに連れ戻さねばならない。だがそうする前に、神は不意をついて、魂にひそかに柘榴の実を食べさせる。魂が食べてしまえば、魂は永遠に捉えられてしまう。柘榴の実とは、魂がそれと知らずになす、神への同意である。その同意は、魂のあらゆる肉的傾向のうちでかぎりなく小さいが、魂の運命を永遠に決定づける。それは、キリストが天の王国になぞらえた芥子種（からし）のことである。それはかぎりなく小さいが、やがて天の鳥たちが止まる樹木に成長するであろう」「デメテルへの讃歌、コレー誘拐の物語」「『ホメーロス讃歌』註解」『前キリスト教的直観』七頁。

＊54　ヴォルテール（Voltaire, 1694-1778）　フランスの小説家・啓蒙思想家。百科全書派のひとり。著書『哲学書簡』、小説『カンディード』など。

＊55　ミクロメガス　一七五二年にヴォルテールが発表した同名の哲学的小説の主人公。

＊56　シモーヌ・ヴェイユは、この章句を次のように敷衍して、わたしたちの自由とは何かを導き出している。

「バッカスは〈ロゴス＝言葉（Verbe）〉である。物質が現実に存在しているのはそれを神が欲したからにほかならない。だが、媒介の働きをなす必然性は神の意志にいっそう近い。必然性とは、物質が神に従順だということである。こうして、物質における必然性とわたしたちのうちなる自由からなる相反するものの一対は、従順においてその一性を手に入れる。というのも、わたしたちが自由であるとは、神に従順であらんと欲することにほかならないからである。それ以外の自由はすべて虚偽である」「ピタゴラス派の学説について」『前キリスト教的直観』一七九頁。

＊57　『ティマイオス』からインスピレーションを受け、身体への魂のあらわれとしての「微笑み」についてシモーヌ・ヴェイユはこう述べている。「世界の魂は、世界の身体のうちにあるのではない。そうではなく、世界の魂は、身体をうちに含み、身体に浸透し、あらゆる部分から身体を包み込み、世界の魂そのものは時間・空間を超えたところにある。世界の魂はその身体から完全に切り離され、そうして身体を支配している。とはいえ、赤ん坊が母親の微笑や声の抑揚のうちに自分に向けられた愛の徴を見出すように、わたしたちは感性にあらわれる美を通して世界の魂を知覚する」「『ティマイオス』註解」『前キリスト教的直観』四三頁。

＊58　「ピタゴラス派の学説について」『前キリスト教的直観』一八四頁。訳註52で引用。

＊59　カント（Immanuel Kant, 1724–1804）　ドイツの哲学者。批判的形而上学を基礎づける。主著『純粋理性批判』（一七八一）、『実践理性批判』（一七八八）、『判断力批判』（一七九〇）。

＊60　カントは『判断力批判』で、美の第三契機を「目的なき合目的性」と規定している。「美は、合目的性が目的の表象なしで或る対象で知覚されるかぎりにおいて、その対象の合目的性の形式である」原佑訳、第一章「美しいものの分析論」『判断力批判』、『カント全集』第八巻、理想社、一九六五年、一一五頁。

＊61　それゆえシモーヌ・ヴェイユは、「大衆に必要なのは美であり、詩である」と述べる。「魂の欲望が、ありうるであろうものやあるであろうものではなく、現にいまあるものに向かうことを、人間の自然性が

受け入れる場合がただひとつだけある。その場合とは美である。美しいものはすべて、欲望の対象である。だが美しいものが別のものであることを望まない。美しいものがそこで何も変わらないことを望む。美しいものがそこにあるというそのことを望むのである。明るい夜の星空を、欲望をもって眺める。そして欲望するものは、ただ現にいま所有しているその光景だけである」「奴隷的でない労働の第一条件」『シモーヌ・ヴェイユ アンソロジー』二〇九頁。

＊62 「つれだつ友なる二羽の鷲は、同一の木を抱けり。その一羽は甘き菩提樹の実を食らい、他の一羽は食らわずして注視す」「謎の讃歌」二〇、辻直四郎訳『リグ・ヴェーダ讃歌』岩波文庫、一九七〇年、三〇一－三〇二頁。

＊63 アルパゴン　フランスの劇作家モリエールの喜劇『守銭奴』（一六六八）の主人公。貪欲な高利貸の老人で、狂気のような金銭に対する執着をもっている。

＊64 「セミラミスのアリア」　ポール・ヴァレリーの詩集『旧詩帖』（一九二〇年）所収の詩。

＊65 ヴァレリー（Paul Valéry, 1871–1945）　フランスの詩人・思想家・批評家。マラルメなどの影響を受け、象徴詩人として出発し、音楽性の高い純粋詩の理論を確立した。長詩『若きパルク』、評論『レオナルド・ダ・ヴィンチの方法序説』、『テスト氏』など。

＊66 「人格の強調」の視点からはこう述べられている。「たとえば、自分の芸術や学問を人格の開花とみなすことに余念がない芸術家や学者こそが、実のところ、もっとも大衆の好みに迎合する人々である。ユゴーは、自己崇拝と「鳴り響く木霊」の役割を融合させるのに何ら困難を感じなかった。ワイルドやジッドやシュールレアリストたちはさらにいっそうあきらかである。同じ水準にいる学者もまた、流行に従っている。帽子の形よりも学問のほうがはるかに流行に左右される。専門家たちの集団的な意見は、ほぼ絶対的な支配力をもって専門家ひとりひとりに働きかける」「人格と聖なるもの」『シモーヌ・ヴェイユ アンソロジー』三二六－三二七頁。

＊67 『ティマイオス』を敷衍して、愛の視点からヴェイユはこう述べている。「翻って、時計を愛さずとも時計製造工は時計を作ることができる。だが、芸術創造は（悪魔的なものでない場合、また、単に人間的というのではない場合には）、愛からしかなしえない」『ティマイオス』註解」『前キリスト教的直観』二六頁。

＊68 「数学から社会学に至るまで、あらゆる学問分野は、世界の秩序を対象としている。学問は、普遍的な秩序の観念を除いて、適合ないし厳密に排除されるべき合目的性のあらゆる配慮といった必然性の相のもとでのみ、世界の秩序を考察する。学問が、厳密で、正確で、論証的で、厳格に科学的であればあるほど、世界の秩序の本質的に摂理的な性質が露わになる」「『ティマイオス』註解」『前キリスト教的直観』四四頁。

＊69 「おそらく、わたしたちのうちには、記憶、感受性、想像力、習慣、信仰に貼りついたかなり多くの連関があるはずである。だがそれらは必然性を内包していない。世界の実在を構成する必然的連関は、活き活きと働く知的注意が向けられた場合にのみ実在的なものとなる。必然性と注意の自由な働きとのあいだのこの連関はひとつの驚異である。注意にかかわる不可欠の努力が大きくなればなるほど、その驚異はいっそう際立ってくる」「ピタゴラス派の学説について」『前キリスト教的直観』一八一頁。

＊70 「必然性は美の一面にすぎず、美のもうひとつの面は善であることを心底理解するならば、そのとき、必然性と感じられているものすべて——困難、苦しみ、痛み、障害など——は、愛を促す根拠となる。見習い修業をしている人が怪我をすると、仕事が身体のうちに入ったのだ、と言われる。このことを理解するならば、同様に、あらゆる苦しみについても、美の本体が身体のうちに入ったのだ、と考えることができよう」「『ティマイオス』註解」『前キリスト教的直観』四一頁。

＊71 労働者に美と詩が不可欠であるのを前提とした上で、こう述べられている。「ここに労働者の特権がある。労働者だけがこの特権を有している。他のあらゆる条件では、例外なく、個別の目的が活力に差し

出されている。個別の目的は、それがひとつの魂ないしいくつかの魂の救いとなるであろう場合、個別の目的が遮蔽幕となって、神を隠してしまう。自己から離れることによって、遮蔽幕を貫いてゆかねばならない。労働者には遮蔽幕がない。労働者と神を分かつものは何もない。労働者は頭を上げさえすればよいのである」「奴隷的でない労働の第一条件」『シモーヌ・ヴェイユ アンソロジー』二一一頁。

＊72 芸術作品を媒介にしての愛の伝播については次のように述べられている。「着想が芸術作品の素材を支配するように、摂理が世界を支配する。それゆえ摂理はわたしたちにとっての着想の源泉でもある。木工職人は知性の働きに従ってテーブルを考案し製作するが、それだけである。だが、芸術家の着想の結果生まれる作品は、それを観照する人々の着想の源泉となる。芸術作品を通して芸術家のうちにある愛は、人々の魂のうちに類似の愛を生み出す。こうしてあまねく宇宙に揺るぎない愛(エロース)が働く」「『ティマイオス』註解」『前キリスト教的直観』四五頁。

＊73 プルースト（Marcel Proust, 1871–1922）　フランスの小説家。ラスキンの芸術哲学に傾倒し、人間の意識の深みをさぐりつつ、高次の心理・感情・感覚による芸術空間を小説形式で創造し、二〇世紀の文学に大きな影響を与えた。主著『失われた時を求めて』（一九一三－二七）。

＊74 「きわめて稀であるが、真に美しい人に出会うと、あるいは真に美しい歌声を聴くと、この感覚的な美の背後に、もっとも純粋な愛からなる魂がある、と思わざるをえなくなってくる。それがしばしば誤っていて、大きな不幸をもたらすことも多々ある。だが宇宙に関して、それは真実である。世界の美は、完全に美しく欺くことのない表情がその人のもろもろの特徴を映し出すように、世界の魂である愛を語っている」「『ティマイオス』註解」『前キリスト教的直観』四二－四三頁。

＊75 「そこでは神に逆らう者も暴れ回ることをやめ／疲れた者も憩いを得／捕われ人も、共にやすらぎ／追い使う者の声はもう聞こえない。／そこには小さい人も大きい人も共にいて／奴隷も主人から自由になる」ヨブ三・一七－一九。

＊76「だから、地上的なもの、すなわち、みだらな行い、不潔な行い、情欲、悪い欲望、および貪欲を捨て去りなさい。貪欲は偶像礼拝にほかならない」コロサイ三・五。

＊77「光が世に来たのに、人々はその行いが悪いので、光よりも闇の方を好んだ。それが、もう裁きになっている。悪を行う者は皆、光を憎み、その行いが明るみに出されるのを恐れて、光の方に来ないからである」ヨハネ三・一九－二〇。なぜ、凡庸な部分が光を避けるのかについては、以下を参照のこと。「わたしたちは、どのようにして神への愛を自らのうちに据えようか、と模索する必要はない。神への愛はわたしたちのうちにある。それはわたしたちの存在の基盤そのものである。もしわたしたちが神以外の者を愛するならば、それは誤りであり、人違いをしたのである。道で歓び勇んで見知らぬ人に駆け寄るときのように、離れているために友と見間違えてしまったようなものである。しかし、わたしたちのうちには、凡庸なるものが住まっている。それは自己保存の本能によって、ありとあらゆる虚偽を用いて、生まれてから死の瞬間までわたしたちがずっと愛し続けているものは真の神にほかならないということを認識させまいとする。というのも、この認識に至るやいなや、わたしたちのうちなる凡庸なるものはすべて、死を余儀なくされるからである」『饗宴』註解」『前キリスト教的直観』八〇－八一頁。

＊78『ティマイオス』に依拠しつつ、ヴェイユは芸術創造から宇宙の成り立ちを導き出している。「芸術を創造する際にも手段を組み合わせ、そこに合目的性がありありと浮かび上がる。だが、いかなる目的も思い浮かべられない。目的はある意味では使用された手段の総体であるが、ある意味ではまた完全に超越的なものである。宇宙に関してもまったく同様である。宇宙が何のために運行するかはまったく超越的で、想像しえない。なぜなら、宇宙の目的は神そのものだからである。こうして、芸術は宇宙と比較しうる唯一のものだということがわかる」『ティマイオス』註解」『前キリスト教的直観』一二五－一二六頁。

＊79『ティマイオス』註解」掉尾にも同様の記述が見られる。「美は、個々特殊な目的を排除する。ある詩において、この言葉はこうした効果を生み出すために詩人によって配置された――たとえば、豊かなリ

ズム、畳韻法、鮮明なイメージなどである——と説明できるならば、その詩は二流である。完璧な詩とは、言葉がそこにあって、それが絶対的に適っている、としか言いようのないものである」『ティマイオス』註解」『前キリスト教的直観』四四頁。

*80 ボーマルシェ『フィガロの結婚』（一七八四）第五幕、第三景。

*81 ボーマルシェ（Beaumarchais, 1732–99）　フランスの劇作家・事業家。才気とユーモアと風刺に富む喜劇で知られる。代表作『セビリアの理髪師』、『フィガロの結婚』。

*82 「わたしが大地を据えたとき／お前はどこにいたのか。／知っていたというなら／理解していることを言ってみよ」（ヨブ三八・四）。ヨブは、自分を苦しめる関心事とは無関係のこの神の問いによって、己れから離れることができ、救われるのである。「だがより一般的には、どのような痛みも、とりわけ十分に堪え忍ばれたような不幸も、わたしたちを扉の向う側へと移行させる。そしてその調和は、真実の相貌をあらわしつつ高みにその相貌を向けて、世界の美と神の美からわたしたちを隔てる一枚のヴェールを引き裂く。これは、「ヨブ記」の終わり部分に示されているものである。ヨブは苦悶の果てに、見かけはともかくも完璧に十分堪え忍ばれた苦悶の果てに、世界の美の啓示を受ける」「ピタゴラス派の学説について」『前キリスト教的直観』一九〇頁。

*83 「あなたがたの天の父の子となるためである。父は悪人にも善人にも太陽を昇らせ、正しい者にも正しくない者にも雨を降らせてくださるからである」マタイ五・四五。「必然性に対して人々が向ける無念の思いとは、道徳的価値に対する絶対的な無関心性である。正義の人も罪ある人も平等に太陽と雨との恩恵を受ける。そしてまた、正義の人も罪ある人も、平等に旱魃に遭い、洪水に溺れる。天なる父の完全性の表現として、じっと見つめ、倣いなさい、とキリストが促すのは、まさしくこの無関心性のことである。この無関心性に倣うとは、ひたすらこの無関心性に同意することであり、避けられる可能性とその義務のある悪を除いて、悪も含め、あらゆる存在を受け入れることである」「ピタゴラス派の学説

について」『前キリスト教的直観』一七六頁。

＊84 プロメテウス　ギリシア神話で、ゼウスに抗して人間に火をもたらしゼウスに罰せられる神。

＊85 アイスキュロス『縛られたプロメテウス』一〇九一−一〇九二行。「おお、聖なる母よ。おお、森羅万象に平等に光を投げかける天空よ」『縛られたプロメテウス』註解」『前キリスト教的直観』一一九頁で引用。

＊86 プラトン『ティマイオス』47b-c。「わたしたちの欲望はとどまるところを知らず、絶え間なく外へと向かっていき、想像上の未来をその領野としている。この欲望を自らに向き合わせ、現在に向かわせねばならない。わたしたちの生を日・月・年に分割する天体の運動は、この点に関してわたしたちが倣うべきモデルである。なぜなら、天体の運行は厳密であり、星辰は未来も過去も少しも変わらないからである。天体の運行では未来が過去と少しも変わらぬことを観照するならば、わたしたちは時間を通して永遠へと至り、未来へ向かう欲望から解き放たれることで、未来を運ぶ誤謬と虚偽の唯一の源泉である想像力からも解き放たれる。わたしたちはいかなる恣意、いかなる想像力の働く余地もない、諸比例の正しさに与る。だが、比例という言葉は、おそらく受肉をも思い起こさせよう」「『ティマイオス』註解」『前キリスト教的直観』三三一−三四頁。

＊87 ホメーロス『オデュッセイア』一三歌。

＊88 アテナ　アクロポリスを守護する豊穣の女神。知恵、学問、芸術、技術、戦術を司る。

＊89 カリュプソ　オギュギア島に住むニンフであり、アトラスの娘。漂着したオデュッセウスを歓待し、七年間この島にとどめた。『オデュッセイア』五歌。

＊90 セイレン　上半身が女性、下半身が鳥あるいは魚の尾の、人を魅する歌い手である海の怪物。『オデュッセイア』一二歌、一四七−二三六行。

＊91 マタイ五・四五、訳註83で引用。「すべては神に従順であり、したがってすべては完璧に美しい。これ

を知ること、これを現実のものとして知ること、それは、天にいます〈父〉が完璧であるのと同様に完璧である、ということである」「ピタゴラス派の学説について」『前キリスト教的直観』一八八頁。

＊92 人格の意義は、「非人格的なものへの移行の通路としてのみである」とヴェイユはみなしている。「人格的なものは非人格的なものと対立するが、人格的なものから非人格的なものへの移行がある。集団から非人格的なものへの移行はない。非人格的なものへと入るためには、まず第一に、集団が個々の人格に解体されねばならない。／この意味においてのみ人格は、集団よりはるかに聖なるものの性質を帯びる」「人格と聖なるもの」『シモーヌ・ヴェイユ アンソロジー』三二五頁。

＊93 マタイ五・四五、訳註83で引用。

＊94 「必然性とは、物質が神に従順だということである。こうして、物質における必然性とわたしたちのうちなる自由からなる相反するものの一対は、従順においてその一性を手に入れる。というのも、わたしたちが自由であるとは、神に従順であらんと欲することにほかならないからである。それ以外の自由はすべて虚偽である」「ピタゴラス派の学説について」『前キリスト教的直観』一七九頁。「神への従順への同意」と「重力への従属」との絶対的な差異とその選択の自由については「神への愛と不幸」訳註23、本書三六三頁を参照のこと。

＊95 「大衆に必要なのは美であり、詩である」とヴェイユが述べるのはこのコンテクストにおいてである。「大衆は、自らの欲望すべてをすでに自分が所有しているものに向けることを余儀なくされているのだから、美は大衆のためにあり、大衆は美のためにある。他の社会的条件にある人にとって詩は贅沢である。大衆は、パンのように詩を必要としている。言葉のなかに閉じ込められた詩ではない。そうしたものは、それ自体、大衆の何の役にも立たない。大衆が必要としているのは、その人の日常生活の実体それ自体が詩であるということだ」「奴隷的でない労働の第一条件」『シモーヌ・ヴェイユ アンソロジー』二一〇頁。

＊96 仏陀（c.463BC－c.383BC） 仏教の開祖。釈迦＝ゴータマ・シッダールタ。

＊97 この記述は、南無阿弥陀仏とひとつになったとされる妙好人才市を想わせるであろう。鈴木大拙は『日本的霊性』、『浄土系思想論』で妙好人才市の歌と信仰について論じている。大拙の『禅仏教論集』（英文）をヴェイユは一九四二年の春に耽読し、『カイエ4』に抜粋を記している。この点について、大拙は後年、次のように述べている。「ところが不思議なことに、わしの本を読んだと書いてあるですね。わしの本の禅に関したものを読んでおると書いてある。ヒットラーの時代というと、二十年ほど前ですね。わしが禅の本を書き始めたのは四、五十年前だが、この人はたぶん二十五、六歳の時に読んだものと思うが、読んだといっても、べつに批評も何もしないで、その中から言葉をいくつか引いて、三、四カ所に出ておる。こりゃ不思議だと思うて、それからまた、よくこんなほうまで目を通すということに感心したわけです。／それで、東洋の思想に触れておったということは、確かなんだが、そのせいかどうかしらぬが、その人の言葉の中に、純粋なキリスト教とは見られず、純粋にユダヤ宗の人とも思われぬ、何か東洋のものがはいってきてやしないかという気がするのです」「「詩」の世界を見るべし」『東洋的な見方』岩波文庫、一九九七年、二四〇－二四一頁。

＊98 コンラッド（Joseph Conrad, 1857–1924） ポーランド生まれのイギリスの小説家。海洋文学の形式に則り、西洋植民地支配を受ける第三世界における根深い倫理的・社会的問題を浮き彫りにする。代表作『闇の奥』（一九〇二）。

＊99 ローランの牝馬 ルドヴィーコ・アリオストによるイタリアの叙事詩『狂えるオルランド』（一五一六）に登場する馬のこと。あらゆる資質を備えているが、死んでおり、現実に存在していない。

＊100 「しかし、実を言うと、わたしが去って行くのは、あなたがたのためになる。わたしが去って行かなければ、弁護者はあなたがたのところに来ないからである。わたしが行けば、弁護者をあなたがたのところに送る」ヨハネ一六・七。

＊101 「その翌日、ヨハネは、自分の方へイエスが来られるのを見て言った。「見よ、世の罪を取り除く神の小羊だ」」ヨハネ一・二九。

＊102 たとえば、働いている場所に対する嫌悪はこう描写されている。「上役たちが入ってゆく工場の門の目の前で、豪雨のなかを、一〇分間、始業開始の鐘が鳴るまで、待っている女たちを見かけることがある。この女たちは労働者である。女たちにとって工場の門は、雨宿りするために、ごく自然に入ってゆくであろう、どんな見知らぬ家の門よりも見知らぬものである。どのような親密さも、労働者たちを自らの生気が使い果たされる場所や対象に結び合わせない。そして工場は労働者たちを自分の国において、異邦人に、追放された者に、根こぎにされた者にする」「工場生活の経験」『シモーヌ・ヴェイユ アンソロジー』九四頁。

＊103 「こうして、至聖所、臨在の幕屋および祭壇のために贖(あがな)いの儀式を済ますと、生かしておいた雄山羊を引いて来させ、アロンはこの生きている雄山羊の頭に両手を置いて、イスラエルの人々のすべての罪責と背きと罪とを告白し、これらすべてを雄山羊の頭に移し、人に引かせて荒れ野の奥へ追いやる。雄山羊は彼らのすべての罪責を背負って無人の地に行く。雄山羊は荒れ野に追いやられる」レビ一六・二〇―二二。

＊104 「私たちのうちなる悪、私たちはその一部分を自己の注意や欲望の対象に転移する。するとそれらの対象は、あたかもそこから発したものであるかのように、私たちに悪を送りかえす。だから私たちは悪が私たちを押し沈めた場所に憎悪と嫌悪をいだく。私たちを悪に閉じこめておくのはそうした場所自体とさえ思われる。こうして、病人は自分の部屋や、周囲の人びと——たとえそれが好ましい人びとであっても——に憎悪をいだき、労働者はときどき自分の工場に憎悪をいだく。そのほかの場合についても同様である。／しかし注意をこらし願望をこめてまったく純粋なものに悪の一部を転移させる場合は、純粋なものは穢れずに、純粋な状態にとどまり、私たちに悪を送りかえさない。こうして私たちは悪から

解放される」前掲、シモーヌ・ヴェーユ「神への愛についての雑感」『現代キリスト教思想叢書6』一六一一七頁。

＊105 「善への欲望」の視点からの刑罰の意義については以下を参照のこと。「刑罰とはもっぱら、それを望まぬ人に純粋な善を与える方法である。罰を与えるとは、罪を犯した人に、苦しみによって、あるいは死をもってさえも、純粋な善への欲望を呼び覚ますことである」「人格と聖なるもの」『シモーヌ・ヴェイユ アンソロジー』三七一頁。

＊106 「しかし、善行の人々の罪悪が尽きる時、彼らは相対観の迷妄を脱し、強固な信念をもって私を信愛する」第七章、二八、上村勝彦訳『バガヴァッド・ギーター』岩波文庫、一九九二年、七三頁。

＊107 「民はモーセのもとに来て言った。「わたしたちは主とあなたを非難して、罪を犯しました。主に祈って、わたしたちから蛇を取り除いてください」。モーセは民のために主に祈った。主はモーセに言われた。「あなたは炎の蛇を造り、旗竿の先に掲げよ。蛇にかまれた者がそれを見上げれば、命を得る」。モーセは青銅で一つの蛇を造り、旗竿の先に掲げた。蛇が人をかんでも、その人が青銅の蛇を仰ぐと、命を得た」民数記二一・七－九。

＊108 「思考は、動物が死を避けるのと同様に、素早く、どうしようもなく不幸を避ける」「神への愛と不幸」本書一七八頁／『シモーヌ・ヴェイユ アンソロジー』二三四頁。「生きた肉体が死を厭うのと同じように、思考は不幸について考えることを厭う。猟犬の群れの歯牙にかけられるために鹿が一歩一歩前に進み出ることがないのとほぼ同じように、そうしなくてもすむのに、現実の、間近に迫った不幸について注意力を向ける行為は不可能である」「人格と聖なるもの」同前、三四八頁。

＊109 老子（生没年未詳）春秋戦国時代（前七七〇－前二二一）の楚の思想家。道家（老荘思想）の開祖。ヴェイユのこの洞察は、プラトン『饗宴』から『国家』への移り行きの過程で摑まれたものである。

＊110 「しかし、わたしたちのうちには、凡庸なるものが住まっている。それは自己保存の本能によって、あ

りとあらゆる虚偽を用いて、生まれてから死の瞬間までわたしたちがずっと愛し続けているものは真の神にほかならないということを認識させまいとする。というのも、この認識に至るやいなや、わたしたちのうちなる凡庸なるものはすべて、死を余儀なくされるからである」『饗宴』註解」『前キリスト教的直観』八一頁。

＊111 「御神ぞ、高い望みの櫓からして、／驕る者らを　全い破滅の淵へ投ずる、／でも　決して無理な力は武器にお用いなさいませぬ、／神さまの御仕事はみな　骨折要らずで、／お坐りのまま、御はかりごとを、おのずから／いつかこう造作もなしに　お遂げになります、／高しく尊い　御座にいまして」アイスキュロス、呉茂一訳「救いを求める女たち」九八－一〇四行、前掲『ギリシア悲劇全集』第一巻、三三四頁。

＊112 「勇ましいちびの仕立て屋」。わたしたちがいかに社会的威信、力に呪縛されているかについてのこの童話をめぐる考察は以下のとおりである。「社会的威信は文字通り純然たる錯覚であり、どんな現実的な存在ももたない。しかしながら、力の九割は社会的威信からなっており、力はこの世界のすべてを決定している。『グリム童話』の「勇敢なちびの仕立て屋」や、これと類似した多くの物語がそれを示している。ちびの男は一打で七匹のハエを叩き潰し、「一打で七匹殺した」と世間に吹聴して回る。手強い敵に侵略されようとしていたある国は、この男を将校として迎える。一度も馬に乗ったことがなかったこの男は、戦闘の前日、訓練のために馬に自分の身体をくくりつける。男のはげしい恐怖のため馬は猛スピードで駆け出し、そのまま敵陣になだれ込んでしまう。敵は突入してきた騎手を目の当たりにして、この男が大勢の軍隊を従えていると思い込み、あわてて逃げ出す。こうして、ちびの仕立て屋は王の娘婿となる」『国家』註解」『前キリスト教的直観』八六－八七頁。

＊113 このことを学業に敷衍してヴェイユは次のように述べている。「学業でこの種の筋肉の努力が費やされるのはよくあることである。疲れ果てると、「よく勉強した」という感覚をもつ。それは幻想である。

疲労は勉強と何のかかわりもない。疲労しようがしまいが、勉強は有益な努力である。学業におけることの種の筋肉の努力は、たとえ善い意図をもって成し遂げられたとしても、まったく不毛である。こうした場合の善い意図とは、地獄へと敷きつめられた善い意図である」「神への愛のために学業を善用することについての省察」本書一六八頁。

＊114 パスカル（Blaise Pascal, 1623–62）「序文」訳註2、本書三二八頁参照。

＊115 パスカル『パンセ』二三三。「手紙Ⅳ 精神的自叙伝」訳註22、本書三四三頁参照。

＊116 この章句は『前キリスト教的直観』冒頭に掲げられている。「«*Quaerens me sedisti lassus*»〔神は苦労してわたしたちを探しにくる〕」／（「福音書」では、何かの誤りでもないかぎり、人間が神を探し求めることはない。このことを銘記しておこう。すべての譬え話で、キリストが人々を探し求めている。あるいは、〈父〉がその僕たちを使って人々を導く。もしくは人間が、偶然神の国を見出す。このとき、否このときにのみ、人間はすべてを売りわたす〔マタイ一三・四四－四五〕）」「神による人間の探索」『前キリスト教的直観』三頁。

＊117 「主人が婚宴から帰って来て戸をたたくとき、すぐに開けようと待っている人のようにしていなさい。主人が帰って来たとき、目を覚ましているのを見られる僕たちは幸いだ。はっきり言っておくが、主人は帯を締めて、この僕たちを食事の席に着かせ、そばに来て給仕してくれる」ルカ一二・三六－三七。

＊118 「そこで、家来たちは通りに出て行き、見かけた人は善人も悪人も皆集めて来たので、婚宴は客でいっぱいになった。王が客を見ようと入って来ると、婚礼の礼服を着ていない者が一人いた。王は、「友よ、どうして礼服を着ないでここに入って来たのか」と言った。この者が黙っていると、王は側近の者たちに言った。「この男の手足を縛って、外の暗闇にほうり出せ。そこで泣きわめいて歯ぎしりするだろう」」マタイ二二・一〇－一三。

＊119 「天の国は次のようにたとえられる。畑に宝が隠されている。見つけた人は、そのまま隠しておき、喜

びながら帰り、持ち物をすっかり売り払って、その畑を買う」マタイ一三・四四。

＊120 「(善は)魂すべてが追い求めるものです。そのために魂はどんなことでもします。しかし魂は善が何であるかを予感しながらも困惑してしまい、魂は善が何であるのかを十分に把握できません。それゆえ魂は、他のもののように善についてはっきりとした確信をもちえないのです。そのため、魂は善がもちうる他のもろもろの事柄や善の有用性をも捉え損ねてしまいます」プラトン『国家』第六巻(505e)。『国家』註解」『前キリスト教的直観』八二頁で引用。

＊121 「わたしが来たのは地上に平和をもたらすためだ、と思ってはならない。平和ではなく、剣をもたらすために来たのだ」マタイ一〇・三四。

＊122 「おお、なんと痛ましい、／このような、奴隷のやすむ褥(しとね)の上に、騙し討ちの死にうちとられて、両刃の剣に撃ちおろす手にかかって」アイスキュロス、久保正彰訳『アガメムノーン』岩波文庫、一九九八年、一二二頁、一四六行。

＊123 アルノルフ　モリエールの喜劇『女房学校』(一六六二年)の主人公の中年男性。

＊124 モリエール『女房学校』一〇二四行。

＊125 アルパゴン　訳註63、三八一頁参照。

＊126 プラトン『国家』第六巻(493c)。「このことを理解するには、〔社会という〕巨大な動物の比喩〔『国家』493a-d〕を思い起こさねばならない。人間社会もそのなかのどんな集団も、好きなものと嫌いなものを飼育係がすっかり知り尽くしている巨大で獰猛な動物のようなものである。道徳は、この動物の好き嫌い以外の何ものでもない。というのも、道徳を説くのはこういう人々だからである。「この動物が好きなものを善と呼び、嫌いなものを悪と呼びます。善悪の区別のための根拠がほかにはないのです。必要なものを正しく美しいものと呼び、必要の本質と善の本質とがどれほど異なっているのかを見ることも、他人に示すこともできないのです」〔『国家』第六巻493c〕」『国家』註解」『前キリスト教的直

観』八五頁。この章句は、同前、九七頁、一八二頁でも引用。

＊127 バルザック（Honoré de Balzac, 1799–1850）フランスの小説家。一九世紀前半のフランス社会を活写し、近代リアリズム文学の頂点を示した。『ゴリオ爺さん』（一八三五）、『谷間の百合』（一八三六）。

＊128 『ゴリオ爺さん』バルザックの長篇代表作。一八三五年に発表。

＊129 『フェードル』一六七七年に発表されたラシーヌの韻文悲劇。エウリピデスおよびセネカの『ヒッポリュトス』に基づき、アテナイの王妃フェードルが義理の息子イポリットへの恋心のゆえに自らの運命を狂わせてゆくさまを描く。

＊130 たとえば、聖書の逸話からインスピレーションを得た、洗礼者聖ヨハネの首を所望したサロメの驚きの一瞬の光景は、ギュスターヴ・モロー《出現》や、オスカー・ワイルド『サロメ』の挿絵オーブリー・ビアズリー《サロメ》に結実されている。「ところが、ヘロデの誕生日にヘロディアの娘が、皆の前で踊りをおどり、ヘロデを喜ばせた。それで彼は娘に、「願うものは何でもやろう」と誓って約束した。すると、娘は母親に唆されて、「洗礼者ヨハネの首を盆に載せて、この場でください」と言った。王は心を痛めたが、誓ったことではあるし、また客の手前、それを与えるように命じ、人を遣わして、牢の中でヨハネの首をはねさせた。その首は盆に載せて運ばれ、少女に渡り、少女はそれを母親に持って行った」マタイ一四・六–一一。

＊131 「不幸に直面して、状況の支配のうちに置かれた思考は、死に脅かされている動物が目の前に逃げ場を見出したときのような素早さで、虚偽のうちに逃げ込む。そうした恐怖のうちにある思考は、あまりにも深く虚偽のうちにはまり込んでしまうことがある。また、不幸のうちにある、あるいはかつて不幸のうちにあった人が、あたかも悪徳のように虚偽に染まってしまうことがよくある」「神への愛と不幸」［「神への愛と不幸」のつづきとして後から発見された数頁］」『シモーヌ・ヴェイユ アンソロジー』二七九頁。

＊132　ピロラオス DK58 B1、「ピタゴラス派の学説について」『前キリスト教的直観』、一四四、一五三、一五五、一五八、一六五頁で引用。「「友情とは調和からなる平等である」という章句を人間にあてはめるならば、調和とは相反するものの一致である。相反するものとは、わたしと他者である。両者はあまりに隔てられており、その一致が見出されるのは神のうちにのみである。人間同士の友情と正義は——正義が状況によって外側から与えられる場合を除いて——ただひとつの同じ事柄である」同前、一六五頁。

＊133　「必然性とは、物質が神に従順だということである。こうして、物質における必然性とわたしたちのうちなる自由からなる相反するものの一対は、従順においてその一性を手に入れる。というのも、わたしたちが自由であるとは、神に従順であらんと欲することにほかならないからである。それ以外の自由はすべて虚偽である」「ピタゴラス派の学説について」『前キリスト教的直観』一七九頁。

＊134　ラシーヌ「神への愛のために学業を善用することについての省察」訳註4、三五四頁参照。

＊135　ピラドおよびオレストは、ラシーヌの韻文悲劇『アンドロマック』の登場人物。『アンドロマック』は、一六六七年、宮廷で初演され、主人公アンドロマックの苦悩や情念の激しさが、美しい韻律で描かれている。

＊136　「恋人や友人はふたつの欲望を抱いている。そのひとつは、一方が他方のうちに入り込み、ひとつになるほどまでに愛し合うことである。もうひとつは、ふたりが地球の反対側にまで隔てられていても、ふたりの結びつきが少しも弱まらないほどまでに愛し合うことである。この世で人間が空しく欲するものはすべて、神においては完全であり、実在のものである。不可能なこれらの欲望はどちらも、わたしたちの使命の徴のようにわたしたちのうちにある。そしてこれらの欲望がわたしたちにとって善きものとなるのは、もはやこれらの欲望を果たそうと希わなくなるときである」「神への愛と不幸」本書一八六－一八七頁／『シモーヌ・ヴェイユ アンソロジー』二四九頁。

＊137　「あなたがたに新しい掟を与える。互いに愛し合いなさい。わたしがあなたがたを愛したように、あな

たがたも互いに愛し合いなさい」ヨハネ一三・三四（一五・一二／一五・一七）。

＊138 「二人または三人がわたしの名によって集まるところには、わたしもその中にいるのである」マタイ一八・二〇。

＊139 「だがアイドネウスは、／蜜のように甘い柘榴（ザクロ）の実を、こっそりペルセポネーに食べさせていた。／あちら側に、青いヴェールの尊いデメテルの傍らに、／ずっととどまり続けることがないように、と謀ったのである」「デメテルへの讃歌、コレー誘拐の物語」三七一-三七四行、「『ホメーロス讃歌』註解」『前キリスト教的直観』六頁で引用。「神は、魂を自然のうちに連れ戻さねばならない。だがそうする前に、神は不意をついて、魂にひそかに柘榴の実を食べさせる。魂が食べてしまえば、魂は永遠に捉えられてしまう。柘榴の実とは、魂がそれと知らずになす、神への同意である。その同意は、魂のあらゆる肉的傾向のうちでかぎりなく小さいが、魂の運命を永遠に決定づける。それは、キリストが天の王国になぞらえた芥子（からし）種のことである。それはかぎりなく小さいが、やがて天の鳥たちが止まる樹木に成長するであろう」同前、七頁。

＊140 「ジョー・ブスケへの手紙」。「手紙Ⅵ 最後に考えていたこと」訳註18、本書三五〇頁参照。

＊141 『饗宴』註解」『前キリスト教的直観』八〇-八一頁参照。訳註77、三八四頁で引用。

＊142 「しかしわたしが君に示したのは、認識する能力もその器官もそれぞれの人の魂のうちに備わっている、ということです。しかし身体すべてを挙げなければ、暗闇から離れ、光のほうに目を向けることはできません。そしてまた、実在を、そして実在のうちでもっとも輝かしいもの――わたしたちが善と言ったのはこのことですが――を、観照するに耐えうるまで、魂すべてを挙げて、移ろいゆくものから向き変わらねばなりません」プラトン『国家』第七巻（518b-d）。「『国家』註解」『前キリスト教的直観』八三頁で引用。

＊143 これは、すでに一六歳のときにヴェイユが著した論考「『グリム童話』における六羽の白鳥の物語」の

主題である。「妹は誰とも打ち解けない人にならなければならないのである。努力なくして何もなしえないとはいえ、妹の徳は妹その人のうちにある。妹は、六枚のシャツを縫う仕事にのみ努力を傾け、行為を抑制する。というのも、喋らず笑わずこの仕事を最後までやり遂げなければ、妹はどんな行為もなしえないからである。したがって「行為しない」ということには徳がある。この思想は最深のところで、東洋的な考えと結びついている。行為するのが難しいのではけっしてない。わたしたちはつねに行為しすぎている。しかもたえず無秩序な行為に拡散している。アネモネで六枚のシャツを縫い、沈黙していること、ここにこそわたしたちが権能を手にするたったひとつの手段がある」『グリム童話』における六羽の白鳥の物語」『シモーヌ・ヴェイユ アンソロジー』二五－二六頁。

＊144 「集団に聖なる性格を与えるという誤りが偶像崇拝である。偶像崇拝は、あらゆる時代、あらゆる国に、もっともあまねく広まった犯罪である。人格の開花のみが重要だとみなす人々の目には、聖なるものの感覚すら完全に失われている。どちらの誤りがより深刻であるかを見極めるのは難しい。往々にしてこのふたつの誤りは、しかじかの配合によって、同じ精神のうちで組み合わされている。だが、集団に聖なる性質を与えるほうが、人格の開花に重きを置くよりも、その誤りの強度や持続性は強い。／精神的な面から言えば、一九四〇年のドイツと一九四〇年のフランスとのあいだの闘いは、主に、野蛮と文明との闘いでも、悪と善との闘いでもなく、それは、集団に聖なる性格を与えるという誤りと人格の開花に重きを置くという誤りとのあいだの闘いであった。集団に聖なる性格を与えるという誤りが勝利を収めたのは驚くに足らない。というのも、この誤りはそれ自体で最強だからである」「人格と聖なるもの」『シモーヌ・ヴェイユ アンソロジー』三二五－三二六頁。

＊145 『カルメル山登攀』第二部、『暗夜』第二篇。

＊146 ソフォクレス『エレクトラ』一二一八－一二二九行。「エレクトラは権威ある王の娘である。だが、父親を裏切った人々の指示で、悲惨な奴隷状態に貶められている。エレクトラは腹を空かせ、ぼろを纏っ

ている。不幸は彼女を苦しめるだけではなく、堕落させ、とげとげしくもさせる。だが彼女は妥協しない。自分に対して全権を握る父の仇を憎んでいる。彼女を救い出せるのは、遠く離れたところにいる弟だけである。弟がやってくるのを待つあいだ、彼女は疲労困憊してしまう。ようやく弟がやってくる。だが、それについて彼女は何も知らされていない。目の前にいるのは、弟の死を告げ、遺灰を抱えている見知らぬ人だと思い込んでいる。彼女は底なしの絶望に突き落とされ、死にたくなる。だが、もはや希望が何ひとつなくなっても、一瞬たりとも妥協しようとは思わない。父の仇への憎しみは、ますます募るばかりである。泣きながら骨壺を抱きかかえていると、その涙を見たオレステスは、女奴隷と思っていた人が誰なのかを知る。骨壺が空であると知らせ、自分の正体を明かす」「『エレクトラ』註解」『前キリスト教的直観』一四－一五頁。

＊147　「キリストの叫びと〈父〉の沈黙とが交響し、至高の調和を奏でる。あらゆる音楽はその模倣にほかならず、わたしたちのうちで最高度に悲痛で甘美な調和による音楽であっても、この至高の調和にはるかに及ばない。全宇宙はその微小なかけらであるわたしたち自身の存在も含め、この至高の調和の振動にすぎない」「ピタゴラス派の学説について」『前キリスト教的直観』一九五頁。

「主の祈り」について

＊1　マタイ六・九－一三。

＊2　「このように、あなたがたは悪い者でありながらも、自分の子供には良い物を与えることを知っている。まして、あなたがたの天の父は、求める者に良い物をくださるにちがいない」マタイ七・一一。

＊3　「あなたがたの髪の毛までも一本残らず数えられている」マタイ一〇・三〇。

＊4　訳文はシモーヌ・ヴェイユのフランス語訳による。以下同様。「天におられるわたしたちの父よ」マタ

イ六・九。

＊5 「毎日より高く飛べばいつかは落ちずに天空に昇るであろうという希望をもって、足を揃えて飛び続ける人間のように、自らの魂を高めようとする人がいる。そうした想いに憑かれている人は、天空を見つめることができない。わたしたちは一歩も天空のほうに向かうことはできない。わたしたちに垂直方向は禁じられている。だがもしわたしたちが長いあいだ天空をじっと見つめるならば、神が降りてきて、わたしたちを持ち上げる」「神への暗々裏の愛の諸形態」本書二六四頁。

＊6 神が人間を探すという主題をシモーヌ・ヴェイユは民話や神話のうちに考察している。「《*Quaerens me sedisti lassus*》〔神は苦労してわたしたちを探しにくる〕／〔「福音書」では、何かの誤りでもないかぎり、人間が神を探し求めることはない。このことを銘記しておこう。すべての譬え話で、キリストが人々を探し求めている。あるいは、〈父〉がその僕（しもべ）たちを使って人々を導く。もしくは人間が、偶然神の国を見出す。このとき、否このときにのみ、人間はすべてを売りわたす〔マタイ一三・四四－四五〕〕」「神による人間の探索」『前キリスト教的直観』三頁。その他、「「ノルウェイ－公」註解」同前、九－一一頁。「『エレクトラ』註解」同前、一三－一六頁参照。

＊7 「御名（みな）が崇められますように」マタイ六・九。

＊8 「御国（みくに）が来ますように」マタイ六・一〇。

＊9 「風は思いのままに吹く。あなたはその音を聞いても、それがどこから来て、どこへ行くかを知らない。霊から生まれた者も皆そのとおりである」ヨハネ三・八。

＊10 この全身全霊をかけた叫びが発せられる魂の部分を、ヴェイユは「聖なるもの」と捉えている。「労働する人々がこのことを感受するならば、労働する人々が、自分たちがこの冒瀆の犠牲者であるために、ある意味では自分たちもこの冒瀆の共犯者だと感じるならば、労働者の抵抗は、自分たちの人格や権利について考えることで得られる躍動とはまったく別の躍動をもつであろう。その抵抗は、権利の主張で

はなかろう。それは、力づくで売春宿に入れられそうになっている若い娘に見られる、全存在をかけた、執拗で絶望的な激昂といったものであろう。そしてそれは同時に、心の奥底から湧き起こる希望の叫びでもあろう」「人格と聖なるもの」『シモーヌ・ヴェイユ アンソロジー』三三四頁。「権利の観念をことさら用いようとするならば、真の問題にじっと眼差しを向けるのは不可能である。市場で買い手から不躾に卵を買い叩かれた農民は、こう答えてやることができるであろう。「言い値でなければ、わたしには卵を売らない権利がある」、と。だが、力づくで売春宿に入れられそうになっている若い娘が、自分の権利について語りはしないであろう。このような状況において、権利という言葉は、その不充分さのために、滑稽に思われるであろう」同前、三四三頁。

＊11 「御心が行われますように」マタイ六・一〇。

＊12 「天におけるように地の上にも」マタイ六・一〇。

＊13 シモーヌ・ヴェイユにおいて、水という物質、さらに、海という表象はきわめて重要である。「わたしたちは海上に浮かぶ板切れにしがみつき、波の動きのなすがままになっている遭難者のようなものである。天の高みから神はひとりひとりにロープを投げかける。痛みと恐れを堪え忍びながらロープを摑んで離さない者であっても、波にさらわれるがままになっている人々と状況は同じである。ただ波の圧力にロープの緊張が重なり合い、異なるメカニズムがつくり出されるのである」「ピタゴラス派の学説について」『前キリスト教的直観』一八八 ― 一八九頁。

＊14 「わたしたちに必要な糧を今日与えてください」マタイ六・一一。

＊15 『ティマイオス』(90a–d) からインスピレーションを受けてシモーヌ・ヴェイユは、この執着を肉欲の視点からこう考察している。「天に根が埋められている植物という、『ティマイオス』における人間のイメージは、純潔の理論と結びついている。だがプラトンは、どこで論じていたのかはっきりしないように、この理論を著作の各所に散在させているので、ひとがそれに気づくかどうかわたしにはわからない。

この植物に神の種子である天の水がかけられ、それが頭のなかに入ってくる。自らの霊性的な部分と知性的な部分をたえず用いて世界の秩序を観照しそれに倣う人においては、神の種子を含めて頭のうちにあるものすべては、天空と星辰と太陽とを回転させる円運動と類似の円運動によって動員される。プラトンはこの神の種子を神の存在と名づけている。この存在は、わたしたちのうちにともに住まい、わたしたちが仕えるべきものである。だが、さほど高い魂の能力を働かせない者は、男女を問わず、頭のうちの円運動が乱れて止まってしまう。そのとき、神の種子は脊髄に沿って降下し、肉欲となる。肉欲は、人間の内面から独立したものであるが、さしあたり理性に耳を貸さない悪魔的な存在であり、暴力によってすべてを支配しようとする。それゆえ、プラトンは『ティマイオス』の終わりで、肉欲について述べるのである」「『ティマイオス』註解」『前キリスト教的直観』三七－三八頁。

＊16 「主は、地上に人の悪が増し、常に悪いことばかりを心に思い計っているのを御覧になって、地上に人を造ったことを後悔し、心を痛められた」創世記六・五－六。

＊17 「わたしたちの負い目を赦してください、／わたしたちも自分に負い目のある人を／赦しましたように」マタイ六・一二。

＊18 「［そのとき、イエスは言われた。「父よ、彼らをお赦しください。自分が何をしているのか知らないのです。」］人々はくじを引いて、イエスの服を分け合った」ルカ二三・三四。

＊19 「「閣下、わたしは生きていかなければならないのです」。あるめぐまれない諷刺作家はかれのいやしい職業をとがめた大臣にむかってそういうことを言った。「わたしはその必要をみとめない」。高官は冷淡に作家にこう答えた」ルソー、今野一雄訳『エミール』(上)、岩波文庫、一九六二年、四四七頁。

＊20 タレーラン (Charles-Maurice de Talleyrand-Périgord, 1754–1838) フランスの政治家、外交官。名門貴族の生まれであるが、一七七五年に聖職者となり、八八年に司教となる。才能と学識でパリの社交界に知られる。フランス革命に際して、国民議会の成立に貢献し、教会財産の国有化を実現させた。

＊21 「人間の思考は、現実の不幸を認識しえない。もし誰かが現実の不幸を認識するならば、その人は自分に向かってこう言わねばならない。「わたしが支配していない状況の戯れによって、何でも、いつでも、あまりにもわたしに属しているためにわたし自身だとみなしているあらゆるものも含めて、わたしから奪われうるのだ。わたしのうちには、失わないでいられるものは何ひとつない。偶然によって、いつでも、わたしが存在しているということを打ち壊し、わたしの存在に代わって、低劣で、軽蔑すべき何でもが置かれうるのだ」、と。／魂すべてを挙げてこう考えることは、虚無を経験することである。それは、極度で全的な屈辱の状態であり、それはまた、真理への移行の条件でもある。それは、魂が死ぬということである。それゆえ、赤裸々な不幸の光景は、死が近づくと肉体に引き起こす反応と同じ反応を魂に引き起こす」「人格と聖なるもの」『シモーヌ・ヴェイユ アンソロジー』三六〇－三六一頁。

＊22 「わたしたちを誘惑に遭わせず、／悪い者から救ってください」「だが実のところ、絶え間なくあらわれており、そのためにつねに愛することが許されているものは、不幸になるかもしれないということである。わたしたちの存在の三つの局面が、つねに不幸の可能性に晒されている。わたしたちの肉体は脆(もろ)い。動いている物質の塊の何でもがわたしたちの肉体を刺し貫き、引き裂き、押しつぶすことができるし、あるいは、肉体のうちなる歯車のひとつを永遠に弛めることもできる。わたしたちの魂は傷つきやすい。理由もなく容易く失望するし、あらゆる種類の物事や、意志の弱いあるいは気まぐれな人間に、情けないほど依存している。わたしたちが存在していると感じているものがほぼ拠って立っているわたしたちの社会的な人格は、ありとあらゆる偶然性にたえず、丸ごと晒されている。わたしたちの存在の中心そのものは、感情の襞によってこの三つの局面に結び合わされている。それは、血を流すほどまでにいささか深刻なあらゆる傷を感受するほどである。とりわけ、わたしたちの社会的威信や、考慮されるべき権利を貶めるあるいは壊すものはすべて、わたしたちの本質そのものを変容させる、あるいは破壊する

＊23 「不幸への同意」の視点からは次のように述べられている。マタイ六・一三。

ように思われる。それほどまでにわたしたちは幻想を実体とみなしている」「神への愛と不幸［「神への愛と不幸」のつづきとして後から発見された数頁］」『シモーヌ・ヴェイユ アンソロジー』二七〇-二七一頁。

ノアの三人の息子と地中海文明の歴史

＊1 「序文」本書四一-四三頁。

＊2 ノア 「創世記」における洪水物語の主人公。アダムから一〇代目の子孫であり、セム、ハム、ヤペテの父である。神から「正義の人」とされている。

＊3 「（ついでながら、紀元前に、イベリア人、ペラスゴイ人——すなわち、クレタ・エーゲ人、トロイア人やその同族、フェニキア人、シュメール人、エジプト人たちは、地中海の周囲に、超自然的で純粋な霊性が充溢している同質の文明を形成していたようである。聖書では、これらの人々の大半はハムの子孫と名づけられている。ヘレネ人は霊性をまったく知らずにギリシアにやってきた、とギリシアの作家たちは述べている。ここから、インド・ヨーロッパ語族のあらゆる人々に当てはまる結論を導き出せよう。聖書によると、「出エジプト」までイスラエルにはほとんど霊性がなかった。一般にヤーヴェに関係づけられるインド・ヨーロッパ語族の人々と、聖書でセム族とされている人々には、ふたつの種類があった。その一方は、自分が征服した民族から教えを授かり、その霊性に同化した。ケルト人、ギリシア人、バビロニア人といった人々がこの種の人々である。他方は、頑なに霊性に耳を傾けようとはしなかった。ローマ人とおそらくはアッシリア人、そして、少なくとも「出エジプト」までのヘブライ人といった人々がそうである。このことを踏まえて、ノアの三人の息子の逸話を考察してみよう。すると次のことが見えてくる。ノアは純粋で正義であり完全な存在であり、神秘家の裸性において神秘的陶酔を得て啓

示を受けた。ハムはその啓示に与り、他のふたりの息子はその啓示を拒んだ。それゆえ、ハムの子孫を襲った呪いは、この世では純粋すぎるものと結びついた呪いということになろう。ヘブライ人は、カナン人の大虐殺を正当化しようと物語を設えたのであろう。だがエゼキエルははっきりと、エジプトを地上の楽園にある生命の木になぞらえており、フェニキアを少なくとも歴史の草創期にはその木の傍らにいる智天使になぞらえている。こう考えるのが正しいならば、完全に純粋な霊性の流れは、古代文明を通じて有史以前のエジプトからキリスト教に受け継がれてきたことになろう。この霊性はピタゴラス主義に一貫して流れているものである。（ノアに結びつけられた啓示があることに着目しよう。というのも、聖書では、神が人間となることで神がみずから人間と契約を結び、虹はその表徴だと言われているからである。啓示がなければ、神と人間との契約はありえない。アイスキュロスとプラトンは、プロメテウスのうちに啓示を見ていた。ギリシアのノアであるデウカリオンは、プロメテウスの息子である）」「ピタゴラス派の学説について」『前キリスト教的直観』一三三－一三四頁。

＊4 ハム　ノアの第二子であり、セムの弟。ノアから呪いを受け、その呪いは子カナンに及ぶ。エチオピア、エジプト、カナンなどの民族群・ハム族の祖。「ノアは五百歳になったとき、セム、ハム、ヤフェトをもうけた」創世記五・三二。「ノアには三人の息子、セム、ハム、ヤフェトが生まれた」創世記六・一〇。「カナンの父ハムは、自分の父の裸を見て、外にいた二人の兄弟に告げた。セムとヤフェトは着物を取って自分たちの肩に掛け、後ろ向きに歩いて行き、父の裸を覆った。二人は顔を背けたままで、父の裸を見なかった。ノアは酔いからさめると、末の息子がしたことを知り、こう言った。／「カナンは呪われよ／奴隷の奴隷となり、兄たちに仕えよ」」創世記九・二二－二五。「ノアの息子、セム、ハム、ヤフェトの系図は次のとおりである。洪水の後、彼らに息子が生まれた」創世記一〇・一。

＊5 カナン　パレスチナ地方の古代の呼び名。神がイスラエルの人々に与えた約束の地。「こう言った。／「カナンは呪われよ／奴隷の奴隷となり、兄たちに仕えよ」。／また言った。／「セムの神、主をたたえ

よ。／カナンはセムの奴隷となれ。／神がヤフェトの土地を広げ（ヤフェト）／セムの天幕に住まわせ／カナンはその奴隷となれ」 創世記九・二五－二七。

＊6 ヨシュア 古代イスラエルの指導者であり。モーセの後継者。イスラエル人を率いて、カナンの地を征服する。ヨシュア一－一二。

＊7 ヤペテ ノアの第三子であり、セム、ハムの兄弟。イスラエルの北西、エーゲ海やアナトリア高原の諸民族の祖先とされる。

＊8 セム ノアの長子で、ハム、ヤペテの兄。ヘブライ人、アラム人、アラビア人などセム族の祖とされる。

＊9 セム族 セム語族系の言語を話す民族を総称した語。アラビア人、エチオピア人、ユダヤ人など。

＊10 フェニキア人 東地中海沿岸の北西セム語族。クレタ・ミケーネ文明が衰えたあとに海上貿易で活躍。

＊11 ペリシテ人 古代パレスチナの民族。前一二世紀初頭、カナン（パレスチナ）に侵入し都市文化を形成する。鉄製の武器をもち、イスラエル民族を圧迫するも、前三三二年、アレクサンドロス大王に攻略され、歴史上から姿を消す。

＊12 ペラスゴイ人 ギリシアの古代先住民族。エーゲ海周辺に居住していたが、青銅器時代、ギリシア語族の侵入によって、トラキア、アルゴス、クレタ、カルキディケなどに離散したとされる。『イーリアス』では、トロイアの同盟者としてあらわれる。

＊13 ヒッタイト人 前二〇〇〇年頃以降、小アジア一帯で活躍した、インド・ヨーロッパ語を用いた民族。鉄製武器や戦車の使用により強大な王国を建設。前一二〇〇年頃、海上から異民族の侵入をうけ急速に衰退。

＊14 「ピタゴラス派の学説について」『前キリスト教的直観』一三三－一三四頁参照のこと。訳註3で引用。

＊15 「主は、地上に人の悪が増し、常に悪いことばかりを心に思い計っているのを御覧になって、地上に人を造ったことを後悔し、心を痛められた」 創世記六・五－六。

＊16 「これはノアの物語である。その世代の中で、ノアは神に従う無垢な人であった。ノアは神と共に歩んだ」創世記六・九。

＊17 アベル　アダムとイヴの第二子。兄カインとともに神に供物をささげたが、アベルの供物のみ神に喜ばれたためカインに妬まれ、殺された。創世記四・一―一六。

＊18 エノク　アダムからノアにいたる系図の七番目に登場する人物。神とともに歩み、死ぬことなく天にあげられたとされている。創世記五・一八―二四。

＊19 プロメテウス　「神への暗々裏の愛の諸形態」訳註84、本書三八六頁参照。

＊20 デウカリオン　ギリシア神話で、旧約聖書のノアに相当する人物。プロメテウスの子。ゼウスが人間を滅亡させる大洪水を起こしたとき、妻ピュラとともに箱舟でパルナッソス山頂に逃れ、この二人から新たな人類が生まれたとされる。

＊21 プルタルコス（Plutarchos, c. 46 – c. 120）『対比列伝』（英雄伝）の著者。

＊22 オシリス　「手紙Ⅳ　精神的自叙伝」訳註18、本書三四二頁参照。

＊23 ディオニュソス　「手紙Ⅳ　精神的自叙伝」訳註17、本書三四二頁参照。

＊24 「あるとき、ノアはぶどう酒を飲んで酔い、天幕の中で裸になっていた」創世記九・二一。

＊25 メルキゼデク　アブラハムと同時代（族長時代）のサレム（エルサレム）の祭司的王。「いと高き神の祭司であったサレムの王メルキゼデクも、パンとぶどう酒を持って来た。彼はアブラムを祝福して言った。／「天地の造り主、いと高き神に／アブラムは祝福されますように。／敵をあなたの手に渡された／いと高き神がたたえられますように」。アブラムはすべての物の十分の一を彼に贈った」創世記一四・一八―二〇。

＊26 創世記一四・一八―二〇。訳註25で引用。

＊27 「わが主に賜った主の御言葉。／「わたしの右の座に就くがよい。／［…］／「わたしの言葉に従って

／あなたはとこしえの祭司／メルキゼデク（わたしの正しい王）」」詩篇一一〇・一―四。

＊28 「アブラハムは、メルキゼデクにすべてのものの十分の一を分け与えました。メルキゼデクという名の意味は、まず「義の王」、次に「サレムの王」、つまり「平和の王」です。彼には父もなく、母もなく、系図もなく、また、生涯の初めもなく、命の終わりもなく、神の子に似た者であって、永遠に祭司です」ヘブライ七・二―三。

＊29 「わたしはまことのぶどうの木、わたしの父は農夫である。わたしにつながっていながら、実を結ばない枝はみな、父が取り除かれる。しかし、実を結ぶものはみな、いよいよ豊かに実を結ぶように手入れをなさる」ヨハネ一五・一―二。

＊30 「カナでの婚礼」ヨハネ二・一―一一。

＊31 「また、杯を取り、感謝の祈りを唱え、彼らに渡して言われた。「皆、この杯から飲みなさい。これは、罪が赦されるように、多くの人のために流されるわたしの血、契約の血である。」」マタイ二六・二七―二八／マルコ一四・二三―二四／ルカ二二・二〇。

＊32 プラトン『ゴルギアス』523e。「プラトンにおける神」『ギリシアの泉』で引用・考察。この主題はすでに『『グリム童話』における六羽の白鳥の物語」に見られる。「無行為が身体を通してなされるのは、プラトンによれば、裸で死んでいる裁判官が裸で死んでいる魂を裁くこの同じ国においてのみである［『ゴルギアス』523e］。童話におけるドラマは、主人公の魂のうちでのみ起こる。主人公の魂における絹のシャツであり、主人公の魂におけるアネモネのシャツである。だがそのことは、シャツにかけられた魔法のために、わたしたちに知らされていない。魔法とは、わたしたちの魂の最深の部分で、プラトンが述べる裸で死んでいる裁判官だけが見ることができるものであろう。それが身体の表現となってあらわれ出るのだ」『『グリム童話』における六羽の白鳥の物語」『シモーヌ・ヴェイユ アンソロジー』二七―二八頁。

＊33 アッシジの聖フランチェスコ 「手紙Ⅳ 精神的自叙伝」訳註5、本書三四〇頁参照。
＊34 十字架の聖ヨハネ 「序文」訳註64、本書三三五頁参照。
＊35 「カナンの父ハムは、自分の父の裸を見て、外にいた二人の兄弟に告げた」創世記九・二二。
＊36 「セムとヤフェトは着物を取って自分たちの肩に掛け、後ろ向きに歩いて行き、父の裸を覆った。二人は顔を背けたままで、父の裸を見なかった」創世記九・二三。
＊37 フェニキア 古代、地中海東岸地域に発展した民族と国家。現在のレバノンとほぼ地域的に一致。航海術に優れるが、前八世紀以降、ギリシアの台頭によって衰退し、前六四年、ローマに併合。
＊38 「ハムの子孫は、クシュ、エジプト、プト、カナンであった」創世記一〇・六。「ノアは純粋で正義であり完全な存在であり、神秘家の裸性において神秘的陶酔を得て啓示を受けた。ハムはその啓示に与り、他のふたりの息子はその啓示を拒んだ。それゆえ、ハムの子孫を襲った呪いは、この世では純粋すぎるものと結びついた呪いということになろう。ヘブライ人は、カナン人の大虐殺を正当化しようと物語を設えたのであろう。だがエゼキエルははっきりと、エジプトを地上の楽園にある生命の木になぞらえており、フェニキアを少なくとも歴史の草創期にはその木の傍らにいる智天使になぞらえている。こう考えるのが正しいならば、完全に純粋な霊性の流れは、古代文明を通じて有史以前のエジプトからキリスト教に受け継がれてきたことになろう」「ピタゴラス派の学説について」『前キリスト教的直観』一三四頁。
＊39 ヘロドトス、松平千秋訳『歴史』(上)岩波文庫、二〇〇七年［改版］、第二巻、四九－五三、二二三－二二七頁。
＊40 テュロス シドンと並ぶ、古代フェニキアの海港都市。現在名スール。聖書ではティルス。
＊41 ケルビム 旧約聖書に登場し、〈智天使〉と呼ばれる。アダムとイヴが追放以降の楽園の守護にあたった(「創世記」三・二四)。熾天使セラフィムとともに天使のなかでも最高位に位置する。

＊42 「人の子よ、ティルスの王に対して嘆きの歌をうたい、彼に言いなさい。／主なる神はこう言われる。／お前はあるべき姿を印章としたものであり［…］。／お前は神の園であるエデンにいた。／［…］／わたしはお前を／翼を広げて覆うケルブとして造った。／［…］／火の石の間を歩いていた。／お前が創造された日から／お前の歩みは無垢であったが／ついに不正がお前の中に／見いだされるようになった」エゼキエル二八・一二―一五。

＊43 ファラオ　古代エジプトの王をさす称号。古代エジプト語のペルオに由来するギリシア語。元来「大いなる家」すなわち王の宮殿を意味した。

＊44 「人の子よ、エジプトの王ファラオとその軍勢に向かって言いなさい。／お前の偉大さは誰と比べられよう。／見よ、あなたは糸杉、レバノンの杉だ。／その枝は美しく、豊かな陰をつくり／丈は高く、梢は雲間にとどいた。／水がそれを育て、淵がそれを大きくした。／淵から流れる川は杉の周りを潤し／水路は野のすべての木に水を送った。／その丈は野のすべての木より高くなり／豊かに注ぐ水のゆえに／大枝は茂り、若枝は伸びた。／大枝には空のすべての鳥が巣を作り／若枝の下では野のすべての獣が子を産み／多くの国民が皆、その木陰に住んだ。／丈は高く、枝は長く伸びて美しかった。／豊かな水に根をおろしていたからだ。／神の園の杉もこれに及ばず／樅の木も、その大枝に比べえず／すずかけの木もその若枝と競いえず／神の園のどの木も美しさを比べえなかった。／わたしが、多くの枝で美しく飾ったので／神の園エデンのすべての木もうらやんだ。／［…］わたしは彼を追放する。諸国の最も凶暴な民である異国人が彼を切り倒し、山々の上に捨てる。［…］／彼の倒された幹には、空のすべての鳥が住み／［…］。／主なる神はこう言われる。［…］わたしは彼のゆえに淵を喪に服させ、彼を覆う。わたしが川をせき止めるので、豊かな水も干上がる。またレバノンに彼の弔いをさせるので、野のすべての木も、彼のゆえにしおれる」エゼキエル三一・二―九、一一―一二、一三、一五。

＊45 「サイスのアテナの神域にはまた、社殿の背面に、アテナ神殿の塀沿いにその端から端までの間にわた

って、さる尊い方の墓所があるが、その方の名をここに挙げることは憚りがある。その囲いの内には巨大な石のオベリスクが数基立っており、墓所に接して池があるが、池の周りの縁は見事に石を敷きつめてあり、その大きさは私の見るところでは、デロスにあるいわゆる「車輪の池」と同じ位であった」前掲、ヘロドトス『歴史』（上）、第二巻、一七〇、三一二頁。

＊46 「以上調査したところによって、ヘラクレスが古い神であることは明らかである。そこで私の考えるところでは、ギリシア人の中でも、二種のヘラクレス神殿を建立し、一方は不死の神「オリュンポスのヘラクレス」として祀り、他は半神（ヘロス）として死者に対する礼を以て敬うことにしている者たちの行動が最も正しいものといえよう」前掲、ヘロドトス『歴史』（上）、第二巻、四四、二二〇頁。

＊47 ニムロデ　ハムの子であるクシュの子、俗世の国家を建てた最初の人。

＊48 「ヘラクレスがどうしてもゼウスの姿を見たがり、ゼウスは彼に自分の姿を見られることを欲しなかったが、結局ヘラクレスがそれを望んで止まぬので、ゼウスは一計を案じた。すなわちゼウスは一頭の牡羊の皮を剝ぎ、切りとった牡羊の首を前へ差し出し、羊の皮で蔽った自分の姿をヘラクレスに示したのだという」前掲、ヘロドトス『歴史』（上）、第二巻、四二、二一七頁。

＊49 アカイア人　古代のギリシア人の一派。ホメーロスの詩ではギリシア人の総称。のちペロポネソス半島北部のアカイアに居住。ヘレニズム時代、アカイア同盟を結成。

＊50 世界の魂　「世界の魂が生み出す自らに似た〈モデル〉とは、精神的な生きもの、すなわち、生きている精神のことである。とするとそれは、ペルソナのことであり、そしてまた、あらゆる点でまったく完璧な精神のことである。したがってそれは神であり、〈父〉、〈ひとり子〉、〈モデル〉という三つのペルソナを備えている」『『ティマイオス』註解』『前キリスト教的直観』二一八－二一九頁。「完全なる正義の人、プロメテウス、ディオニュソス、世界の魂——これらと愛（エロース）は密接な関係にあるので、これらすべての名において、ただひとつの同じペルソナである神のひとり子があらわれ出る。さらに、アポロン、アル

テミス、天なるアフロディテなど多くが付け加えられよう」『饗宴』註解」同前、六四頁。

＊51 ヘラクレイトス（Hērakleitos, c. 540 BC – c. 480 BC）　古代ギリシアの哲学者。万物は「ある」ものではなく、反対物の対立と調和によって不断に「なる」ものであり、その根源は火であると主張し、生成流転が世界の実相であるとした。

＊52 クレアンテス（Kleanthēs, c. 330 BC – c. 231 BC）　古代ギリシアのストア派の哲学者。ゼノンの後を継いでストア第二代の学頭。著書『ゼウスの讃歌』。

＊53 イシス　古代エジプト神話の最高位の女神。豊穣の女神。オシリスと兄妹婚をして、男神ホルスをもうける。プルタルコスの『モラリア』の一篇「エジプト神イシスとオシリスの伝説について」によれば、夫オシリスがセトに殺されてその遺体をナイル川に投げ込まれたのち、イシスは各地をさまよってオシリスの遺体を探し出し、生き返らせたという。

＊54 「プロメテウスは女神を母にもち、その名のひとつを正義テミスといい、もうひとつの名を大地ガイアという［v. 768］。それは母なる女神であり、イシスやデメテルという名でも知られている女神のことである。プラトンは『ティマイオス』で、この女神のことを神秘的な言葉で語っており、物質、母、乳母、痕跡と名付けている〔50d〕。そしてすべてがこの女神のうちで誕生するにもかかわらず、つねに無垢である、と述べている。それは今日、黒い聖処女が置かれている多くの場所で崇められていた女神である」『縛られたプロメテウス』註解」『前キリスト教的直観』一二五頁。「〔支柱とは〕プラトンが、花托、母体、子宮と呼び、万物の母であるのと同時に、変わらず無垢で処女性を保つ本質と呼んだものである〔『ティマイオス』50d〕。水はその至高のイメージとなる。なぜなら、水は目に見え、触れられるが、色も形もないからである。この観点からすると、物質（matière）、母（mère）、海（mer）、マリア（Marie）という言葉が酷似していて、ほぼ同一でさえあることに着目せずにはいられなくなってくる」「ピタゴラス派の学説について」同前、一七〇頁。

＊55　ケルト人　インド・ヨーロッパ語族の一派。前五世紀から前一世紀にヨーロッパ中部および西部で活躍した民族。ケルト文化を形成。キリスト教化される前はドルイド教が隆盛。

＊56　ガリア　古代ヨーロッパ西部でケルト人居住地方をローマ時代にこう呼んだ。

＊57　ドルイド教　古代ケルト人の宗教。ドルイドとよばれる神官を中心に、占いや天文の知識、聖樹崇拝を重視し、霊魂不滅、輪廻の教義を説いた。キリスト教のために衰滅。

＊58　「ヘロドトスによれば、ピタゴラス派の人々の信仰は、その大部分が、少なくともエジプト由来のものである。もうひとりの古代の歴史家シケリアのディオドロス〔前一世紀の歴史家〕は、ピタゴラス派の思想とドルイド教〔古代ケルト人の宗教〕の思想とに見られる類似点を指摘しているようである。ドルイド教をギリシア哲学の源泉のひとつとみなす人たちもいた、とディオゲネス・ラエルティオス〔三世紀前半頃の哲学史家〕は〔『ギリシア哲学者列伝』で〕述べている。そうであるならば、ドルイド教はイベリア半島経由であると考えねばならない。それは、ギリシア文明の形而上学的・宗教的部分がペラスゴイ人〔ギリシアの先住民族〕経由であるのと同様のことである」「ピタゴラス派の学説について」『前キリスト教的直観』一三二－一三三頁。

＊59　「聖書によると、「出エジプト」〔前一三世紀〕までイスラエルにはほとんど霊性がなかった。一般にヤーヴェ〔イスラエルの神名〕に関係づけられるインド・ヨーロッパ語族の人々と、聖書でセム族とされている人々には、ふたつの種類があった。その一方は、自分が征服した民族から教えを授かり、その霊性に同化した。ケルト人、ギリシア人、バビロニア人といった人々がこの種の人々である。他方は、頑なに霊性に耳を傾けようとはしなかった。ローマ人とおそらくはアッシリア人、そして、少なくとも「出エジプト」までのヘブライ人といった人々がそうである」「ピタゴラス派の学説について」『前キリスト教的直観』一三三頁。

＊60　ゴート族　ゲルマン系部族。スカンジナヴィア半島から南下し一世紀頃ヴィスワ川河口地域を占め、し

だいにローマ帝国を脅かす。三世紀末頃に東ゴート族と西ゴート族に分かれる。

＊61 トラキア人　古代、トラキア地方（ギリシア北東部、ブルガリア南東部、トルコのヨーロッパ部分にまたがる地域）に住んでいた民族。インド・ヨーロッパ語族。ゲタイ、オドリュサイ、ベーソイ、サパイオイなど多くの部族ごとに王のもとに貴族制社会をなして農耕牧畜生活を営み、青銅器時代にはより広い地域に分布して独自の高度な文化をもっていた。

＊62 ゲタイ　黒海の西側、ドナウ川流域に住んでいたとされるトラキア系民族。

＊63 「わたしは知っている／わたしを贖う方は生きておられ／ついには塵の上に立たれるであろう」ヨブ一九・二五。

＊64 ダニエル　旧約聖書「ダニエル書」の主人公。前六世紀初頭、捕囚としてバビロンに移され、バビロンの王ネブカドネツァルの宮廷で文学と言語を学ぶ。卓越した預言の才能をもち、異教徒のなかでイスラエルの信仰を守った勇者とされる。

＊65 カルデア人　元来、バビロニア南部の沼沢地帯に住んでいたセム系民族。前六二五年、新バビロニア王国を興す。天文・暦法に優れる。

＊66 メディア　前八世紀末、イラン高原北西部にアーリア系のメディア人が建てた王国。前七世紀、イランを中心にカッパドキア、アッシリアなどを領有する大国となったが、前五五〇年頃、ペルシア帝国に併合される。

＊67 「この四人の少年は、知識と才能を神から恵まれ、文書（もんじょ）や知恵についてもすべて優れていて、特にダニエルはどのような幻も夢も解くことができた。ネブカドネツァル王の定めた年数がたつと、侍従長は少年たちを王の前に連れて行った。王は彼らと語り合ったが、このダニエル、ハナンヤ、ミシャエル、アザルヤと並ぶ者はほかにだれもいなかったので、この四人は王のそばに仕えることになった。王は知恵と理解力を要する事柄があれば彼らに意見を求めたが、彼らは常に国中のどの占い師、祈禱師よりも十

倍も優れていた。ダニエルはキュロス王の元年まで仕えた」ダニエル一・一七―二一。

＊68 ミトラ　古代インド・ペルシアの男神。元来、契約、友誼、信義を守護し、正義を司る司法者的性格の最高神であったが、後に、太陽神と同一視されるようになった。

＊69「道を進んで行くうちに、彼らは水のある所に来た。宦官は言った。「ここに水があります。洗礼を受けるのに、何か妨げがあるでしょうか」。フィリポが、「真心から信じておられるなら、差し支えありません」と言うと、宦官は、「イエス・キリストは神の子であると信じます」と答えた。そして、車を止めさせた。フィリポと宦官は二人とも水の中に入って行き、フィリポは宦官に洗礼を授けた」使徒八・三六―三八。

＊70 バアル　古代シリア・パレスチナの男神。セム語で〈主〉を意味し、元来、雨、嵐、また戦闘の男神。

＊71 アスタルテ　古代シリア・パレスチナの女神。大地の生産力を象徴し、愛と戦いを司る地母神。ギリシア神話の女神アルテミス、アフロディテなどに対応する。

＊72「あなたたち律法の専門家は不幸だ。知識の鍵を取り上げ、自分が入らないばかりか、入ろうとする人々をも妨げてきたからだ」ルカ一一・五二。

＊73 アルビジョワ戦争　「手紙Ⅳ　精神的自叙伝」訳註40、本書三四五頁参照。

＊74「その過去を知らなくとも、この土地を眺めただけで、われわれにはそこにありありとした傷痕が見える。明らかに包囲を予想してつくられたカルカソンヌの要塞や、輸入されたことが明瞭にわかるゴチック建築と、ロマネスク様式とが相半ばする教会堂は、過去を如実に物語る光景である。この国は力の傷手をこうむった。滅びたものが甦るなどということは、ありえぬことである。が、いくたの時代にわたって保たれてきた敬虔さは、好都合な状況が生まれるなら、いつの日にかかつてのその姿に匹敵するものを出現させてくれるであろう」松崎芳隆訳「一叙事詩をとおして見たある文明の苦悶」『シモーヌ・ヴェーユ著作集Ⅱ』春秋社、一九六八年、二一八―二一九頁。

＊75 「さて、ノアは農夫となり、ぶどう畑を作った。あるとき、ノアはぶどう酒を飲んで酔い、天幕の中で裸になっていた。カナンの父ハムは、自分の父の裸を見て、外にいた二人の兄弟に告げた。セムとヤフェトは着物を取って自分たちの肩に掛け、後ろ向きに歩いて行き、父の裸を覆った。二人は顔を背けたままで、父の裸を見なかった。ノアは酔いからさめると、末の息子がしたことを知り、こう言った。／「カナンは呪われよ／奴隷の奴隷となり、兄たちに仕えよ」。／また言った。／「セムの神、主をたたえよ。／カナンはセムの奴隷となれ。／神がヤフェトの土地を広げ（ヤフェト）／セムの天幕に住まわせ／カナンはその奴隷となれ」」創世記九・二〇―二七。

＊76 「いと高き神の祭司であったサレムの王メルキゼデクも、パンとぶどう酒を持って来た。彼はアブラムを祝福して言った。／「天地の造り主、いと高き神に／アブラムは祝福されますように。／敵をあなたの手に渡された／いと高き神がたたえられますように」。／アブラムはすべての物の十分の一を彼に贈った」創世記一四・一八―二〇。

＊77 「ハムの子孫は、クシュ、エジプト、プト、カナンであった」創世記一〇・六。

＊78 「ノアの子孫である諸氏族を、民族ごとの系図にまとめると以上のようになる。地上の諸民族は洪水の後、彼らから分かれ出た」創世記一〇・三二。

＊79 「人間のうちなる人格とは、寒さに震え、避難する場所と暖かさを求めて走り回っている、苦悶のうちにあるものである。／このことは、人格が、待機のうちにあるとはいえ、社会的な配慮に暖かく包まれている人にはわからない」「人格と聖なるもの」『シモーヌ・ヴェイユ アンソロジー』三三一頁。

＊80 ノンノス（Nonnos） 五世紀のギリシアの叙事詩人。ディオニュソスのインド遠征を歌った長篇叙事詩『ディオニュソス譚』を書く。『ディオニュソス譚』二四歌、四三―四六行。

＊81 ザグレウス ギリシア神話の神。オルフェウス教でディオニュソスと同一視される。蛇に姿を変えたゼウスとペルセポネーとのあいだにできた子。嫉妬したヘラは、ティタンをそそのかして襲わせ、八つ裂

きにして食わせてしまう。ザグレウスは「引き裂かれた」という意味。

＊82 『ディオニュソス譚』二〇歌、二九八行。

＊83 ヴィシュヌ　ヒンズー教の主神の一つ。インド最古の聖典『リグ・ヴェーダ』で、全宇宙を三歩で闊歩したと讃えられている。ヒンズー教で、ブラフマーが宇宙を創造し、ヴィシュヌが維持し、シバが破壊するとされている。

＊84 「すなわち、わたしは雲の中にわたしの虹を置く。これはわたしと大地の間に立てた契約のしるしとなる」創世記九・一三。「(ノアに結びつけられた啓示があることに着目しよう。というのも、聖書では、神が人間となることで神がみずから人間と契約を結び、虹はその表徴だと言われているからである。啓示がなければ、神と人間との契約はありえない。アイスキュロスとプラトンは、プロメテウスのうちに啓示を見ていた。ギリシアのノアであるデウカリオン〔人類の祖〕は、プロメテウスの息子である)」「ピタゴラス派の学説について」『前キリスト教的直観』一三四頁。

＊85 「主は宥(なだ)めの香りをかいで、御心に言われた。／「人に対して大地を呪うことは二度とすまい。人が心に思うことは、幼いときから悪いのだ。わたしは、この度したように生き物をことごとく打つことは、二度とすまい」」創世記八・二一。

＊86 「被造物に関してそれは可滅の状態である。神格に関してそれはプルシャである。祭祀に関する者とは、この肉身における私に他ならない」第八章、四、上村勝彦訳『バガヴァッド・ギーター』岩波文庫、一九九二年、七五‐七六頁。

＊87 トロイア戦争　ホメーロス『イーリアス』、『オデュッセイア』で叙事詩として語られる、ギリシアとトロイアとの戦争。トロイアの王子パリスに誘拐されたスパルタ王妃ヘレネ奪還のため、ギリシア連合軍がアガメムノンを総帥として一〇年間攻撃。最後に木馬に兵士をひそませて侵入、落城させたとされている。前一三世紀頃とみなされる。

＊88「デルポイの巫女はそれに答えていうには、「愚かなる者どもよ、お前たちはかつてミノスが、メネラオス援助に怒りを発し、お前たちの身に数々の悲涙を誘う惨事を降らせたのに、それでもまだ足らぬと不服を申すのか。すなわちカミコスにおけるミノスの横死の報復に、ギリシア人どもは手をかさなかったのに、お前たちは異国の男の手によって、スパルタから奪われた女のために、彼らを援助したからじゃ。」」前掲、ヘロドトス『歴史』（下）、第七巻、一六九、一二七-一二八頁。

＊89 ミノス　ギリシア神話で、クレタ島の王。ゼウスとエウロペの子。クレタを統治し、死後冥府の審判者となった。ダイダロスに迷宮ラビリントスを造らせ、妃の産んだ怪物ミノタウロスを閉じ込めた。

＊90 デルフォイ　ギリシア中部、パルナッソス山麓にあった古代都市。アポロンの神殿があり、その神託は大きな影響力をもったが、ローマ帝国期キリスト教が国教となると禁止され廃墟となった。

＊91「いかさまこうと私も十分　胸にも腹の底からも覚悟はしている、／いつかはその日が来ようということ、聖い（とうと）イーリオスもプリアモスも／そのプリアモスのとねりこの　槍もよろしい兵（つわもの）どもも滅び去る日が」呉茂一訳『イーリアス』四四七-四四九行。「『イーリアス』、あるいは力の詩篇」『シモーヌ・ヴェイユ　アンソロジー』一四九頁で引用。

＊92「ところでカドモスの娘セメレから生れたディオニュソスは、私の時代から数えて精々千年前であり、アルクメネの子ヘラクレスは約九百年前、ペネロペを母とするパン（ギリシアの伝承ではパンはペネロペとヘルメスから生れたとされる）はトロイア戦争よりも年代は新しく、私の時代まで数えておよそ八百年である」前掲、ヘロドトス『歴史』（上）、第二巻、一四五、二九四頁。

＊93 モーセ（Moses）　古代イスラエル民族の伝説的指導者・預言者。前一三世紀頃の人。生地エジプトで迫害に苦しむイスラエル民族を救出し、四〇年の荒野放浪ののち、約束の地カナンへ導いた。

＊94 リュクルゴス　ギリシア神話のトラキアの王。信女たちを連れて自分の国に来たディオニュソスに迫害を加え、神罰により盲目にされたとも、狂気に陥って自分の妻子を葡萄の木と思い、斧で切り殺したと

もいわれる。

結び（ペラン神父）

＊1 「序文」本書五〇頁。

＊2 「手紙Ⅳ　精神的自叙伝」本書一二三頁。

＊3 「神への暗々裏の愛の諸形態」本書二八五頁。

＊4 「神への愛と不幸」本書一九一頁。

＊5 「「主の祈り」について」本書二九一頁。

訳者解題

今村 純子

本書は、Simone Weil, *Attente de Dieu*, Paris, La Colombe, 1950の全訳である。ペラン神父による長文の序文、各手紙のまえがき、手紙Ⅵへの返信、各論考のまえがき、結びが付されているのは、一九五〇年初版のみであり、以降の版は、シモーヌ・ヴェイユの略歴を記した簡易な序文のみが付されたものに替えられている。シモーヌ・ヴェイユがこの世を去ってから七年後、ペラン神父が不在のシモーヌ・ヴェイユを想い、生者と死者との関係性を慮(おもんぱか)って編纂されたことに鑑(かんが)み、本書はあえて一九五〇年初版を底本としている。

本書は、一九四二年一月－五月のあいだにペラン神父個人に宛てた手紙(ただし、手紙Ⅴは、神父の秘書役のソランジュ・ボーミエに宛てた手紙)と、一九四二年五月にシモーヌ・ヴェイユがフランスを離れる際に、神父に託した論考からなっている。同様に、ギュスターヴ・ティボンに託された一一冊のノートから編まれた『重力と恩寵』(一九四七年)の刊行を機に、シモーヌ・ヴェイユの名は広く世に知られるようになった。その三年後に刊行された本書は、『重力と恩寵』と双璧をなすシモーヌ・ヴェイユの主要作品である。

カフカが公開禁止を条件にマックス・ブロートに自らの草稿を託したのとは対照的に、生前のシモーヌ・ヴェイユは、表現を自らのうちに宿った「預かりもの」と捉え、この「預かりもの」を誰かに託してゆく使命があると考えている。その表現のバトンを受け取ったペラン神父とギュスターヴ・ティボンは、それぞれに公開の義務を感じ、この「預かりもの」を編纂し、刊行を果たしたのである。本書および『重力と恩寵』の性質に鑑みるに、シモーヌ・ヴェイユの言葉、表現、思想は、誰かの愛情深い眼差しによって受け取られ、抱きしめられ、それから空に放たれて、はじめて息づく。別の言い方をするならば、読み手が彼女のテクストに接して、シモーヌ・ヴェイユの言葉が読み手の何かを触発しないかぎり、すなわち、読み手が彼女のテクストに接して、それまでの自分を超えるものがあらわれ出ないかぎり、シモーヌ・ヴェイユを読むという行為は成り立たない。

序文および各章に付されたペラン神父の言葉は、必ずしもシモーヌ・ヴェイユと相容れるものではない。そもそも編纂そのものがペラン神父の手によるものであり、シモーヌ・ヴェイユ自身の表現に自ずと変奏が加えられている。わたしたちはどれほど透明であろうとしても、他者を、ましてや不在の他者を、自らの「遠近法の錯覚」で見ることから逃れられない。だが、それにもかかわらず、海を見つめるたびに、空を仰ぎ見るたびに、大地を踏みしめるたびに、不在のシモーヌ・ヴェイユのことがどうしようもなく思い出される……。そうした追憶の繰り返しのなかで本書は編纂されている。それは、どうにも届かないもの、どうにも取り返しがつかないことと真正面から向き合うことでもあろう。それゆえ、ヴェイユがしばしば語る「平行線は無限の彼方において交わる」という論理矛盾が、この悲しみから歓びへ、歓びから悲しみへの絶え間ない往還のうちに、真実味を帯びてくるのではなかろうか。

幅の広いベレー帽をかぶり、大きな茶色のマントをはおり、ぶかぶかの靴をはいたシモーヌに出会ったというだけで充分であった。とりわけ、人や状況を慮(おもんぱか)ることがまったくなく、彼女にとってただひとつの〈真理〉だけを感じ取るために、自分が真実だと思うことを彼女が主張するのを耳にしたというだけで充分であった。彼女の考えを議論することはできる。だが、彼女の真摯さを疑うことはできない。（「序文（ペラン神父）」、本書五二頁）

手紙

手紙Ⅰ　洗礼を前にしたためらい

ペラン神父がまえがきで述べているように、「なぜ教会に入れないのか」を綴った最初のテクストである。ここでヴェイユは自らの個性と資質を踏まえ、きわめて本質的な問いを提示している。そのひとつは、「有限のうちに無限を置く」転倒についてである。わたしたちは時間的にも空間的にも有限な存在である。その有限な存在の「遠近法の錯覚」によって無限な神を有限な自らの思考に貶(おとし)める危険性が、わたしたちにはつねに付き纏(まと)っている。さらに、聖体の秘跡の特性は「象徴と儀式」に極まる。すなわち、キリストの身体と血の象徴であるパンと葡萄酒を拝領するという儀式に与(あずか)り、有限な自らを脱してその形式に則ることで無限なる神との接触へひらかれる。だが、その裏面には、全体主義への危険性が貼り付いている。というのも、秘跡の象徴と儀式は、「ある政党の歌、身振り、命令の言葉と本質的に異ならない」(「手紙Ｉ　洗礼を前にしたためらい」、本書七二頁)からである。「ある政党の歌、身振り、命令の言葉」とは、特異な敬礼やベルリン・オリンピックがそうであるように、偶像崇拝へと牽引するナチズムの大きな特徴でもある。この点は、「手紙Ⅱ(承前)」でより先鋭化されることになる。それゆえ、教会にかぎりなく惹かれていながら、とりわけ、注意力や祈りや愛が自身の心を満たしているときに、「教会への愛を感じていない」とはっきりと自覚されるのである。そしてヴェイユの心の奥底からの願いであり、欲望であるものは、次の章句に極まる。

人間のあいだで、異なる人間の環境のあいだで過ごすことを、わたしは本質的に必要としており、それを召命といってよいと思っております。それは、その人たちに紛れ、同じ色彩を纏い、少なくとも意識がそれに反しないかぎり、その人たちのあいだで消え去ることによってです。それは、あるがままで、わたしに対して装わないで、その人たちが自らの姿を見せることができるためです。その人たちをあるがままに愛するために、その人たちを認識したいとわたしは願っているのです。というのも、その人たちをあるがままに愛さないのであれば、わたしが愛しているのはその人たちではなく、わたしの愛は真実のものではなくなります。その人たちを助けることについて語っているのではありません。というのも、その人たちを助けることは、残念ながら、いまのところ、わたしにはまったくなしえないからです。いかなる場合でも、特殊な衣服によって、大多数の人から自分を切り離さないために、ある宗教の秩序のうちに自分が入ることはけっしてないであろうと思っております。（同前、本書七五頁）

手紙Ⅱ（承前）

わたしは自分のうちに、群れる強い傾向をもっております。本性的な資質によって、わたしは極度に影響を受けやすいのです。過剰に影響を受けやすく、とりわけ、集団的な物事に対してそうなのです。この瞬間、わたしの前で二〇人の若いドイツ人がナチスの歌を合唱していたら、わたしの魂の一部は、すぐさまナチスに染まってしまうことをわたしは知っております。（「手紙Ⅱ（承前）」、本書八五頁）

ここでは、「手紙Ⅰ　洗礼を前にしたためらい」よりもさらにいっそう、自己自身という個から誰しもに当てはまる普遍への展開が、より鮮烈に、よりダイナミックになされている。それが、まずもって、ここで用いられているナチズムへの傾倒という比喩である。わたしたちが集団に、群れをなしているものに、それが「手紙Ⅰ」で見たように「象徴と儀式」をともなっているならばなおさらのこと、影響を受けやすい。ここでは、その集団と個人との一体化、なによりも感情としての内面化、「集団の感情」の恐ろしさについて述べられている。ヒトラーがナチス式敬礼という身振り、さらに、ベルリン・オリンピックという儀式を活用し、ドイツ国民をして自らを偶像崇拝させることに成功した歴史的経緯を考えるならば、これがいかに恐ろしいことであるか、身をもって感じられるであろう。そしてヴェイユはこの恐ろしさが、わたしたちよりもはるかに偉大であるはずの聖人たちにも及んだ事実に言及している。それは、カトリック教会に十字軍や異端審問が実在したということである。これは、わたしたちがよく知るところでは、ジャンヌ・ダルクの火刑に端的に見て取れる歴史的事実であろう。

さらにヴェイユは祖国愛という言葉で、内向きの温かい感情について語っている。彼女自身をも含め、誰しもが回帰したくなる、美しい過去が詰まっている同窓会のような感覚、それは、意図せずにそこに招かれない人々に背を向けることにつながるであろう。それゆえ、どのような境遇の人とも、どのような過去をもつ人とも、同じ目線で、目と目を合わせて愛を交換するためには、「特殊な衣服」を纏(まと)うのではなく、その正反対に無色透明であらねばならない。そして真に無色透明であるためには、「善きサマリア人の譬え」(ルカ一〇・二五‐三七)に明確にあらわれているように、人々から忌み嫌われる「見知らぬ者」であること、そしてまた、犯罪者の烙印を押され、「追放された者」であることが必要不可欠である。それは、「手紙Ⅳ　精神的自叙伝」で、「キリストの磔刑を考えるたびに、わたしは羨望の罪を犯しているからです」(「手紙Ⅳ　精神的自叙伝」、本書一二六頁)ということまで突き詰められることになる。

それゆえ、教会にかぎりなく惹かれていながら、教会の扉を頑なに開かない。それは、秘跡を渇望していながら、秘跡に与らないということである。だが、飢えもまた、食べ物を実在的にイメージさせるのではないか、とヴェイユは問う。それは、ペラン神父に二度と会えなくても、かれが現に存在しているだけで充分であるという、「手紙Ⅲ　出発について」掉尾の記述につながるであろう。本書所収のテクストはもとより、同時期、およびその後彼女の死までの一年あまりに綴られた夥しいテクストはすべて、ペラン神父が現に存在しているということを想ってのシモーヌ・ヴェイユの「湧出であり、発明」（「手紙Ⅵ　最後に考えていたこと」、本書一四九頁）である。この事実に接するとき、渇望というものの、鬼気迫る、恐ろしいばかりの活力をわたしたちは目の当たりにするであろう。

手紙Ⅲ　出発について

フランスを離れることがほぼ確定した時期の手紙である。離仏はペラン神父との別れでもあり、祖国で戦火に苦しむ人々から引き離されることでもある。別れと距離の予感のために、「手紙Ⅰ」、「手紙Ⅱ」に比べてシモーヌ・ヴェイユの内面の吐露が赤裸々なものとなっている。「わたしのいっそう大きな願望は、意志のすべてを失うことだけでなく、存在そのもののすべてを失うことです」（「手紙Ⅲ　出発について」、本書九三頁）。「存在そのもののすべてを失う」とは、生命を失うことに先立って、社会から全的に放擲され、そこにいるのにいないモノのような存在として扱われることである。それゆえ、この手紙ではじめて、生命を失うことの表象であるのみならず、刑罰の表象としての「十字架」について言及されることになる（同前、九三頁）。

さらに、「神への愛と不幸」でダイナミックに展開される、「友人でないふたりが離れていても、別れはない。出会いと別れは、同一の善をうちに有しており、ひとしく善きものである」(「神への愛と不幸」、本書一八六頁)、「恋人や友人はふたつの欲望を抱いている。そのひとつは、一方が他方のうちに入り込み、ひとつになるほどまでに愛し合うことである。もうひとつは、ふたりが地球の反対側にまで隔てられていても、ふたりの結びつきが少しも弱まらないほどまでに愛し合うことである」(同前、本書一八六頁)等々の別れと距離をめぐる記述は、この手紙に綴られるヴェイユの苦しみと切なさをその源泉としているであろう。また、「何が起ころうとも、あなたにはどんな悪も及びえないとわたしは思っております」(「手紙Ⅲ 出発について」、本書九四頁)というヴェイユの言葉は、この後の神父の命運をひとたび想うとき、生者と死者という無限の距離に隔たれた者同士のあいだに通い合う愛の存在の確かさを予感させるものがある。

別れの手紙

手紙Ⅳ 精神的自叙伝

シモーヌ・ヴェイユの生涯について語られる際にもっとも引用される手紙である。ここでは伝記的事実を追うのではなく、「精神的」自叙伝を綴ることで、ペラン神父に、さらにわたしたちに彼女が何を伝えようとしているのかを追ってみたい。ペラン神父がまえがきで述べているように、神父がマルセイユに不在であったため、神父を想って、神父に向けて、これらの言葉は綴られている。別れと距離による切なさ、苦しさが、ヴェイユを深い内省に向かわせている。そしてそれゆえにこそこの書簡は、かぎりない普遍性の光を帯びている。

「友情は、シモーヌ・ヴェイユにとって、警戒すべきもっとも大きな理由であった。したがって、わたしが一冊の本であり、ひとりの人間ではないほうが、彼女にとってははるかによかったであろう」（「序文（ペラン神父）」、本書二二頁）、とペラン神父は痛恨の極みの趣をもって述べている。ペラン神父のこの言葉は、とりわけこの手紙のなかで、パスカルが述べる祈りのもつ暗示の力のみならず、友情による暗示の力を恐れるヴェイユの述懐と照応している。友情の暗示の力によって知的誠実さが鈍らされ、そのために、召命に反して洗礼を受けることをヴェイユはもっとも恐れている。

この手紙で特徴的なのは、「死の瞬間」に触れられている点である。「死の瞬間は生の規範であり、目標であるとつねに信じておりました」（「手紙Ⅳ　精神的自叙伝」、本書一〇三頁）。この言葉は、当然ながら、この手紙掉尾の「キリストの磔刑を考えるたびに、わたしは羨望の罪を犯しているからです」（同前、本書一二六頁）と照応している。「こちら側」から「あちら側」に移行する瞬間を、あくまで「こちら側」にいるわたしたちは、走馬灯のようなものとしてしかイメージしえない。たとえば、ロベール・ブレッソンは、映画『罪の天使たち』（一九四三年）のラストシーンで、この「死の瞬間」を、犯罪を犯した者の苦しみを自分の苦しみとして受苦する人の「死の瞬間」として、映画を観る者の残像感に委ねたのではなかったか。だが、「手紙Ⅲ　出発について」で述べられていたように、「意志のすべてを失うことだけでなく、存在そのもののすべてを失うこと」（「手紙Ⅲ　出発について」、本書九三頁）が彼女の願いであるならば、この瞬間こそが、最も純粋なものと接触する、否、自らがもっとも純粋なものになる瞬間である。その純粋さは、「手紙II（承前）」で述べられていた「見知らぬ者」であり、「追放された者」であり、犯罪者のレッテルを貼られ、社会から全的に放擲されることと表裏一体の事柄である。それゆえヴェイユは、何ものかに突き動かされるように、何ものかに呼ばれるように、工場生活に入った、とペラン神父に告白している（「手紙IV 精神的自叙伝」、本書一〇三頁）。純粋さが極まる「死の瞬間」という目標へ向かう道程に「工場生活」は位置づけられている。だがそもそもなぜ、このような「召命によって課された行動の規範」（同前、本書一〇三頁）という見方がヴェイユのうちに生じたのであろうか。それは、ヴェイユ自身が告白している、兄アンドレの天才に比して自らの凡庸さを顧みて自死を思い詰めた、一四歳のときの危機に遡る。このとき、苦悩の奥底において、天啓ともいうべきものが到来する。「どんな人間でも、たとえその生来の能力がほとんどなくても、ただ真理を欲し、そして真理に到達する注意力の努力を絶え間なくするならば、天才に約束されている真理のあの王国に入り込むのだ、と」（同前、本書一〇四頁）。この注意力の努力は、「神への愛のために学業を善用することについての省察」でダイナミックに展開されるものである。たとえば、彼女が自覚する凡庸さや、彼女の身体的な苦痛である頭痛といったものを「悪」と見立てるならば、この悪を注意力の働きによって粉砕できるということである。それはこの書簡後半で展開される「純粋さ」という見方ともつらなるものである。

　彼女が追い求める「純粋さ」とは、聖フランチェスコの追い求めた「放浪と物乞いの状態」（同前、本書一〇五頁）と表裏一体である。後に彼女は、アッシジの地そのものを「すべてが聖フランチェスコ的な」と述べるであろう。自らが無色透明になるとき、大地と空、神の創造の美そのものがわたしたちの身体のうちに入ってくる。たとえば、この「放浪と物乞いの状態」のかぎりない美しさを、ロベルト・ロッセリーニは、映画『神の道化師、フランチェスコ』（一九五〇年）に見事に結実させてみせたのではなかったか。

シモーヌ・ヴェイユの生涯について語られる際にしばしば言及される「カトリシズムとの三度の接触」とはいったい何を意味するのであろうか。その本質は、自らにおいて自らを超えたものが到来するという経験であろう。さらにそれは、詩と歌と不可分のものであり、シモーヌ・ヴェイユの独自性とも連なる。それゆえ、論考「奴隷的でない労働の第一条件」（『シモーヌ・ヴェイユ アンソロジー』所収）では、「大衆に必要なのは、美であり、詩であり、その源泉は神である」と述べられるのであった。身も心もずたずたに引き裂かれた後に自らのうちに入ってくる舟歌の美しさ、すなわち、小ささ、儚さに宿る美を前にして、「わたしより強い何ものかが生まれてはじめてわたしを跪かせたのです」（「手紙Ⅳ　精神的自叙伝」、本書一〇八頁）という経験、ミサのさなかに自らから頭痛を切り離すという経験、さらには、一七世紀の形而上学的詩人ジョージ・ハーバートの詩篇、『バガヴァッド・ギーター』、「主の祈り」の暗誦という、音とリズムによる、身体を通しての詩の受肉が愛を喚起して、苦しみから歓びへの転換がなされている。

「手紙Ⅰ」、「手紙Ⅱ」、「手紙Ⅲ」は、ひとりの人間が教会に入るか否か、洗礼を受けるか否かということが主題であった。だが「手紙Ⅳ　精神的自叙伝」では、そもそうしたことが取るに足らないものとして遠景に退かされている。教会に入ろうが入るまいが、洗礼を受けようが受けまいが、隣人への慈愛という「正義」をわたしたちは果たしてゆかなければならない。そのことに対してキリスト教はどうあるべきなのか、そのあるべき姿が主題化されている。なぜなら、モーセが見つめるだけで救われるとした、「青銅の蛇が上げられること」がいまほど求められている時代はないからである（同前、本書一一八頁）。

「ひとつ以上の点において知的誠実さを欠いていないと思われる人に一度も会ったことがありません」（同前、本書一〇六頁）、とヴェイユは述べる。だが、「同等のものに一度も出会ったことがない」（同前、本書一一五頁）というペラン神父の慈愛すらも、「知的誠実さの欠如」という陥穽を免れえない。それはなぜであろうか。教会の一員であるとは、集団の一部であることであり、集団においては個人の知性はつねにうまく働かないものだからである。「その人たちが言ったことをなかったことにさせたり、人生の〈パン〉を奪ったりすること」（同前、本書一二二頁）は、残虐な異端審問や大義名分による植民地侵略に端的にあらわれているように、歴史の示すところである。そして、知性とは言葉にあらわれ出るものである。たとえば、パオロ・パゾリーニが、映画『奇跡の丘』（一九六四年）で見事に描いてみせたように、イエスは、わずかな弟子たちに深く慕われるいっぽうで、大衆には風変わりで、独断的な人間と映ったであろう。それはなぜであろうか。

〈真理〉そのものであるキリスト自身が、評議会のような会衆を前にして話す際には、最愛の友と一対一で話す際の言語をもちえなかったでしょう。そしておそらく空疎な言葉に直面して、矛盾しており、虚偽であると真に迫ってキリストを糾弾しえたでしょう。（同前、本書一二二頁）

聖体拝領におけるパンと葡萄酒はキリストの身体と血の象徴であり、キリストその人の全的なあらわれであって、キリストの部分ではけっしてない（同前、本書一二三頁）。およそ社会のなかで力ある存在である国家なり教会なりには権力構造が形成され、そこでは、個人は全体の部分に成り下がってしまう。そのとき、知性は窒息してしまう。だからこそ、異端審問があったのであり、破門宣告があったのであり、宗教戦争があったのである。教会に求められているのは、より強くなるための避難場所ではなく、かぎりない弱さに留まることから発する光の強さなのではないか、とヴェイユは問いかける（同前、本書一二四‐一二五頁）。そしてまた、こうした考えそのものが、自らにおいて、自らを超えたところから到来したものであり、伝播してゆく使命がある、と彼女は考える。

それらの考えは何かの間違いからわたしのうちに入ってきて、それらがここに来たことが間違いであると知って、出てゆくことを絶対に望んでいるのです。これらの考えがどこからやってくるのか、これらの考えに価値があるのかはわかりませんが、何が起ころうとも、これらの考えが働くのを防ぐ権利が自分にあるとは思っておりません。（同前、本書一二五頁）

手紙V　知的な召命

目の見えないペラン神父の秘書的な仕事をしているソランジュ・ボーミエに宛てた手紙である。

ペラン神父が本書序文およびこの手紙のまえがきで述べているように、カサブランカの一時収容所の数少ない椅子のひとつを独占してヴェイユは、本書所収の論考および『前キリスト教的直観』、『ギリシアの泉』所収の論考を書き続けており、それらすべてはペラン神父に宛てられたものである。それは、各手紙で触れられている「預かりもの」を託してゆくただひとりの人とペラン神父をみなしているからにほかならない。

この手紙では、ペラン神父が序文で指摘しているように（「序文」、本書三七頁）、ギリシア神話やソクラテス以前の哲学者たちを念頭においた哲学的な思索によって、教会の外に留まるという結論が導き出されている。さらに、純粋さと従順さを併せ持つ水のイメージが、この手紙ではじめて用いられている。

わたしにとっての責務である知的誠実さの段階は、わたし自身の召命のために、たとえば、唯物論や無神論も含めて、例外なく、あらゆる考えにわたしの思考が公平であることを要求しています。あらゆる考えに対して、ひとしくひらかれており、そしてひとしく慎重だということです。水のなかに落ちる物体に対して水が公平であるようにです。水は水のなかに落ちてくる物体の重さを量りません。ある程度の時間の振動の後、物体が物体自体を量るのです。（「手紙V　知的な召命」、本書一三一頁）

手紙Ⅵ　最後に考えていたこと

ペラン神父が序文で指摘しているように、「手紙Ⅳ　精神的自叙伝」と双璧をなす、最重要の書簡である。この書簡に書かれた内容から本書後半の論考、わけても、シモーヌ・ヴェイユ思想の柱となる「神への愛と不幸」、「神への暗々裏の愛の諸形態」の源泉である、彼女の個人的な経験から得られた見解が随所に見られる。

まずは、不幸の対価として歓びがあるのではなく、不幸を通して、不幸の直中で歓びがあるという、自らの経験を踏まえた指摘である。これは、すでに「手紙Ⅲ」、「手紙Ⅳ」で述べられている、頭痛の直中において頭痛から離れて歓びに満たされるというありようである。ここでは、具体的なひとりの愛する人間に接して、その人への愛ゆえに、その人が現にそこにいることを証する「声の音」によって、痛みや苦しみが解消してしまうという事実が述べられている。このモチーフは、同時期に書かれたシモーヌ・ヴェイユのテクストで繰り返し登場するものである。さらに、「手紙Ⅳ」では触れられるに留まっていた『イーリアス』には詩の核と詩の美しさ、すなわち、不幸を通して歓びに至ることが示されているとしている。これは、論考「『イーリアス』、あるいは力の詩篇」(『シモーヌ・ヴェイユ　アンソロジー』所収)でダイナミックに展開される主題である。

シモーヌ・ヴェイユがただひとり信頼を寄せており、その背後に神を見ているただひとりの人がペラン神父である所以は、ペラン神父だけが、他人の苦しみを自分の活力としなかったことにある。「神への愛と不幸」で深く考察される、「雌鶏たちが、自分たちのなかに傷ついた一羽の雌鶏がいると、いっせいにその雌鶏を突く」（「手紙Ⅵ　最後に考えていたこと」、本書一四一頁）という動物の本性を離れていたのはペラン神父ただひとりであったということである。さらに、「神への愛と不幸」（「神への愛と不幸」のつづきとして後から発見された数頁」」（『シモーヌ・ヴェイユ　アンソロジー』所収）で展開される、親切と酷い扱いは同等のものであるという考えの源泉もまた、ペラン神父とのかかわりのなかから誕生したものである。

あなたの傍にいたときだけは、このメカニズムの余波によって攻撃されたことは一度もありませんでした。あなたをめぐるわたしの境遇は、次のような物乞いの境遇に似ております。貧窮のためにつねに飢えており、一年中、折に触れパンを求めて裕福な家を訪れており、そして生涯ではじめてその家で、屈辱を堪え忍ぶということがなかった物乞いの境遇にです。（「手紙Ⅵ　最後に考えていたこと」、本書一四二頁）

相手に屈辱を与えずに施しをなすこと、それは、施しをもらうように屈辱を堪え忍びつつ親切な行為をすることである。そして、ただひとり絶対的な信頼を寄せているペラン神父の不完全性の指摘へとこの手紙は展開してゆく。ペラン神父の不完全性は、いったいどこに見られるのであろうか。第一次世界大戦で半身不随となった詩人ジョー・ブスケの話をしていたとき、あるいは、スペインの農民について話をしていたとき、キリスト者に対するような温かな眼差しを神父が見せなかったことをヴェイユは敏感に察知している。ヴェイユが全幅の信頼を寄せているペラン神父ともあろう人が、なぜ太陽の光や雨のように無差別、無関心の平等性に立てないのであろうか。それは、故郷のような教会への愛、すなわち、教会への執着のためである、とヴェイユは指摘する。聖体の秘跡以外の場面での超自然的なあらわれを忌避する姿勢が神父に見られる、と。

それでは、ヴェイユは教会のなかではなく、いったいどこに超自然性を見ているのであろうか。アッシジの聖フランチェスコや十字架の聖ヨハネは、聖人であるのみならず、詩人でもあったことにヴェイユは着目している。まさしく、聖フランチェスコが、神の創造であるこの世界が美に輝いているアッシジという地を祈りの場所として選択したことに端的にあらわれているように、忌み嫌われるはずの「裸で、血まみれになって、路上で気を失っている」（同前、本書一四八頁）隣人が詩人の眼差しに貫かれたとき、その小ささ、その貧しさのうちに、美しさを見出すことができる。清貧が詩となり、歌となってあらわれ出てくるのであり、その詩と歌が、他の人の魂をも触発してゆく。

現代に求められている聖人とは、アルキメデスが「エウレカ！」と驚きをもって叫んだような、根源的な転換であり、存在そのものが根底からひっくりかえるような、湧出であり、発明である。そうした天才の媒介が、「ペストに見舞われた街が医者を必要としているのと同様に」（同前、本書一四九頁）必要である、とヴェイユは力説する。そしてふたたび、「自らのうちに宿った預かりもの」への言及へと立ち戻る。

どうしてかはわかりませんが、わたしのような不充分な存在のうちに宿った考えに誰も注意を傾けようとしないならば、それらの考えは、わたしとともに埋もれてしまうでしょう。わたしがそう思っておりますように、それらの考えがうちに真理を有しているならば、残念なことです。わたしはそれらの考えを無駄にしてしまいます。それらの考えがわたしのうちに見出されることで、それらの考えに注意が傾けられなくなってしまいます。

わたしのうちにあるこれらの考えに注意力を傾けてくださるようわたしが懇願できるのは、あなただけです。わたしを満たしてくださったあなたの慈愛がわたしから離れ、わたしがうちにもち、そしてわたしよりもはるかにいっそう価値があるとわたしがそう信じたいものに向かうことを望んでおります。（同前、本書一五〇－一五一頁）

各手紙において触れられ、そして最後のこの手紙でふたたび強調され繰り返されるこの章句は、「その魂は、自らと神との生をわたしに語るという心揺さぶられるような信頼をわたしに寄せていた」（「序文（ペラン神父）」、本書一四頁）というペラン神父の言葉と照応している。この章句に接するとき、シモーヌ・ヴェイユの手紙はカトリック教会批判となっているにもかかわらず、神父という立場においてこれらの手紙を公開したペラン神父の並々ならぬ決意を見て取ることができる。本書公開当時、ペラン神父自身が「召命による衝動」を抑えられなかったことが想像されよう。ここにこそ、シモーヌ・ヴェイユが「預かりもの」を受け取ってもらえるようペラン神父に懇願するその真価がある。

＊

暗々裏に提起されている考えと問いに満ち満ちているあなたの手紙に応答するためには、本一冊分ぐらいが必要でしょう。一緒に真理を探究するために、いつ、どこで、この対話をいたしましょうか。（「手紙Ⅵへの返信（ペラン神父）」、本書一五三頁）

この「いつ、どこで」は永遠にやって来ない。ペラン神父の決意は、「どうにも取り返しがつかないこと」、「どうにも届かないもの」といった胸を締め付けられる想いと表裏一体である。手紙は届かない。宛先は空（くう）に向けられている。そして、だからこそ、無限へとひらかれている。

論考

神への愛のために学業を善用することについての省察

ペラン神父がまえがきで述べているように、この論考は、ペラン神父のために書かれたものである。高校教師という生業であるシモーヌ・ヴェイユがペラン神父を介してカトリックに急接近するなかで綴った、学業においてもっとも大切なことと、信仰においてもっとも大切なものとの接点について考察されている。それゆえ、本論考で述べられている事柄は、学業という限定を超えて、般的な仕事や肉体労働や芸術創造にも敷衍しうるであろう。

学業をめぐるキリスト教的な見方において鍵となるのは、祈りが注意力からなっているということである。魂がなしうるあらゆる注意力は、神の方向へと向けられている。注意力の質は祈りの質に大いによっている。心の熱さは、注意力の質を補いえない。（「神への愛のために学業を善用することについての省察」、本書一六三頁）

注目すべきは、「心の熱さは、注意力の質を補いえない」という点である。何かを成し遂げること、ひろくわたしたちが自らの生を創造してゆくことの原動力は、「熱意」ではなく、自己において、自己から離れてゆく能力である。文字通り、「われを忘れて」何かに没頭しているとき、わたしたちの注意力は研ぎ澄まされ、わたしならざるもの、すなわち、神へと向けられている。

幾何学に対する素養や天性のセンスがなくても、問題の探究や論証の練習によって注意力を伸ばす妨げとなることはない。むしろほぼそのまったく反対であり、素養や天性のセンスの欠如は、好ましい状況ですらある。（同前、本書一六四頁）

ここでは、「たとえ才能がないために、この天才が外的に目に見えることがなくとも、その人もまた天才となるのです」（「手紙Ⅳ　精神的自叙伝」、本書一〇四頁）という章句がさらに推し進められ、

「素養や天性のセンスの欠如は、好ましい状況ですらある」となっている。そもそもわたしたち自身がもっている素養や天性のセンスなどは取るに足らないものであり、それらに対する自負のほうが、熱意と同様、注意力の妨げになる。一時間経っても、幾何学の問題をただ見つめるだけで、解答にたどり着く兆しがいっこうに見えなかったとしても、このときに研ぎ澄まされた注意力の働きは、たとえば、ラシーヌの詩句の美しさを感受する働きとなってあらわれ出る。そもそも本書刊行へとペラン神父を内側から突き動かす衝動が、「どうにも取り返しのつかないもの」、「どうにも手が届かないもの」を目の前にした「空無への注意力」に裏づけられているならば、時代や場所を超えて、シモーヌ・ヴェイユの言葉が、〈いま、ここで〉、わたしたちの目の前に佇んでいるというその事実からも類比的に捉えることができよう。そして宗教においてであれ、非宗教においてであれ、「わたしより強い何ものかが生まれてはじめてわたしを跪かせたのです」（同前、一〇八頁）とヴェイユが述べているように、わたしたちが頭を垂れ、跪き、自分を超えたものに向けて祈ることの本質には、こうした、自己が自己から離れることを通して、見知らぬ他者を触発してゆくその連鎖を背後に秘めている。そして、欲望が真に研ぎ澄まされるならば、欲望は対象と一体化する。「真に欲望があるならば、欲望の対象が真に光であるならば、光への欲望が光を生み出す」（「神への愛のために学業を善用することについての省察」、本書一六六頁）。それは、裏面から見れば、欲望が「対象なき欲望」となることでもある。

長く苦しい何年もの歳月のあいだ、アルスの司祭が成し遂げたラテン語を習得するための不毛な努力は、眩いばかりの識別能力のうちにその努力すべての成果をもたらした。アルスの司祭は、この識別能力によって、告解する人の言葉の背後に、沈黙の背後にさえ、告解する人の魂そのものを見たのである。（同前、本書一六六頁）

大切なのは注意力を働かせることであり、その結果ではない。否、むしろ不毛だと自らに思われる注意力の努力が、自らがまったく予想しないかたちで結実することがある。これは、俗に「禍福は糾える縄の如し」と言われるところのものともつながるであろう。幸福に甘んじて注意力の努力を怠れば禍いが訪れるし、禍いの直中で注意力の努力を絶え間なく続けるならば、光の射さない闇夜の直中で幸福が訪れる。

論考「人格と聖なるもの」（『シモーヌ・ヴェイユ　アンソロジー』所収）でヴェイユは人格を否定的なものとして捉え、「計算間違いをすると、その誤りにはその子の人格が刻まれている」と述べていた。そうであるならば、その人だけの否定的な特徴である誤りを見つめるのはできれば避けたい事柄である。「耳が痛い」、「見たくない」、「なかったことにしたい」事柄と真正面から向き合うことで注意力は研ぎ澄まされる。それはなにより、己れの小ささ、己れの醜さを見つめることによって「謙遜」の徳が磨かれるからである。

知性は欲望によってしか導かれえない。欲望があるためには、快さと歓びがなければならない。知性が育まれ、実を結ぶのは、歓びのなかでのみである。学業に学ぶ歓びが不可欠なのは、走者に呼吸が不可欠なのと同様である。歓びがないところに学生はいない。そこにあるのは、見習い修業をなし終えた後に職を手にしていない見習いの哀れな戯画である。(「神への愛のために学業を善用することについての省察」、本書一六九頁)

「知性には歓びが不可欠である」。これは、シモーヌ・ヴェイユが繰り返し述べる章句である。それはなにより、スピノザが『エチカ』(第四部 定理一八)で述べているように、歓びは自らを超え出て他者と世界につながってゆくからにほかならない。なぜカントが道徳法則をあれほど重視したのかと問うならば、それは、己れの生の担い手は、己れではなく、己れを離れた宇宙の運行のような規則正しい法則だからである。その法則を類比的に適用させる能力こそが思考力である。

不幸な人に注意力を傾けうるのはきわめて稀であり、きわめて難しい。それはほぼ奇跡である。それは奇跡である。不幸な人に注意力を傾けうると思い込んでいるほぼすべての人は、そうしえない。熱意、高揚、敬虔は、不幸な人に注意力を傾けうるには不充分である。(同前、本書一七三頁)

「神への愛と不幸」で述べられているように、「思考は、動物が死を避けるのと同様に、素早く、どうしようもなく不幸を避ける」(「神への愛と不幸」、本書一七八頁)。そうであるならば、「不幸な人」というレッテルをいっさい剝ぎ取った状態で、不幸な「その人」に肉薄する条件は、実のところ、ラテン語の翻訳や幾何学の問題といった学業における注意力の練磨のうちにある。已れが低められ、そこから一歩も動けず待機するこの魂の働きのうちにこそ、あたかも蛍が光を灯すような注意力の働きが芽生えるのである。

神への愛と不幸

シモーヌ・ヴェイユの最重要の論考とされているもののひとつである。「他者の不幸がわたしの肉体と魂のうちに入ってきたのです」(「手紙Ⅳ　精神的自叙伝」、本書一〇七頁)とペラン神父に告白しているように、深く内面化した不幸の経験を、客観的に捉え直したものが論考「工場生活の経験」(『シモーヌ・ヴェイユ　アンソロジー』所収)であった。それに対して本論考は、まさしく自らが「奴隷の徴」を受け、「それ以来わたしはつねに自分を奴隷とみなしてきました」(「手紙Ⅳ　精神的自叙伝」、本書一〇七頁)という身をもってした経験が、いったい何をその人自身にもたらすのかという考察である。

不幸には身体が必ずかかわってくる。精神的なものであっても、不幸には身体の痛みがともなうということである。たとえば、愛する人の突然の死の報を受けて気絶してしまうような場合である。そして銘記すべきは、不幸の要素として「屈辱」が挙げられていることである。叫びたいのにそれができずに、「我慢しなければならない全身の激烈な状態」(「神への愛と不幸」、本書一七七頁)が屈辱であるとされている。これは、幼児期に虐待を受けた経験が長じて精神に異常をもたらすような場合に見て取れるであろう。他方で、身体がかかわっていても一時的なものである場合、それは不幸ではない。精神的衝撃による気絶のような場合も、時間の経過とともに回復するのであれば、それは不幸ではない。

不幸は生命の根こぎであり、身体的な痛みによって引き起こされる打撃、あるいは身体的な痛みが直にもたらす不安のために、否応なく魂にあらわれる、多かれ少なかれ弱められた死に等しいものである。身体的な痛みがまったくなければ、魂に対する不幸はない。なぜなら、不幸とは別のどんな対象にも思考は向かってゆくからである。思考は、動物が死を避けるのと同様に、素早く、どうしようもなく不幸を避ける。（同前、本書一七八頁）

わたしたちは不幸について思いを巡らせることができない。なぜなら、屈辱がそれを押し留めるからである。そのため、不幸は言葉となってあらわれ出ることがない。それゆえ、不幸な人のすぐ傍を通っていても、誰もその人に気づかない。「こうした人が奇妙な振る舞いをすることがあるのを目に留めるだけであり、そしてそうした振る舞いを非難するのである」（同前、本書一七九頁）。さらに、不幸にはかならず社会性がかかわってくる。これはもっとも着目すべき点である。「何らかの形態において、社会的失墜、あるいは社会的失墜への不安がないところには、真の不幸はない」（同前、一七九頁）。たとえば、ロベルト・ロッセリーニの映画『ヨーロッパ一九五一年』（一九五二年）では、イングリッド・バーグマン演ずるブルジョワ階級の女性が息子を失ったのを契機に、ひとり弱い立場の人々へと赴いてゆく。だがそれを恥とする夫や家族は、彼女を精神病者として病院に隔離してしまう。これが社会的失墜であろう。すなわち、そこにいるのにいないものとされてしまうということである。そして、悲しみそのものは、不幸ではない。「不幸とあらゆる悲しみとのあいだには、水の沸点のように、連続であるのと同時に敷居のような境界がある」(同前、本書一七九頁)。

人生の大きな謎は苦しみではなく、不幸である。無実の人が殺害されたり、拷問を受けたり、国を追われたり、悲惨な境遇や奴隷状態に陥れられたり、強制収容所や独房に入れられたりするのは驚くに足らない。なぜなら、そうしたことをやってのける犯罪者がいるからである。病気が生命を麻痺させるような長引く苦しみを課し、生を死のイメージとすることも、驚くに足らない。なぜなら、自然は機械的な必然性の盲目的な働きに従っているからである。だが神が不幸に、無実な人の魂そのものを捕らえ、至高の主(あるじ)として魂を支配する力を与えたのは驚くべきことである。最良の場合でも、不幸の徴を受けた人は、魂の半分しか保っていないであろう。

(同前、本書一七九頁)

ここにヴェイユが捉えた不幸の本質がある。謂われのない悪を蒙り、たとえ死に至らしめられることがあっても、それは想定しうる事柄である。あるいは、特定の人だけに病が襲いかかり、生涯病床に伏すことがあったとしても、想定内の事柄である。だが、「最良の場合でも、不幸の徴を受けた人は、魂の半分しか保っていない」のは、驚愕すべき事柄である。この驚愕すべき事柄は言葉にすることができない。たとえば、アウシュヴィッツから奇跡的に生還し、その経験を表現する言葉をもっていたパウル・ツェランやプリーモ・レーヴィといった人々ですら、結局、自ら命を絶ってしまった事実のうちにそれを見ることができよう。かれらが自死を選んだ原因のひとつには、この不幸の徴による他者との共通の言葉をもちえない断絶があったのではないか。「こうして、不幸な人に対する同情は不可能なものとなる。不幸への同情が真に生み出されるならば、それは水上歩行や、病気の治癒や、さらには死からの復活よりも驚くべき奇跡である」（同前、本書一八〇頁）。

罪があり穢れているというこの感覚は、論理的には犯罪によって生み出されるはずのものである。だが犯罪によっては生み出されない。悪は犯罪者の魂のうちにそれと感じられずに住まっている。悪は無辜なる不幸な人の魂のうちで感じられるのである。あたかも本来、犯罪者にふさわしい魂の状態が犯罪から切り離され不幸に結びついたかのように、すべては起こる。さらにそれは、不幸な人の無辜の度合いに応じてさえいる。（同前、本書一八一頁）

加害者と被害者がいれば、悪を犯しているのは加害者であるから、加害者がその悪を罪の意識として感じるはずである。だが、そうは感じられず、その悪はあたかも加害者から被害者へ転移したかのごとくに、被害者の心のうちで、自らの穢れとして感じられる。パウル・ツェランやプリーモ・レーヴィの自死という選択も、この穢れの感覚と切り離しえないであろう。

わたしたちの理性が犯罪に結びつけるあらゆる侮蔑、あらゆる排斥、あらゆる嫌悪を、わたしたちの感性は不幸に結びつける。キリストが魂全体に浸透している人を除いて、すべての人は多かれ少なかれ不幸な人を軽蔑している。ほとんど誰もそのことに気づいていないのだが、そうである。（同前、本書一八二頁）

不幸に陥れられた人には何の罪もないのに、多かれ少なかれ、わたしたちは不幸な人を軽蔑している。たとえば、罪があるのは杜撰な捜査にあたった警察であるのに、冤罪で死刑宣告を受け、長年拘置され、その後無罪を勝ち取った人を、心のどこかで蔑んでいるような場合である。そしてそれはなにより、その人自身に感受されるということである。「自分自身への軽蔑、排斥、嫌悪がないところに不幸はない」（同前、本書一八二頁）。想像を絶する悪を蒙った人は、自分の境遇を呪う。だがこの境遇が長く続くと、次第に人は不幸と共犯関係を結び、無気力になってゆく。これも、アウシュヴィッツでなぜ少人数の看守に対して囚人たちが暴動を起こさなかったのかということの説明になるだろう。そのありようは、客観的にはその不幸の境遇に甘んじているようにすら映る。そして、奇跡的に不幸から抜け出せた場合、「恩恵をもたらしてくれた人に対する憎悪がともなうる。これは傍から見ると説明しえない粗野な数々の忘恩の行為の原因となっている」（同前、本書一八三頁）。さらに、「現にいまある不幸から不幸な人を解き放つのは容易いこともある。だが、不幸な人をその過去の不幸から解き放つのは難しい」（同前、本書一八三頁）。

こうした考察を経て、十字架上のキリストと神とのあいだの無限に隔たれた距離における、叫びと沈黙とのあいだの調和（ハーモニー）が展開される。「キリストの磔刑を考えるたびに、わたしは羨望の罪を犯しているからです」（「手紙Ⅳ　精神的自叙伝」、本書一二六頁）というヴェイユの羨望は、この調和に与ることへの羨望でもある。

　この引き裂かれの上に至高の愛によって至高の一致というつながりが置かれる。この引き裂かれは、宇宙を貫き、沈黙の奥底で、離れては溶け合う二音のように、純粋で悲痛な調和（ハーモニー）として永遠に響き渡る。これが神の〈み言葉〉である。創造全体はこの調和の振動にほかならない。人間の音楽がそのもっとも大いなる純粋さにおいてわたしたちの魂を貫くとき、音楽を通してわたしたちが聴くのはこの振動である。（「神への愛と不幸」、本書一八四頁）

たとえば、愛する人を失ったことを奏でる音楽はなぜかくも美しいのであろうか。それは、「純粋で悲痛な調和」だからである。愛の叫びに対する応答は沈黙である。無限に隔てられた者同士のあいだには至高の調和がある。それゆえその音楽の美に耳を傾けるとき、わたしたちはこの調和の震えを聴いている。この音楽の美に委ねられるとき、相手が去ってしまっても、あるいはすでにこの世に不在であっても、その人に眼差しを向け続けることができる。

　友情にはふたつのかたちがある。それは、出会いと別れである。このふたつは切り離せない。これらふたつは同一の、唯一の善である友情をうちに有している。というのも、友人ではないふたりが傍にいても、出会いはないからである。友人でないふたりが離れていても、別れはない。出会いと別れは、同一の善をうちに有しており、ひとしく善きものである。（同前、本書一八六頁）

愛する者同士のあいだでは、出会いだけでなく別れも貴重なものである。なぜなら、愛が通い合っていない者同士にあるのは単なる分離にすぎないからである。だが別れには切なさがある。この切なさは、不在の他者に眼差しが向け続けられることによる。そして、わたしたちは愛する人の不在による切なさを端的には受け入れられない。だが、物質は世界の必然性に従順である。それゆえ、この物質の従順さをじっと見つめるとき、わたしたちは自ずからその従順さに倣い、切なさを受け入れている。「それは、恋人がいまは亡き愛する女性の使っていた針を優しさをもって見つめるようなものである」（同前、本書一八九頁）。人を刺す鋭さをもった針であっても、それは優しさに輝いている。

船が沈没することがあるのを知っているからといって、海がわたしたちの目に美しく映らないということはない。それどころか、そうであればなおいっそう海は美しい。もし海が船を救うために波の動きを変えるならば、海は識別と選択を備えており、それゆえあらゆる外的圧力に対して完璧に従順な流体ではない。海の美しさとは、この完璧な従順のことである。（同前、本書一八九頁）

一見したところ、カントであれば崇高と名指すものをヴェイユは美と呼んでいる。その美とは、この必然性への従順から湧き起こるものである。小津安二郎の映画『東京物語』（一九五三年）で笠智衆演ずる夫は長年連れ添った妻が亡くなった日の朝、ひとり夜明けを見つめている。「ああ、きれいな夜明けだった……。今日も暑うなるぞ……」。かれは世界の必然性に従順であることに同意すべく、人生最悪の朝に美しい夜明けを見にいったと言えよう。そしてそれは、文学においては、優れた韻文——論理が完璧に音律と一致する詩——において極まる。「『イーリアス』のように、一篇の詩がこの美を感じさせせることがある」（同前、本書一八九頁）。

「必然性に惰性的に従順であること」と、「必然性への従順に同意すること」とは、絶対的に異なる事柄である。そして真に同意が果たされたとき、わたしたちは自分が思いもよらなかった行為を成し遂げてしまうときがある。それは、わたしたちの生そのものにおいても、あるいは芸術表現においても見られるありようである。植物はその場を動くことができない。だが、光のほうに身を寄せるか闇のなかに留まるかで、その植物の生育はまったく異なるものになる。わたしたちの選択の自由とは、植物のように光のほうに向かうか闇に留まるかだけである。

野の百合が織物よりも美しいのはなぜであろうか。それは、野の百合は神に従順であるが、織物は人間に従順だからである。もし芸術作品が野の花と同等の美を放つならば、それは、芸術家や職人の心が完全に明け渡され、完全に神で満たされているからである。そのときこうした芸術家や職人の心は、世界の美の感情に満たされている。

歓びも痛みもひとしく貴重な恩恵であり、そのどちらもそれぞれ、その純粋さにおいて、両者を混同しようとすることなく、徹底的に味わい尽くさなければならない。歓びによって世界の美がわたしたちの魂のうちに入り込んでくる。痛みによって世界の美がわたしたちの身体のうちに入り込んでくる。歓びだけではわたしたちは神の友になることはできないであろう。

（同前、本書一九二頁）

ヨブは艱難の果てに美の啓示を受ける。それは、魂のみならず、身体をもってした美的経験である。ヴェイユの不幸の認識において、この美の感情の湧出は特筆すべきである。先に触れたロベール・ブレッソンの映画『罪の天使たち』で若く純真な主人公のシスターは、前科のある少女を更生させるべく奔走するが、事態は悪化するいっぽうである。その少女の痛みを自らの痛みとして捉える主人公は、ついには生命力を失って亡くなってしまう。だがこの死の瞬間は、途轍もなく美しい。それはなによりこの死の間際に、主人公の心のうちから世界の美の感情が溢れ出ているからにほかならない。

わたしたちになしうるのは、「待つこと」だけである。そして「待つこと」は自我の粉砕と表裏一体の事柄である。わたしたちの自我が粉砕され、「創造以前のもの」になったとき、神はわたしたちを探し当てる。なぜなら、神は不在というあらわれしかもたないからであり、愛は同じ位相にある者同士でしか通い合わないからである。神が待っているのは、この位相にあるわたしたちの愛である。「身体的な苦しみであり、魂の苦悶であり、社会的な失墜である極度の不幸」（同前、本書一九六頁）とは、「生きたままピンで標本に留められた蝶のようにもがいている」（同前、本書一九六頁）状態である。この状態にあっても、わたしたちは眼差しの自由を有している。

神への暗々裏の愛の諸形態

神は、「不在として」、あるいは、「無限に隔てられた距離において」あらわれる。そうであるならば、わたしたちはどのようにして神を愛しうるのであろうか。それは、「宗教的儀礼への愛、世界の美への愛、隣人への愛、友情といった間接的な愛」（「神への暗々裏の愛の諸形態」、本書二〇三頁）を媒介にしてである。これらの愛は、具体的に実在するものに向けられている。これら具体的なものに向けられた愛において、すでに神への愛が息づいている。

隣人への愛

日常生活のなかで人から深く感謝されるとき、わたしたちは当惑を覚えることがあるだろう。というのも、意志を働かせたわけでも、強制されたわけでもなく、欠伸をするように、気づいたときにはごく自然に身体が動いていたという感覚しかないからである。そうしたありようは、「その人のうちに生きているのはもはやその人自身ではなく、その人のうちで生きているキリストだけである」（同前、本書二〇五頁）ということでもあり、「水と精神のみからなっている」（同前、本書二一三頁）ということでもある。その人にとっては「当たり前のこと」をしただけだという「正義」のありようは、その人自身には知られていない。だが、その行為を受け取る人には感謝の念が溢れ出てくる。論考「『イーリアス』、あるいは力の詩篇」でヴェイユが精緻に描いてみせたように、強者と弱者がいれば、そこにあるのは強者の意志だけであり、弱者は物のように強者の意志に従うことしかなしえない。これは、わたしたちの社会のいたるところに見られる現象であろう。こうしたありようからわたしたちはどのようにして抜け出すことができるのだろうか。

〈創造〉は、神の側の自己拡大の行為ではなく、退去であり、放棄である。神と被造物すべてを合わせたものは、神だけに及ばない。神は自らが縮小することを引き受けた。神は自らから存在の一部を剝ぎ取った。神は自らの神性による創造の行為においてすでに無となっている。〔…〕わたしたちが神に向けて自らを否定しうることをわたしたちに示すために、神は自らを否定した。この応答、この照応を拒絶するのはわたしたち次第である。そしてこの応答、この照応だけが、創造の行為という愛の狂気を正当化しうる。（同前、本書二一一－二一二頁）

本書のタイトル *Attente de Dieu*〔直訳『神の待機』〕には、「わたしたちが神を待っている」と「神がわたしたちを待っている」の双方の意味が孕まれる。わたしたちへの愛ゆえに神は、自らは無化し、自らの存在をわたしたちに与えた。そして、無限に隔てられた距離において、神はふたたびわたしたちが同等の愛を神に傾け、その存在を返してくれることを「待っている」。

他人に施しをするのは容易い。難しいのは、相手をモノとして扱わずに施しをなすことである。そして、「手紙Ⅵ　最後に考えていたこと」で見たように、ヴェイユはそのありようをペラン神父ただひとりのうちに見て取っていた。さらにこのありようは、芸術や学問にも敷衍しうる。「第一級の産出である創造は自己放棄である」（同前、本書二一五頁）。芸術や学問をわたしたちの生の創造の象徴であると見立てるならば、むしろ脱創造こそがわたしたちの生の本質である。それゆえ、「隣人への慈愛は天才と酷似している」（同前、本書二一五頁）。

「神のために」、「神を想って」不幸な人に慈愛を向けるのであれば、それは自己のうちに閉じた行為でしかない。不幸な人への慈愛は、それと知られずに、「もはやわたしのうちに生きているのはわたしではない。キリストが生きている」ように、「水と精神から生まれる」ようになされなければならない。そうでなければ、わたしたちは不幸な人を「その人」としてではなく、不幸な人という「類例」として、すなわち、モノとして扱っている。

正義のありようは施しのみならず、懲罰においても見られる。刑罰の表象はシモーヌ・ヴェイユにおいて最重要なものである。わたしたちは犯罪者の罪を軽蔑しているようでありながら、実のところ、犯罪者の不幸を軽蔑している。キリストのすぐ傍にいた「善き盗賊」の罪状とは、盗みである。キリストと同様に大衆の怒りを買い、莫迦莫迦しく果てたその理由とは、「盗みは威信がもっとも欠如した犯罪であるが、もっとも憤りを引き起こす犯罪でもある。なぜなら、所有はもっとも一般的で、もっとも強烈な執着だからである」（同前、本書二二一頁）。それゆえ、論考「人格と聖なるもの」で主題化されるように、軽罪裁判所での裁判官と被告人との上下関係の構図が「もっともおぞましい光景」となる。

世界の秩序への愛

本節は、論考「奴隷的でない労働の第一条件」で結晶化される、「大衆に必要なのは美であり、詩であり、その源泉は神である」というシモーヌ・ヴェイユ美学の頂にいたる裾野である。

前節で見たように、神は自己拡大ではなく、自己否定であり、自己無化であり、神の存在に代わって、物質の必然性とわたしたちの自律がある。それゆえ、わたしたちに求められているのは「物質をじっと見つめること」である。そして、聖フランチェスコにおいて、隣人への愛と世界の美への愛は重なり合う。

> 聖フランチェスコの詩が完璧な詩であるだけではなく、かれの全生涯が生きている完璧な詩であった。たとえば、ひとり隠遁するために、あるいは修道院を建立するために聖フランチェスコが選んだ景観は、それ自体もっとも美しい生きた詩であった。聖フランチェスコにとって放浪と貧しさは詩であった。世界の美と直に触れ合うために聖フランチェスコは、何ももたなかったのである。(同前、本書二二七‐二二八頁)

福音書で世界の美へのわずかな言及が見られるのは、「野の百合と鳥の未来への無関心と運命への従順」、そして「雨と太陽光の無関心性と平等性」という二ヶ所においてである(同前、本書二二八頁）。太陽の光と雨の無関心性と平等性とは、たとえば、先に触れた小津安二郎監督『東京物語』で、伴侶を失った朝、笠智衆扮する夫が妻の亡骸を離れ、ひとり朝日が昇るのを見つめている場面である。「ああ、きれいな夜明けだった……。今日も暑うなるぞ……」。人生最悪の朝もわたしたちの心に寄り添って大雨が降るのではなく、灼熱の太陽が昇る。その太陽の光の無差別、無関心性に、わたしたちは逆説的にも救われる。

翻って美の感情は、損なわれ、変形され、穢されていても、人間の心のうちに力強い動機として抑え難く宿っている。美の感情は、ありとあらゆる世俗の生活の関心事にあらわれている。美の感情が真正で純粋になるならば、美の感情は、あらゆる世俗の生活をひとかたまりにして神の足下に運ぶであろう。（同前、本書二三〇頁）

美は、主観の感情であるにもかかわらず、普遍妥当的に万人に要求しうる摩訶不思議な感情である。そして、本章のタイトルに冠せられた「暗々裏の」とは、それと知らずに食べてしまった柘榴（ザクロ）の実によって神の伴侶になってしまったという「コレーの神話」に見て取れるように（同前、本書二三〇頁）、美に魅了されているとき、「われ」を「忘れている」ということである。なぜなら、「世界の美は物質それ自体の属性ではない。世界の美は世界とわたしたちの感性との関係」（同前、本書二三一頁）だからである。

美はこの世の唯一の合目的性である。カントが的確に述べているように、美はいかなる目的ももたない合目的性である。美しいものは、それ自体以外に、美の全体性において、美がわたしたちにあらわれるような、いかなる善もうちに有していない。美に何を求めているのかを知らずにわたしたちは美に向かってゆく。美はそのものが現に存在することをわたしたちに与える。（同前、本書二三三頁）

『判断力批判』（第一七節）でカントは、美は目的がないのに、目的に適った心の状態がある、「目的なき合目的性」と定義した。そしてシモーヌ・ヴェイユは、『パイドロス』（244a-257b）でプラトンが提示した、美に飛びかかろうとする欲求を「美を食べようとすること」とする。魂は美を食べようとするが、美は「じっと見つめられる」対象であるため、美はわたしたちをして苦々しく感じさせる（同前、本書二三三頁）。それゆえにこそ、「手紙Ⅰ」、「手紙Ⅱ」で述べられていたように、美は容易に政治の美学化へと転化する危険性と紙一重の事柄でもある（同前、本書二三六頁）。ナチス式敬礼も、リーフェンシュタールが監督したベルリン・オリンピックの映画『オリンピア』（一九三八年）も、美の迷宮へとわたしたちを誘う。美を考察する際、この美の陰画はけっして忘れられてはならない。

他方で、モリエールが『守銭奴』で描いているように、金銭は万人の関心事である。それは、黄金の美しさに象徴されるように、贅沢には美が貼り付いているがごとくに思われるからである（同前、本書二三五頁）。だが、聖フランチェスコは贅沢の正反対に、美を求めて清貧を尊ぶ。聖フランチェスコは空や大地といった神の創造である無限のうちに美を見出している。それに対して、贅沢のうちに美を見ることには、「有限のなかに無限を見る」転倒が見られる。それゆえ守銭奴は、金を貯めれば貯めるほどますます金が欲しくなる。有限はいつまでたっても無限に転換することはない。

ある詩において、なぜこれこれの語はこれこれの位置にあるのかと問い、そしてその答えがあるならば、その詩が第一級のものではないか、あるいはまた読み手が何も理解していないかである。〔…〕真に美しい詩に対するただひとつの答えは、その言葉がそこにある、なぜなら、その言葉がそこにあるのが適っているからだということである。その言葉がそこにあるのが適っている証しは、その言葉がそこにあり、そして詩が美しいということである。（同前、本書二四三－二四四頁）

表現者としても、鑑賞者としても、美の感情に包まれるとき、それは、同時に自分を超えたある絶対性に触れているときである。わたしたちの意図が介入する場所がどこにも見当たらず、ただただ対象がそれ以外ではありえないという感情こそが美の感情である。そのときわたしたちは、神の完全性とほぼ同一の位置にいる。というのも、「詩における脚韻は、生における不幸に似た働きをおそらくもっている。不幸は、魂すべてを挙げて、合目的性がないということを感じさせる」（同前、本書二四五頁）からである。ヨブは艱難の果てに美の啓示を受ける。愛によって苦しみをはるかに凌駕する美に触れる。このことこそが、「手紙Ⅵ　最後に考えていたこと」でペラン神父の不完全性として指摘された「教会という故郷」への執着から離れ、「宇宙という故郷」をもつことである。

宗教的実践への愛

キリスト者であったり、仏教徒であったり、イスラム教徒だったりすること、そのこと自体によって「神への愛」が証しされるわけではない。そうではなく、「神への愛」は暗々裏に示されている。隣人への愛が神への愛に連なるのは、本人にその自覚がないことが必要不可欠であった。その人はただただやむにやまれず、われ知らず、気づいたときにはすでに隣人を助けていたにすぎない。世界の美への愛も同様である。ただただ目の前の美しさにわれを忘れて没入しているにすぎない。それゆえ宗教的実践への愛もまた、神への愛という想念が湧かないことが重要である。

隣人への愛と世界の美への愛と同様に、宗教的実践への愛もまた「純粋さ」に貫かれていることが求められてくる。宗教的実践への愛は「約束の純粋さ」に収斂される。そして「約束の純粋さ」とは、「主の名を唱えること」というわたしたちの身体性と不可分である。これは、「手紙Ⅳ」で語られるように（「手紙Ⅳ　精神的自叙伝」、本書一一二頁）、シモーヌ・ヴェイユ自身が経験として摑んだ確かさでもある。

仏陀は、仏陀によって救われたいという欲望をもって仏陀の名を唱える人すべてを、仏陀のところまで、〈浄土〉のうちに引き上げたいという願いをかけたのであろうと言われている。そしてこの願いのために、〈主〉の名を唱えることには、魂を真に変形させる徳があるとされている。(「神への暗々裏の愛の諸形態」、本書二五〇‐二五一頁)

聖体拝領を受けたり、賛美歌を歌ったり、ステンドグラスを見つめることも、「約束の純粋さ」に極まる。なぜなら、約束は対象に愛を傾ける人にとってのみ、実在的なものだからである。そして約束の言葉は、母語である必要がある。すなわち、どこにも心の緊張を必要としない、自らの身体に馴染んだ言葉であらねばならない。それゆえたとえば、植民地支配はこの「約束の純粋さ」をも穢す営みであろう。

心静かに聖体拝領を受けるとき、賛美歌の旋律に身体を委ねているとき、あるいは、ステンドグラスに見惚れるとき、この世の「有限なもの」を媒介にして、己れの内側から溢れ出る美的感情を通して、わたしたちは「完全に純粋なもの」に触れている。

教会は醜悪で、賛美歌は偽物で、司祭は腐敗し、信者は上の空であるかもしれない。ある意味では、そうしたことはどうでもよい。幾何学者が正確な論証をするのに、直線が曲がっていたり、円が歪んでいたりする図形を描いても、そうしたことがどうでもよいのと同様である。(同前、本書二五五頁)

大切なのは「約束の純粋さ」だけである。そして、「人間の約束は、その約束を人間にじっと見つめさせる強い動機と結び合わされなければ、効力をもたない」（同前、本書二五五頁）。たとえば、ジュゼッペ・トルナトーレ監督の映画『ニュー・シネマ・パラダイス』（一九八八年）のラストシーンは、なぜかくも美しいのであろうか。それは、本人がすでにこの世に不在であり、幼い主人公と四〇年前に交わされた、「これはお前にやる。だが俺が保管する」という約束だけがスクリーンという物質において息づいているからである。しかもそれは愛の交換、出会いと別れを象徴する、数々の映画の名キスシーンがつながれたフィルムである。さらに言えば、ここで見られるのは、キスシーンのつながれたフィルムやスクリーンそのものではない。その物質を超えて、物質に映し出された約束こそが、かけがえのない美しさを発するのだ。そこにこそ、約束の純粋さが結実している。そして忘れられてはならないのは、そこには、誰よりも愛情深くスクリーンという物質を見つめる主人公の眼差しがあるということである。

聖体の秘跡とて同様である。ひとかけらのパンのうちに、ひとさじの葡萄酒のうちにキリストが宿るという約束である。そしてこれは「不合理な約束」でもある。なぜなら、パンがキリストの肉体そのものであり、葡萄酒がキリストの血そのものだと思う者は、誰ひとりいないからである。不在として、隠れたありようにおいて、キリストはあらわれる。かぎりなく離れた者同士のあいだにこそ至高の調和がある。現に存在していれば、その人に対して多かれ少なかれ執着が生まれ、約束の純粋さのみが保たれることはない。

移し替えの働きによって魂は、わたしたちを取り囲む事物に醜悪さを運び入れる。だがこのようにしてわたしたちの目に醜悪で、穢れていると映る事物は、その事物のうちにわたしたちが置いた悪をわたしたちに送り返してくる。この悪の行き来を繰り返しているうちに、わたしたちのうちなる悪は肥大化してゆく。こうして、わたしたちが居る場所そのものによって、わたしたちが生きている環境そのものによって、日に日にわたしたちは悪のうちに閉じ込められる。
（同前、本書二五九頁）

ヨブの心がかれを非難する友だちの側についてしまっていたように（「神への愛と不幸」、本書一八一－一八二頁）、苦しみや痛みは否応なく穢れているという感情と結びつく。たとえば、クラスでいじめに遭っている子どもが、自分ひとりだけがいじめられるのは、自分に落ち度があるのではないかと思い悩むありようである。さらには、アウシュヴィッツで、モノ以下の扱いを受ける囚人たちが、無気力になり、生命力そのものを失ってゆくありようである。その醜悪さを払拭しようと、たとえば、病人はやるせなさや苛立ちを病室の壁や世話をしてくれる愛する身内にぶつけてしまう。そうすると、その醜悪さは当人に跳ね返り、心はますます荒んでゆく。物質や人へ向けた醜悪さが倍増して自らに跳ね返ってくるという経験は、わたしたち誰しも覚えがあるだろう。

完全な純粋さだけが穢されえない。悪によって魂が満たされているとき、完全に純粋なものに悪の一部を移し替えて完全に純粋なものに注意力が向けられるならば、完全に純粋なものは悪によって変容を被らない。完全に純粋なものは悪を送り返さない。このような注意力が働く毎瞬はこうして、真にわずかな悪を破壊する。（同前、本書二五九－二六〇頁）

この完全な純粋さこそが「約束」である。南無阿弥陀仏を唱えることで、その「〈主〉の名を唱えること」のうちで、苦しみや痛みからやってくる醜悪さは、雲散霧消してしまう。なぜなら、悪は有限であるが、「完全に純粋なもの」は無限だからである。「上げられた青銅の蛇をじっと見つめる」だけでわたしたちは救われる（同前、本書二六二頁）。それゆえ、「神への愛のために学業を善用することについての省察」で見たように、幾何学やラテン語の問題を目の前にした、無意味なように思われる数時間、自らの凡庸さと否応なく向き合わざるをえない数時間は、アルスの司祭が告解者の言葉の奥底に秘められた真実を見抜くような注意力を養うことになる（「神への愛のために学業を善用することについての省察」、本書一六六頁）。

意志の働きは、雑草を刈り取る仕事に比せられるものであり、不可欠であっても、作物を生育させるのは、水と光である。それゆえ、わたしたちになしうるのは、水と光を「待ちのぞむ」というように、欲望を傾けることだけである。

毎日より高く飛べばいつかは落ちずに天空に昇るであろうという希望をもって、足を揃えて飛び続ける人間のように、自らの魂を高めようとする人がいる。そうした想いに憑かれている人は、天空を見つめることができない。わたしたちは一歩も天空のほうに向かうことはできない。わたしたちに垂直方向は禁じられている。だがもしわたしたちが長いあいだ天空をじっと見つめるならば、神が降りてきて、わたしたちを持ち上げる。（「神への暗々裏の愛の諸形態」、本書二六四頁）

わたしたちが神を探すのではない。神がわたしたちを探すのである。わたしたちになしうるのは、ただ注意力を研ぎ澄ませ、動かずに待つことだけである。

わたしたちが何かに全身全霊で打ち込むとき、誰に告げられるでもなく、目に見えない目標や到達点を感受することがあるだろう。そしてその目標や到達点に導かれるように、自分でも思いもよらなかった内的な活力が漲ることがあるだろう。たとえば、東日本大震災のような、わたしたちの想像力をはるかに超える打撃を受け、すべてを失い、その息もできないような真空の直中から、人智を超えるエネルギーを出し、かたちにしてゆく人々がいる。その美の閃光にしばしばわたしたちは打たれ、支えるべき人に逆説的にも支えられるということがある。

「わたしより強い何ものかが生まれてはじめてわたしを跪かせたのです」（「手紙Ⅳ　精神的自叙伝」、本書一〇八頁）と述べられていたように、わたしたちの欲望とは、そもそもわたしたちを超えたものから呼びかけられて、自らのうちに漲り、それが行為という表現となってあらわれ出るものである。そのときわたしたちの注意力は研ぎ澄まされている。先に述べた映画『ニュー・シネマ・パラダイス』の舞台は、教会が映画館に変貌する教区映画館である。それは、貧しさや父親の戦死といった辛さすべてを忘れて幼い主人公トトが映画に夢中になるように、祈りもそうあらねばならないということを暗示している。わたしたちはけっして神をイメージしえない。わたしたちが把握しうるのは、神との「約束」だけである。すなわち、「約束」という器であり、形式だけである。この器であり形式であるものを介して、神とつながるのである。

教会に赴くことで人々は自らのうちなる醜悪さを浄化させる。だが教会以上にこの作用を必要としているのは、監獄や法廷や貧民救済所、あるいは苛酷な労働現場ではないか、とヴェイユは問いかける（「神への暗々裏の愛の諸形態」、二六八頁）。聖体拝領において、パンや葡萄酒といった「物質をじっと見つめる眼差し」のうちに自らを離れるという作用があるならば、工場における様々な素材や機械の金属光沢のうちにこの作用を応用できるのではないか。これが、論考「奴隷的でない労働の第一条件」の主題でもあった。

友情

「友情は、シモーヌ・ヴェイユにとって、警戒すべきもっとも大きな理由であった。したがって、わたしが一冊の本であり、ひとりの人間ではないほうが、彼女にとってははるかによかったであろう」（「序文（ペラン神父）」、本書二二頁）というペラン神父の痛恨の思いは、とりわけ、本節と照応するであろう。「友情は調和からなる平等である」、「離れて思考する者たちに共通する思考」というピロラオスのふたつの章句を基底として、シモーヌ・ヴェイユは友情論を展開している。

隣人への慈愛とは、相手が誰であろうと死の淵にある人を助けることであり、雨や太陽の光のように無差別・無関心の平等性に立つことである。この隣人への慈愛に友情が倣うためには、友情が個人的な執着から解き放たれていなければならない。依存する、あるいは依存される状態は無差別・無関心の平等性からはほど遠い。とりわけ、上下関係がある間柄では、愛はすぐさま憎しみになり、支配・隷属の様相を呈するであろう。それは、善であり幸福なことと、それなしではいられない必要なこととが入り混じっているからである。金銭は万人の関心事である。だが金銭は今生のものであり有限である。対して、善の根源はこの世を超えたところにある無限なるものである。有限のなかに無限を探求しようとすれば、それは、喜劇『守銭奴』でモリエールが描いたように、「金は貯めれば貯めるほどもっと欲しくなる」という無際限の連鎖に陥ることになる。

何かをじっと見つめるためには、時間的・空間的距離が不可欠である。欲望が対象に突進せず、そこに立ち止まり、じっと見つめること、それはプラトンが『パイドロス』(244a–257b) で展開した、愛と美のありようでもある。それゆえ、シモーヌ・ヴェイユの思想において、美は不可欠なものとなる。

「互いに愛し合いなさい」というキリストの言葉を、先に述べたロッセリーニの映画『神の道化師、フランチェスコ』は、弟子たちがそれぞれに別れ、それぞれに福音を授けにゆくラストシーンであらわしていた。さらに赴任地で艱難辛苦に見舞われるであろう弟子たちそれぞれが互いに仲間のことを思い浮かべているにちがいないことが暗示されている。「互いに愛し合う」とは仲間同士で寄り合い、執着することではない。そうではなく、時間的・空間的に離れ、心のうちで愛する他者をじっと見つめることである。

暗々裏の愛と明白な愛

「超自然的なもの」とは同時に「不合理なもの」であり、「狂気」でもある。シモーヌ・ヴェイユが本書所収の論考を半年あまりのきわめて短期間のうちに書き上げたという事実からもそれを見て取ることができよう。そしてわたしたちが何かを真に成し遂げようとするときにはつねに、この超自然的であり、不合理であり、狂気である愛が働いていると言えるのではなかろうか。映像作家であり人類学者でもある女性マヤ・デレン（一九〇七‐六一）は、あるとき怒りに駆られて、その小柄な身軀で、巨大な冷蔵庫を投げ飛ばしてしまったという。そして、マヤ・デレンの映像作品『午後の網目』（一九四三年）には、わたしたち誰もがもっている、超自然的なるもの、不合理なもの、狂気であるものが、わずか一四分のあいだに詩的に表現されている。

「手紙Ⅵ」でシモーヌ・ヴェイユはペラン神父の不完全性に言及していた（「手紙Ⅵ　最後に考えていたこと」、一四五‐一四六頁）。そしてそれは、ここで述べられている「信じること」と結びついている。「信じること」は己れのうちなる出来事である。神は、善は、己れを超えたところにある。他方で、飢えや渇きは実在のものである。わたしたちはどうしようもなくおなかが空き、どうしようもなく喉が渇く。それは、否定することができない「確かさ」である。そしてこの「確かさ」だけが約束と同様、実在的なものである。大切なのは「信じること」ではなく、神を渇望することであり、「神を待つこと」であり、それは十字架の聖ヨハネが述べる「魂の闇夜」と表裏一体のものである。絶体絶命の直中にあって、それでもわたしたちを向かわせる方向性があるとするならば、その方向性こそが神の実在性の証しにほかならない。映画が成立するのは、スクリーンが観客と一体化するときであり、歌が歌われるのは、歌の旋律が聴衆の身体の一部となったときである。受け取り手があってはじめて作品は誕生する。同様に、わたしたちが神の愛を待つだけではなく、神がわたしたちの愛を待っている。それは、ペラン神父が本書の題名『神を待ちのぞむ』に込めた想いでもある。

神はまた優れて友人である。神とわたしたちのあいだに、無限の距離を通して、何かしら平等なものが存在するために、神は自らの被造物のうちに絶対を、神が自らに向かうようわたしたちに伝える方向に同意するかしないかの絶対的な自由を置くことを望んだ。神はまた、わたしたちの誤謬と虚偽の可能性を押し広げ、想像力のなかで宇宙と人間のみならず、神の名を正しく用いる術を心得ていないならば、神自らをも支配する能力をわたしたちに託した。神がわたしたちにこのかぎりない幻想の能力を与えたのは、愛によってこの能力を放棄する力をわたしたちがもっているからである。(「神への暗々裏の愛の諸形態」、本書二八四 - 二八五頁)

「主の祈り」について

「主の祈り」の六つの章句から触発されたものを綴った論考である。まえがきでペラン神父が触れているように、「手紙Ⅳ」で語られる、ティボンの農場で働いていたときの「主の祈り」の暗誦に端を発するものであろう(「手紙Ⅳ　精神的自叙伝」、一一二 - 一一三頁)。そして、彼女自身がギリシア語を翻訳して、そこから触発されたものを綴ってゆくという形式は、プラトンの著作や『イーリアス』にもとられており、ここにシモーヌ・ヴェイユという書き手のひとつの大きな資質が見られる。自らの存在を圧倒するような言葉に出会い、自らも思いもよらなかった言葉が形となってあらわれてくるありようである。それは、表現が憑依というありようをとっているとも言える。

「天空にいますわたしたちの〈父〉よ」。ここでヴェイユが着目するのは、〈父〉なる神はこの世にいない、ということである。これまでの論考で示されてきたように、わたしたちは垂直方向には一歩たりとも進めない。わたしたちがなしうるのはただ眼差しを向け、待つことだけである。神がわたしたちを探すのであり、そして眼差しが向けられていなければ、神はわたしたちを見出すことができない。

「あなたの名が聖なるものとなりますように」。ここでヴェイユが着目するのは、神の名である。誰かに名前で呼びかけるとき、呼びかけるのはその人の身体であるが、その呼びかけはその人の魂に向けられている。だがその身体が不在である神に呼びかけるとき、神の名こそが神とわたしたちをつなぐ媒介となる。そして神の名そのものが聖なるものなのではない。そうではなく、神の名が聖なるものであるよう、不断に願う直中で神の名は聖なるものであり続け、わたしたちを触発し続けるのである。

> もしわたしたちが、この欲望をこの完全な願いのうちに丸ごと通すならば、わたしたちはこの欲望を、わたしたちを想像的なものから引き離し現実のうちに、時間から引き離し永遠のうち

に、自我という牢獄の外側に置く梃子とする。（「「主の祈り」について」、本書二九一頁）

「あなたの国がやってきますように」。この祈りのうちにヴェイユが見ているのは、わたしたちの心の奥底からの叫びであり、訴えである。論考「人格と聖なるもの」では、悪を外的に被った魂が上げる「存在すべてをかけた叫び」について言及されている。それはしばしば聞き取られず、地に堕ちてしまうものであるが、わたしたちのうちにあってもっとも「聖なるもの」とは、この叫びを発する部分である。それと同等の「存在すべてをかけた叫び」こそが、〈聖なる精神＝聖霊〉に訴えかけることである。

「あなたの意志が成し遂げられますように」。この祈りのうちにヴェイユが見出すのは、過去を変えたり、なかったことにしたりできない、ということである。たとえば、ドストエフスキーの『罪と罰』（第二部、第三章）でラスコーリニコフは自らの犯罪を問われず、犯罪の過去も忘れてしまうだが何か忘れてはならないものを忘れてしまったという想いに絶えず苛まれる。それゆえラスコーリニコフは無罪と引き換えにかれの未来を失ってしまうのであった。なぜなら、過去を思い出すことで現在が強められてはじめて、わたしたちは未来へと向かうことができるからである。それゆえ、神の意志の成果である過去がわたしたちの意志によって変容を被らないことが大切である。

「天空にも、大地にも等しく」でヴェイユが着目するのは、欲望の極みとは自らの欲望すべてを捨てて神の意志に倣うことを欲することである。それは、天空や大地といった、生命ではないもの、すなわち物質に倣うことを欲することでもある。

「超自然的であるわたしたちのパンを、今日、わたしたちに与えてください」。この祈りでヴェイユが着目するのは、神からパンが与えられる際のわたしたちの心の状態である。プラトンは『饗宴』（195e–196b）で愛の神エロースについて言及している。エロースは柔らかい心に宿り、硬い心の前では立ち去ってしまう、と。キリストも同様である。キリストは万人の心に訪れる。だが、キリストの訪れを欲し、それに同意する心にしか宿らない。そして同意した心とは、権威・名誉・金銭という執着から離れ、「わたしのうちに生きているのはもはやわたしではない。キリストである」（ガラテヤ二・二〇）というパウロの叫びに照応する心であろう。そしてこの心の状態は、植物が絶えず光と水を受容しなければならないように、毎瞬、刷新されていなければならない。

意志の効力のある部分は、未来へと向かってゆく努力ではない。それは同意であり、結婚の承諾である。結婚の承諾は、現在の瞬間において、現在の瞬間に向けて発せられているが、永遠の言葉として発せられている。というのも、この承諾は、わたしたちの魂の永遠なる部分とキリストとがひとつになることに対する同意だからである。（同前、本書二九五頁）

「そして、わたしたちにわたしたちが負っているものから免れさせてください。わたしたちもまた、わたしたちに負っている人を免れさせたように」。わたしたちはもっているものを当たり前のものとしている。だが、それがすぐさま奪われてしまうかもしれないということに同意しなければならない。他方で、ひどく苦しんだとき、あるいは何かを堪え忍んだとき、その苦しみや忍耐に見合う対価を期待してしまう。さらに、いわゆる報復感情のように、他人から心的・外的損傷を被った場合、その人にも同等の損傷を被らせてやりたいと願うことがわたしたちにはあるだろう。だがそうした対価はないということに同意しなければならない。

そもそもわたしたちのこの世の滞在はかぎられた年月である。さらに、わたしたちはあるとき不意に粉砕されてしまうかもしれない、身体的にも精神的にも脆弱な存在である。人は誰しも、ある日突然愛する人を失ったとき、その時間・空間の一点に釘付けになり、そこから動けなくなってしまうだろう。また、論考「『イーリアス』、あるいは力の詩篇」でヴェイユが描いたように、自らの苦しみや痛みの対価を未来に求めることができない、日々、死と隣り合わせにある戦士は、敵とみなす相手に対して異常な残虐性を露わにしてしまう。そうした自我すべてを捨象すること、それが、神の意志が完遂することである。そのときわたしたちのうちなる悪は少しずつ解消されてゆく。

「そして、わたしたちを試練のうちに投げ込まず、わたしたちを悪から守ってください」。わたしたちが欲望するとき、わたしたちはその欲望する対象をすでに手にしている。だがそれは現在に対してであり、明日を保証するものは何もない。この祈りのうちにヴェイユが着目するのは、「恐れ」である。キリストは十字架上で果てる直前まで、「なぜわたしをお見捨てになったのですか?」(マタイ二七・四六)に対する応答を見出せず、神の沈黙のなかで破壊されることを恐れている。だがそれにもかかわらずキリストは、父なる神に対する信頼を捨て去ることができない。最底辺に置かれ、謙虚さの果てに、「破壊されるかもしれないこと」に同意するのと同時に、それを恐れている。

魂と祈りとの関係は、キリストと人類との関係と同じである。ひとたびそれぞれの言葉に注意力の充溢がもたらされるならば、魂のうちでおそらくきわめて小さいが現実の変化が起こることなく祈りを唱えることができなくなる。（同前、本書三〇二頁）

ノアの三人の息子と地中海文明の歴史

勝者と敗者がいれば、歴史は「勝者の歴史」であり、敗者の歴史は「なかったこと」になる。それゆえ、「書かれなかった歴史」を読み解く知性と想像力が必要となってくる。この論考は、本書所収の他の哲学的論考とは異なり、聖書の伝承に材を得て、「書かれなかった歴史」を豊穣に描き出している。

シモーヌ・ヴェイユは、聖書のなかでノアが「正義の人」とされていることに着目して、歴史を読み解いてゆく。さらに、ギリシア神話やエジプトの神話のうちにノアと類比的に語られる人物を見出してゆく。ヴェイユが着目するのは、酔いと裸性である。ヴェイユが心酔するプラトンの『饗宴』でも葡萄酒による酔いは不可欠であり、酩酊の境でなければ真実は露わにならない、とされている。ギリシア神話では、『オデュッセイア』に見られるように、葡萄酒による酔いが、物語の転調の役割を果たしている。葡萄の樹の蔓や葡萄酒と切り離してキリストの生涯を語ることはできないのはもちろんのことである。

ところで、ノアの酔いと裸性には「恥の観念」がかかわっている。アダムとイヴが自らの裸性に感じた恥の観念である。立ち止まり見つめることと裸性が結びつき、食べることと恥が結びつく。さらに、衣服は社会性と密接する。それゆえヴェイユは、「いかなる場合でも、特殊な衣服によって、大多数の人から自分を切り離さないために、ある宗教の秩序のうちに自分が入ることはけっしてないであろうと思っております」（「手紙I　洗礼を前にしたためらい」、本書七五頁）と述べたのであった。衣服で他者の社会的階層を判断し、あたかもそれがその人の属性であるかのように思い込むことがわたしたちにはあるだろう。だからこそ『ゴルギアス』（523d）でプラトンは、裁く人、裁かれる人、双方が裸でなければ、真の裁きはおこなわれない、としたのであった。本書で繰り返し言及されるアッシジの聖フランチェスコや十字架の聖ヨハネだけが、清貧という裸性を矜持としてその生を営んだ。かれらの詩性はかれらの裸性と表裏一体である。そしてかれらがその裸性を恥と感じないのは、神の創造である世界の美に酔っているからである。極限の酔いは、途轍もない覚醒である。

　至高の神であるのに、自らから離れている神。この不合理が内包されている神々が、ギリシア神話やプラトンの著作に見出される。ディオニュソス、プロメテウス、エロース、〈世界の魂〉、等々。そしてこうした神々の役割は、「創世記」冒頭で、「はじめにロゴス〔言葉・関係〕ありき」とされていた、そのロゴスであり、媒介である。

　ハムの祖先として、「創世記」に依拠して、フェニキア人、ペラスゴイ人、シュメール人の名が挙げられている。ハムの子孫ではないのに、ハムの子孫が受け取ったものを後に受け取った民族としてケルト人の名が挙げられている。ここでわたしたちは、文字をあえてもとうとはしなかったケルトの工芸品の素晴らしさを想わざるをえないであろう。

他方で、酔いと裸性を恥としたセムとヤペテを祖先とする民族の代表格にイスラエル人が挙げられている。酔いと裸性を恥と感じることと、権威・権力・名誉への固執は表裏一体のものである。そしてこの頑なさこそが、キリストを死に追いやったのである、と。旧約聖書のなかでの例外は、本書でもしばしば言及されてきたヨブであり、ヨブは、ハムを祖先とするメソポタミア人だとされている。

ナチズムにその典型が見られるように、自己と自民族への固執は、偶像崇拝や排外主義をもたらし、植民地支配を正当化する。それゆえにこそシモーヌ・ヴェイユは、破壊されてしまったオック文明の痕跡に着目し、オック文明のインスピレーションを得ようとしたのであった。

何世紀にも亘って多くの侵略が続いた。侵略者はつねに、あえて〔裸性に〕目を向けようとしなかった息子たち〔セム、ヤペテ〕から生じてきた。侵略した民族がハムの精神である土地の精神に従うたびに、そしてその土地からインスピレーションを受け取るたびに、文明があった。侵略した民族が、自らの傲慢な無知のほうを好むたびに、野蛮があった。そして、死よりも悪い闇夜が、何世紀にも亘って広がった。（「ノアの三人の息子と地中海文明の歴史」、本書三一九‐三二〇頁）

訳者あとがき

二〇一九年、シモーヌ・ヴェイユ生誕一一〇年の盛夏、東京・山谷にある映画喫茶・泪橋ホールで、佐藤真監督映画『阿賀に生きる』（一九九二年）の一週間に亘る上映および同作品の立役者・旗野秀人氏とのトーク・セッションを開催することができた。シモーヌ・ヴェイユに惹かれるような人間にとって、旗野氏の存在、その一連の活動は眩いばかりの光線を放ち続けている。だが、泪橋ホール・オーナーの写真家・多田裕美子氏に出会ってしまったとき、旗野氏を超える、否、旗野氏とは異なるやわらかな光に包まれた気がした。写真家の眼差しをもって多田氏が見つめてきた人や街は、「刑罰の観念」と切り離して考えることはできない。弱い立場にある人々に、たったひとりで向き合ってきた旗野氏の一連の活動のなかに、「刑罰の観念」だけはなかった。そして、偉大さとは、つねに変わらず「無名性」に貫かれている。

「キリストの磔刑を考えるたびに、わたしは羨望の罪を犯しているからです」（「手紙Ⅳ　精神的自叙伝」、本書一二六頁）。この一文には、「刑罰の観念」がべっとりと貼り付いている。社会から全的に放擲されることについて、前科者というレッテルの強固さについて、軽罪裁判所の裁判官と被告人との光景の悍（おぞ）ましさについて、そしてその奈落の底から仰ぎ見ることで逆説的にも経験される至高の美について、本書において、さらに、本書以降、亡くなるまでの一年あまりのあいだに綴られたおびただしい草稿のなかで、シモーヌ・ヴェイユは繰り返し述べるであろう。

「考えてから創る人はそこそこのものを創るけれども、面白くない。だって考えっていうのはその人のものだからね……。考えないで創る人は失敗するかもしれないけれども、いいものを創る。その人を超えたものがあらわれ出なければ、作品とは言えないわけだから……」。わたしが撮影・監督した映像作品『彼女はガラス越しに語りかける』（二〇一五年）で、画家の矢野静明氏が語ってくれている言葉である。それは同時に、「歓びは世界とつながり、悲しみは自己に閉じこもる」というスピノザの言葉でもあり、「知性は歓びのなかでしか開花しない」というシモーヌ・ヴェイユの言葉でもある。そしてなにより、「わたしより強い何ものかが生まれてはじめてわたしを跪(ひざまず)かせたのです」（同前、本書一〇八頁）と、ヴェイユが自らの経験を通して語っている、まったき受動性が最大の能動性となって展開してゆく、わたしたちの生のありようそのものである。

同じく二〇一九年の初夏、ミラノの旧コルシア・デイ・セルヴィ書店（現サン・カルロ書店）を訪れた。週に三日、夕方の数時間しか開いていない、教会の一角にあるこの書店は、空間としては、須賀敦子が描くままの様相を現在も保っている。シモーヌ・ヴェイユの思想がもっとも受肉されているイタリアならではという趣きで、ヴェイユのイタリア語訳も数多く揃えられている。その何冊かを購入しようとすると、「ここは見るだけで、売ってはいないのだ」とお店の方はおっしゃる。

「売ってはいない書店?……」コルシア書店、そして、ツィア・テレーサの座っていた入り口近くの椅子は今日も健在である。

「「ユダヤ人が教会のそとにあるかぎり、じぶんはキリスト教徒にはならない」という、ヴェイユの信条に、息もできないほど感動していた時代があった」(「世界をよこにつなげる思想」『本に読まれて』)という須賀敦子の言葉は、文字通りの意味では誤読である。ペラン神父が序文で的確に述べているように、ヴェイユは自分がユダヤ人であるからユダヤ人問題に無関心なのであり、同様に、自分が女性であるからフェミニズムに無関心なのである。この逆説は、深くヴェイユのテクストに分け入ってゆくと見えてくる事実である。そして、本書所収の六通の手紙をもってヴェイユが示しているのは、「キリスト教徒にはならない」という意志的な克己ではなく、「キリスト教徒にはなりたくない」という溢れ出る切望である。これは、言葉としては些細なことであるように思われるかもしれないが、「畑を耕す」意志ではなく、「光を受けてはじめてエネルギーを出す葉緑素」に比せられる欲望に貫かれて生きる姿勢は、シモーヌ・ヴェイユを読む際にけっして見誤ってはならない一点である。だがそれにもかかわらず、まさしくこのエッセイ「世界をよこにつなげる思想」が醸し出す空気のように、須賀敦子とシモーヌ・ヴェイユとのあいだには深い親近性が見られる。それは、なによりも、「物質を見つめる眼差し」に極まるであろう。須賀敦子の文体には、「どうにも取り返せないもの」、「どうにも手が届かないもの」への想いが貼り付いている。それらは、当時はあまり気に留めていなかったものであり、現在では不在であるからこそかけがえのないものである。

たとえば、夫の背広の襟であったり、たとえば、アンゲロプロスの映画のワン・シーンであったりする。愛する人を失って二〇年という年月を経て、生者と死者との無限に隔たれた距離において、須賀敦子は、何かを見るたびに、何かに触れるたびに、愛する不在の人を自分のすぐ傍に感じていたに違いない。その衝動そのものが表現の欲求をもっていたからこそ、須賀敦子において、須賀敦子を超えて、あれら数々の珠玉の言葉が生み出されたのであろう。

友情にはふたつのかたちがある。それは、出会いと別れである。このふたつは切り離せない。これらふたつは同一の、唯一の善である友情をうちに有している。というのも、友人ではないふたりが傍にいても、出会いはないからである。友人でないふたりが離れていても、別れはない。出会いと別れは、同一の善をうちに有しており、ひとしく善きものである。(「神への愛と不幸」、本書一八六頁)

幼い頃、言葉にしたことがあるただひとつの将来の夢は、修復士になることだった。高松塚古墳壁画の図録を何度となく眺め、奈良の東大寺の修復現場に目を見張った。「お母さん、どうしたら修復士になれるの?……」母はいまでもわたしのこの拙い言葉を鮮明に覚えている。その夢はいつしか潰え、だが翻訳をしていると、にわかにこの幼い頃の夢が思い出されてくる。不在の書き手が何を思い、何を考えていたのか、その肌触り、息遣いを想像しつつ、異なる言語に造形してゆく。そこで、自分というものがいっさい捨象できたと実感した瞬間、翻訳の言葉がわたしの目の前で、わたしを離れて歩み出す。この感覚が愛おしい。

河出書房新社の藤﨑寛之、島田和俊、阿部晴政、木村由美子の四氏には、それぞれの個性において多大なるご尽力をいただいている。「カルメル山登攀」のような翻訳・編集過程は、四氏の深い眼差しに支えられている。本書には、渡辺秀訳（春秋社、一九六七年）、田辺保・杉山毅訳（勁草書房、一九六七年）の二冊の邦訳がある。学生時代から愛読してきたこの二冊の登攀の過程を想い、しっかりととは言えないかもしれないが、震える手でバトンを受け取ったと信じたい。

底本の決定、全体の構成、インデックスの作成、ギリシア語の確認等々、訳者ひとりでは抱えきれない様々な面において、奥村大介、鶴田想人、金澤修の三氏に大変お世話になった。記して感謝申し上げたい。

二〇二〇年二月一六日

今村　純子

解説、あるいは教会の敷居に立って

池澤夏樹

この「須賀敦子の本棚」というシリーズはその名のとおり、須賀敦子に縁の深い文学作品を集めたものだが、その中でもこの一冊は別格であるように思われる。

ダンテの『神曲・地獄篇』とウィラ・キャザー『大司教に死来る』は彼女自身が訳したものだし、『地球は破壊されはしない』を書いたダヴィデ・マリア・トゥロルドは盟友だった。『小さな徳』のナタリア・ギンズブルグには文学の秘訣を教えられた。

しかしシモーヌ・ヴェイユは須賀敦子のカトリックの信仰に深く関わる思想家である。『神を待ちのぞむ』は魂のとても深いところに影響を与えた本ではなかったか。

「世界をよこにつなげる思想」という文章の中で須賀敦子は、一九九二年になってコルシア・デイ・セルヴィ書店時代のことを改めて調べようと東京の家の本棚を見たら、シモーヌ・ヴェイユ関係の本が著作や評伝など二十五冊もあったと自分で驚いている。つまりそれほどの傾倒だったのだ。

須賀敦子の書いたものを読むと、彼女はヨーロッパに精神的に移住したことで知識人として生きることの責務を引き受けたと考えざるを得なくなる。それは、よく生きるための努力を怠ってはならない、という自分に向けての促しであって、これ自体は信仰のあるなしとは関わらない。ヴェイユの家はユダヤ人であってもユダヤ教の信者ではなく、むしろ徹底した不可知論者だった。神の存在を否定はしないが肯定もしない。それは人間にはわからないという哲学的な保留の姿勢。それでも無自覚に生きてはならないのだ。真理を求め、人の生きる社会をより良いものにするために力を尽くす。

「この世界のうちにあってわたしたちがなすべきことは、この世界の問題に対して最善の態度をとることであり〔……〕」と言うヴェイユがぼくの中では須賀敦子に重なる。まず世界に問題があると認めること、それに対して個人は「最善の態度をとること」が可能であると知ること。実践すること。

これを補助線とするとヴェイユの生きかたと須賀敦子の生きかたのつながりが理解できる。実践はいわば人間ぜんたいから与えられた使命である。

それにしてもヴェイユの人生は強烈だ。

十六歳でバカロレアを取得後、若くしてアグレガシオンを得て高校の哲学教師になり、トロツキーと一対一で議論して主張を貫き、一九三〇年代前半に共産主義革命の根本的欠陥に気づき（アンドレ・ジッドが『ソビエト旅行記修正』を出したのは一九三七年のことだ）、労働者の生活を知るために女工として工場で働き、スペイン内戦に参加し、アメリカに渡り（これは亡命）、イギリスに戻り、終生持病の激しい頭痛に悩み、結核になって食も細って、亡くなった。その時に「フランスの子どもに配給されている以上の食べ物はとらない」と言ったと伝えられる。

その間ずっと彼女は書き続けていた。アンリ四世校（高等師範学校の準備学級）で出会った師アランの教えのままに毎日一、二時間は思索の記録を残す。それも加筆や削除が不要なように頭の中でセンテンスをきっちり構築してから書く。その結果、膨大な量の手帳（カイエ）や書簡が残された。『重力と恩寵』にしても本書にしても友人たちが整理して初めて本になった。生前に著書はなかったのだ。

須賀敦子はそこまで激烈ではなかった。しかし自分をいかなる人物に育てるかという課題を課して、入信し、フランスに渡り、戻って改めてイタリアに渡るという足取りには同じ姿勢を読み取ることができる。コルシア書店の仲間たちに多くを学び、ペッピーノと結婚、五年半の短い暮らしの後で彼を失って、その四年後に帰国、廃品回収による貧民救済運動としてエマウスの活動を始め、その後に執筆を開始する。いや、書くことはずっと行われていた。全集ならば第八巻に収められたキリスト教関係のコラムやエッセーは正にアランの促しに沿ったものだ。

ヴェイユの信仰について、なぜ洗礼を受けなかったのかという大きな問題がある。

須賀敦子の場合、家系はクリスチャンではない。彼女は聖心女子学院に通ってカトリック信仰に触れ、十八歳の時に自分で選んで洗礼を受けた。ヴェイユはその四年ほど前に三十四歳で亡くなっており、彼女の存在を世に知らしめることになった『重力と恩寵』がフランスで刊行されたのが須賀の受洗の年のことだ。二人の年齢差は二十年。

ヴェイユはユダヤ人として生まれて、短い人生の後期になってカトリックに近づいた。しかしその理解の深さは独学の神学者と呼んでもいいほどだ。この本で言えば「主の祈り」を解釈している文章は信仰に論理を通そうという神学の姿勢としか思えない。これが「般若心経」ならばわかる。あれはそのままでは特殊な漢文であって、和訳に頼らなければ平信徒には意味がわからない（例えば「池澤夏樹＝個人編集　日本文学全集」第三十巻『日本語のために』所載の伊藤比呂美の訳）。しかし「主の祈り」は充分に平明ではないか。ところが、これを深く解釈することでヴェイユは神の王国の神学的構造を描いてみせる。

平明に見えても問えば問えるのだ。「天にいますわたしたちの〈父〉よ」だけでも、なぜ神は父と呼ばれるのか、なぜ天に居るのか。自動的に唱えて済ませるわけにはいかない。この問いかけ、根問い葉問いの姿勢が神学という知性の働きである。

その一方で彼女はある時から毎朝「主の祈り」をギリシア語で暗唱していたと「精神的自叙伝」に書いている。義務として課したという以上にともかく好きだったのだろう。ストイックな彼女にしては人間らしい一面のように思われるのだが。

一つの思想が人間の役に立つものであるためには、それは普遍的でなければならない。ある種の人々を排除して残りだけを救うという欺瞞に陥ってはならない。ヴェイユの洗礼の場合、ある種の人々とはユダヤ人である。須賀敦子は「『ユダヤ人が教会のそとにあるかぎり、じぶんはキリスト教徒にはならない』という、ヴェイユの信条に、息もできないほど感動していた時代があった」と振り返って言っている。

普遍を前提とするなら、「この世界の問題に対して最善の態度をとる」ために万民にものを考える時間が与えられなければならない。それを確かめるためにヴェイユは未熟練工として工場で一個いくらの賃仕事を体験して、ものを考える余裕がないことを知った。労働者の解放を標語にしたレーニンもスターリンも工員の生活を知らなかった。現代の政治家の大半もそうだろう。単純な体験主義ではない。労働は社会というものの基礎であり、その積み上げの上に人々は生きているのだ。

洗礼についても同じことが言えないか。一人の信徒として教会に入ってしまえばそうでない人々との間に隔たりができる。だからヴェイユは教会の敷居に立って人々を呼び集める鐘の役割を果たすと言った。そして自分は中には入らなかった。

洗礼の件は最後は神が決めてくれると思ったのかもしれない。Uボートが出没する危険な大西洋を渡る船に乗る時、「海は、美しい洗礼盤になると思いませんか」、と言ったのはそういう覚悟だろう。

思想において普遍的であること。思い出せばカトリックという言葉の原義は「普遍」である。それがどこまで実現しているかはともかく。

ヴェイユについて考えながらこの文章を書き始めた時、宮澤賢治の言葉を思い出していた──「世界がぜんたい幸福にならないうちは個人の幸福はあり得ない」という「農民芸術概論綱要」の一節である。わかるけれど、しかしそれは人間に対してあまりに多くを求めることではないのか。ヴェイユも同じことを要求する。少なくとも自分に課して自分の幸福を拒む。

そう考えた後で須賀敦子の「世界をよこにつなげる思想」を思い出して読み返し、彼女が宮澤賢治のまったく同じ言葉を引いていることに驚いた。貧者の存在という強迫に耐え、東北採石工場の販路のために十貫目の見本を持って上京した宮澤賢治は、カトリックと日蓮宗というほど離れていながら、互いのことを知らないままに、深いところでヴェイユと通底している。そしてエマウス運動に身を挺した須賀敦子もまた労働の身体経由の献身の意味を知っていただろう。

本書は難解である。正直ぼくには歯が立たないところが多かった。それはぼくに信仰がないためではなく、神学的論理思考の訓練が足りないからだろう。もしもこの本の読者を志願するあなたが同じように感じたら、まず「精神的自叙伝」を精読することをお勧めする。ここにはシモーヌ・ヴェイユの神髄の部分が比較的わかりやすい形で提示されている。

なぜ「神を待ちのぞむ」なのか。

「精神的自叙伝」でヴェイユは手紙の相手であるペラン神父に、あなたは私とキリスト教を媒介はしなかったと言う。それは人間にできることではない。自分は「キリスト教の息吹のうちに生まれ、育ち、つねに留まっていた」けれど、「神を探し求めたことは一度もない」。自ら求めるものではなく、誰かに仲介されるものでもないとすれば、あとは召命を待つしかない。

もう三十年近い昔、フィリピンのセブ島のカトリック系の高校で講演をしたことがあった。その校長はもちろん神父だったが、フィリピンでいちばん異端に近くて疎まれていると笑って言うような人だった。講演で自分が何を話したかはまるで覚えていないのだが、終わって質問の時間になった時、真っ先に校長が手を挙げてぼくに問うた――「あなたはそれほどキリスト教のことがわかっているのになぜ信者にならないのか？」

「神からまだお呼びがないから」とぼくは答えた。

今になるとあの答えは傲慢だったのかとも思う。謙虚に神を慕って一刻も早く教会の敷居を跨ぐべきなのかもしれない。しかしやはり神は待ちのぞむべきなのではないか。

医学者であり、合理的思考を貫いた人であった加藤周一が最晩年にカトリックに入信していたことに人は驚いた。彼は「母も妹もカトリックとして帰天したから、自分もそのそばへ行きたいと思った」と言ったと伝えられる。

召命とはそういうことなのか。

須賀さんとこういうことを話してみたいと思うが、それは叶わない願いだ。

須賀敦子の本棚 全9巻

池澤夏樹＝監修

1 神曲 地獄篇（第１歌～第17歌）〈新訳〉
ダンテ・アリギエーリ 須賀敦子／藤谷道夫 訳
（注釈・解説＝藤谷道夫）

2 大司教に死来る〈新訳〉
ウィラ・キャザー 須賀敦子 訳

3 小さな徳〈新訳〉
ナタリア・ギンズブルグ 白崎容子 訳

4・5 嘘と魔法（上・下）〈初訳〉
エルサ・モランテ 北代美和子 訳

6 クリオ 歴史と異教的魂の対話〈新訳・初完訳〉
シャルル・ペギー 宮林寛 訳

7 私のカトリック少女時代〈初訳〉
メアリー・マッカーシー 若島正 訳

8 神を待ちのぞむ〈新訳〉
シモーヌ・ヴェイユ 今村純子 訳

9 地球は破壊されはしない〈初訳／新発見原稿〉
ダヴィデ・マリア・トゥロルド 須賀敦子 訳

Simone Weil:
ATTENTE DE DIEU (1950)

須賀敦子の本棚8　池澤夏樹＝監修
神を待ちのぞむ

2020年8月20日　初版印刷
2020年8月30日　初版発行

著者　シモーヌ・ヴェイユ
訳者　今村純子
カバー写真　ルイジ・ギッリ
装幀　水木奏
発行者　小野寺優
発行所　株式会社河出書房新社
〒151-0051　東京都渋谷区千駄ヶ谷2-32-2
電話　03-3404-1201（営業）　03-3404-8611（編集）
http://www.kawade.co.jp/
印刷　株式会社亨有堂印刷所
製本　加藤製本株式会社

Printed in Japan　ISBN978-4-309-61998-9

シモーヌ・ヴェイユ Simone Weil

1909年パリ生まれ。激動の時代に34年の生を駆け抜けたユダヤ系フランス人女性哲学者。高等学校（リセ）でアランの薫陶を受け、文学や現実に対する哲学的分析に才気を放つ。高等師範学校（エコール・ノルマル・シュペリウール）卒業後、高等学校の哲学教師として各地に赴任する。労働運動への参与、工場生活の経験、スペイン内戦参加などを通して、学識を現実のなかで捉え直してゆく。ペラン神父との出会いを通して、宗教とは何かを根本的に問い直す。両親とともにニューヨークに亡命するも、単身ロンドンに戻り、自由フランス政府のための文書『根をもつこと』を執筆中、肺結核により自宅で倒れる。充分な栄養を取らず、アシュフォードで餓死。戦後、ティボンの編んだアンソロジー『重力と恩寵』によりその名が世に知られ、ペラン神父編纂による本書『神を待ちのぞむ』に続き、作家・編集者のカミュの手で次々に著作が刊行される。

今村純子（いまむら・じゅんこ）

東京生まれ。イメージの哲学、映画論。1998年、東京大学大学院人文社会系研究科修士課程修了。2003年、京都大学大学院文学研究科博士後期課程単位取得退学。哲学DEA（ポワティエ大学）、学術博士（一橋大学）。現在、女子美術大学・白百合女子大学・成城大学・武蔵野美術大学・立教大学兼任講師。著書に『シモーヌ・ヴェイユの詩学』（慶應義塾大学出版会、2010年）、責任編集に『現代詩手帖特集版　シモーヌ・ヴェイユ』（思潮社、2011年）、訳書にミクロス・ヴェトー『シモーヌ・ヴェイユの哲学』（慶應義塾大学出版会、2006年）、シモーヌ・ヴェイユ『前キリスト教的直観』（法政大学出版局、2011年）、『シモーヌ・ヴェイユ アンソロジー』（河出文庫、2018年）などがある。

人名・神名索引

＊立体の頁数は本文、斜体の頁数は訳註を意味する。

ア行

カ行

サ行

タ行

ナ行

ハ行

マ行

ヤ行

ラ行

事項索引

＊立体の頁数は本文、斜体の頁数は訳註を意味する。

カ行

タ行

ナ行

ハ行

マ行

ヤ行

ラ行

ワ行

シモーヌ・ヴェイユ略年譜

1909年2月3日　パリに生まれる。

1925-28年（16-19歳）　高等師範学校（エコール・ノルマル・シュペリウール）受験準備。アランの学生。「『グリム童話』における六羽の白鳥の物語」（全集第1巻『初期哲学論文集』pp. 57-59）、「美と善」（全集第1巻『初期哲学論文集』pp. 60-79）

1928-31年（19-22歳）　高等師範学校とソルボンヌ大学に在学。アランの講義に出席し続ける。最初の論文「知覚あるいはプロテウスの冒険について」（全集第1巻『初期哲学論文集』pp. 121-139）

1931年7月（22歳）　アグレガシオン〔中・高等教育教授資格〕取得。

1931-32年（22-23歳）　ル・ピュイ女子高等学校教授。労働組合運動にはじめて接触する。

1932年夏（23歳）　ドイツ旅行。

1932-33年（23-24歳）　オセール女子高等学校教授。労働組合運動に参加。

1933年7月（24歳）　C. G. T. U.〔統一労働総同盟〕会議に参加。ドイツ共産党とソビエト連邦を手厳しく批判する。「展望：わたしたちはプロレタリア革命に向かっているのか」（全集第2巻-1『歴史的・政治的論文集Ⅰ』pp. 260-281／『抑圧と自由』pp. 9-38）

1933-34年（24-25歳）　ロアンヌ女子高等学校教授。サン=テティエンヌで労働組合活動をする。「自由と社会的抑圧の原因についての考察」（全集第2巻-2『歴史的・政治的論文集Ⅱ』pp. 27-109／『抑圧と自由』pp.55-162）

1934年12月4日-35年8月22日（25-26歳）　いくつかの工場で働く。「工場日記」（全集第2巻-2『歴史的・政治的論文集Ⅱ』pp. 171-282／『労働の条件』pp. 35-107）

1935年9月（26歳）　ポルトガルの小さな漁村で休暇を過ごす。奴隷の宗教としてのキリスト教を体験する。

1935-36年（26-27歳）　ブールジュ女子高等学校教授。「工場長への手紙」（『労働の条件』pp. 125-159）。「工場生活の経験」（全集第2巻-2『歴史的・政治的

論文集Ⅱ』pp. 289–307 ／『労働の条件』pp. 327–351）を書き始める（1941年脱稿）。

1936年8–9月（27歳） バルセロナに滞在。後にドゥルティの無政府主義者たちと共にアラゴンの前線に参加。

1936–37年（27–28歳） 健康上の理由で一年間の休暇をとる。『ヌーヴォー・カイエ』誌のサークルの集会に参加しはじめる（–1940年）。「トロイア戦争を繰り返すまい」（全集第2巻–3『歴史的・政治的論文集Ⅲ』pp. 49–66 ／『歴史的・社会的論集』pp. 256–272）

1937年春（28歳） イタリア旅行。アッシジのサンタ・マリア・デリ・アンジェリで神秘体験をする。「ある女学生への五通の手紙」

1937年10月–1938年1月（28歳） サン・カンタン女子高等学校教授。

1938年1月–(28歳–) 健康上の理由で休暇。

1938年（29歳） 復活祭直前の枝の祝日の日曜日から復活祭の火曜日までソレムで過ごす。

1938年6–7月（29歳） ヴェネツィアとアソロに滞在。

1938年秋（29歳） はじめてキリスト体験をする。

1939年（30歳） 持病の頭痛が小康状態を保つ。「野蛮についての考察」（全集第2巻–3『歴史的・政治的論文集Ⅲ』pp. 99–116 ／『歴史的・社会的論集』pp. 11–60）、「ヒトラー主義の諸起源についての考察」（全集第2巻–3『歴史的・政治的論文集Ⅲ』pp. 168–219 ／『歴史的・社会的論集』pp. 11–60）、「『イーリアス』、あるいは力の詩篇」（全集第2巻–3『歴史的・政治的論文集Ⅲ』pp. 227–253 ／『ギリシアの泉』pp. 11–42）

1940年6月（31歳） パリを離れる。

1940年7月ないし8–10月（31歳） ヴィシーに滞在。戯曲「救われたヴェネツィア」の初稿。『カイエ』

1940年10月–1942年5月（31–33歳） マルセイユに滞在。「プラトンにおける神」（全集第4巻–2『マルセイユ論文集Ⅱ』pp. 73–130 ／『ギリシアの泉』pp. 67–126）

1940年秋 – 冬（31歳）『南方手帖』のグループと接触する。

1941年（32歳） 3月30日、「キリスト教労働青年」の会合に出席する。「奴隷的でない労働の第一条件」（全集第4巻–1『マルセイユ論文集Ⅰ』pp. 418–430 ／『労働の条件』pp. 261–273）

1941年6月（32歳）　J＝M・ペラン神父と出会う。

1941年8月7日－10月（32歳）　ギュスターヴ・ティボンの農場で働く。後に別の農場で葡萄摘みをする。「「主の祈り」について」（全集第4巻－1『マルセイユ論文集Ⅰ』pp.337－345／『神を待ちのぞむ』pp.167－228）

1941－42年冬（32－33歳）　ペラン神父とそのサークルの諸会合に参加。ペラン神父とギュスターヴ・ティボンへの手紙、「神への愛のために学業を善用することについての考察」（全集第4巻－1『マルセイユ論文集Ⅰ』pp.255－262／『神を待ちのぞむ』pp.71－80）、「神の愛をめぐる雑感」（全集第4巻－1『マルセイユ論文集Ⅰ』pp.280－284／『神の愛をめぐる雑感』pp.13－20）、「神への暗々裏の愛の諸形態」（全集第4巻－1『マルセイユ論文集Ⅰ』pp.285－336／『神を待ちのぞむ』pp.99－214）、「神への愛と不幸」（全集第4巻－1『マルセイユ論文集Ⅰ』pp.346－374／『神を待ちのぞむ』pp.81－98／『神の愛をめぐる雑感』pp.85－131〔後から発見された数頁を含む〕）、『前キリスト教的直観』（全集第4巻－2『マルセイユ論文集Ⅱ』pp.147－300／『前キリスト教的直観』pp.9－171）

1942年復活祭（33歳）　カルカソンヌでジョー・ブスケに出会う。「ジョー・ブスケへの手紙」（『神の愛をめぐる雑感』pp.73－84）

1942年（33歳）　3月14日、北アメリカに向けて出発する。17日間カサブランカに滞在する。ペラン神父とギュスターヴ・ティボンへの手紙、「アメリカ・ノート」（『超自然的認識』pp.11－302）

1942年6月末－11月10日（33歳）　ニューヨークに滞在。『ある修道士への手紙』

1942年11月－1943年4月（33－34歳）　自由フランス政府のためにロンドンで働く。4月15日、ロンドンのミドルセックス病院に入院する。8月17日、ケント州、アシュフォードのグロスヴェノール・サナトリウムに移される。『根をもつこと』（全集第5巻－2『ニューヨークとロンドン論文集Ⅱ』）、「ロンドン・ノート」（『超自然的認識』pp.305－337）、「秘蹟の理論」（全集第5巻－1『ニューヨークとロンドン論文集Ⅰ』pp.333－347／『神の愛をめぐる雑感』pp.135－153）、『ロンドン論集とさいごの手紙』（pp.185－201.は除く）、含「人格と聖なるもの」（全集第5巻－1『ニューヨークとロンドン論文集Ⅰ』pp.203－236／『ロンドン論集とさいごの手紙』pp.11－44）

1943年8月24日（34歳）　アシュフォードにて歿。

主要文献一覧

1. シモーヌ・ヴェイユの著作

(1) 全集

Œuvres complètes de Simone Weil『シモーヌ・ヴェイユ全集』

——Tome I, *Premiers écrits philosophiques,* Paris, Gallimard,1988.
第 1 巻『初期哲学論文集』

——Tome II, volume 1, *Écrits historiques et politiques. L'engagement syndical (1927–juillet 1934),* Paris, Gallimard,1988.
第 2 巻–1『歴史的・政治的論文集 I ——労働組合へのアンガージュマン(1927–1934)』

——Tome II, volume 2, *Écrits historiques et politiques. L'expérience ouvrière et l'adieu à la révolution (juillet 1934– juin 1937),* Paris, Gallimard, 1991.
第 2 巻–2『歴史的・政治的論文集 II ——工場経験、そして革命との訣別(1934–1937)』

——Tome II, volume 3, *Écrits historiques et politiques. Vers la guerre (1937–1940),* Paris, Gallimard, 1989.
第 2 巻–3『歴史的・政治的論文集III——戦争へ(1937–1940)』

——Tome IV, volume 1, *Écrits de Marseille. Philosophie, science, religion, questions politiques et sociales (1940–1942),* Paris, Gallimard, 2008.
第 4 巻–1『マルセイユ論文集 I ——哲学、科学、宗教、政治的・社会的問い(1940–1942)』

——Tome IV, volume 2, *Écrits de Marseille. Grèce-Inde-Occitanie (1941–1942),* Paris, Gallimard, 2009.
第 4 巻–2『マルセイユ論文集 II ——ギリシア・インド・オック(1941–1942)』

——Tome V, volume 1, *Écrits de New York et de Londres. Questions politiques et religieuses (1942–1943),* Paris, Gallimard, 2019.

第5巻-1『ニューヨークとロンドン論文集I――政治的・宗教的問い（1942-1943）』
――Tome V, volume 2, *Écrits de New York et de Londres. L'enracinement. Prélude à une déclaration des devoirs envers l'être humain (1943),* Paris, Gallimard, 2013.
第5巻-2『ニューヨークとロンドン論文集II――根をもつこと：人類に対する義務の宣言への前奏曲（1943）』
――Tome VI, volume 1, *Cahiers 1 (1933-septembre 1941),* Paris, Gallimard, 1994.
第6巻-1『カイエ1（1933-1941）』
――Tome VI, volume 2, *Cahiers 2 (septembre 1941- février 1942),* Paris, Gallimard, 1997.
第6巻-2『カイエ2（1941-1942）』
――Tome VI, volume 3, *Cahiers 3 (février 1942- juin 1942),* Paris, Gallimard, 2002.
第6巻-3『カイエ3（1942）』
――Tome VI, volume 4, *Cahiers 4 (juillet 1942- juillet 1943),* Paris, Gallimard, 2006.
第6巻-4『カイエ4（1942-1943）』
――Tome VII, volume 1, *Correspondance I,* Paris, Gallimard, 2012.
第7巻-1『書簡I』

第1巻のみ抄訳：今村純子・小倉康寛・小田剛訳、今村純子責任編集『現代詩手帖特集版 シモーヌ・ヴェイユ』思潮社、2011年、所収。および、今村純子訳『シモーヌ・ヴェイユ アンソロジー』河出文庫、2018年、所収。
第1、2、4巻抄訳：冨原眞弓訳『シモーヌ・ヴェイユ選集』I、II、III、みすず書房、2012年、2013年。

（2）単行本
Attente de Dieu, Paris, La Colombe,1950, Fayard, 1966. 『神を待ちのぞむ』
渡辺秀訳「神を待ちのぞむ」『シモーヌ・ヴェーユ著作集 IV』所収、春秋社、1967年〔1950年版からの翻訳〕。田辺保・杉山毅訳『神を待ちのぞむ』勁草書房、1967年〔1966年版からの翻訳〕。今村純子訳『神を待ちのぞむ』河出書房新社、2020年〔1950年版からの翻訳、本書〕。抄訳：冨原眞弓訳『シモーヌ・ヴェイユ選集III』みすず書房、2013年、所収。抄訳：今村純子訳『シモーヌ・ヴェイユ アンソロジー』河出文庫、2018年、所収。

Cahiers I, Paris, Plon, 1951, 2e éd., 1970. 『カイエ 1』
山崎庸一郎・原田佳彦訳『カイエ 1』みすず書房、1998 年〔第 2 版からの翻訳〕。
Cahiers II, Paris, Plon, 1953, 2e éd., 1972. 『カイエ 2』
田辺保・川口光治訳『カイエ 2』みすず書房、1993 年〔第 2 版からの翻訳〕。
Cahiers III, Paris, Plon, 1956, 2e éd., 1974. 『カイエ 3』
冨原眞弓訳『カイエ 3』みすず書房、1995 年〔第 2 版からの翻訳〕。
La condition ouvrière, Paris, Gallimard, coll. espoir, 1951, coll. idées, 1964, coll. folio, 2002. 『労働の条件』
黒木義典・田辺保訳『労働と人生についての省察』勁草書房、1967 年。抄訳：橋本一明・根本長兵衛・山本顕一訳『シモーヌ・ヴェーユ著作集 I 』春秋社、1968 年、所収。抄訳：田辺保訳『工場日記』講談社文庫、1972 年、講談社学術文庫、1986 年、ちくま学芸文庫、2014 年、所収。抄訳：冨原眞弓訳『シモーヌ・ヴェイユ選集Ⅲ』みすず書房、2012 年、所収。抄訳：今村純子訳『シモーヌ・ヴェイユ アンソロジー』河出文庫、2018 年、所収。
La connaissance surnaturelle, Paris, Gallimard, coll. espoir, 1950. 『超自然的認識』
田辺保訳『超自然的認識』勁草書房、1976 年。冨原眞弓訳『カイエ 4』みすず書房、1992 年〔マニュスクリプトからの翻訳〕。
L'enracinement, Paris, Gallimard, coll. espoir, 1949, coll. idées, 1962, coll. folio, 1990. 『根をもつこと』
山崎庸一郎訳「根をもつこと」『シモーヌ・ヴェーユ著作集Ｖ』春秋社、1967 年、所収。冨原眞弓訳『根をもつこと』上、下、岩波文庫、2010 年。
Écrits historiques et politiques, Paris, Gallimard, coll. espoir, 1960. 『歴史的・政治的論文集』
抄訳：伊藤 晃・橋本一明・松崎芳隆・渡辺義愛訳『シモーヌ・ヴェーユ著作集 I 』、花輪莞爾・松崎芳隆訳『シモーヌ・ヴェーユ著作集Ⅱ』春秋社、1968 年、所収。抄訳：冨原眞弓訳『シモーヌ・ヴェイユ選集Ⅱ』みすず書房、2012 年、所収。
Écrits de Londres et dernières lettres, Paris, Gallimard, coll. espoir, 1957. 『ロンドン論集とさいごの手紙』
田辺保・杉山毅訳『ロンドン論集とさいごの手紙』勁草書房、1969 年。抄訳：中田光雄・山崎庸一郎訳『シモーヌ・ヴェーユ著作集Ⅱ』春秋社、1968 年、所収。抄訳：冨原眞弓訳『シモーヌ・ヴェイユ選集Ⅲ』みすず書房、2013 年、所収。抄訳：今村純子訳『シモーヌ・ヴェイユ アンソロジー』河出文庫、2018 年、所

収。

Intuitions pré-chrétiennes, Paris, La Colombe, 1951, Fayard, 1985. 『前キリスト教的直観』

抄訳：中田光雄・橋本一明訳「神の降臨」『シモーヌ・ヴェーユ著作集Ⅱ』春秋社、1968年、所収。 今村純子訳『前キリスト教的直観――甦るギリシア』法政大学出版局、2011年。

Leçons de philosophie de Simone Weil, Paris, UGE, 1970, Plon, 1989, 2e éd., 1989. 『シモーヌ・ヴェイユの哲学講義』

渡辺一民・川村孝則訳『ヴェーユの哲学講義』ちくま学芸文庫、1996年。

Lettre à un religieux, Paris, Gallimard, coll. espoir, 1951. 『ある修道士への手紙』

大木健訳「ある修道者への手紙」『シモーヌ・ヴェーユ著作集Ⅳ』春秋社、1967年、所収。

Oppression et Liberté, Paris, Gallimard, coll. espoir, 1955. 『抑圧と自由』

石川湧訳『抑圧と自由』東京創元社、1965年。抄訳：冨原眞弓訳『自由と社会的抑圧』岩波文庫、2005年、所収。抄訳：冨原眞弓訳『シモーヌ・ヴェイユ選集Ⅱ』みすず書房、2012年、所収。

Poèmes, suivis de *Venise sauvée,* Paris, Gallimard, coll. espoir, 1968. 『詩集　付「救われたヴェネツィア」』

小海永二訳『シモーヌ・ヴェイユ詩集　付 戯曲・救われたヴェネチア』青土社、1976年。抄訳：渡辺一民訳「救われたヴェネチア」『シモーヌ・ヴェーユ著作集Ⅲ』春秋社、1968年、所収。抄訳：岩村美保子・今村純子訳「シモーヌ・ヴェイユ詩選」『現代詩手帖特集版 シモーヌ・ヴェイユ』思潮社、2011年、所収。

La pesanteur et la grâce, Paris, Plon, 1947, Presses Pocket, coll. Agora, 1947. 『重力と恩寵』

田辺保訳『重力と恩寵』ちくま学芸文庫、1995年。渡辺義愛訳「重力と恩寵」『シモーヌ・ヴェーユ著作集Ⅲ』春秋社、1968年、所収。冨原眞弓訳『重力と恩寵』岩波文庫、2017年。

Pensées sans ordre concernant l'amour de Dieu, Paris, Gallimard, coll. espoir, 1962. 『神の愛をめぐる雑感』

渡辺義愛訳「神への愛についての雑感」『現代キリスト教思想叢書6』白水社、1973年、所収。抄訳：冨原眞弓訳『シモーヌ・ヴェイユ選集Ⅲ』みすず書房、2013年、所収。抄訳：今村純子訳『シモーヌ・ヴェイユ アンソロジー』河出文

庫、2018年、所収。
Sur la science, Paris, Gallimard, coll. espoir, 1966. 『科学について』
福居純・中田光雄訳『科学について』みすず書房、1976年。
La source grecque, Paris, Gallimard, coll. espoir, 1953. 『ギリシアの泉』
冨原眞弓訳『ギリシアの泉』みすず書房、1988年。

（3）選集
Œuvres de Simone Weil, Paris, Gallimard, coll. Quarto, 1999.

2. 本書に関する参考文献

今村純子『シモーヌ・ヴェイユの詩学』慶應義塾大学出版会、2010年。
今村純子責任編集『現代詩手帖特集版 シモーヌ・ヴェイユ――詩をもつこと』思潮社、2011年。
ミクロス・ヴェトー、今村純子訳『シモーヌ・ヴェイユの哲学――その形而上学的転回』慶應義塾大学出版会、2006年。
Miklos Vetö, *La métaphysique religieuse de Simone Weil,* Paris, Vrin, 1971, 2e éd., Paris, L'Harmattan, 1997.
シモーヌ・ペトルマン、杉山毅訳『詳伝　シモーヌ・ヴェイユ Ⅰ』勁草書房、1978年。田辺保訳『詳伝　シモーヌ・ヴェイユ Ⅱ』勁草書房、1978年〔第1版からの翻訳〕。
Simone Pétrement, *La Vie de Simone Weil,* Paris, Fayard, 1973, 2e éd., 1997.
Pére Joseph-Marie Perrin, *Comme un veilleur attend l'aurore,* Paris, Les éditions du Cerf, 1998.〔ジョゼフ＝マリー・ペラン神父『徹夜している人が夜明けを待つように』〕。